网格经营变革之道

王旭 著

企业管理出版社
ENTERPRISE MANAGEMENT PUBLISHING HOUSE

图书在版编目（CIP）数据

网格经营变革之道 / 王旭著 . —北京：企业管理出版社，2017.3
ISBN 978-7-5164-1487-3

Ⅰ.①网… Ⅱ.①王… Ⅲ.①网格结构 – 经营管理 – 研究 Ⅳ.① F272.3

中国版本图书馆 CIP 数据核字（2017）第 040939 号

书　　名：	网格经营变革之道
作　　者：	王　旭
责任编辑：	陈　静
书　　号：	ISBN 978-7-5164-1487-3
出版发行：	企业管理出版社
地　　址：	北京市海淀区紫竹院南路 17 号　　邮编：100048
网　　址：	http://www.emph.cn
电　　话：	总编室（010）68701719　发行部（010）68701816　编辑部（010）68701661
电子信箱：	78982468@qq.com
印　　刷：	三河市嘉科万达彩色印刷有限公司印刷
经　　销：	新华书店
规　　格：	185 毫米 ×260 毫米　16 开本　20.75 印张　376 千字
版　　次：	2017 年 3 月第 1 版　　2017 年 3 月第 1 次印刷
定　　价：	48.00 元

版权所有　翻印必究　·　印装有误　负责调换

序 言

很久以前,有一对非常勤劳的夫妇。有一天,农夫用卖豆的钱买回来一只鹅,他妻子大吃一惊地说:"哎呀!哪来的鹅呀?"

丈夫回答说:"是用卖豆的钱买回来的。虽然花的钱非常多,但是,听说这鹅很会下蛋。"

他妻子高兴地说:"这只鹅买得好呀。"

到了第二天,这只鹅竟然下了一个金蛋,农民夫妇兴奋无比地说:"这只鹅竟然会下金蛋!!"

日子就这么一天天地过去了,农民夫妇不再是以前的农民了。他们改行做老板,也越来越富有。忽然,有一天,他们起了疑心,为什么鹅一天只能下一个金蛋,能不能多下几个金蛋呢?又过了几个星期,农夫对他的妻子说:"为什么不拿菜刀把鹅的肚子切开来看一下?"

"对!"妻子脱口而出。他们拿来菜刀切开了鹅的肚子,鹅的肚子里空空如也,别说金蛋了,连颗鹅蛋也没有。

金蛋没有了,鹅蛋没有了,就连产鹅蛋的鹅也没有了。后来,农夫的妻子带着一大半积蓄也离开了农夫。

对于改行当起了老板的农夫来说,再回去种豆子已经不现实了。回想起自己"荒唐"的经历,居然贪婪愚蠢到"杀鹅取蛋",农夫感到无比羞愧。先前积累的一点积蓄，显然不能维持很长时间，既然对养鹅卖蛋的买卖熟悉，农夫决定从头开始干。

农夫第一次卖鹅蛋的时候，纯属自产自销。每天可卖的鹅蛋虽然有限，但鹅蛋是金蛋，市场没有替代品，价值高；而现在能卖的就只有市场上到处都有的普通鹅蛋，鹅蛋价格相对稳定，农夫要想增加收入，唯有扩大市场份额。

于是，农夫做了一个决定，既然已经没有了金蛋，自产自销已没有优势，不如索性由自产自销转型为专门销售鹅蛋。他招了一些人，并将这些人的工作分为：收鹅蛋、在家打包整理和外出贩卖鹅蛋（销售人员）三类。为了激发销售人员的积极性，提高销售额，迅速占领市场，他将整个市场划分为若干个区，并亲自指定销售人员一对一负责，还制订了严格的考核制度。

不得不说，由种豆子的农夫转变为销售鹅蛋的商人，农夫似乎颇有些经商的天赋，几年下来，他的生意蒸蒸日上，市场占有率在当地高居第一。

但外面生意的红火却遮掩不了农夫在管理经验上的欠缺。由于农夫不擅管理，导致公司问题不断：第一，农夫非常看重销售团队，而忽略了其他两个群体，导致内部扯皮不断，有几次差点发生断货及严重的质量事故；第二，销售团队只注重农夫要考核的销售指标的完成，而忽略了市场上客户的真实需求及情感的维护，虽然新客户数量在增长，但老客户流失的比例却在加大，销售成本居高不下；第三，农夫最初将市场划分为若干区域时，并未考虑每个区域产品销售市场存在不同，加之农夫又是采取指定区域负责人的方式，导致销售团队内部常常为了区域划分及选择的问题，矛盾不断，更谈不上团队协作；第四，客户对鹅蛋的需求也发生了改变，个性化需求越来越多，农夫采取的将鹅蛋打包再销售的方式已经不能满足客户的需求；第五，其他竞争对手也在采用区域划分的方式，加大直销人员的销售力度，优化销售流程，给农夫带来了不小的竞争压力……

要走出这些困境，有几点农夫认识得非常清楚：

第一，每一个经营上的调整，都应该是顺应、满足、领先市场的需求，而不能是为了满足自己当老板做决策时的"快感"，决不能让"杀鹅取蛋"的错误再次出现；第二，既然客户对鹅蛋的需求已经发生了改变，要想让客户持续买单，农夫决定在差异化方面做文章；第三，既然老客户流失的主要原因是客户维护不够，那就应该要求销售人员不能只销售、不维护，农夫决定改变对销售人员的考核方式，加大"维护"的考核力度；第四，既然销售人员对区域的选择"挑肥拣瘦"，那就证明区域的划分有问题，农夫决定实施更加精准的区域划分；第五，既然内部人员由于"内部的墙"，沟通出现障碍、缺乏工作协同，农夫决定拆掉"内部的墙"；第六，既然竞争对手也在采用区域划分、直销渠道下沉的方式，农夫决定通过多渠道组合销售、丰富产品体验，实施客户关系管理等方式来稳固自己的市场地位……

值得欣慰的是，农夫经营思想上的改变是及时的，采取的调整策略也是恰当的，农夫公司的发展继续大踏步前行，外界对这个曾经愚蠢地"杀鹅取蛋"的农夫给予了一片褒奖之词。

转眼又是三年，农夫的公司已经发展成为"产供销"一体的集团。随着市场规模的扩大、员工人数的增加、组织机构的复杂、产品种类的丰富、客户需求的变化及不断涌现的"跨界"竞争对手，农夫觉得公司的运营每一天都是在如履薄冰。数年的经商经历使农夫认识到他追求的已不是将公司"做大"，而是将公司"做小"；他渴望的是人人都为公司的存在及价值负责，而不是所有的责任都是他一人承担；他期待的是通过文化驱动员工工作，而不是简单的绩效或者效能驱动；他期望的是不仅仅提供产品给客户，而是要通过服务、体验等手段，让客户认可企业的品牌；当然，农夫更加希望他的公司是一个平台，在这个平台上实现客户、员工及利益相关方的价值……

当然，《会下金蛋的鹅》故事的后半部分，是我们从企业经营的角度给这个故事的续写。

故事中，农夫之所以能够在创业阶段取得比较好的成绩，除了他选择的是他比较熟悉的事情之外，还在于他采取的贴近市场、细分市场、贴近用户、细分用户的直销方式，并将成本控制得非常好。但由于他只注重实现由产品到货币的转换，而忽略了企业与客户关系的建立，这也就决定了他依旧只是注重绩效，而没有关注效能（绩效与效能的理解请参阅《网点产能提升之道》序言）。

竞争对手及环境的不确定，引发农夫经营思维上的创新，将引导企业转向为由效能驱动的网格化营销模式，最终达到文化驱动的"人人负责"的网格承包经营模式……

《会下金蛋的鹅》及其续写故事的脉络，大致对应了本书对互联网环境下的经营变革，特别是网格（化）经营变革的理解与思考：

网格经营变革之道

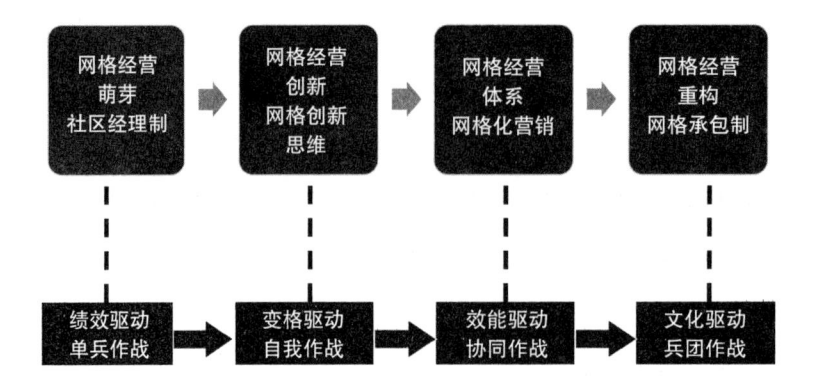

```
┌─────────┐    ┌─────────┐    ┌─────────┐    ┌─────────┐
│ 网格经营 │ →  │ 网格经营 │ →  │ 网格经营 │ →  │ 网格经营 │
│  萌芽   │    │  创新   │    │  体系   │    │  重构   │
│社区经理制│    │网格创新 │    │网格化营销│    │网格承包制│
│         │    │  思维   │    │         │    │         │
└────┬────┘    └────┬────┘    └────┬────┘    └────┬────┘
     ┆              ┆              ┆              ┆
┌────┴────┐    ┌────┴────┐    ┌────┴────┐    ┌────┴────┐
│绩效驱动 │ →  │变革驱动 │ →  │效能驱动 │ →  │文化驱动 │
│单兵作战 │    │自我作战 │    │协同作战 │    │兵团作战 │
└─────────┘    └─────────┘    └─────────┘    └─────────┘
```

第一，身处互联网环境下的企业，由于客户接受信息方式、消费习惯的改变，以及环境不确定性的压力，大都亟待解决经营变革问题。变革的根本优势在于市场的把控。渠道组合下沉、贴近用户、通过社群关系构建实现客户与企业的忠诚链接是变革的主要手段。

第二，网格（化）经营是变革的主要手段。网格（化）经营，是指在将区域市场根据物理及逻辑特征划分为网格的基础上，下沉渠道组合、构建综合团队、贴近市场用户、有效利用资源、完善支撑体系、构建最后一米核心优势，从而在建立企业与客户关系的基础上，实现网格乃至企业产能持续提升的先进运营及管理方式。

第三，网格（化）经营的萌芽是绩效驱动的社区经理制。针对简单划分的区域实施社区经理制，基本达到下沉渠道、贴近用户的目的，企业对社区经理在销售基础之上强调服务、项目拓展及客户关系维护等职责的叠加，以绩效驱动，呈现单兵作战的特点。

第四，网格（化）经营创新的基础是变革驱动的创新思维。通过对社区经理制的检讨，反思企业在客户、产品、渠道、管理上的作为，实现经营思维在由客户思维到用户思维、由产品思维到全品思维、由直线（渠道）思维到水平（网格）思维、由管理思维到经营思维上的创新，以变革驱动，呈现自我作战的特点。

第五，网格（化）经营体系是效能驱动的网格化营销。在网格经营创新思维的指导下，基于精准的网格划分、渠道组合下沉、综合网格团队构建，企业面向大众客户实施精准营销、面向集团客户实施顾问式营销，网格化营销体系的建设，以效能驱动，呈现协同作战的特点。

第六，网格（化）经营重构是文化驱动的网格承包制。通过了社区经理制的锤炼，网格经营创新思维变革，网格化营销的构建，网格承包制的实施，以文化驱动，呈现兵团作战的特点。唯有实施人人负责的兵团作战，整个网格乃至企业的产能才能得到根本的、持续的提升！

狄更斯在《双城记》中开头说："这是最好的时代，这是最坏的时代；这是智慧的时代，这是愚蠢的时代；这是信仰的时期，这是怀疑的时期；这是光明的季节，这是黑暗的季节；这是希望之春，这是失望之冬；人们面前有着各种事物，人们面前一无所有。"

而我们更愿意说：这是一个充满机遇的时代，这是一个创业艰辛的时代；这是一个信息泛滥的时代，这是一个知识短缺的时代；这是一个尊重传统的时代，这是一个锐意变革的时代。

当你尊重市场规律，把握变革趋势，即便身处混沌之中，也能回归到基本层面去思考，也许就能不忙碌、不盲目、不迷茫，也许就能无所谓这是最好的时代，还是最坏的时代！

这其实是一种常识。

但，常识，往往不平常！

易道咨询　王旭

2016年9月9日 于长沙

全书导读

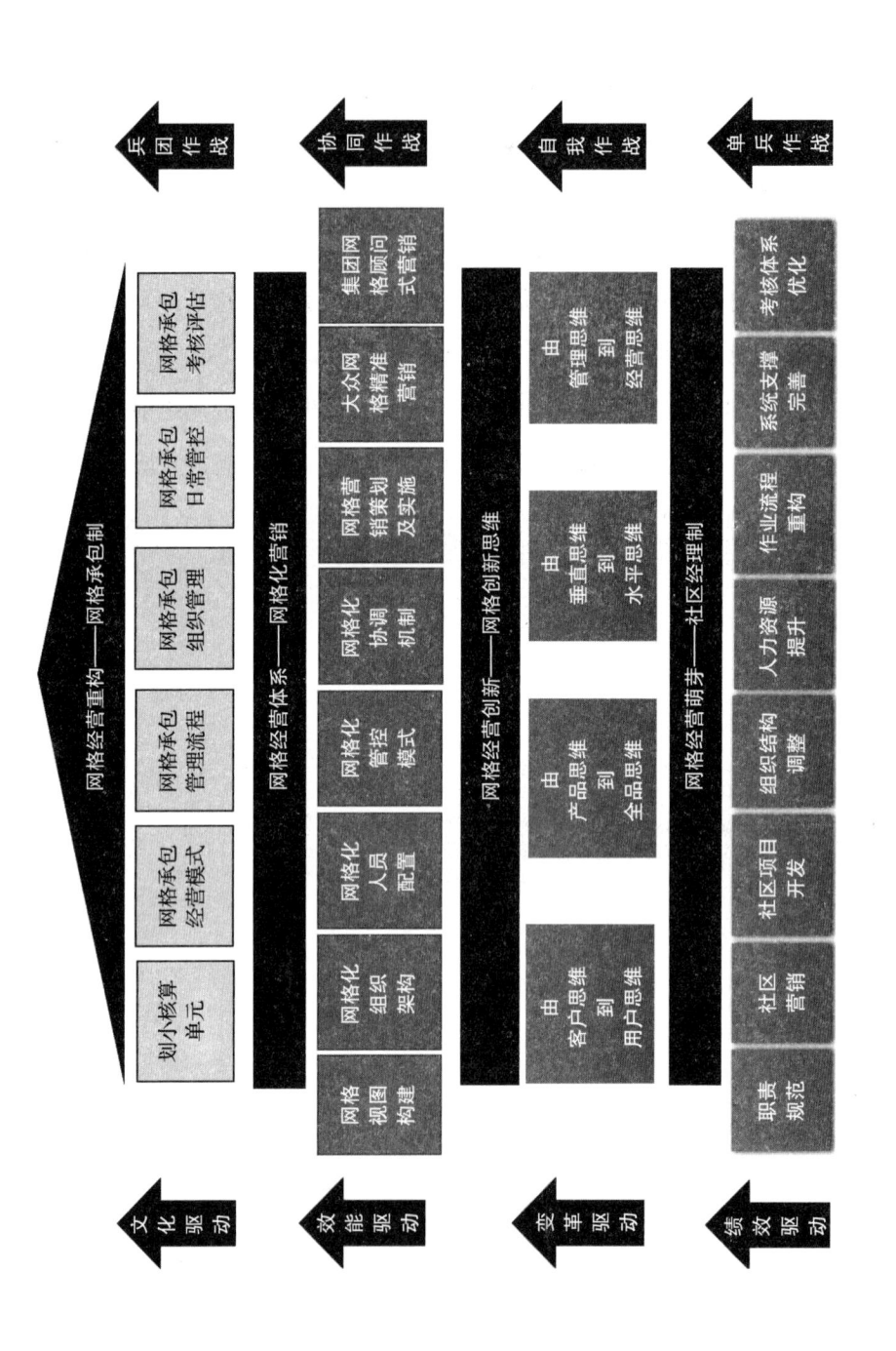

网格经营重构——网格承包制（兵团作战）

- 网格承包模式
- 网格承包管理流程
- 网格承包组织管理
- 网格承包日常管控
- 网格承包考核评估
- 划小核算单元

网格经营体系——网格化营销（协同作战）

- 网格化组织架构
- 网格化人员配置
- 网格化管控模式
- 网格协调机制
- 网格营销策划及实施
- 大众网格精准营销
- 集团网格顾问式营销

网格经营创新——网格创新思维（自我作战）

- 由客户思维到用户思维
- 由产品思维到全品思维
- 由垂直思维到水平思维
- 由管理思维到经营思维

网格经营萌芽——社区经理制（单兵作战）

- 职责规范
- 社区营销
- 社区项目开发
- 组织结构调整
- 人力资源提升
- 作业流程重构
- 系统支撑完善
- 考核体系优化

驱动方式：文化驱动、效能驱动、变革驱动、绩效驱动

目 录

第一章 网格经营萌芽

- 第一节　社区经理制 \ 002
- 第二节　社区经理职责规范 \ 008
- 第三节　社区经理日常工作 \ 018
- 第四节　社区经理项目开发 \ 030
- 第五节　社区经理制的管理优化 \ 060

案例分析　社区经理拓展增量建壁垒 \ 068
　　　　　社区经理"装维随销"工作模式 \ 069
　　　　　借力"意见领袖"做好客户策反 \ 070
工具运用　用户档案建立及资料管理模板 \ 072
　　　　　社区经理日常工作三大基本话术 \ 074

第二章 网格经营创新

- 第一节　从客户思维到用户思维 \ 082
- 第二节　从产品思维到全品思维 \ 100
- 第三节　从垂直思维到水平思维 \ 110
- 第四节　从管理思维到经营思维 \ 126

案例分析　"四位一体"优化直销渠道 \ 135
　　　　　值得思考的自营厅社会化改造 \ 136
　　　　　提供解决方案的成功销售 \ 137
工具运用　基于客户生命周期的维系挽留系统 \ 138
　　　　　广电运营商微信平台营销推广方案 \ 139

第三章 网格经营体系

- 第一节　网格化营销体系 \ 142
- 第二节　网格化营销体系构建 \ 161
- 第三节　网格营销策划及实施 \ 184
- 第四节　大众客户网格化精准营销 \ 199
- 第五节　集团网格的顾问式营销 \ 208

案例分析　集团网格经理岗位技能认证标准 \ 245
　　　　　　多层次网格化管理体系助力产能提升 \ 251
　　　　　　基于"用户画像"的精准营销四步法 \ 254

工具运用　网格宣传印刷物资的使用规范 \ 256
　　　　　　"一格一策"营销策划调查问卷 \ 257

第四章 网格经营重构

- 第一节　划小核算单元 \ 262
- 第二节　网格承包经营 \ 269
- 第三节　网格承包经营模式 \ 275
- 第四节　网格承包经营的具体实施 \ 279

案例分析　网格承包经营的四大渠道优化 \ 307
　　　　　　网格承包经营的三种结对模式 \ 308
　　　　　　网格承包经营机制的三大创新 \ 309

工具运用　网格承包经营合同要点 \ 311
　　　　　　网格承包团队晨会模板 \ 312

后记 \ 317

参考文献 \ 319

第一章

网格经营萌芽
——绩效驱动的社区经理制

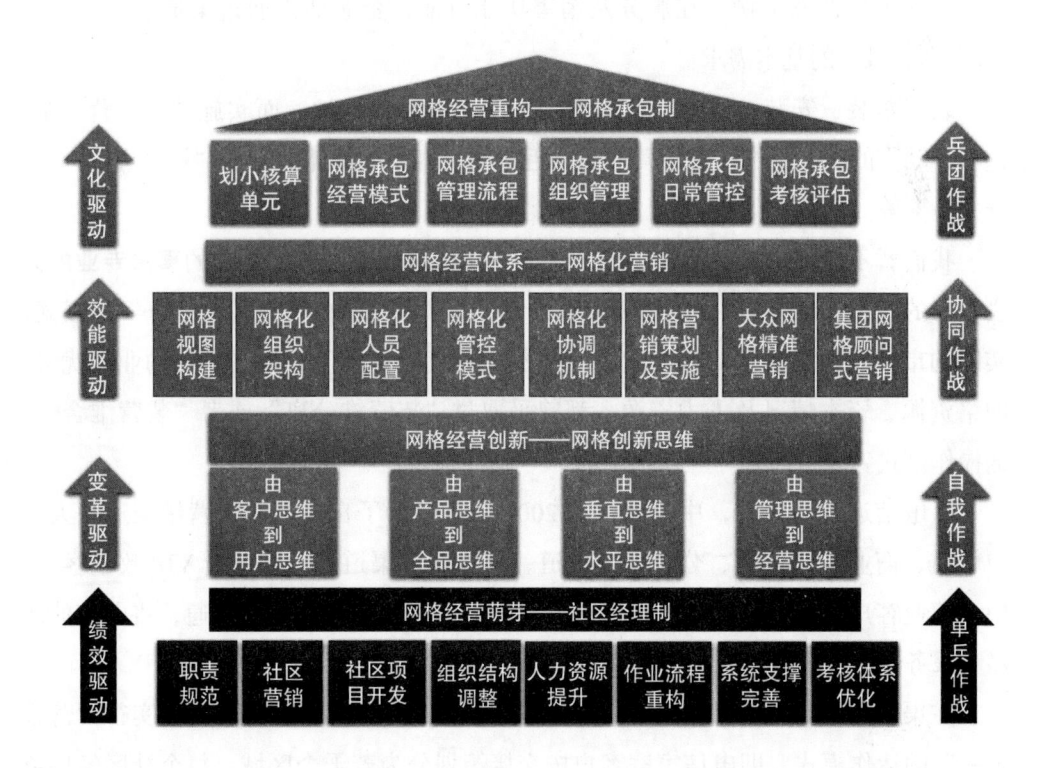

网格经营重构——网格承包制

| 划小核算单元 | 网格承包经营模式 | 网格承包管理流程 | 网格承包组织管理 | 网格承包日常管控 | 网格承包考核评估 |

网格经营体系——网格化营销

| 网格视图构建 | 网格化组织架构 | 网格化人员配置 | 网格化管控模式 | 网格化协调机制 | 网格营销策划及实施 | 大众网格精准营销 | 集团网格顾问式营销 |

网格经营创新——网格创新思维

| 由客户思维到用户思维 | 由产品思维到全品思维 | 由垂直思维到水平思维 | 由管理思维到经营思维 |

网格经营萌芽——社区经理制

| 职责规范 | 社区营销 | 社区项目开发 | 组织结构调整 | 人力资源提升 | 作业流程重构 | 系统支撑完善 | 考核体系优化 |

左侧：文化驱动、效能驱动、变革驱动、绩效驱动

右侧：兵团作战、协同作战、自我作战、单兵作战

001

网格（化）经营，是指在将区域市场根据物理及逻辑特征划分为网格的基础上，下沉渠道、构建团队、贴近用户、有效利用资源、完善支撑体系、构建最后一米的核心优势，从而实现网格产能持续提升的先进运营及管理方式。

社区经理制是网格（化）经营的萌芽状态。原因在于：第一，此阶段往往并没有实施网格划分，或是虽然实施了网格划分，但网格特征不明确，未能实现网格划分的根本目的；第二，虽然也强调贴近用户，但更多强调的是直销渠道，往往忽略了实体渠道、电子渠道及代理渠道的组合；第三，服务、销售、客户关系维系等多种职责及要求的叠加与社区经理在态度、知识、技能及时间精力方面往往产生冲突、顾此失彼……

这一阶段主要呈现绩效驱动、单兵作战的特点……

第一节　社区经理制

渠道就其表现形式可分为实体渠道、电子渠道及直销渠道，就其经营方式可分为自营、他营。

以四大运营商为例，在服务及销售功能方面，企业期待通过渠道满足客户的"装、营、维"的基本需求。

装，新装、安装；营，经营、营销；维，维修、维护。而实施"装、营、维"这三个动作的员工，往往是运营商最贴近市场及客户的群体，称为"社区经理""运维人员"等。

我们暂不去讨论**"装、营、维"这三个动作是应该遵循"专业的事由专业的人去做"的"装营维分离"，还是应该遵循"一站式解决"的"装营维合一"的模式。**实际的市场操作情况是，四大运营商在不同的竞争环境下，根据自身的业务优势、网络资源、资本情况及人力资源，都曾采取过"装营维分离"或者"装营维合一"的操作模式。

以电信运营商为例，中国电信在2003年就完善了自主的四大营销渠道：大客户渠道、商业客户渠道、公众客户渠道、流动客户渠道，分别负责VIP政企客户、中小商业客户、家庭客户及公话卡类客户，由这些渠道实现客户沟通，将电信的产品和服务输送到客户手中。

在渠道建设的规范中，中国电信规定了公众客户渠道的社区经理实行"营维合一"的运作模式，即电信家庭客户按交接箱划分为若干个区域，每个社区经理负责其中的一个区域，社区经理既负责包区范围内的线路维护、电话装移机、修障工作，又要负责区域客户的新业务推广、欠费追缴等营销工作，这种模式非常适合家庭用户的服务和营销，因为社区经理的维护为营销提供了机会。

那么，对于四大运营商而言，随着三网融合的深入，是选择"装营维分离"还是"装营维合一"？不同的运营商肯定会做出不同的选择，但选择时要考虑的因素依旧会是：客户市场需求的变化、竞争对手的动作组合、网络资源的优势、营销渠道的力度、资本的情况、后台运营的支撑、人力资源的成熟度等。

无论是邮政、金融行业还是运营商，到底应不应该采取社区经理制？是采用"装营维分离"还是"装营维合一"的社区经理制这都是一个颇有意思的话题。

但不管怎样，"能找到'老鼠'的就是好猫，不分黑白"。关键是要怎样才能"找到'老鼠'"？

一、社区经理制的产生

我们先来看一则新闻：

2004年4月4日上午，四川省电信有限公司在乐山举行"蓝色服务快车——万名社区经理上门服务大行动"的启动仪式。此举标志着四川电信的营销服务模式已开始由"开堂坐店"的被动接受式，向"走街串巷"上门服务的主动进取式转变。

今后，四川省的城镇居民如需申请使用中国电信的电话、宽带等业务，或在使用中国电信提供的服务中遇到任何问题，只需打个电话通知一声，社区经理便会上门帮你解决。

在人们的印象中，申请安装电话、AD-SL、查询话单等电信业务，到电信营业厅办理是件再正常不过的事情了。而电信运营商开办营业厅，坐等客户前来办理业务亦未感到有何不妥。近几年，随着电信市场竞争的加剧，各运营商相继组建了大客户服务部，由大客户经理上门为集团客户提供全方位的咨询和服务。而广大的普通消费者却依然"享受"着必须要到电信营业厅才能办理电信业务的"待遇"，虽然颇感不便，但也习以为常——谁叫自己是"散户"呢？

随着固定电话增量市场的放缓，各运营商势必将对存量市场的争夺作为营销工作的重点，而城市居民住宅电话则成为市场争夺的焦点。在此背景下，四川电信率先"变脸"——精挑细选万名具有资深服务经验、专业功底深厚的电信窗口服务人员作为社区经理，上门为广大消费者服务，拉开了电信营销服务模式创新的大幕。

据了解，四川电信此番"变革"，是以各级电信分支机构的营业厅为依托，将其服务区域划分为若干片区，每个片区又划分为若干个社区，以2000户左右的家庭为单位，确定一名社区经理，该社区经理负责对该社区的用户提供全方位的电信服务。

网格经营变革之道

"我们的社区经理就像派出所的'片儿警',凡是社区内中国电信用户的大小事情,均由其一个人包干。"四川省电信有限公司市场部经理周清久打了个形象的比喻来阐明社区经理的职责。据悉,四川电信目前已在全省范围内推行这种全新的营销服务方式。

而实际的情况是,很多企业从ARPU值的角度出发,并不看重社区用户。社区用户仍然是不被重视的领地居民,众多企业在不断增加营销投入的同时,却忽视了这块现实又丰厚的市场。

一方面,我们常常能看到运营商进行大张旗鼓、轰轰烈烈的高空式广告投入;另一方面,却发现他们对现有客户的细致、耐心、深入服务却很不到位。个别运营商对普通用户的服务现状是:营业厅里经常是人满为患,很多用户为交费难、查询难、咨询难、投诉难而抱怨;同时用户对层出不穷的新业务却知之不多,想进一步了解新业务,却苦于无门。

此外,针对普通用户提供的服务也是鱼龙混杂,特别是在增值业务的开拓中,代理人员的不良服务形象大大影响了企业的声誉,给一部分用户造成了相当程度的损失和困扰。从某种程度上讲,服务进社区,就如同"片儿警"履行社区治安管理职能。**从事社区服务的相关人员就是企业在社区的代表,就是社区的"社区经理"。**企业完全可以通过采用一定形式的灵活政策、激励措施和薪金政策来鼓励、规范社区经理的服务行为,以他们的良好形象和服务水平来进一步阐释企业的服务品牌和品质。

社区是人们生活的基本单元,社区也是企业连接用户的神经末梢,社区用户对企业产品及服务的评价,将直接决定其对提供服务的企业的评价及业务决策。因此,为使企业的营销投入落到实处,在低空有更多承接的载体、认可的顾客,为使企业连接用户的桥梁不发生梗阻,实施社区经理制势在必行。

二、社区经理制的运用

知其然,还要知其所以然。了解了社区经理制产生的背景,我们还要来思考社区经理制在不同行业的运用。

以电信运营商为例,中国电信2003年流程重组后,在渠道建设方面,根据客户特性将客户分为大客户、商业客户、公众客户和流动客户四大渠道。大客户渠道和商业客户渠道是面向企业和政府部门客户的,这两个渠道的区别主要在于单个客户消费额的高低之分,大客户为月消费额超过3000元以上,而消费额低于3000元的客户划归商业客户渠道;流动客户渠道是针对使用公用电话、电话卡等的用户而言,流动客户渠道不具有固定的对象和场所,类似城市中的流动人口;除此之外的家庭用户属于公众客户渠道。

在客户服务方面，中国电信的每个客户渠道都配备相应的服务人员，大客户渠道和商业客户渠道的专职营销服务人员分别成为大客户经理和商业客户经理。流动客户渠道的维护人员称为片区经理，主要负责IC卡机的安装和维护。公众客户渠道因为所面对的客户群非常庞大，配备专职的营销人员成本压力太大，因此，将原先负责线路终端末梢维护的"外线师傅"，划归到公众客户渠道，除了原先负责的装机维护工作外，还要负责家庭用户的机会营销工作，由于每位"外线师傅"负责的客户基本上是固定在某个区域的，而且这种划分模式也比较适合营销工作的开展，因此，公众客户渠道的服务营销人员称为"社区经理"。

可见，社区经理制是中国电信公司化运营后，在应对竞争，改变营销方式，变传统的坐商为行商，强化四个营销渠道建设的背景下产生的，其人员主要是原有的线务员转变而成，工作职能除了日常线路装拆移修等维护工作以外，填充了区域营销的职责，实现营维合一，在区域内进行客户管理、业务销售、业务服务咨询等工作，使得企业迅速扩大了一线的销售队伍，拉近了同客户的距离，增加了二次销售的商机。

我们再来看看广电运营商。近年来，广电网络企业公众用户的营销渠道逐渐从窗口服务向全过程服务、从大众化服务向差异化服务过渡与发展。广电网络企业公众用户自营渠道配置上，目前主要有四种模式：主营业厅及分营业厅（发挥主体地位与作用）、社区经理（发挥支撑地位与作用）、呼叫中心（发挥补充地位与作用）、网上营业厅（发挥平台作用）。与通信商类似，公众用户渠道所面对的用户群非常巨大，配备专职的营销人员成本压力太大，加之家庭用户比较封闭的特殊性，专职营销人员的营销难度也相当大。因此，将原先负责分配网线路终端维护的"外线维护人员"，划归到公众用户渠道，让他们除了承担原先的装机维护工作外，还要承担家庭用户的机会营销工作。每个"外线维护人员"负责的用户基本上是固定在某个区域的，所以这种划分模式也比较适合营销工作的开展。因此，将公众用户渠道的服务营销人员称为"社区经理"。

"社区经理"可以说是广电网络公司为了应对日益严峻的市场竞争，在三网融合并提供产品、业务及服务越来越同质化，而用户需求越来越多元化、个性化、体验化的形势下，为确保存量、发展增量，再造与调整了组织机构，推行综合业务的延伸服务，从而改变以往最后一公里单纯的维护职能，向"营维合一"体制转变后产生的一个新的岗位。社区经理制实施的目的是促使原有的有线数字电视维护员向社区经理、销售专员角色的转变，进而承担起相应的营销、维护、服务职责。

三、社区经理制存在的问题

对运营商而言，社区经理"营维合一"模式的推广过程中，受到了思想观念、人力资源、组织结构、支撑系统、考核、作业流程等方面的制约，在营销效果上并没有达到预期的目标，使"营维合一"面临尴尬的局面，重维护轻营销已是普遍现象，随后出现了假"合一"和真"分开"模式，甚至干脆就是"有维护无营销"模式。社区经理不愿意营销、没有能力营销、没有时间营销、营销成功率低和营销支撑不足等，都导致了"营维合一"不能达到预期效果。具体表现见图1-1。

图1-1 社区经理制存在的问题

- 员工没有意愿
- 操作没有时间
- 能力不能达标
- 系统不能支撑
- 效果大打折扣

1. 员工没有意愿

"营维合一"模式得不到执行层的落实。"营维合一"模式仓促上马，直接导致执行层的"抗议"，不少本地网基层单位表面上实行"营维合一"，而实质上将营销人员和维护人员分开，绝大部分社区经理从事装机和维护工作，留下少部分人应付上级下达的营销任务；甚至有些基层单位干脆就不设营销人员，将社区经理等同于以往的"外线员"。

2. 操作没有时间

目前社区经理的工作核心是装机和维护工作，而每个社区经理所负责的片区用户数量非常多，且区域非常分散，由于人员结构的缺失，社区经理人员的配备不足，装机工单和维护时限的压力使社区经理根本就无暇顾及营销工作；同时，社区经理的营销工作也得不到应有的奖励和报酬。由于营销工作的难度相当大，每成功一个案例往往需要耗费很多口舌及时间，得到的报酬还不如装一个电话来得多。

3. 能力不能达标

社区经理人力资源状况也决定了开展营销工作的难度。社区经理人员素质参差不齐，没有接受过系统的培训，对营销的技巧和知识掌握不多，营销成功率很低，导致社区经理没有积极性；社区经理大部分是从社会上招聘的合同劳务工，由于待遇上与正式员工有一定的差距，对这个企业的归属感不强；社区经理流动性大，对片区客户的认知度不高，营销工作开展有困难；社区经理实行包区维护承包制，每个用户故障的质量指标考核到个人，因此，社区经理也很难抽出人力来专门从事大型的营销活动。

4. 系统不能支撑

IT支撑系统不能有效地支撑"营维合一"模式。由于IT系统不配套，社区经理不能实时了解客户的消费信息及业务信息，不能根据用户的需要推销相应的产品，同时，社区经理也不能及时共享到新产品信息，这就使得营销工作的效果大打折扣。

5. 效果大打折扣

"营维合一"模式实施后,客户满意度、新业务渗透率等并未明显提高。由于社区经理缺乏营销意识,在维护工作中不能提供到位的服务,对客户提出的要求不理睬,对客户的业务咨询不回答,或者因为对电信业务不熟悉而错误引导用户等,都导致了客户满意度的下降;由于原先建立起来的人员直销渠道没有真正发挥应有的作用,上级部门制订的营销策略在推广过程中就受到阻碍,无法按照策划方案得到真正的执行,新业务推广不力,仅仅靠广告宣传及电信营业厅被动受理,造成新业务认知度低,宣传力度小,新业务套餐覆盖率非常低,套餐所起的保存激增作用受限制。

四、社区经理面临的困境

以运营商为例,随着企业越来越注重社区经理制的实施,服务、营销、维护等多种职能都叠加在社区经理这个岗位上,使得社区经理不堪重负,面临以下困境:

(一) 社区经理缺乏专业培训

社区经理的主要职责是装拆移机、故障处理及营销任务,由于他们缺乏专业的营销培训,营销意识及营销技能不容乐观,导致在实际工作中,社区经理样样都干,样样稀松,在维护与营销之间左右为难。

(二) 社区经理岗位要求与人员素质之间存在一定矛盾

社区经理既有营销职责,又有维护职责,对社区经理的岗位技能和个人素质提出了较高的要求,既要求社区经理有较高的专业维护技能,又要有较强的营销能力,同时随着技术的进步,数据业务特别是宽带业务的发展对社区经理的学习能力也提出了较高的要求。而目前的实际情况是现有人员的素质和岗位技能远远达不到社区经理岗位要求,造成其服务质量下降。

(三) 社区经理人员配备不足

随着"光纤到户"的大规模推广、宽带业务的发展、转型业务的推广,大量的老用户要进行改造,新的改造方式需要上门改造,改造时间多在非工作时间,工作压力加大,同时随着宽带用户数量的飞速增长,维护压力也加大。实际维护数据表明,宽带类故障是一般故障量的数倍,而目前的人员核定标准还是按照传统方式核定,按照传统核定标准测算的社区经理人员数量无法满足实际工作的发展要求。

(四) 社区经理队伍流失较严重

目前,社区经理大部分是劳务派遣或外聘人员,待遇低,劳动强度大,加班多,考核任务重,激励不足,导致人员不稳,流失较严重。

可见，企业本意想通过社区经理制的实施建设，在企业与用户之间建立一种主动沟通的渠道，构成企业营销网络末梢系统和市场营销的堡垒，这样，企业可以用较少的人员构造高效的营销模式，构建责任明确、无缝隙的高效营销网络，进而提高企业的核心竞争力。而在实施过程中，却因社区经理人员素质、人员配备、营销意识、激励机制、IT支撑等很多因素的制约，而没有使"社区经理制"发挥应有的作用。

第二节　社区经理职责规范

社区经理是社区营销活动第一责任人，是对外宣传者，是客户需求的发现者，是市场的开拓者，是产品的服务者。社区经理主要负责企业产品及服务销售活动的完成，积极拓展客源市场，挖掘客户需求，做好项目运营，扩大企业业务服务宣传范围，挖掘新客户，积极营销各项产品和业务，做好客户关系维护。

一、社区经理工作职责

要认真履行工作职责，社区经理除了要熟悉业务、具备较强的专业技能之外，还有以下几点任职条件是必须强调的：
- 具有较高的政治素质与道德修养，品行端正、无违法犯罪处罚记录；
- 具备较强的语言表达能力、沟通协调能力和分析解决问题的能力；
- 熟悉企业发展实际，熟悉产品相关知识；具有较好的人脉关系，熟悉本地方言；
- 具有良好的团队协作和保密意识，具备一定的营销技能，能熟悉使用常用办公软件；
- 社区经理所在网格及企业，也需要在职业道德、商务礼仪、沟通技巧、营销知识、情绪管理、客户维护、客户开发、项目策划、销售技巧、岗位相关制度、服务标准等方面适时开展培训，做好学习支撑。

社区经理应熟悉所负责区域的客情、各种业务的特点及资费等业务知识，并了解业务流程及办理手续。同时，社区经理能够根据用户的需求有针对性地向其宣传业务，引导用户办理适合自己的业务，提高市场占有率。其工作职责如图1-2所示。

1. 市场分析和预测
2. 客户资料管理
3. 客户关系管理
4. 销售组织工作
5. 宣传组织工作
6. 业务保有及欠费催缴
7. 区域渠道管理

图1-2　社区经理工作职责

1. 市场分析和预测

做好区域内客户的市场调查、分析和预测工作，了解客户需求和区域内客户市场的竞争信息收集,及时向区域中心管理人员反馈信息,为区域内的网络覆盖和市场策略制订提供有力依据。

2. 客户资料管理

明确知道所负责区域的客户数量和结构,及时建立和更新区域内的客户资料档案。

3. 客户关系管理

定期走访用户,及时了解客户需求和建议,为客户提供业务咨询,辅导客户正确使用相关业务;并通过线上线下互动,做好客户的日常维护及活动维护。

4. 销售组织工作

根据区域经营单元的指标完成销售指标分解,按期完成区域内的销售任务;负责区域内客户的全业务营销工作,推进**融合业务**在区域内的营销;具体落实区域内促销方案,组织销售力量与渠道开展销售活动;并做好销售跟踪、过程指导、结果分析、人员考核、业务与方案培训等工作。

(融合业务一般指的是两种或多种业务融合在一起的新业务,常常用于通信运营商,比如联通的"沃家庭",则是融合固话、宽带和手机推出的融合业务。)

5. 宣传组织工作

负责区域内的业务宣传和推广,负责宣传单页的分发,维护小区内的宣传物料,开展定点定向宣传资源的巡检维护。

6. 业务保有及欠费催缴

负责区域内用户的续费保有、挽留、预警分析工作,承担区域内业务续费指标;提醒客户及时交纳费用,做好欠费客户的催缴工作。

7. 区域渠道管理

负责协调与管理区域内的各种渠道,尤其是自管渠道发展和维护,也包括对辖区中的代理商销售行为及规范的管理和考核;负责或配合完成对区域内小区接入的物业洽谈工作;负责与小区物业建立良好的关系。

二、社区经理工作原则

(一)服务至上原则

社区经理在为客户提供服务的过程中,必须牢固树立服务第一的观念,一切活动都要从满足和激发客户的需要出发,围绕服务做文章,探索服务新路子,努力使自己所分管的区域客户成为终身客户。

(二)服务创新原则

由于客户需求是不断变化的,竞争环境也是千变万化的,社区经理为客户提供的服务也必须是变化的、具有前瞻性的、全方位多功能的。这种服务要立足于传统业务，着眼于服务创新，通过服务形式、服务内容及服务手段的不断创新，稳定老客户，增加新客户。

（三）及时沟通原则

社区经理作为企业的代言人，一方面要把企业的政策、制度、办法和业务品种迅速推销给客户，充分发挥增加企业收入的效能；另一方面，又要把客户对企业的呼声和服务需求及时反馈给公司，促进企业改进工作，争取更多的客户。这就要求社区经理的服务从仪表、礼貌方面的静态服务，扩展到企业经营活动的动态服务，变被动服务为主动服务，使企业在竞争中立于不败之地。

（四）首问负责制

所谓"首问负责制"是指"谁首问谁负责，下道工序对上道工序负责"。

其具体含义是：谁接待、谁处理、谁负责，即最先受理或接办客户单位、合作单位和客户的申请、申告、咨询、投诉的部门或员工，有责任负责处理或协调、督促相关部门解决客户单位、合作单位和客户提出的各类问题，并给予答复。

首问责任部门或首问责任人的工作内容包括：接办、接待客户单位、合作单位和客户的公文、电话、传真、来信来函、来访等。

实施"首问负责"工作制度时，首问负责部门或员工要注意以下几点：

1）对客户提出的咨询、投诉、求助等问题，无论是否属于本部门管理范围之内，首问负责部门或员工必须主动热情，不得以任何借口推诿、拒绝、搪塞客户或拖延处理时间。

2）凡客户咨询、投诉的问题属于本部门管理范围内的，首问负责部门或员工能立即答复的，必须当场答复客户并认真做好解释工作。如由于客观原因不能当场答复的，或不属于本人职责范围内的问题在处理时应做到：①向客户说明原因，并得到客户的谅解；②可用电话解决的，当场与相关部门联系立即解决。

3）凡客户提出的要求不属于本部门、本人职责范围内的，不能当场解决的应详细记录客户提出的问题，留下客户姓名、地址、联系电话，并代用户拨打客服热线。

4）客户咨询、投诉的问题比较复杂的，解决不了的，由首问负责人上报区域中心，由区域中心主管出面协调，指定相关责任部门处理。

5）客户咨询、投诉的问题在本企业内无法解决的，按问题性质向上一级主管部门反映，并由上一级主管部门协调解决，处理结果由上一级主管部门反馈给企业，由企业答复客户。

6）答复客户提出的问题时，既要准确又要掌握政策，坚持实事求是的原则，对于不清楚、掌握不准确的问题，应及时请示相关领导并给客户一个准确的解答。对于确实解释不了的问题，员工应向客户说明情况，在事后找到准确答案并主动与客户联系。

7）在处理客户投诉、咨询的过程中，如发生拒绝、扯皮现象，一经发现或客户举报并查实，企业对责任人或责任单位按相关规定进行考核。

8）不属于业务经营范围的客户需求，员工不要简单粗暴地拒绝，应耐心向客户解释。

三、社区经理行为规范

社区经理应遵循的行为规范，是社区经理提供日常服务时应达到的基本标准，是对社区经理服务质量进行监督检查的基本依据。

社区经理行为规范，具体由仪容仪表规范、行为举止规范、语言使用规范等内容组成。

（一）仪容仪表规范

1. 上岗时必须统一着工装，佩戴工号牌
- 工装要保持干净、整洁，无明显油渍、污迹。
- 工装应该配套穿着，不得混穿，工作中不得在工装外面罩便服。
- 在公众场合着工装，不得披衣、敞怀、挽袖、卷裤腿。
- 工作中不得穿拖鞋。
- 除非工作需要，否则不得戴墨镜。

2. 男员工仪容
- 头发保持干净、整洁。不留长发，不染怪异色彩、理怪异发型、剃光头（因病除外，但需戴帽），不留胡须。
- 保持口腔无异味，牙齿无污垢。不准在上班前和工作中喝酒，不吃葱、蒜、韭菜等带有强烈异味的食物。
- 保持手部的清洁，要养成勤洗手、勤剪指甲的良好习惯，指甲不得长于1mm。
- 勤洗澡，勤换衣，尽量避免有过重的体味。

3. 女员工仪容
- 头发保持干净、整洁，长发必须后束，不得染怪异色彩、理怪异发型。
- 女员工在工作中应化淡妆，不得浓妆艳抹、使用气味浓烈的化妆品。
- 不留过长的指甲、涂颜色过于俗艳的指甲油，可适当涂无色指甲油，掉色的指甲油应及时清理干净。
- 所佩戴饰物不得过于繁杂、夸张，不得影响工作。

(二) 行为举止规范

1. 基本行为举止规范

➢ 站姿：抬头正立、躯干挺直、自然，双腿自然分开（宽度不超过肩宽），双手自然下垂。站立时不得背靠他物、叉腰、双手抱胸；不得与他人搂肩搭背。

➢ 坐姿：上身挺直，双肩平正，两臂自然弯曲，两手交叉叠放在两脚中部靠近小腹处。至少坐满椅子的三分之二。不得前倾后仰、跷二郎腿、抖动腿脚。

➢ 与客户交谈时音量适中，语言清晰简练，使用普通话；与客户交谈时要保持一定距离，身体稍向客户倾斜；对客户彬彬有礼，不卑不亢，精神饱满，面带微笑。

➢ 握手时应等客户先伸手，再迎合客户握手。握手时身体应稍微前倾以示尊重。手不干净或湿的时候应礼貌地拒绝握手，并讲明理由，不得戴手套握手。握手要短暂、微用力，同时微笑地注视着对方。

➢ 递名片时应将姓名一面正对向客户，双手握住名片边缘递给客户，并报出自己的全名，不能面无表情，语气生硬。接名片要双手接过，表示感谢并认真观看以示尊重，然后郑重收藏，不得漫不经心，随意放置名片或忘记带走。

➢ 进入客户家中，必须将手机设为震动状态。必须使用手机时，应当向客户表示歉意后再使用，并尽量避免干扰客户。

➢ 与客户钱物交接时要唱收唱付。

2. 禁止行为

➢ 不得面向客户咳嗽、打喷嚏。咳嗽、打喷嚏时应转身，并用手掩住嘴、鼻，事后表示歉意。

➢ 不得在客户家中吸烟、随地吐痰、拍掸衣服、嚼口香糖。

➢ 不得当着客户的面挖鼻孔、掏耳朵、剔牙。

➢ 不得询问客户个人隐私。

(三) 语言使用规范

1. 语言使用基本原则

服务工作中，社区经理要保证与用户的言语交流顺利、通达，除了要言之有物，讲究谈话的技巧外，更要注意语言使用的基本原则。

（1）充分聆听

充分聆听既是对讲话者的一种尊重，是基本的礼貌要求，同时也是互动交流的基础。要注意，充分聆听不是傻听，不是盲听，而是有礼貌地听，有礼节地和积极地听。

（2）言语有度

在言语交流过程中，还要注意言语有度。这种有度主要体现在"适时、适量和适当"。

（3）准确运用肢体语言

肢体语言是人们的一种情感表达方式，在交谈中，人们往往会情不自禁地挥臂、伸手、伸出手指和拳头等来辅助、增强、渲染语言表达的效果。因此，在谈话时，用肢体语言来辅助讲话的效果，一要准确，不可引起误解；二要适量，不可过多、过快；三要及时，避免慢半拍；四要避免不礼貌的肢体动作。

（4）避讳隐私

由于风俗习惯等的不同，有些话题在交谈中提及或非常敏感，或容易引起客户反感，因此不应将其作为谈话的内容，应避免提及，这就是避讳。

现代人不愿暴露过多的个人信息，因此，社区经理也应避免询问过多。总体来说，以下话题应予以避免：家庭、婚姻等情况；女性的年龄、体重等有关个人生理状况的话题；工资收入、职务职衔等；宗教和政治问题等。

（5）保持正确的礼仪距离

每个人在潜意识中都有自己的一个私人空间领地。这个领地的半径大约为半米。社区经理与人交流时，应该保持这个礼仪距离，礼仪距离的存在还可避免体臭等异味可能带来的不良影响，保证交流活动的成功进行。

（6）经常使用基本的礼仪用语

在现代生活中，"以人为本"，充分尊重人，也是顺利实现交际交流的重要条件。而礼仪用语最能体现这种对人格、情感的尊重和关怀。"您好""请""谢谢""对不起""祝贺您""再见"这些基本的礼仪用语，看上去简单平常，但其所蕴含的社会意义和礼貌意义却非常丰富。

2.社区经理入户服务用语

➢ 与客户见面后，社区经理要主动与客户打招呼，如："您好，我是社区经理×××，应约上门为您办理业务，请问我可以进去吗？"同时向客户出示工作牌并递送名片。

➢ 得到允许入屋后，应视情况脱鞋换鞋（或穿上鞋套），并说："谢谢！请问×××装在什么位置？"

➢ 按用户指示安装并进行测试，如果用户指示的地点不合适，要向客户说明："××女士/先生，×××安装在这里会影响×××的运行。××女士/先生，建议您可以将×××安装在某某地会更为合适。"安装完毕应感谢客户的配合，并建议用户自行测试使用，确认无问题后，告知客户"有什么问题可以随时与名片上的电话联系，我愿随时为您服务"，之后与客户道别。

3.语言使用技巧

（1）使用敬语

习惯用"您"而不用"你"，让客户感受到你对他们的尊敬。习惯用"张总""王经理""李科长"等官称，而不用张大哥、王兄、李老弟等随意性称呼，即使你与客户的关系再好，他们也不喜欢在工作场合听到这种称呼，尤其是有他人在场的情况下，你更应该通过称呼保持他们的尊严。

（2）音量适中

音量过高会让客户听上去刺耳尖锐，感觉不适。因为音量高是愤怒、不满的表现，还会给客户带来错误的交际情景。

（3）语速不要过快

语速过快会使你的语言变得模糊不清，而且还会让客户感到你在应付他。语速过慢又显得漫不经心，会让客户联想到你的办事效率不高。

（4）调整心情

人的情绪不是一成不变的，你可能会疲惫、厌倦或者失望，甚至这些感觉会一起袭来，但是只要你的语言不表现出来就可以了。当情绪低落的时候，你一定要先把心情调整到正常状态，因为你的语言会泄露你的心情，客户会由此产生误会。

（5）尽量使用第一人称询问客户

用第一人称代替第二人称会给客户带来不同的感觉。如：你向客户示范业务如何使用之后，问："您明白了吗？您可以自己操作了吗？"就不如说："关于业务的使用，我谈了很多，但仍可能有一些地方没有表达清楚，如果有，请让我知道。我会再作一些补充。"

（6）多用现在时

社区经理向客户提供服务时，不要总跟客户强调过去，这会含有责怪的意思，让客户产生戒备心理。如果你曾经向客户示范业务的使用方法，但是客户又忘记了，不要说："这个问题我曾经在上个星期演示的时候讲过。"可以换成"好，现在我们来做一个示范。"

（7）重申你听到的话

如果你想强调或提请客户注意自己讲过的话，可以说："您是说这个月来我们公司看看？好，我们会在您来之前做好一切准备工作。"

（8）学会使用同期声

与不同的客户谈话采取同期声，会收到意想不到的效果。同期声就是与对方同步，对方讲话的速度快，你就适当加快一些语速，对方讲话的速度慢，你就适当降低一点速度。如果对方是女性，你要使音调和缓一些；如果对方是男性，你的音调要表现得爽快一些。语言与对方越接近，越容易让客户产生亲切感。

（9）有意使用一些口头禅

在交谈中适当使用一些习惯用语，如"那么""真的""这样"等，使用这些小的过渡词会让客户感到自然、亲近，但切忌使用太频繁。

4. 社区经理服务忌用语

- 不知道。
- 这事不归我管。
- 给您讲了多少遍了，还搞不清楚，真烦。
- 听见没有，你耳朵长到哪里去了？
- 不是告诉你了吗，怎么还不明白？
- 你这个人怎么这样啰唆！
- 没看见，我正忙着呢，着什么急。
- 政策有规定，多说没有用的。
- 等你看懂文件了再来办理。
- 不行！不能登记。
- 你自己查去。
- 还没有上班呢，等一会再说。
- 快下班了，明天再来办。
- 喊什么，等会儿。
- 动作这么慢，快点。
- 谁对你讲的找谁去。
- 有本事你去告，随便你告到哪儿。
- 就这么处理，告哪儿也没用。
- 这事我管不了，找领导去。

拒绝蔑视语、质问语、烦躁语、否定语。

四、社区经理岗位规范

岗位（操作）规范由预约服务规范、上门服务行为规范、欠费催缴服务规范、销售服务规范、业务咨询服务规范、业务受理服务规范、客户投诉服务规范等组成。

1. 预约服务规范

- 在为客户提供入户服务时，应执行预约服务。
- 预约时应使用服务用语，诚恳与客户商量，尊重客户的"时间优先选择权"。
- 按预约时间上门服务，做到准时守信。上门时间与约定时间误差前后不得超过 10 分钟。
- 遇到特殊情况，不能按预约时间到达时，应提前告知客户并说明原因，取得客户谅解，并再次与客户预约。如客户失约，事后应主动与客户联系，并再次预约。
- 除客户方原因外，原则上要求不得与客户失约（不可抗力除外）。

2. 上门服务规范

- 社区经理上门服务前应与客户预约时间。
- 按预约时间提前 5 分钟上门，礼貌敲门（或按门铃），无论门是否开着都应先敲门。敲门声音要适中，不宜过重过急，每次三声一组，每组之间间隔 5 秒钟。如果是门铃，每次按一下，每次时间不超过 1 秒钟，间隔 5 秒后续按，严禁按着不放手。也不准用拳头重重地砸门或用脚踢门。敲门（按门铃）后后退两步，等待客户开门，并面带笑容。
- 听到客户应答后，用规范用语自我介绍，说明来意，征得许可后方可入室服务，并向客户出示工作牌并递送名片。
- 得到允许入屋后，应视情况脱鞋换鞋（或穿上鞋套），将工作包放在室内门口一侧，然后取出工具袋入室服务，工作包不要带入室内。
- 入户后，不要闲谈，不要东张西望、左顾右盼，要尊重客户意见，得到客户同意后应立即开始工作。
- 在客户室内服务，要尊重客户意见，得到客户同意后再施工。
- 工作中要精神振作，思想集中，严格执行作业流程和质量标准。
- 工作中需要拨打免费测试电话时，要取得客户同意才能拨打。
- 请客户在工作单上签字时要使用服务用语，并为客户准备好笔，收单时要真诚致谢。
- 临行前要给客户留一张用户服务卡，便于用户与企业联系，并用服务用语与用户告别。用户赠送礼物或宴请时，要婉言谢绝。

3. 欠费催缴服务规范

- 在对客户进行欠费催缴时，应先用电话或信函通知客户，告知客户欠费金额及欠费时长，并与客户商定交费时间及地点。
- 对电话催缴或信函催缴后仍未按时交纳费用的客户，应按公司规定的内容填写"欠费通知单"后，送达客户并耐心向客户说明企业政策。
- 向客户收取欠费必须使用正式话费收据，客户交费时应当场验收钱款。不得使用白条或非正式收据。
- 收欠费时，要宣传资费政策和相关规定，不得以任何理由与客户争吵，做到文明收欠。
- 催缴欠费时应尽量照顾客户体面及生活习惯，选择适当的时间和方式进行催缴，并严格保守客户秘密。

4. 销售服务规范
- 采取上门走访或电话联系等方式进行直接销售时，应使用规范的服务用语先向客户说明意图，得到客户许可后方可继续服务。
- 产品促销宣传应真实、客观、全面，不得欺骗和误导客户。
- 产品销售必须以客户自愿为原则，不得强迫、欺骗客户购买或使用。
- 产品销售时，应向客户提供使用该项产品、业务的说明资料，包括业务功能、使用范围、使用方法、资费标准、交费时间及障碍申告、业务咨询、业务查询和投诉服务电话号码等。
- 对于客户提出的超出业务权限的需求（特别是价格问题），不得随意向客户做出承诺，也不应简单拒绝，应及时向上级有关部门报告，并尽快反馈给客户，取得客户理解。
- 应加强与本社区客户物业、居委会、村委会等组织的联系与沟通，并取得其理解和支持，保证客户服务工作顺利开展。

5. 业务咨询服务规范
- 应积极主动向客户提供咨询服务，服务内容包括：服务标准、服务范围、资费项目、资费标准、业务及产品使用方法等。
- 严格执行首问负责制的有关规定，及时、耐心、准确地为客户答疑解难，确保客户满意。
- 对于不能立即解答的问题，应取得客户谅解，并联系有关部门问明情况后在规定的时限内答复客户。
- 对于客户提出的咨询问题，不做不明确、不肯定的回答。

6. 业务受理服务规范
- 受理业务时，必须使用统一的工单，并请客户提供相关的手续。

- 对客户的预受理需求，在确认企业网络资源后，在规定的时限内处理，并主动回复客户。
- 关于客户的拆除业务，应问明原因。如客户是因不满企业服务而拆除的，应立即向客户道歉，感谢客户提出的宝贵意见，取得客户谅解并尽力挽留客户。

7. 客户投诉服务规范

- 耐心倾听客户意见，积极、热情、认真地对待客户投诉，并严格遵守客户投诉处理时限要求。
- 处理客户投诉应坚持三原则，即：
  - 坚持客户的合法权益得以保障，合理要求得以满足，企业信誉和企业利益不受损失的原则；
  - 体现尽快、尽早的原则，坚持投诉处理先纠错——再分析原因——再改进；
  - 坚持以事实和法律为依据，原则性和灵活性相结合的原则。
- 受理客户投诉后，能现场解决的应立即解决；现场不能解决的，应告知客户答复时限。
- 对于无法在规定时限内答复客户的投诉，或使用合理方式处理但客户不接受时，应及时形成首问负责工单，保证投诉闭环处理，上报上级管理部门，并主动与客户沟通处理进程。
- 对于企业责任性投诉，应以诚恳的态度取得客户谅解，能立即解决的要立即处理，不能立即解决的要按规定处理，避免客户越级投诉。

第三节 社区经理日常工作

某运营商面向大众客户市场的社区经理一个正常工作日的工作内容如表 1-1 所示。

表 1-1 社区经理一个正常工作日的工作内容

时间	工作内容
8：30	上班，签到
8：35—9：20	参加晨会，重点点评当前业务量完成情况
9：25—9：55	外呼营销，对区域 8 月份宽带到期用户进行缴费提醒，并视情况进行 E9 等紧密融合套餐的营销，完成 12 户
9：55—10：10	某用户需办理宽带，但用户居住区域没有宽带端口，一方面客户不愿意使用无线宽带替代，另一方面社区经理了解到该区域仍有欠费停机用户占用端口，可进行清理
10：10—10：20	接到小张电话，给社区经理介绍了一个宽带到期的用户（非本区域），与客户联系并简单营销，客户正在天翼通信城了解续费有关事项，且有办理 E9 套餐的意向，社区经理立即驱车前往天翼通信城

续表

时间	工作内容
10：20—10：35	到达天翼通信城，社区经理重点向客户介绍了 1680 元档 E9 套餐，在营销过程中充分挖掘了客户的需求，转而深度营销 1780 元档 E9 全家福套餐
10：35—10：55	客户挑选终端，社区经理尽量引导客户选择较高档次的终端，最终客户选择了系统价为 1980 元与 1100 元的两台 3G 手机（非智能机），补终端差价 1980 元
10：55—11：55	生意敲定，客户挑选了固话与手机号码后，营业人员开始输单。但 CRM 系统不给力，连续输单几次，系统都报错（营业员反映最近一个星期都是如此，每报错一次，即浪费 UIM 卡一张）
11：55—12：05	返回办公室，进行业务登记后，回家就餐
12：05—14：30	中午休息时间
14：35—15：30	新增用户的网格归属核查：对 8 月 1 日至 10 日新增业务的归属划定进行检查，避免收入未计列（估计清理完成需要的时间不低于 5 个小时）
15：35—15：50	营销同事推荐的宽带目标客户
15：55—16：40	宽带到期用户营销
16：45—17：10	策反移动社区代办点协助电信发展天翼宽带
16：45—17：15	部门内另一社区经理有事，过去帮忙

根据社区经理工作时的表现，针对社区经理各时段的工作内容，分析如下：

1. 9：25—9：55 时间段的外呼营销

分析：这个时间段，一般而言，客户也比较繁忙，基本上没有时间且没有兴趣接受社区经理的营销，因此对业务宣传的认可度不高。社区经理应根据客户接听电话的语气，视情况选择是否进行 E9 等融合套餐的营销，针对没有进行电话营销的用户，社区经理挂断电话后，将 E9 套餐的主要卖点以短信的形式及时发送给客户。

2. 9：55—10：10 时间段的网络资源核查

分析：后端资源部门要根据客户的需要，有针对性地做好资源支撑工作，同时明确处理流程，让社区经理有渠道了解详细情况，减少各环节的衰耗，提升工作效率。这也再次说明了要做好社区营销，不是单纯依靠社区经理即可完成的。

3. 10：10 时间段的转介客户营销

分析："保存量、提增量"毫无疑问是社区经理最重要的工作之一，关键问题是增量客户的来源。6 月，该运营商市分公司组织各县（市）分公司和市本级区域营销中心进行了联合拓展训练。训练中，社区经理与小张在同一个小组，最近几个月，小张已为社区经理推荐了多项业务（该社区经理当前的新增业务也多为朋友或客户介绍办理）。

4. 10：20—11：55 时间段的面对面销售

（1）10：20—10：35 时间段，面对面销售之建立信任

分析：①案例中的情况是夫妻二人带着 1 岁 1 个月的小孩前来办理业务，社区

经理与客户结识后，很快与客户聊起家常，并让小孩子喜欢上了自己，这也说明社区经理具备一定的销售技巧；②社区经理有自己的摩托车，因此到相应营业网点办理业务比较方便。

（2）10∶35—10∶55时间段的面对面销售之销售建议

分析：案例中，社区经理进行的终端引导比较到位，以客户信任的品牌和双模机为切入点，尽量推荐质量较好的终端，但略显不足的是，社区经理对3G智能手机的宣传不到位，也没有通过简单演示培养客户兴趣。

（3）10∶55—11∶55面对面销售达成

分析：①在等待业务完工期间，社区经理一是陪同客户前往银行提取现金，二是外出购买水果并提供给客户，减轻了客户在等待中的焦虑情绪；②天翼通信城中张贴了一张商务领航海报"购天翼3G手机，4M宽带仅需10元/月"，营业员和社区经理不熟悉具体的业务内容，同时，社区经理对"购3G手机，4M宽带免费用4年"的活动也不是特别熟悉，因此社区经理更愿意向客户推荐二季度包装的1680元或1780元E9套餐（部门已经组织培训，但社区经理从习惯到接受还需要一个过程）。

5. 14∶35—15∶30时间段网格清理

分析：区域清理是困扰社区经理，且花费较多时间的一项工作。在清理过程中，与社区经理交流，得知社区经理不知道利用Excel中的筛选和排序功能可协助其进行清理，并至少可以节约2/3的时间。因此，社区经理每天忙碌于琐事和基础工作，一个主要原因是有关部门进行工作布置时，并没有指导更简便的方法，同时社区经理对相关工具的使用比较陌生。

社区经理的日常工作除了上述案例中体现的日常销售管理、业务渠道管理、开展宣传促销、业务续费跟进之外，还有项目经营管理、新项目拓展等方面的内容。

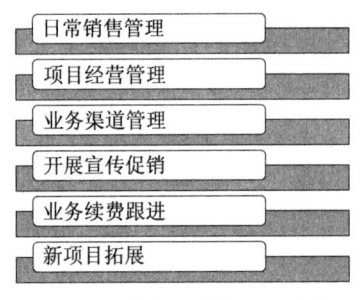

下面，我们以运营商为例，说明社区经理的日常工作规范。如图1-3所示，社区经理的日常工作具体包括日常销售管理、业务渠道管理、项目经营管理、开展宣传促销、业务续费跟进及新项目拓展等六个方面的内容。值得强调的是，社区经理的日常工作一定要体现为社区项目运营服务的宗旨。

图1-3 社区经理日常工作规范

社区经理日常工作规范的制订，旨在帮助社区经理划定工作目标，提升工作效率，强化日常行为规范管理。

社区经理日常工作规范不仅是社区经理日常行为指南，同时也是新入职社区经理的岗前培训材料。

一、日常销售管理

销售及服务是社区经理的基本工作内容。社区经理负责承接经营单位至区域内的各项任务计划,并根据任务计划,再做进一步的细分。

下面以月为单位,从任务指标、具体内容、完成时间、参考方法四个方面,介绍社区经理的日常销售管理工作(表1-2)。

表1-2 社区经理日常销售管理工作

序号	任务指标	具体内容	完成时间	参考方法
1	制订月度工作计划	制订月度工作计划,明确本月需完成的工作内容、达到的工作目标及行动步骤等	每月28日之前完成次月的工作计划	①紧紧围绕"项目经营"这一主线制订月度工作计划;②计划制订内容包括:明确网格整体业务发展目标,包括发展、净增、续费、端口资源利用率、新项目洽谈、渠道网点拓展等各项内容;③对上月未完成的工作计划,本月采取的改进措施等
2	制订促销计划	根据项目业务发展情况,制订月度项目促销计划、项目促销安排、物业协调落实、促销时间、促销地点、参与促销人员落实、促销物资准备	每月28日之前完成次月的工作计划	①根据项目业务发展实际情况,有针对性地组织项目促销,合理安排促销场次;②保证负责区域内每日至少有2场以上促销活动开展;③因受天气影响无法开展促销时,应有应急方案配合予以补充
3	净增出账用户业务发数分解	根据区域任务数细分至各项目	每月28日之前完成次月的任务分解	①根据项目存量用户数规模;②根据项目端口资源利用率情况;③根据项目入住情况;④其他需关注情况
4	续费目标保障	根据续费专员每月下发的续费明细,将需续费目标用户反馈给各代理商,并跟踪落实续费工作的开展及完成情况,确保续费目标的实现	每月25日之前完成次月续费目标的分解	①根据续费目标用户的归属进行分解;②续费回访要有跟踪及反馈;③发现续费异常情况及时纠偏

可见,日常销售管理是社区经理的基本职能。从制订月度工作计划、促销计划,到对计划的分解、业务保障的具体措施,日常销售管理工作都要全面把握。只有扎实、细致的日常销售管理工作的实施,社区经理才会有好的销售业绩。

二、项目经营管理

在做好日常销售管理工作的基础上,社区经理要突出"项目经营",以项目经营带动产能提升。

项目效能分析包含对项目基础信息、项目经营信息、项目竞争环境三项内容的分析。

1.项目基础信息

社区经理必须清晰了解所负责区域内各项目的基础信息，通过建立基础台账熟悉并掌握项目的各项信息，便于项目经营工作的开展。

项目基础信息台账表格模板如表1-3所示。

表1-3 项目基础信息台账

项目名称	详细地址	建成时间	项目性质	覆盖户数	接入方式	端口数	物业方	物业联系人	联系电话	物业合作情况	入住情况	竞争对手情况	市场份额

上述项目基础信息台账的信息录入要常态化，社区经理要做到信息更新及时、准确无误，为项目的精准实施提供支撑。

2.项目经营信息

社区经理必须熟悉项目在经营发展过程中的各项经营指标要求，通过建立项目经营指标台账，掌握项目经营发展情况，重点关注基本业务及增长业务的经营指标，不断总结经验，调整销售策略，提高经营能力。

项目经营指标台账表格模板如表1-4所示。

表1-4 项目经营指标台账

项目名称	出账用户数	出账收入	净增用户		续费指标		端口资源利用率		佣金返利
			上月	本月任务	上月	本月任务	上月	本月任务	上月

3.项目竞争环境

除此之外，社区经理还应该对项目的竞争环境有准确的了解及清晰的判断。社区经理可通过收集外部其他竞争对手的产品资费信息及宣传活动安排，有策略地采取应对措施，做到知己知彼，百战不殆。

项目竞争信息分析模板如表1-5所示。

表1-5 项目竞争信息

项目名称	竞争对手A	竞争对手B	竞争对手C	竞争对手D	其他	建议应对措施

三、业务渠道管理

社区经理既是渠道运营的实施者，也是渠道的管理者，特别是针对社会合作渠道，更要注重对业务渠道的"建、管、养"工作，通俗地表达就是业务渠道的帮扶与支撑。

社区经理的业务渠道管理内容包括：

➢ 各类业务渠道的培训、指导、检查、帮助；

➢ 收集项目基础工作信息及经营情况反馈，增强渠道管理及评估的严谨性；

➢ 了解渠道业务人员面临的困难、问题，及时予以支持和解决，提高项目经营问题解决的有效性。

要帮助渠道解决问题，必须通过不断地与渠道业务人员面对面沟通了解问题，沟通要以"项目经营"为目标，以提升项目经营效益为抓手来进行。

(一) 业务合作渠道管理

社区经理要善于利用所负责区域内项目周边所有的资源优势，有效发展业务合作渠道（比如便利店、便民点、邮政报刊点、小型超市等有可能、有条件成为企业合作渠道的点），扩大业务影响及业务受理面，提高用户业务办理便利性要求，与现有渠道有效形成合力，共同经营区域项目发展，提高企业产能。

因此，社区经理对业务合作渠道的帮扶与支撑工作（见表1-6）是否到位非常关键。

表1-6 社区经理对业务合作渠道的帮扶与支撑工作

序号	合作渠道管理内容	工作内容	细化要求
1	渠道走访	①业务合作渠道，每周走访不少于1次；②了解网点业务办理情况、发放佣金返利情况、存在问题及需要协调解决的事宜等	①每周必须上门一次；②电话沟通不少于2次；③合作渠道店面人员必须知悉社区经理姓名及联络电话
2	项目资源介绍	对合作渠道周边项目资源情况及项目情况等对合作渠道门店老板、厅主任及店员进行介绍，并提供详细的项目信息资料	①合作渠道店面人员必须熟知；②项目异动情况应及时告知
3	营销活动宣讲	①将最新营销活动方案对合作渠道店老板及营业员进行宣讲；②介绍营销产品的佣金构成；③介绍营销产品的卖点等	①合作渠道店老板了解营销卖点及佣金构成；②合作渠道坐店人员必须知悉产品的卖点等
4	网点宣传布置	受理点宣传布置必须具备"五个一"：一块业务受理牌、一条业务条幅、一个X展架、一沓最新产品宣传单页、一批最新产品宣传海报	合作渠道网点店内必须满足宣传布置"五个一"的要求
5	业务受理培训	受理渠道通过客服中心电话或网上营业厅报装流程的培训	社区经理定期上门培训

(二)合作渠道业务人员管理(见表1-7)

表1-7 合作渠道业务人员管理

序号	合作渠道管理内容	细化要求	操作说明
1	会议组织及培训	①经营情况通报、对代理商业务人员宣传当期重点营销政策；②明确项目月度发展目标；③了解项目当前在经营发展过程中存在的问题及需得到的支持并予以落实并回复	可采取项目现场一对一沟通，或集中开展
2	项目宣传布置	根据营销方案内容，安排代理商业务人员做好小区宣传布置工作，包括张贴宣传海报、楼道贴、更新宣传栏等工作，便于小区用户及时了解最新产品政策	宣传布置工作必须于宣传品发放后两天之内全部布置到位，并定期进行巡检，发现缺漏及时补齐
3	项目现场促销	将项目月度促销计划传达至代理商业务人员，督促其在规定时间内开展促销活动	社区经理在活动开展之初给予支持，并在开展过程中给予检查、指导
4	客户回访及续费	每月根据当月业务到期预警用户清单，安排代理商业务人员对到期预警用户进行回访并上门收费。同时要求对老用户宣传、讲解项目现行资费及营销方案，从而有效提高客户续费率	对于电话回访续费不成功的用户，安排二次上门挽留

由上述社区经理针对业务渠道进行的帮扶及支撑工作的具体介绍可以看出，社区经理要善于利用所负责区域的各种渠道资源，本着"利他利己"的思想，尽可能地提升项目的知晓率及用户办理业务的便捷程度，以此来增加客户的黏着力。

毫无疑问，这对社区经理也提出了更高的职业要求，这也将要求社区经理要由以往的单打独斗转变为借助渠道合力提升区域业绩。

四、开展宣传促销

对项目的宣传促销进行系统的组织，是实施社区项目运营的直接手段，也是社区经理日常工作的主要内容之一。

社区经理在促销组织方面的工作包括：促销计划的制订、实施、检查、项目宣传开展等方面，涉及业务促销活动的全过程。

(一)促销计划制订与实施

1.促销计划的制订

根据项目发展情况制订月度促销计划，在制订和实施计划时要考虑如下因素：

➢ 物业方或第三方的关系；

➢ 促销活动的时间安排是否具有针对性，如工作日、节假日、纪念日、寒暑假等因素；

➢ 促销活动的内容、费用等方面是否合理等。

2. 促销计划的组织实施

促销活动是企业或各合作渠道根据市场销售规律、项目发展阶段、新产品推广的因素，制订与推行的各时间段与各类产品的促销活动政策。通过推行促销活动，巩固社区宣传效果，激发用户购买欲望，从而提升产品销量，通过合理化、多频次的现场促销活动，来实现社区项目的经营发展。

社区经理在小区促销活动（表1-8）的安排上，要做到有计划、有步骤、可操作、可检查、规范化。对计划的每个步骤要逐项落实，在组织实施过程中要考虑如下因素：

➢ 实施过程中人、财、物等因素的协调到位；

➢ 场地、天气等因素对促销结果的影响；

➢ 促销过程中突发事件的处理等。

表1-8 ××月份促销计划

经营单位： 社区经理：

序号	促销日期	促销时间	项目名称	促销方式	现场负责人	联系方式	促销人数	物资准备

例1：大型促销活动的安排

1）大型促销活动开展适用于以下情况：

➢ 具备开通能力且小区住户达到一定规模的新建成小区；

➢ 对需特别拉动业务发展，有针对性集中资源开展大型促销活动需求的项目。

2）申请方式。由营销中心提出申请，由销售部委托专业广告公司在周末组织一场互动性的、娱乐性的路演活动，活动由营销中心组织代理商进行场地的落实。

3）大型促销活动形式包括：大型路演、互动竞猜游戏、与物业合作开展宣传活动、组织播放电影等。

4）活动模式。推介和展示基础业务及融合业务为主体，以小区居民互动营销为策略手段，将业务推广与现场游戏互动相融合，采用互动游戏赢大奖的活动模式吸引广大居民积极参与到活动中来，让目标用户在体验欢乐的过程中深刻理解品牌业务资讯。

活动分前期宣传（预热）、现场推广（路演）及后期宣传（促销）三个阶段进行集中全方位渗透推广，最终带动基础业务及融合业务产品的销售。

例2：一般常规化促销活动的安排

（1）制订活动计划

社区经理于每周五制订下一周常规化促销活动安排，并报市场部备案。

（2）确定人员分工

现场执行人员以合作渠道（代理商）项目销售人员或临时促销员为主，社区经理负责活动预热，物料组织保障、现场督导。在人员培训方面，应包括：

- 产品知识，含竞争对手同类产品知识及区别；
- 活动政策，价格、优惠、赠品规则，重点突出用户使用融合业务产品前后可使用产品比较与消费支出比较；
- 产品体验演示。

（3）现场活动组织

- 场地选择，项目内可选人流较多的大门口，或是居民休闲区；项目外可选车站、学校、菜场、超市周边。同时活动场地周边有专营或复用渠道网点做支撑为最佳。
- 时间选择，工作日时间安排在18：00—19：30点（春夏）/17：00—19：00（秋冬）；节假日安排在10：00—18：00点（中午轮休）。

（4）现场区域设置

现场区域依功能不同设置为接待区、体验区、办理区等。

（5）现场物品摆放

- 宣传单页向外放在展台前部明显位置，正反面间隔摆放，方便取阅；
- 业务单据向外放在展台后部；
- 赠品及其他宣传品整齐摆放在展台后部；
- 其他物资及个人物品放在隐蔽位置。

（6）现场人员角色

社区经理：现场督导，主要包括活动预热、维持秩序、突发问题处理。

促销人员：①发单员：现场两边通道发单、人流引导；②演示员：产品演示、活动解说；③受理员：现场办理、开单；④安装人员：现场上门安装。

（7）现场信息收集

- 收集现场用户咨询建议，对有意向的客户信息进行留底；
- 收集活动区域内竞争对手的政策信息，为活动后期分析做准备；
- 收集活动区域周边零散门点的信息，发展其作为后期业务经营网点的备选。

3. 促销过程检查

促销过程的检查就是对项目进行检查，是对促销布置落实的直接体现。社区经理应充分利用项目检查，从各个环节对项目经营进行过程管控，提升项目经营的效能。

促销过程的检查分为促销活动的检查、项目宣传的检查、实体渠道的检查等几个方面，每个方面均要求对应到活动计划中，并逐项落实。

(二) 项目宣传

项目宣传是社区业务运营的基础性工作，也是考评社区经理工作完成情况的重要指标之一。

1. 工作内容

社区经理对所负责的区域投放产品及活动宣传资料，以便用户及时获取企业的最新产品及活动信息。具体内容包括：根据不同项目的用户数、潜在市场容量、潜在用户数、产品收入预期等因素，结合项目的具体实施条件，张贴最新活动海报、社区经理信息公示、楼道贴，并选择性设立永久社区宣传栏、社区公益软文广告栏、电梯广告、灯箱广告、社区车辆车身广告、出入口门头广告等，进行项目的常规性宣传。

2. 投放要求

根据负责区域的用户数，确定不同的投放要求，如表1-9所示。

表1-9 项目宣传投放要求

项目范围	投放要求
所负责区域	最新活动海报、楼道贴、社区经理公示牌
1000~2000户	除上述投放要求之外，视条件投放出入口门头广告、灯箱广告、电梯广告
2000户以上	除上述投放要求之外，视条件投放社区公益软文广告栏、社区固定广告宣传栏、社区车辆车身广告，并更新社区固定广告宣传栏版面，无遮挡、无覆盖

3. 对社区用户的宣传效果

通过社区经理在所负责区域内的宣传工作，达到"三个知道"的效果，即社区用户知道：

➢ 本小区企业的资源已覆盖；

➢ 企业正在经营的产品及增值产品；

➢ 企业近期主推产品及正在开展的促销活动。

4. 所负责区域内的宣传标准

通过社区经理的宣传，在其所负责的区域要达到全面、快速、及时的宣传效果。

➢ 全面：宣传资料的全覆盖；

➢ 快速：最新活动信息的及时更新；

➢ 及时：宣传资料的每日张贴、补充。

5. 执行人

主流活动宣传品由企业相关部门统一制作，具备项目特性的线下活动宣传由经营单位制作，以上均由社区经理执行完成。

6. 检查考核

区域负责人负责区域内项目宣传执行的检查工作，按照每周一次的频率，对区域内所有项目宣传活动的落实情况进行巡查，巡查结果计入社区经理日常工作完成的绩效考核中。

7. 促销宣传道具的使用规范

促销宣传道具是供现场促销活动使用，为企业展示产品、进行宣传，为用户了解产品提供了一个临时场地，方便用户现场报装。

- 保护、爱惜各种宣传用具，出现损坏及时进行修补；
- 每次现场促销活动宣用具的领用必须建立台账，以"谁领用，谁负责归还"为原则保证促销宣传道具的安全；
- 对于小型促销用具（例如：促销伞、座椅等），每天促销完毕后，必须存放在可靠位置，避免被盗。

8. 宣传印刷物资的使用规范（详见工具运用）

五、业务续费跟进

某种程度而言，业务续费的情况体现了企业对存量客户的客情维系水平。社区经理承接区域内业务续费工作考核指标，并严格按照企业的相关要求，组织区域内各渠道、各单位业务续费工作的有序开展，负责对区域内业务续费工作过程进行跟踪指导，并对续费结果进行监控。

（一）实施细则

组织合作渠道执行客情维系动作（上门贴单和上门回访），有序开展维系工作并跟进续费进度。

对电话失联、地址不详用户，组织运维人员配合合作渠道在协议到期前一周核查用户地址，上门受理，并做好清晰台账。

（二）回访结果处理

1. 有效回访用户

（1）用户同意续费

- 用户愿意自己办理续费：督促合作渠道引导用户到就近营业点办理续费；
- 用户希望人员上门帮自己办理续费：在电话回访结束后，合作渠道维系人员立即整理客户信息，安排合作渠道业务员根据约定时间上门为客户办理续费。

（2）用户拒绝续费

对反映不愿续费的用户，询问原因，对非因搬家原因引起的潜在离网用户，在电话回访后根据用户协议到期日远近，安排合作渠道业务员于48小时内对用户进行二次上门回访并记录相关情况。

2. 无效回访用户

- 对未能成功电话回访的用户，如联系不上或拒绝回访的用户，安排合作渠道业务员根据用户装机地址上门贴单；
- 在用户到期日前第三次无效回访后，由社区经理安排运维人员配合合作渠道业务员核查用户具体地址，上门办理，并记下清晰的台账；
- 对合作渠道提出警告或扣减佣金的惩罚。

六、新项目拓展

新项目引进是企业业务发展新的增长点，社区经理在关注已投产项目经营的同时，也应高度关注新项目洽谈准入工作。

社区经理对区域内的在建楼盘、已建成新楼盘的动态信息应具备高度关注的敏感度，对符合企业评估要求的新项目应积极洽谈。

社区经理应从以下几个方面关注新项目引进的相关工作。

（一）项目选择

1）项目选择参考要素。

新项目：新项目建成时间、项目性质、项目户数、其他运营商竞争情况；

老项目：项目性质、周边业务覆盖情况、竞争对手情况。

2）项目谈判涉及要素（见表1-10）。

表1-10 项目谈判涉及要素

标准分类	条件	具体说明
优先选择	竞争情况	可否由企业独家经营相关业务
	广告展位	协议期内，可免费设立的固定广告展位
	促销场地	自交房起半年以上，可免费在小区内开展促销活动

3）禁止投资项目：已列入拆迁规划项目、开放式社区（仅城区）。

（二）项目洽谈

1）项目准入洽谈、协议签订需以社区经理为主，合作渠道（代理商）为辅。

2）对需要通过准入协调费建立客情关系的，由社区经理负责接洽，对有特殊客情资源的合作渠道（代理商），如果在洽谈中不支付协调费或支付少量协调费的，该合作渠道（代理商）具有项目经营的优先权。

(三)项目准入洽谈的模式

1)社区经理要与当地房地产管理方或者建筑管理方建立良好的客情关系，利用其对开发商、物业公司的影响力进行项目洽谈的突破。

2)社区经理要通过与建立合作关系的开发商或物业公司接洽，了解其建设、管理的其他小区项目，开展新的项目合作。

3)对于新建的小区，可与开发商协商由企业建设投资小区内管网或购买已建成的管网，以此作为条件促进项目准入。

4)充分利用公司网络资源已进驻的项目，充分利用与物业的客情关系进行准入洽谈。

(四)项目建设

新项目的建设立项、项目建设审批、建设进度时长、建设完工时间等都将对项目投产运营起着关键性的作用，社区经理应充分利用好每个时间节点，为项目的经营开始宣传造势，为日后的项目发展奠定基础。

1. 时间节点 1——项目立项启动

新签项目立项开始时，社区经理应开始着手联络后台支撑准备项目在系统内的建立、资费绑定等相关工作。

2. 时间节点 2——项目施工进行时

了解项目建设周期，在项目建设过程中同步准备项目预热宣传，并开始着手组织有针对性的项目营销方案。

3. 时间节点 3——项目完工验收

在项目施工完结并验收后，社区经理正式开始组织实施项目营销方案，正式吹响项目营销的号角。

第四节　社区经理项目开发

随着中国社会经济与房地产业的蓬勃发展，目前城市中绝大多数人口已经按照自身居住的业态形成了一种社区化的生活方式，社区经济、社区文化、社区营销、社区项目等都成为市场中的"网红"词汇。而遗憾的是，面对这种消费市场的变化，企业在营销策划及具体实施方面却往往存在着以下不足：

1)依旧是销售思维，看重的是急于将产品售卖出去，实现兑现；

2)社区销售渠道布局不尽合理，社区服务缺失；

3)社区销售渠道功能失衡，常规的实体渠道重服务而销售功能不足，而社会渠道由于服务人员缺乏专业知识，无法对综合信息业务和各类数据业务提供专业指引，从而导致销售成效不理想；

4）社区客户信息不完整，不足以支撑区域精耕细作的要求；

5）社区客户资源的价值没有得到充分的重视、社区项目开发乏力。

要想破解这些不足带来的业务发展滞后的问题，企业就要注重社区营销，通过社区经理加大社区项目的策划、宣传、开发及实施的力度是一个不错的选择。

一、社区营销带动社区项目

（一）社区营销的三大功能

社区营销是运用社区特有的综合信息传播体系，为企业赢得良好的口碑，促使社区用户购买产品、使用产品、反馈信息，从而使企业获得竞争优势或提升销售业绩的营销方式。企业实施社区营销的三大功能如下。

1. 社区营销有利于企业实施精准营销

所谓社区，就是聚居在一定地域范围内的人们所组成的社会生活共同体。他们是一群以一定社会关系为基础组织起来进行共同生活的人群。随着市场经济的发展，社区内的人群由原来的以"单位"、血缘聚集逐步转变为以经济、文化聚集，这体现了人群在消费行为、价值观念、生活方式、社区意识等方面的趋同性。以社区为单位开展营销，有利于提高营销活动的精准度。

2. 社区营销有利于企业塑造对社会负责的形象

社区是人们居住和生活的地方，在此，人们可以以最放松的状态参与社区的活动。企业可以借助文化性或服务性的活动，与目标客户建立密切的联系，树立良好的社会形象和信赖度，从而构筑有效的竞争屏障。

3. 社区营销有利于企业及时调整营销方式

社区营销使社区经理（销售人员）渗透到客户身边，企业可以与消费者进行直接沟通，不仅可以与客户面对面沟通，而且与客户在服务、文化互动活动中建立信赖的情谊，从而更直接、更深入地了解客户的生活、工作情景，因此能更深入地理解客户的消费需求，直接掌握消费者反馈的信息，并能及时对营销沟通方案进行有效的调整。

（二）社区营销的三个原则

社区营销的核心是建立良好的客户关系，从而达成销售的增长。因此，实施社区营销时需注意以下三个基本原则。

1. 处理好与物业管理之间的关系，发展同盟关系

物业管理是物业管理企业接受房屋产权人或业主委员的委托，依照物业管理合同或协议，对已投入使用的房屋建筑和附属配套设施及场地进行管理，同时对房屋区域周围的环境、卫生、公共绿地、道路养护统一实施专业化管理，并向住用人提供多方面的综合性服务。物业管理公司是为业主提供良好居住环境保障的服务企业，这是社区经理进驻社区，开展营销活动必须闯过的关键防线。

要将物业公司发展成为盟友，社区经理必须深入分析物业公司的需求，寻求双方合作的契合点，才能顺利地开展营销活动。

由于物管公司服务的特性，其不仅肩负社区物业的管理，还肩负着社区文化建设和良好生活形态的营造。然而，物业管理本身是一个微利行业，其管理人员的素质也参差不齐，在开展社区建设的工作中，其资金和人力不足成为越来越突出的问题。作为要进驻社区的企业，社区经理可以借助自身的优势，通过多种方式向社区注入资金，通过主动参与各种社区文化活动的策划和组织赢得物业管理公司的认可，通过持续、长期的主动服务，最终促使物业公司建立对本企业的信赖感，从而成为企业的盟友。

2. 以公益和服务为切入点，提升产品价值体验

社区是人们生活和休息的场所，是人们追求自我、自由的宁静港湾。功利色彩明显的传统销售模式必然被社区住户所摒弃，而不带明显功利色彩的公益活动和主动服务方式，较易吸引住户参与的热情。因此，社区营销要求社区经理一方面保持加强与政府机关、社会群体等组织的良好关系，并根据社区客户的需求策划出关注民生、体现温情、关怀家庭等各种公益活动，另一方面也要将本企业的品牌和产品的价值借助这些活动得以呈现。通过"润物细无声"的方法，让客户在参与活动中对企业品牌产生积极联想，并通过亲身体验认识产品的好处，从而促成购买行为。

3. 建立社区数据库，使营销效用最大化

社区营销成功实施的原因在于能更贴近客户和更了解客户需求，并且以客户关系建立为基础，因而营销方式更具柔性，更易被客户接受。

但由于不同社区差异较大，社区内人群结构复杂，人员众多，因此，要成功开展社区营销必须对社区特点和社区人群有深入的了解，建立社区数据库是社区营销得以持续发展的必然要求。

通过以楼为单位的社区数据库的建设，有助于社区营销人员挖掘信息传播源和寻找高值目标客户，从而实现社区精确营销，有效提升营销的成功率。

(三) 社区营销的三种方式

社区营销就是把整合营销活动根植于社区，根据社区的生活方式，建立有效的客户

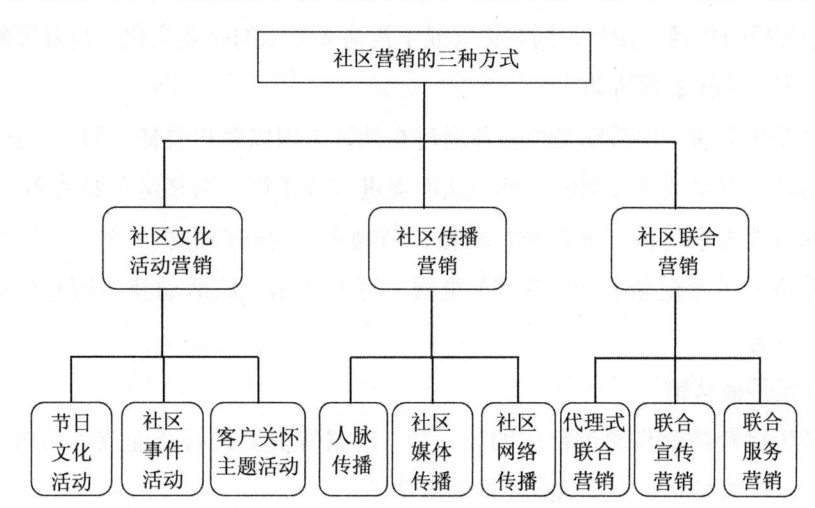

关系，并成功促成客户的消费行为。概括起来，社区营销具体有三种方式（见图1-4）。

```
                    社区营销的三种方式
        ┌──────────────────┼──────────────────┐
   社区文化              社区传播              社区联合
   活动营销                营销                  营销
  ┌───┼───┐          ┌────┼────┐          ┌────┼────┐
 节日  社区  客户关怀   人脉  社区  社区      代理式 联合  联合
 文化  事件  主题活动   传播  媒体  网络      联合  宣传  服务
 活动  活动            传播  传播            营销  营销  营销
```

图1-4 社区营销的三种方式

1. 社区文化活动营销

社区是人们最放松和休闲的地方。随着物质生活的满足，人们越来越关注精神需求的满足和人际关系的和谐。人们对社区普遍提出了管理有序、服务完善、人际和谐、文化生活丰富多彩的要求。因此，传统的销售模式在社区内可能会遭到住户的反感甚至抗拒，而以社区文化活动为主体进行的营销模式则取得了良好的营销效果。常用的社区文化活动包括：节日文化活动、社区事件活动、客户关怀主题文化活动等。

（1）节日文化活动

节日文化活动指企业借助特殊节日，根据社区住户行为特点组织社区文化活动，以宣传企业品牌或产品价值。如在年轻父母较多的社区，借助六一儿童节，开展"明星宝宝摄影大赛"，通过活动组织，一方面吸引社区客户高度关注和积极参与，为社区营造热闹、关爱的氛围，拉近了企业、社区销售人员与住户的心理距离，促进良好关系的建立。另一方面，通过帮助参赛的宝宝制作精美彩信，协助物管制作评选网页，利用短信投票和网络投票评出社区明星宝宝等活动的组织，巧妙地把通信产品与活动融于一体，有效地培育了客户对业务的使用习惯。

（2）社区事件活动

社区事件活动营销是指企业通过捕捉社区特殊时机，通过策划、组织具有社区影响力的文化活动事件，引起社区内消费者的兴趣与关注，以提高企业的知名度、美誉度，树立良好品牌形象，并最终促成产品或服务的销售。如某运营商在年轻白领聚集的商住社区，策划和组织了"11月11日（民间光棍日）缘来有你"社区活动，活动在11月初通过征集附近主要社区有意于结交异性朋友的微信号，组建微信群，并以此为社交平台，由社区经理发起组织 11 月 11 日的"牵手"活动，从而吸引了一群志趣相投的年轻人参与，同时也突显了沟通无界限的企业文化和良好形象。

（3）客户关怀主题活动

客户关怀主题文化活动是指企业通过在社区组织以客户关怀、服务社区为主题的文化活动，引发社区公众的好感，从而促进有效销售。以某运营商为例，把握社区客户的重要需求时机，如新楼盘交楼，与物业公司联合组织大型住户回馈活动，凡新入住客户可享受新装（含迁移）电视、宽带优惠。该活动获得所有住户好评，销售效果显著。

2. 社区传播营销

社区传播营销就是通过社区的人、物、网络等资源进行企业或产品信息传播，促使社区住户购买、使用及信息反馈的活动。

（1）人脉传播

人脉传播是指借助社区内具有影响力的人员进行客户聚集和产品信息传播。随着社会的发展，社会竞争的加剧导致人们日常的人际关系趋向淡化。然而，人毕竟具有社会性特点，在一个社区的人们内心深处，仍渴望在精神和情感上获得归属感和友谊。因此，在社会竞争较少的生活社区，人们更乐于敞开心扉。而没有功利色彩，以娱乐和感情联系为目的的非正式组织或团体在社区中变得非常活跃，这些自发组织的组织者在社区住户中则具有很强的影响力和感召力，同时也是社区信息的有效信息源。以树立品牌、提供更优质服务和加强沟通为目的的通信企业，可借助这些有效的信息源，进行产品信息社区覆盖。

人脉传播的具体操作可分为以下几个步骤：

第一，根据社区数据库及社区走访活动，找到与产品对应的目标人群及该人群在社区的非正式组织；

第二，以免费服务、赠送或免费讲座等公益性活动吸引该组织成员参与产品体验；

第三，活动结束后主动关怀体验者的感受，建立产品信息反馈和客户关系，培育产品评价良好的人员成为传播源；

第四，制订鼓励政策，鼓励传播源进行社区、亲友群的信息传播，从而形成人群点对点的传播效应。

（2）社区媒体传播

社区媒体传播即指通过社区数据库的建立，在社区内开发更人性化、更直接、更具针对性的沟通方式。目前常用的方式有电梯媒体、资讯百宝箱、社区直投广告、社区户外公益广告等。

（3）社区网络传播

社区网络传播是指借助大型社区内的网页，进行企业、产品信息传播。目前在大型社区内多建有社区论坛等网页，社区经理（销售人员）可通过与物业或论坛主持人联合，在社区论坛内建立产品知识、使用解决方案或使用技巧等服务性、公益性网页链接，并通过热门新产品论坛（如某运营商公司提供 4K 高清机的使用锦囊等吸引住户对高清互动业务的兴趣和应用认知）、组织网上问答送礼品、优惠回馈等活动吸引社区住户点击相关产品知识网页，以此来提高目标客户对产品的认知度，从而达成销售。这种传播方式成功的另一要素是，社区经理必须与客户建立长期信赖的关系，当客户接受自我教育后，能以最快捷的方式与销售人员建立联系，达成购买行为。社区经理也可以通过客户关怀等方式，引导客户自我学习，并做出购买决定。

3. 社区联合营销

社区联合营销是指企业在社区内与同样服务于本社区的组织、个人或商家合作开展营销活动，以较少的投入获得较大产出的社区营销方式。人们居住在社区，所需的服务和产品是多样化的，不同的商家或组织在社区内拥有不同的资源，并以此资源满足客户的需求。实施联合营销能共同享有相互的资源，以多赢的方式增加产品与社区客户的触点，而促成销售业绩的提升。

实施社区联合营销的主要方式有代理式联合营销、联合宣传营销和联合服务营销。

（1）代理式联合营销

代理式联合营销是最常用的社区联合营销方式，即企业通过挖掘社区中声誉良好、服务于目标客户的商家或组织（如物管等）开展代理服务，如某运营商将大型的声誉良好的物业公司发展为业务受理和销售代理商，并为物业公司开发相应的信息系统和提供相关的服务支撑，同时通过一定的服务回馈鼓励该社区的客户到物业公司进行业务受理。由于该模式可使客户、物业公司都从中获益，从而收到了显著的营销效果，并可有效防御竞争者入侵。

（2）联合宣传营销

联合宣传营销是指企业通过分析社区周边的商家特点和资源，借助自身资源与商家联手进行业务宣传。以某电信分公司为例，其对某电脑城商区进行分析，该电脑城每天电脑出货量达 6000~7000 台，且客户以本地居民为主。通过签订合作协议，电信分公司为相关店铺提供统一标识和宣传品，店铺内免费摆放电信产品宣传单页和业务介绍，并主动推介相关业务。由于该联合方式目标客户聚焦准确，且为客户提供了便捷的信息服务，销售效果明显。

（3）联合服务营销

联合服务营销是指企业通过与社区周边的商家共享服务资源，加强客户对产品价值的认识和体验，从而有效促成业务的销售。联合服务的关键在于寻找合作双方的价值交汇点，通过整合双方服务资源和产品价值，提供独特的服务体验，使客户在体验中加深对产品价值的认可，从而促成购买行为。

总之，社区经理通过社区终端渗透，加强与客户关系的维系，强化对竞争地域的掌控，将社区营销做到位，方能实现市场占比的领先和业务的持续增长。

二、提升社区项目知晓率

提升社区项目的知晓率是社区项目开发宣传及成功实施的前提条件。

提升社区项目的知晓率，落到实处就是扩大社区经理的知晓率，帮助其提升知名度，使其对应服务的社区用户都知道社区经理是何人？办公场地在哪里？联系方式是什么？提供的产品及服务、进行的社区项目开发有哪些？从而使其对应服务的社区用户，一旦有产品及服务的意向及需求，就知道在哪里可以找到社区经理，怎样最快捷地联系上社区经理等。

下面通过一个案例介绍提升社区经理知晓率，特别是项目知晓率的具体操作方法。

■ 案例背景

经过调查统计，A公司社区经理知晓率偏低，与公司内各分公司、各分局之间还有一定的差距，根据A公司要求：必须全面提高社区经理知晓率，方能提升社区项目开发的知晓率。

■ 现状调查

1）2006年A公司与其他分公司做同期比较，社区经理平均知晓率如表1-11所示。

表1-11 社区经理平均知晓率

A公司	E分公司	F分公司	G分公司	H分公司	平均值
86.29%	96.97%	87.82%	97.35%	85.12%	90.71%

2）通过抽取凯旋、解放、迎宾、南海和万国五个社区的用户，按20%的比例，合计4500户进行调查，对社区经理不知晓情况进行归纳总结，对2006年3月至9月的客户不知晓率情况进行分析，如表1-12所示。

表1-12 客户不知晓率情况分析

	调查户数	平均不知晓客户数量	占不知晓客户比重率	累计百分率
公众客户	1949	467	75.69%	75.69%
商务客户	1553	124	20.10%	95.79%
大客户	994	25	4.05%	99.84%
其他	4	1	0.16%	100%
合计	4500	617	100%	

从上表可以看出：公众客户不知晓率占总比的 75.69%，是造成知晓率低的主要类型。

■ 设定目标

设定目标的依据如下：

1）公司内 E 分公司社区经理知晓率曾经达到了 96.97%；G 分公司社区经理知晓率曾经达到了 97.35%；

2）如果要达到 90% 的指标要求，我们只需解决公众客户不知晓率类型中（90%-86.29%）/[(100%-86.29%)*75.69%]=35.75% 的问题，就可以实现 90% 的目标。

故目标设定为：社区经理知晓率达到 90%。

■ 原因分析

小组针对造成公众客户知晓率低的原因进行了分析，原因如图 1-5 所示。

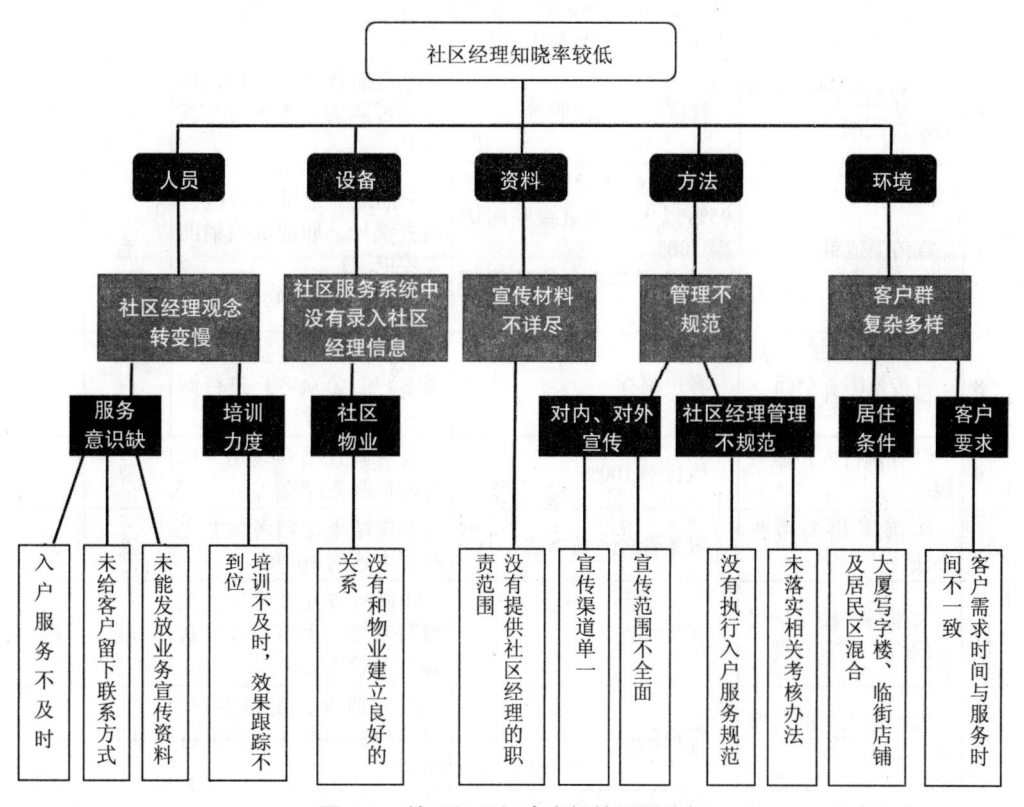

图 1-5 社区经理知晓率低的原因分析

■ 确定要因

为解决"社区经理知晓率低"的问题，通过分析，找到 12 个末端因素，如表 1-13 所示。

表 1-13 12 个末端因素

	末端因素	验证标准	验证方法和过程	负责人	是否要因
1	入户服务不及时	满足《社区经理入户服务规范》要求	通过调查回访客户,满足《社区经理入户服务规范》要求	闫	否
2	未给客户留下联系方式	为客户留服务卡片率大于95%	抽查一定量的有过服务需求的客户,调查社区经理留服务卡片情况	凌	是
3	未能发放业务宣传资料	每月至少两次业务宣传	抽查现场办公次数及业务宣传单发放情况	陈	是
4	相应的培训不及时,效果跟踪不到位	每月培训至少一次	培训需求及培训记录 培训考核成绩及格率,跟踪培训效果	曹	是
5	没有和物业建立良好的合作关系	与物业合作,在小区指定地点设定社区经理公示栏,在小区物业管理系统中录入社区经理相关信息	抽查社区经理公示栏张贴率、小区物业管理系统中录入社区经理信息率	卢	是
6	没有提供社区经理的职责范围	社区经理岗位职责	定期抽查社区经理,社区经理职责明确率为95%以上	蔡	否
7	宣传渠道单一	①社区公示牌张贴率95%以上;测量跟踪回访率100%;②发挥客户各级职能部门作用	①抽取一定量客户进行调查统计,职能部门辅助宣传记录;②测量跟踪回访率95%	毛	是
8	宣传范围不全面	客户调查	随机抽取一定量的写字楼客户、公众客户进行调查,统计分析	卢	否
9	没有执行入户服务规范	执行率100%	电话调查结合暗访,执行入户服务规范	曹	否
10	未落实相关考核办法	服务管理考核办法	考核结果按照考核办法执行率达到100%	刘	否
11	大厦写字楼与居民区混合,不宜管理	客户调查	随机抽查几个社区,大厦写字楼类大客户及公众客户组成情况	蔡	否
12	客户需求时间与服务时间不一致	客户调查	随机抽查一定量客户,对客户需要服务时间进行统计	闫	否

末端因素分析如下。

序号:末端因素 1

表现:入户服务不及时

分析:我们对 300 户有过业务需求的用户进行调查,发现社区经理在接到派单后,基本都能够在规定的时限内完成工作,服务及时率在 95% 以上,所以,客户等待的时间过长,是耽搁在申告的过程当中,而不是测量派单之后,所以,我们认为本末端因素不是主要原因。

结论:非要因

序号:末端因素2

表现:未给客户留下联系方式

分析:经调查,凡入户服务的社区经理大多能够按照公司规定为客户留下联系名片及服务卡片,但是也有部分社区经理未给客户留下联系方式或留服务卡时没有明确自己的服务范围,造成客户没有好好保存服务卡片,在客户需要时不能及时联系到社区经理。所以,此因素是主要原因。

结论:要因

序号:末端因素3

表现:未能发放业务宣传资料

分析:目前,分局的业务宣传资料还是以营业厅悬挂式为主,对外发放的宣传资料很少,使广大客户不能及时拿到最新业务的宣传单及不能准确找到业务受理负责人。

结论:要因

序号:末端因素4

表现:相应的培训不及时,效果跟踪不到位

分析:经调查,目前分局的业务培训还是仅限于参加分公司举办的统一培训,且培训后缺乏必要的效果跟踪,分局内部缺少有针对性的组织培训,造成社区经理的服务意识及服务技能都有待提高。

结论:要因

序号:末端因素5

表现:没有和物业建立良好的合作关系

分析:由于社区营销体制刚刚建立不久,所以,与小区物业、居委会的合作也刚刚开始,没有全面铺开,还没有形成规模性的合作模式,使客户不能通过物业、居委会找到我分局社区经理,这也是我分局社区经理知晓率不高的主要因素。调查发现,在居民小区内根本找不到我公司社区经理公示牌,而且,有的物业公司管理人员也不知道我公司社区经理,在小区物业管理系统中无社区经理相关信息,所以,客户有需求时,从物业或小区内无法快速查找到社区经理。

结论:要因

序号:末端因素6

表现:没有提供社区经理的职责范围

分析：经调查，分公司有明确的社区经理职责，社区经理之所以有的不是十分明确，是因为没有好好组织学习，并不是因为没有该项规定，所以，此项因素非主要原因。

结论：非要因

序号：末端因素7

表现：宣传渠道单一

分析：目前我公司业务宣传主要还是以营业厅宣传为主，只有客户有业务需求走进营业厅办理业务时，才有可能看到受理单上社区经理的名字，缺乏走出去全面铺开的宣传方式，所以，这也是造成社区经理知晓率低的主要原因。

结论：要因

序号：末端因素8

表现：宣传范围不全面

分析：由于我分局业务宣传范围受公司统一宣传限制，分局没有对外媒体宣传权限，所以，宣传范围仅限于本局届内，非分局能力范围所能改变，所以，本条非主要因素。

结论：非要因

序号：末端因素9

表现：没有执行入户服务规范

分析：经查，分公司明文规定《社区经理入户服务规范》，而且，社区经理入户服务时基本能够遵守相关规定，所以，该因素非主要原因。

结论：非要因

序号：末端因素10

表现：未落实相关考核办法

分析：根据分公司考核办法，社区经理知晓率虽然没有纳入绩效考核中，但是由于社区经理素质相对较高，基本上能够自觉按照相关规定执行，所以，此因素也不是主要原因。

结论：非要因

序号：末端因素11

表现：大厦写字楼与居民区混合，不宜管理

分析：由于A公司处于市中心，楼群密度大、写字楼大厦与居民小区混合在一起，不宜管理，这是事实。但是，这种格局是多年来各种原因造成的，非我分公司乃至公司所能改变，所以，这也不是主要因素。

结论：非要因

序号：末端因素12

表现：客户需求时间与服务时间不一致

分析：由于写字楼、大厦类等政府、金融业、企业用户等大客户有业务需求时多半在正常工作日内办理，而居民用户有业务需求时多半在公休日、节假日及晚上等休息时间内办理，造成公众客户社区经理知晓率偏低，这也是无法改变的事实，所以，为非要因。

结论：非要因

综合以上12个末端因素的分析，得出影响社区经理知晓率的主要因素有五个（见图1-6）：未给客户留下联系方式；未能发放业务宣传资料；培训不及时，效果跟踪不到位；宣传渠道单一没有和物业建立良好的合作关系。

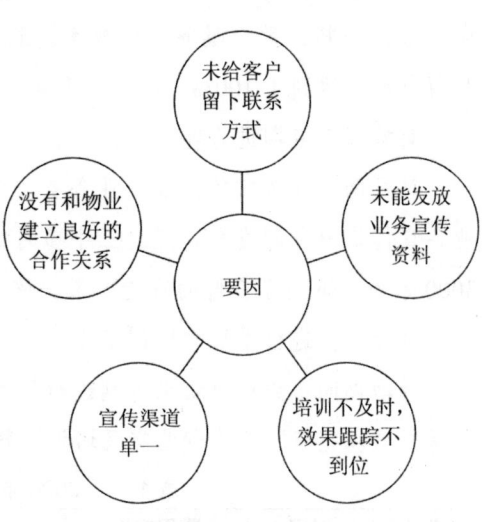

图1-6 社区经理知晓率较低的要因分析

■ 针对要因制订对策

序号	要因	对策	目标	措施	时间	负责人
1	未给客户留下联系方式	规范服务管理	为客户留卡片率100%	社区经理通过入户故障维修、新装机、电话回访等与客户接触过程中，要留下爱心服务卡及明确工作责任范围。	2006.9	闫
2	未能发放业务宣传资料	现场办公进行业务宣传	定期进行现场办公，发放宣传资料	每月至少两次业务宣传，巡查检验	2006.9	凌
3	培训不及时，效果跟踪不到位	定期举行相关业务培训	培训合格率达到100%	培训后进行考试考核，并与绩效挂钩	2006.10	曹
4	宣传渠道单一	①树立小区定点宣传栏；②发挥客户各级职能部门作用	①社区公示牌张贴率100%；②测量跟踪回访率100%	①张贴社区经理公示牌及业务宣传单；②发挥客户各级职能部门作用，配合宣传工作；③测量室人员在进行故障、维修、装机等电话回访时，告知包区社区经理姓名及联系方式	2006.11	卢
5	没有和物业建立良好的合作关系	与物业、居委会联合办公	与物业、居委会合作率达到100%	联系写字楼物业和居民小区居委会，协助做好宣传工作	2006.12	蔡

■ 具体实施

实施一：社区经理自我推销，留下爱心服务卡社区经理在进行入户故障维修、装机过程中,要告知客户自己的职责范围,并留下宣传资料,爱心服务卡发放率达到100%。经过实施跟踪调查,社区经理为客户留卡片率达到了100%,该末端因素实施目标得以实现。

实施二:定期进行现场办公

每月两次业务宣传,发放业务宣传资料,将社区经理的联络方式及职责范围同业务宣传资料一起发放。经过三个多月的实施跟踪调查,每次宣传发放业务宣传单3000余份,取得了良好的宣传效果。该末端因素实施目标得以实现。

实施三:进行系统的培训工作

活动期间小组按照培训计划进行了系统的业务培训,安排所有人员将表1-14所示课程培训完毕。几次专业交叉培训考核中,笔试合格率和操作合格率都是100%。

表1-14 2006年9月份培训情况实例

序号	时间	课程安排	参训人员	笔试合格率	操作合格率
1	2006.9	沟通技巧	赵、武、李、陈	100%	100%
2	2006.9	产品营销	张、黄、姜、刘	100%	100%
3	2006.9	互联网应用	赵、武、石、曹	100%	100%
4	2006.9	宽带探秘	马、杨、孟、卢	100%	100%
5	2006.9	ADSL	赵、张、王、闫	100%	100%
6	2006.9	社区营销系统	信、刘、王、蔡、毛	100%	100%
7	2006.9	办公软件	孙、刘、李、凌	100%	100%

实施四:加大宣传

(1)设定社区公示牌 在取得小区物业、居委会同意后,在社区指定区域设立了社区经理公示牌,主要张贴在小区公告栏、入户楼内等地方。标示牌上内容为:社区经理姓名、工号、所辖社区名称、服务内容。

(2)辅助宣传 充分利用分局电话回访客户的机会,了解客户对社区经理的服务及知晓率等情况,加强对公司业务及社区经理的宣传,同时,对社区经理上门服务、业务宣传及爱心服务卡发放情况进行检查,电话回访率达到100%。

分局利用三个月的时间,在各社区内张贴了社区经理公示牌,张贴率达到了100%。小组发挥测量班组的作用,在客户回访的同时也强化了社区经理的宣传效果。该末端因素实施目标得以实现。

实施五:与物业、居委会的合作

充分利用街道居委会、小区物业等社会力量,加强多方合作,联合办公,辅助进行业务宣传,发放宣传资料,代办公司业务,协助联系社区经理处理故障维修等事宜。目前,与物业、居委会的合作率已经达到100%。小组监督实施与各社区物业、居委会建立了良好的合作关系,经查合作率达到100%。该末端因素实施目标得以实现。

■ 效果检查

1）按照社区进行检查，对提高社区经理知晓率实施效果统计如表1-15所示。

表1-15 提高社区经理知晓率实施效果

社区经理知晓率（%）	凯旋社区	迎宾社区	解放社区	南海社区	万国社区	平均知晓率
2006年9月	87.22	86.73	87.88	86.52	89.61	87.59
2006年10月	89.62	88.24	88.97	90.65	91.27	89.75
2006年11月	91.33	91.98	91.51	91.13	91.54	91.50
2006年12月	92.02	95.93	92.36	94.93	93.7	93.79

2）经过对不同客户群四个月的效果跟踪和检查，结果反馈如表1-16所示。

表1-16 不同客户群的社区经理知晓率改进结果

社区经理知晓率	9月	10月	11月	12月
公众客户知晓率	78.80%	80.90%	85.50%	90.58%
商务客户知晓率	93.40%	94.16%	94.30%	94.48%
大客户知晓率	98.50%	98.80%	99.00%	99.00%
其他	75.00%	75.00%	100.00%	100.00%
月平均知晓率	88.19%	89.42%	91.53%	93.79%

由表1-16可知，月平均知晓率由9月份的88.19%逐步提高到93.79%，完成了社区经理知晓率达90%的小组目标，同时比目标值高出3.79个百分点。尤其是占客户总量比例最大的公众客户提高最为明显，达到并超越了预期目标。

3）经济效益。本次活动的开展，提高了社区经理的知晓率，推动了业务宣传，取得了一定效果。活动期间，带动增加光纤城域网业务折合180户端（90元/户端），数据业务增加38条（平均2000元/条）、ADSL业务增加3000条（ARPU=56.5元/条）、语音增值业务（包括：悦铃、一键通、电话伴侣等）增加3000件（平均5.5元/件），亲情1+业务5500件（平均20元/件），总体收入增收77.6余万元，去除活动成本费用为15.6万元，为分局带来62万余元的盈利，取得了良好的经济收益。

活动期间经济效益=（光纤城域网业务户端数×每户端平均费用+ADSL业务增加数×ADSL平均ARPU值+语音增值业务件数×语音增值业务月平均费用+亲情1+业务数量×亲情1+业务平均带来月收入）×2—活动期间成本费用=（180×90+38×2000+3000×56.5+3000×5.5+5500×20）×2-156000=620400元

注：在活动期内，9月份发展业务可带来4个月的收入，10月份发展业务可带来3个月的收入，11月份发展业务可带来2个月的收入，12月份发展业务可带来1个月的收入，平均下来，整体带来月平均收入的2倍。

4）社会效益。提升了企业在客户中的整体形象，提高了客户满意度，经过A公司测评，客户满意度达到91.2%，与2004年至2006年同期相比有了很大的提高。

■ 巩固与推广

为了巩固来之不易的成果，小组申请公司客户服务中心，经质量管理部审核、总经理批签后，将本次活动的有效措施纳入标准化：社区经理知晓率、社区经理每月回访故障处理、装移机规范及对社区经理客户知晓率定期进行抽样检查均纳入《服务工作管理考核办法》。

从上述案例中我们总结出提升社区项目（社区经理）客户知晓率的具体方法。

1. 观念上重视

不论是从社区项目开发的角度，还是从社区经理日常销售工作的角度，企业及社区经理个人都要从观念上重视客户知晓率的提升。现在是一个"酒香还怕巷子深"的时代，"有接触才有了解，有了解才有交易，而有交易的前提是知晓你"。要由被动改为主动，由坐商转向行商。唯有观念上重视了，业务推广上才会有积极主动的动作。

2. 发散式分析

对于现状的分析，首先要客观，其次要发散。客观是指要真实地面对问题，不回避，不护短；发散是指发散式的分析，是指要运用头脑风暴及其测评工具，尽可能多地列举产生现象的原因。上述案例中，从实际工作出发，罗列出可能造成社区经理客户知晓率不高的12个原因，则是体现了客观及发散的要求。

3. 确定出要因

确定出要因是指要集中优势兵力，解决主要矛盾、主要问题。12个末端因素中，有些是可以解决的，有些是短期内不能解决的；有些是主观的，有些是客观的；有些是通过自身努力就可以完成的，有些则是受到环境影响的。不同的问题，处理的先后顺序及要投入的资源也不尽相同，效果也大相径庭，所以要确定出要因。

4. 制订好对策

针对要因，制订好对策，是行动实施的前提。对策的制订既要考虑社区经理自身的能力，也要考虑合作渠道及社区环境等因素的影响。

5. 落实到单元

根据要因分析制订好对策，明确预期目标，采取相应措施时，要将方案及对策落实到单元，即社区经理个人及相应渠道、部门。通俗地说就是事情要落实到具体的每一个人或部门。

6. 系统化实施

对策及方案强调落实到具体的单元，但方案的实施还是要强调系统。即要强调个人、团队齐努力，各个渠道的协同，及业务部门、职能部门的配合。

7. 评估好效果

效果评估是重要的一环。要对比预期效果，从社会效益、经济效益、企业形象、客户感知等多个角度来进行效果评估，从而达到寻找短板、总结经验的目的。

8. 提炼出工具

"工具"的一个特点是拿来就用，是可以复制、可以操作的。"工具"不是理念，不是原则，"工具"是经验的具体体现。案例中，针对12个末端因素，确定5个要因，然后制订5个具体的实施方案，这5个具体的实施方案就是"工具"，从12个末端因素中，分析并确定5个要因的方法就是"工具"。

下面对案例中运用到的分析方法——因果图，进行简单的介绍。

因果图，又称石川图或鱼骨图，直观地显示各种因素如何与潜在问题或结果相联系。沿着其中的某条线不停地问"为什么"或"怎样"，就可以发现某个可能的根本原因。"为什么——为什么"和"怎样——怎样"图可用于根本原因分析，它是一种透过现象看本质的分析方法。

分析问题的原因应按照以下步骤进行：

1）针对问题点，选择层别方法（如人、机、料、法、环等）；

2）按头脑风暴分别对各层别、类别找出所有可能原因（因素）；

3）将找出的各要素进行归类、整理，明确其从属关系；

4）分析选取重要因素；

5）检查各要素的描述方法，确保语法简明、意思明确。

分析要点如下：

➤ 确定大要因（大骨）时，现场作业一般从"人、机、料、法、环"着手，管理类问题一般从"人、事、时、地、物"层别入手，应视具体情况决定；

➤ 大要因必须用中性词描述（不说明好坏），中、小要因必须使用价值判断（如……不良）；

➤ 头脑风暴时，应尽可能多而全地找出所有可能原因，而不仅限于自己能完全掌控或正在执行的内容，对人的原因，宜从行动而非思想态度面着手分析；

➤ 中要因跟特性值、小要因跟中要因间有直接的原因问题关系，小要因应分析至可以直接下对策；

➤ 如果某种原因可同时归属于两种或两种以上因素，请以关联性最强者为准（必要时考虑"三现主义"：即现时到现场看现物，通过相对条件的比较，找出相关性最强的要因归类）。

可见，企业掌握科学的分析方法，分析问题产生的原因，找到关键要素，制订解决方法再逐一落地，并将成果模板化，这是规范管理的基本法则。

三、定制社区项目开发策略

社区经理应充分发挥贴近市场、贴近用户、贴近竞争对手的优势，勤于收集信息资料，善于市场分析，日常工作应围绕"项目经营"这一目标展开，"以项目开发带动业绩提升"，做好新开发社区项目的初次开发及成熟社区的项目深度开发工作，从而实现区域产能的提升。

社区项目开发策略的"定制"体现在针对客户需求信息及竞争对手相关信息的收集，分新开发社区的初次项目开发及成熟社区的深度项目开发两种方式去制订社区项目的开发策略。

(一) 客户需求信息收集

网格客户需求信息收集工作分为以下三个步骤。

第一步：收集客户资料，包括：客户名称、业务、规模、性质、地址、邮编、网址等内容，这是对客户进行定性分析的基础。

第二步：收集客户现有相关产品的使用情况，包括：目前使用产品的用途、品牌、数量、业务种类等。

第三步：收集客户组织结构的基本情况。针对集团客户，其决策流程不同于个体客户。由此，客户单位相关的部门名称和人员构成、部门之间的汇报和配合；客户单位各个部门中主要负责人员的信息：个人信息姓名、住址、联系方式、经历、爱好、年龄、家庭情况、子女、喜欢的运动等。总之，客户的工作范围、性格特点、客户内部的人员关系等都是需要收集的信息。

图 1-7 竞争对手相关信息收集

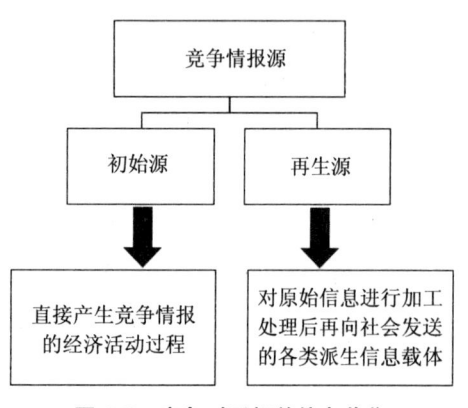

(二) 竞争对手相关信息收集

竞争对手相关信息的收集，又分为对来自初始源（一级信息源）及再生源（二级信息源）的竞争对手相关信息收集（见图1-7）。

1. 对来自初始源（一级信息源）的搜集方法

（1）常规方法

➢ 调查法：通过对调查对象的考察或以询问方式搜集有关竞争信息的方法，是搜集竞争情报源所发送的各类原始信息的最主要、也最重要的方法。

➢ 观察法：是调查者在现场从一旁观察被调查者之行动的一种方法。

- 追踪法：对要调查的事物或对象进行连续的较长时间的跟踪，动态地掌握事物或对象的发展变化的信息。
- 会议交流法：通过参加各种会议的机会，有组织地搜集与获取竞争对手的宣传手册、产品介绍以及最新产品的详细样本资料，与客户交流了解竞争对手的最新推销策略和用户的潜在需求，与行业的专家联络并建立合作关系以获取新产品与新技术以及行业的发展动向。

（2）实验法或实物剖析法

- 实验法，是指从影响调查问题的若干因素中，选择一两个因素，将它们置于一定的条件下进行小规模试验，然后对实验结果做出分析，研究是否值得大规模推广的一种调查方法。
- 实物剖析法一般是指将竞争对手的产品购买之后，按照产品的结构进行拆分，就是通过购买竞争对手的产品进行拆卸研究。其目的一是研究对手的产品是否有仿冒之嫌；二是研究对手的产品中是否有值得借鉴之处。

（3）特殊方法

- 通过高新技术集聚点进行搜集。
- 通过对公开情报源的搜集分析。通过公开情报源搜集一些表面上无关的信息片段，进行整理、汇总、归纳、分析，将它们整合成一条完整的有用情报。
- 通过接触竞争对手企业的人、物（包括废弃物）、活动进行搜集。竞争对手企业的雇员、产品、文件及其活动往往是竞争情报的重要发生源。
- 通过高新技术手段的应用进行搜集。
- 通过"人际关系"网进行搜集。与各行各业的人员交朋友，这已成为竞争情报获取手段的发展趋势之一。
- 通过建立全员调查制度进行搜集。通过建立各种制度来要求每一位职工把搜集有关竞争信息视为应尽的"天职"，鼓励和培训企业的职工在工作、出差、旅游、购物、散步等一切环境中，有意识地寻找获取信息的机会，从中搜集企业需要的竞争。

2. 对来自再生源（二级信息源）情报的搜集方法

（1）一次文献搜集方法

一次文献搜集法是指直接从企业概况、企业的财务报告、新闻报道、新产品销售的广告、企业经营和服务区域报道等获取信息。

（2）二次文献搜集方法

二次文献主要是指专门提供一次文献线索的工具，一般是由专职信息（情报）

机构通过对一次文献的搜集、筛选、加工、整理、浓缩，并将其按照一定原则组织成序列而形成的。

（3）委托咨询法

就是通过向咨询服务机构或咨询专家提出委托请求，获取有关竞争环境和竞争对手的情报。

（4）网络搜集法

通过网络和计算机获取有关竞争环境和竞争对手情报的方法，在网上有各种形式的数据、图表、报告、文件、新闻等，包括在光盘、网络数据库或网络搜集引擎当中，网络搜集法的便利性无疑为获取竞争情报提供了很好的来源和手段。

（5）广告策划

这是通过广告公司来了解竞争对手的一种手法。

（6）招聘竞争者的骨干

一个竞争者的骨干人员，往往掌握竞争品牌的许多机密信息，甚至核心机密。其职务越高，掌握的情报越多，相应的代价越高。招募竞争品牌的骨干人员，是搜集品牌机密情报的有效途径。

（7）追踪竞争品牌的领导言行

一个竞争品牌领导的只言片语，往往预示着一个重大的研发、投资、并购、重组、转行等行动的开始。

注意：追踪竞争品牌领导言行还可以延伸到其内部其他重要成员的言行。

（8）通过参观或学习获取情报

最可靠最真实的情报来自最贴近、零距离式的参观、学习。

（三）新开发社区项目的初次开发策略

新开发社区项目的初次开发，具有一定的难度，这种难度体现在"新开发社区"及"项目初次开发"两个方面。

在社区项目开发知晓率不高，竞争对手策略不是很清晰、营销动作不是非常了解，社区用户特点需要进一步了解及网络资源需要摸底的情况下，新开发社区项目的初次开发，应在遵循社区营销的基本原则及方法的基础上，注重以下策略（见图1-8）：

1）社区经理应通过各种方式，了解对应区域内网络已覆盖的区域，以便集中优势资源，重点布局，从而提升项目开发的效率。

2）社区经理要以成果导向及追求项目效益最大化为原则，确定已覆盖网络的区域中最有开发价值的项目，做好项目开发排序，并聚焦于欲重点开发的项目。

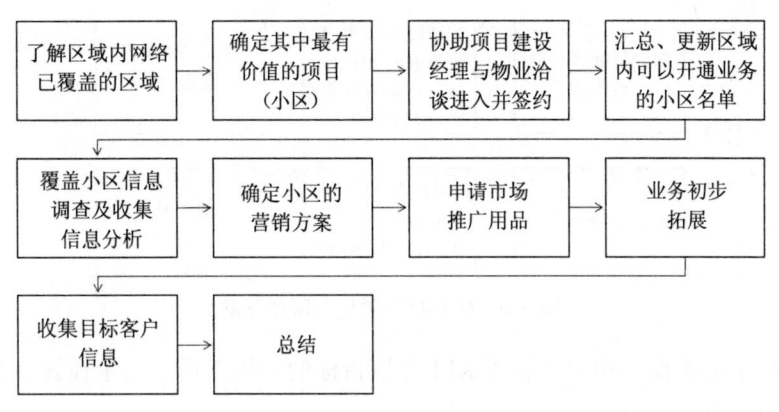

```
了解区域内网络     确定其中最有      协助项目建设      汇总、更新区域
已覆盖的区域  →   价值的项目    →  经理与物业洽   →  内可以开通业务
                  （小区）          谈进入并签约      的小区名单

覆盖小区信息      确定小区的        申请市场          业务初步
调查及收集    →  营销方案      →  推广用品      →  拓展
信息分析

收集目标客户      总结
信息
```

图 1-8　新开发社区项目的初次开发

3）涉及与物业洽谈的项目，社区经理要做好穿针引线的工作，协助项目建设经理加快与物业洽谈的效率，当好"绿叶"。

4）汇总、更新区域内可以开通相关业务的小区名单，注意更新的频率及内容，随时掌握市场及竞争对手的动向。既不可因不掌握市场信息而贻误商机，也不可因不了解对手情况而匆忙行动，陷于被动。

5）对于网络覆盖及欲进行项目建设的小区要做好资料的收集、统计、分析工作，做好项目支撑。

6）针对小区的特点，结合资源及物业的相关配合情况等因素，在企业社区营销计划的整体指导下，确定负责区域的营销方案。

7）依据营销方案，向上级相关部门申请市场推广用品，做好物质准备。

8）按照营销计划做好业务的初步拓展工作，并及时检查工作效果，适时调整计划及行动方案。

9）收集目标客户信息，以便进一步调整及完善行动方案。

10）进行自我总结及部门总结的工作，对照预期目标，有条件的可做项目复盘工作，以此来总结工作，复制成功经验。

（四）成熟社区项目的深度开发策略

成熟社区项目的深度开发，是进一步扩大战果、提升用户价值的关键动作，是对存量客户的深度开发，也是带动增量客户的关键抓手。成熟社区项目的深度开发，其重点在于"深度开发"，唯有在"创新+创意"的基础上，结合客户关系管理，更多地带给用户价值，成熟社区项目的深度开发才能起到效果。

一般而言，成熟社区项目的深度开发应遵循以下策略（见图1-9）。

1）应做好存量客户的分析工作，细分目标客户群，做好其需求及特点的分析及资料整理工作，为针对性的营销及服务奠定基础。

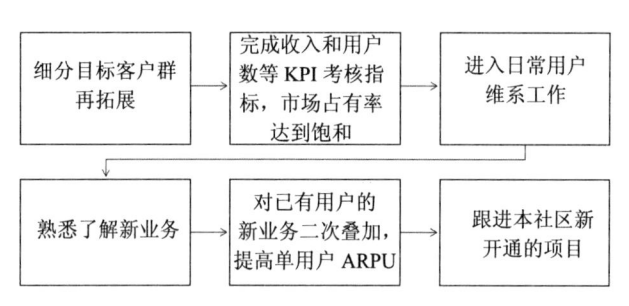

图 1-9　成熟社区项目的深度开发

2）做好完成收入和用户数等 KPI 考核指标的分析工作，力争在该细分用户市场的市场占有率达到饱和。

3）在此基础上，采用短信、邮件、电话、日常拜访、定期访谈等多种方式做好日常用户的维系工作。

4）对于欲推的新业务，要做好资料整理及话术编写的工作，并站在用户的角度，将新业务的特点转化为给用户带来的收益。

5）对已有用户的新业务的二次叠加，提高单用户的 ARPU 值，并做好针对竞争对手的"防御壁垒"的建设工作，因为 ARPU 值高的用户总是被追逐和关注的焦点。

6）跟进本社区的新开通的项目，及时根据市场反应及竞争对手的动作，调整计划和行动方案。

四、落实社区项目开发流程

社区营销的三大原则及三大方式为社区项目开发奠定了基础，社区项目知晓率的提升为社区项目开发营造了环境，社区项目开发的策略为社区项目开发确立了方法。接下来，社区项目开发流程的落实将以某运营商新开发社区项目的初次开发为例，从方法、关键动作及禁忌三个方面，展开社区项目开发的动作分解，从而整理出具体的开发流程，以便社区经理对照实施及检查。

(一) 了解区域资源

行动方法：直接向你的直属主管（通常是区域经理）索取。

关键动作：区域资源必须精准。有可能社区经理拿到的是资源的旧版本，覆盖区域也许已经增加了很多，如果主管也不能确定这是否是最新资源的覆盖版本，和那些能看到公司资源管理系统的人员联系可能会有意外收获。

这些人通常在这些岗位：公司网络建设部门、公司市场经营线（负责社区营销后台管理统计及工作协调的）。

作为社区经理，要和他们保持密切联系并使关系融洽，因为你的需求信息要随时更新。

禁忌：千万不要直接找施工队去询问，尽管他们也清楚你想要的信息，但这会让市公司建设部门的领导不爽，一来这证明了他们工作支撑不到位，二来他们会怀疑你想架空他们！

（二）确定其中最有价值的项目

小区住户构成是需要重点研究的。小区住户构成，要从小区新旧程度、地理位置等综合分析。

小区较新，住户办理业务的意愿更强，意味着潜在用户更多，且接受更高资费的可能性增大，小区潜在收入高；小区陈旧，业主的房屋多半拿来出租，当然，如果是商住两用，或者靠近商业繁华地区，该小区往往租住率也高；小区入场门槛低意味着入场容易，花在入场洽谈的时间可以节省；总户数高了，意味着网络均摊到单用户成本会更低，公司更容易优先建设覆盖这些小区。

行动方法：要通过三项指标来衡量，即小区住户构成、小区入场门槛高低、总住户数。

关键动作：

1）判断小区入住率可以在周一到周四晚上九点后去小区观察，开灯多的小区入住率相对高；判断小区自住率除了了解小区周边情况，还可以在中午吃饭时间去观察，如果出入职场的打扮人员明显增加，说明出租率较高。

2）单位小区相对商业小区进入更容易，单位小区的物业公司权力不会很大，且没有商业小区的物业公司这么强势。但单位小区要事先了解资源情况，如果整个单位通过某专线接入，那么拓展难度会很大。

（三）协助项目建设经理与物业洽谈进入并签约

该工作主要由建设部门完成，业务人员发挥支持协助作用。

行动方法：直接找到小区分管的物业公司主任洽谈进入。

关键动作：

1）介绍自己公司的业务特点，重点介绍与原先运营商的差异，及能给小区带来的利益。同时列举其他小区例子说明会比较容易得到物业公司主任的信任和支持。

2）如果是单位小区，通常单位会设有一个管理或招聘物业公司的机构部门，小区入场洽谈最好是找这个部门洽谈，谈妥后由这个部门知会物业公司，物业一般不会反对。

3）很多商业小区的物业公司同时管理多个小区，向上级主管事先了解该小区物业公司管理的其他小区有哪些已经覆盖，有助于本小区的洽谈。或者将情况向上级主管汇报，通过市公司层面直接和物业公司总部洽谈全市统一接入，会减少你的很多工作。

4）如果有亲戚朋友、员工、同事住在该小区，可以通过他们去和物业提出办理业务，然后再去找物业洽谈，这样会比较容易，但也有可能他们去交涉过程中态度不好引起物业反感，反而会带来不必要的麻烦，且洽谈周期有可能会拉长。

禁忌：不要和没有决策权的人员（例如普通物业工作人员）洽谈，那样时间进度会变得不可控制，节外生枝的几率也增大。另外，也不要轻易承诺给物业公司好处。

（四）汇总、更新区域可以开通业务的小区名单

行动方法：直接到社区营销管理支撑系统查询；系统未上线前可临时向你的直属主管索取。

（五）覆盖小区信息调查及收集

行动方法：按照社区营销管理系统所需填写的内容项目收集并录入系统，其中社区经理需要录入的主要信息有：项目小区基本信息、用户信息及竞争对手信息等。

其中，项目小区基本信息包含：项目（小区）名称；小区准确地址；小区总户数及交付时间、目前入住率情况；物业公司信息；小区住户分类及特征。

用户信息包含：家庭人员组成、使用公司产品、使用竞品情况，家庭装修、电脑使用情况等。

竞争对手信息包含：价格信息、社区人员信息、客户信息。

关键动作：

1）小区的基本信息通常可以在物业公司那里查到，要通过建设人员、施工队关系介绍及时加强与物业关键人的联系，必要时应采取一些公关手段及明确利益一致。

2）部分房地产网站及社区论坛也会公布一些新楼盘的建筑数据，如房地产信息网等。

3）留意小区内的宣传栏、一楼过道、建筑的外墙体上都会公布部分信息。

（六）业务拓展的信息分析

对业务拓展最有帮助的有效信息分析的内容及分析关键动作如下。

1. 潜在客户容量分析

目的：确定业务总量

影响因素主要有：拥有电脑人数、小区总户数规模、入住率、竞争对手开通业务的时间、资费套餐、目前用户总数、小区的业主年龄分布等。预测估算小区可发展的用户数，为今后市场推广方式及预算计划的制订奠定基础。

注意，只要家庭成员的年龄在 16 至 50 岁，一般家里都会有上网的潜在需求；另外，留意一下业主 QQ 群的活跃程度及社区论坛的活跃程度，如果活跃程度高，说明业务需求旺盛，意味着潜在客户多。

2. 小区等级划分

目的：确定工作安排顺序

按照小区潜在客户的容量，及小区重要程度、对手客户到期时间分布等，将本区域内所有项目按重要及紧急程度两项指标排序，确定优先拓展的项目顺序。

3. 业务需求分析

目的：确定各种产品的目标消费群，并按照住户分类特征列表，如表 1-17 所示。

表 1-17 在户分类特征

主要分类	典型特征	潜在的业务需求
外来务工	早出晚归，作息时间不规律，消费能力一般	
单身白领	早出晚归，消费能力较强，对新业务接受能力较强	
情侣小窝	至少有一人早出晚归，可能会有一人比较有空，消费能力比较稳定，对新业务接受能力较强	
三口之家	小孩一般到了上学年龄，有可能有初高中生，甚至刚进入社会工作，全家居家时间比较有规律，对各种通信业务都有需求	
三代同堂	家里都有人常住，小孩大多年幼，对各种通信需求比较全面	
两老夕阳红	沟通需求较强，但对增值业务需求较弱	
SOHO	白天在居所办公，晚上用于住宿或者空闲	

4. 可以开通业务特点

熟悉了解公司可以提供的各项业务，尤其是与竞争对手相比的优缺点，做到心中有数是非常有必要的。

5. 主要业务风险分析

主要业务风险一般有以下几种情况。

（1）开发商或小区物业、业主委员会不配合

情况分析：比较常遇到的情况是故意刁难，或者打着规范管理的旗号，不允许摆摊设点宣传，不允许张贴宣传资料，这些都是正常现象；有些特殊情况，比如物业为了达到收取费用的目的，或者已经与竞争对手达成合作，为了保证原有利益，阻挠业务人员、维护人员进入小区，业主前来咨询时故意诋毁公司业务等。有些小区业主委员会成员有竞争对手员工，对物业公司施加各种压力刻意阻挠。或普通业主中有竞争对手员工，也会在业主间散布不利舆论。

（2）竞争对手狙击

关于竞争对手狙击，较常遇到的情况有，公司业务开通初期就在小区内实施全面降价，或鼓动用户转网并给予特别优惠，甚至张贴公告诋毁企业，暗中撕毁企业

各类宣传资料等行为。

(七) 确定小区各项营销策略及目标

确定小区各项营销策略及目标的内容及关键动作如下。

1. 产品策略

根据对小区相关信息分析，确定需要向小区目标用户提供的产品。

2. 价格策略

根据竞争对手的价格信息，结合公司的产品策略，及目标客户的实际真实需求制订。

3. 销售进度控制表（活动排序、活动历时、阶段性的目标、资源需求）

1）业务拓展前需完成的工作内容及目标；

2）第一周需完成的工作内容及目标；

3）首月需完成的工作内容及目标；

4）第一季度需完成的工作内容及目标。

具体内容见表1-18。

表1-18 销售进度控制表

进度	活动项	活动内容
业务拓展前	1	分类并确定区域内各项目的属性（即将开通的小区和已开通小区、尚未开通小区）
	2	收集属于即将开通和已开通项目的各类信息（已开通小区还要取得负责区域内的各项目用户开通情况）
	3	与建设部门负责区域内项目进入的人员共同拜访区域内已开通和即将开通项目的物业公司负责人及主要经办人，并实地熟悉项目的地理情况及宣传资料张贴、活动路演的位置考察
	4	按要求将各类信息录入社区营销支撑系统并加以完善
	5	在对小区信息进行分析的基础上，确定小区主攻目标客户、需要提供的产品、资费套餐及潜在的风险并制订应对措施
	6	确定小区首月宣传计划及所需资源、数量及预算
小区业务开通第一周	7	在新开通小区要实施宣传资料张贴计划，按照社区宣传计划模板的要求，完成单元、楼道、小区公共场所宣传资料的张贴，对已开通小区则实施更新、补缺工作，将宣传物品放置到位，包括物业管理处及显要位置的放置
	8	联系物业，组织第一次现场路演，收集第一批咨询客户信息
	9	电话首次拜访所有项目住户及租户，推介业务并收集需求
小区业务开通首月	10	电话首次拜访所有项目住户及租户，推介业务并收集需求
	11	对正在执行的资费、产品、目标客户计划进行总结、调整、完善，结合竞争对手的调整，制订新的符合实际需求的市场拓展计划
	12	完善社区营销支撑系统的客户、小区项目相关信息
	13	针对首批用户反馈意见，及时反馈产品质量的建议和意见
小区开通第一季度	14	在小区实际拓展过程中不断密切与物业公司、业委会的关系，初步掌握物业公司主要负责人的爱好及其他对小区工作开展有帮助的信息

续表

进度	活动项	活动内容
小区开通第一季度	15	对开通用户进行分析，提炼出用户选择的主要考虑因素，完善自己的推销应答语言
	16	对首次拜访后有可能入网的用户提出的疑虑准备应答方案，并进行二次回访
日常工作	17	建立使用竞争对手业务的住户/租户业务到期表，对即将到期用户与直属主管沟通，准备针对性的解决方案，并提前一个月进行回访
	18	用户到期前的续费提醒
	19	专项统计调查协助
	20	机房租金电费协调
	21	网络资源日常巡查协助
	22	协助建设部门对小区周边潜在其他未开通小区评估勘查规划

4. 潜在风险应对

（1）开发商或小区物业、业主委员会不配合

物业公司不配合情况多半是施工单位未经物业同意强行施工造成的，而能够未经物业同意就进场施工的，多半是陈旧小区或者物业管理不到位的小区。社区经理的解决办法，一是要低姿态主动上门解释沟通，不要争辩，尽可能将住户迫切需求作为理由，争取得到支持；二是对方提出一些刁难、无法沟通一致时，可以换个时间，让施工方一起采取一些公关手段，尽量私下解决。

（2）竞争对手限制

对于竞争对手降价或提供给转网用户的各种优惠，这些都属于市场行为，一般说来，竞争对手的各种优惠都会附带很多条件，首先要认真分析对比资费策略，找出其中的区别点，然后与直属主管共同确定向用户解释的标准内容。

5. 预算计划

需要提前做好项目开通第一季度内的开支计划，以便所有市场拓展行动不受到开支的束缚。预算主要包括：

➢ 对用户促销品种类、数量及对应的成本；

➢ 宣传张贴资料种类、数量及对应的成本；

➢ 项目内的路演需要的场租、路演桌椅、太阳伞、笔记本电脑等路演工具；

➢ 与客户沟通需要的电话费、每天密集拜访住户需要的交通费；

➢ 对物业等合作伙伴工作人员的礼品及公关开支。

应注意：开支计划尽可能提前制订，让服务共享支撑人员能够为你预留，因为某些促销品很热门，很快就会发放完毕，某些宣传资料也有可能使用完尚未重新印刷。电话费一般公司都不允许报销，因此，电话沟通尽量安排在公司办公场所内进行，这样可以使用公司电话，降低个人话费开支。交通费补贴一般都很有限甚至没有，因此，在出行前把出行计划制订好，尽可能一次出行办多件事情。

对物业公司的工作人员，赠送其一些小礼品如热门电影票，或帮助其家庭优惠安装宽带等可以迅速拉近关系，此步骤尽可能不要省略，你在今后很多时候都需要得到物业公司工作人员，如促销场地管理人、电工等拉线人员的帮助。与他们建立良好的合作关系，你能很方便地做到很多事情，甚至是物业公司不允许做的事情也能得到默许。

6. 人员分工

合理调配好区域内的人力资源，分工协作，才能提高业务拓展效率。相关人员的职责分工如下。

（1）社区经理

- 负责区域内的市场分析调查、收入落实等整体销售管理工作；
- 负责审定社区助理的工作计划，协助建设部门进入谈判；
- 负责区域内的宣传、促销活动的组织工作；
- 负责区域内客户销售开发、关系维系、需求挖潜等销售工作；
- 负责合作伙伴，如物业、营业厅的关系维系、协调，包括营业厅发展代办点管理工作；
- 跟踪区域内资源利用情况，提出新建、改建、扩建需求。

（2）社区经理助理

- 协助社区经理的销售管理；
- 协助社区经理进行区域内项目的市场推广、需求挖潜、商情获取、客户销售跟踪谈判、促销活动等营销工作；
- 负责客户挽留、关系维系、零次户激活等客户保有工作。

（3）技术维护员

- 负责区域内客户故障投诉解决；
- 负责提供各类宽带延伸服务；
- 协助社区经理制订商业客户技术解决方案；
- 区域内设备、户线日常维护。

应注意：在路演的时候尽可能拉上技术维护员，因为小区的业绩和他的绩效收入也密切相关。

（八）行动计划的实施

1. 业务拓展的四种方式

（1）现场路演

现场路演的目的主要是告知住户业务已开通，同时通过现场咨询收集第一批潜在客户的信息。路演的基本要求如下。

路演位置：选在小区人流量最大或人员必经之处，如小区大门、中庭广场、物业公司门口前。另外，考虑到很多业主是通过汽车出行，而某些小区实行人车分离设计，因此，有必要在汽车经过之处通过派送传单方式予以补充。

路演的时间：一般在双休日效果会比较好，或晚上八点左右，即人们出来散步的时间也是一个不错的选择，但照明等要求较高。

路演的工具：由于路演的即时性及露天性质，对遮阳挡雨工具需要特别考虑，横幅文字要简洁明了，富有冲击力。方便客户咨询、休息的物资也要予以配备，以增加用户停留时间，也能够起到吸引其他人的作用，避免冷场。

活动主题选择：路演主要起到激发用户快速做出购买决定的作用，采取现场抽奖、入网送礼品等即时奖励的方式比较有效。

关键动作：在节假日，很多物业公司或社区居委会有可能组织晚会，提前打听消息，通过提供奖品进行业务的有奖问答、现场设点等方式，可以起到较好的效果。另外，在公司组织业务进社区的活动中争取到本区域开展活动，可以充分利用公司资源为社区服务。

（2）物业推荐

物业公司对于用户入网的影响力是不容低估的，很多时候业主在选择时都有从众心理，而在小区人员彼此还不熟悉的时候，物业工作人员的一句："听其他业主说他们企业的产品不错"胜过你百句推销之辞。因此，将业务宣传资料放在物业办公室是一个非常有效的办法。物业办公室的占领工作至关重要。物业推荐还体现在对竞争对手的排斥，物业公司对于竞争对手的不好态度也会影响业主的选择。

关键动作：负责收物业管理费的那位小妹/大姐是你需要重点关注的，因为她和业主联系最频繁，推荐业务机会最多，将用户受理成功率与她个人利益挂钩，你的业绩提升就有了基本的保障。

（3）口碑营销

行动方法：由于一个小区内业主之间总会存在一定的往来，请求那些开通业务的用户帮忙推荐其他业主，是一个较为有效的手段。

关键动作：

➢ 经常参与该小区的QQ群、微信群或论坛。小区论坛一般在房产信息等网站，在QQ群、微信群上多发言，或经常提供一些小区信息，与业主们拉近距离，建立基本的信任后，可以逐步尝试推荐一些业务，就不容易引起反感，并且能够提高业务的接受度。如果小区没有建立自己的QQ群、微信群的，还可以主动建一个QQ群、微信群。

- 结合企业的公关活动，主动组织小区间的业主、租户群体活动，如羽毛球对抗赛、棋牌游戏对抗赛等，加强与小区业主的深度沟通，进一步建立信任关系。对某些风险较大或容易引起误会的活动，如团购、户外拓展、旅游等建议谨慎。

（4）顺藤摸瓜

在首次路演或张贴宣传资料，呼叫中心反馈了用户咨询信息后，有可能收集到一部分用户的入网意愿信息甚至产生了第一批入网客户。及时追踪用户的使用情况，迅速密切与他们的关系，并且通过他们介绍别的住户办理业务，将使你的工作事半功倍。

关键动作：

- 集体办理业务优惠。对潜在入网用户，当对企业各方面情况都比较了解，唯一的瓶颈在于感觉和竞争对手的价格相差不大，正在犹豫中，这时可以提出一些集体办理业务的优惠条件。
- 首批用户有时候使用不甚满意，推荐意愿不强，这时候，要及时解决他们的问题，留给用户"你是为他着想"的印象，虽然用户对企业的产品满意度不高，但对你个人产生好感。
- 物业公司有全体业主的联系电话，通过物业公司取得他们的联系电话，逐一电话拜访，将是业务迅速突破的一条捷径。

禁忌：电话拜访切忌啰唆，要简洁明了，时间要选择在上午，或双休日接近中午时间，千万不要在中午午休或者假日早上电话拜访。

2. 销售日常工作

（1）客户拜访

电话拜访要提前准备好模板用语，好的用语具有以下两大特征：

- 简洁明了，不晦涩难懂或过于冗长；
- 包含一个且只包含一个明确的利益诉求点，迅速吸引被拜访者。

用语范例："您好，打扰您了，我是××社区经理，我公司与××物业合作，现已在本小区开通某项服务，这几天办理业务有特别优惠，不知道您是否需要？"

拒绝后的答复范例："十分抱歉暂时没能为您提供服务，我们这次的优惠活动名额也是十分有限，如果您今后有需要的话，可以直接拨打客服热线或者到物业处咨询办理均可。实在不好意思打扰您了。"等待对方挂机后再挂机。

关键动作：

- 据统计，每拨打10个电话，平均只有3个会有继续了解的意愿，最终成交的不超过 1 个，另外，很多最终成交的客户，往往之前会拒绝你 3 次以上。销售始于拒绝，遇到拒绝，不必气馁，坚持 4 次，你的成功几率就会成倍提升！

➢ 拜访客户时，首次拜访和持续拜访的侧重内容要有所区别。首次拜访应先从基本的业务入手，然后在二次拜访才考虑对其他业务的叠加推荐，一开始就主动推荐新业务总体效率不高，这一点需要避免。

（2）将客户拜访及投诉处理等各种记录录入客户档案

应注意：养成记录的习惯，下次拜访客户直接针对问题继续洽谈，用户会觉得您对他提的意见非常重视，尊重他，那么这种印象会使你成交的几率大增。有时候，用户的需求只是暂时不能满足，也许过一段时间再回头查阅，发现这些客户的需求已经可以满足了。

（3）即将到期用户续费提醒

对于即将到期用户的续费提醒，既是办理业务，也是增加接触机会，寻找销售机会，应予以重视。

(九) 计划控制及总结

1. 工作完成情况

对照前期制订的各项计划目标值，量化指标统计完成率，非量化的工作详细描述完成情况。

2. 不足分析

对于完成率在 100% 以下的量化指标，及未达到里程碑的非量化工作，做出原因分析，包括主观原因和客观原因两部分。

3. 修正计划

前期制订的目标计划是总体管理的基准计划，会影响到其他各种工作，因此，要及时调整修正。其中因为预先估计偏差造成量化指标有偏差的，要及时调整重新确定；对于非量化工作产生偏差的，多半是因为计划不够具体详细，改进办法是进一步细化分解为更具体的阶段性目标，以便更容易执行。

以上，我们从社区营销的原则及方式、社区项目开发知晓率的提升、社区项目开发的策略及社区项目开发的流程四个方面对社区项目开发进行了详细的介绍。作为链接用户与企业最主要的直销渠道——社区经理，理当发挥其贴近市场、了解用户信息及竞争环境的优势，为企业通过社区项目开发带动产能提升发挥自己的作用。

第五节　社区经理制的管理优化

综合近年来社区经理制实施的情况，特别是几大运营商实施社区经理"营维合一"模式的具体情况，我们发现社区经理制依旧面临着一些困境：

> 思想观念上，"重技术轻市场"，对营销工作的不重视导致在组织架构上将"装机、维护、营销"三种工种捆绑在一起或分开实施等，结果是不论哪种方式都不能很好地开展营销活动；

> 人员素质及用工制度、人员配置上，普遍存在社区经理人员素质需要提升、劳动用工制度复杂、用工紧张，造成营销、维护、装机工作难以做到平衡；

> 工作激励及IT支撑上，社区经理的营销工作激励不足，IT支撑体系没有考虑大众用户需求及社区经理的工作特点，难以支撑四处奔跑的社区经理的营销工作；

> 工作流程上，社区经理本身的营销技巧及权限的不足，派单式的装机、维护作业流程强硬应用到营销上，无疑使"营维合一"事倍功半，效果打折。

针对上述现象，易道咨询主张更新营销思想观念，调整社区经理制的组织结构为"营维"和"营装"两种部门的结合，促使社区经理队伍提高人员素质及加强营销技能的培养，在激励考核方面侧重于过程考核及加大营销工作的考核力度，给予建立方便快捷使用的IT支撑体系，并调整"派单式机会营销"作业流程等方面，系统地实施社区经理制的管理优化。

实践证明，在一定的保障措施下，组织结构、人力资源、作业流程、系统支撑及考核体系这五个方面的系统调整及优化（见图1-10），将提高"营维合一"社区经理制的营销效果，提升企业市场营销竞争力。

- 调整社区经理制的组织结构
- 提升社区经理制的人力资源
- 重构社区经理制的作业流程
- 完善社区经理制的系统支撑
- 优化社区经理制的考核体系

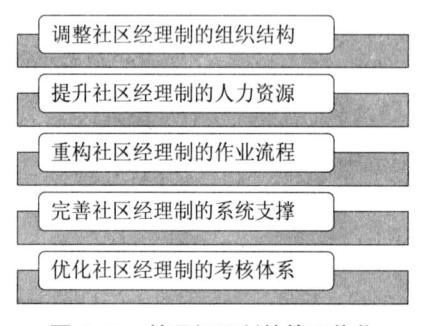

图1-10　社区经理制的管理优化

一、调整社区经理制的组织结构

社区经理制推广过程中，企业的组织结构是否适合这种模式的推广，是影响其效果的一个关键问题。

以运营商为例，造成运营商现有的结构不适合"营维合一"社区经理制的最为主要的原因，是将装机、维护工作及营销这三种可能互相影响、互相冲突的工种混合起来，导致有机会营销的时候没有时间营销，而有时间的时候又没有机会营销，顾此失彼，得不偿失。那么，怎样的组织结构才适合社区经理的"营维合一"模式？

既然"营装维"综合班组的结构、单独的营销班组的结构都不利于社区经理制最大限度地发挥功效，那"营装"班组、"营维"班组的结构是否适合呢？

答案是肯定的。

由于"营装"班组、"营维"班组分开，就是将装机和维护这两种互相冲突的工作分开来，由两部分人去做，这就解决了装机不及时和故障超时的问题，使工作调度更加有序，也就解决了社区经理营销工作的时间问题。

社区经理"营装""营维"分开的组织结构调整示意图，如图1-11所示。

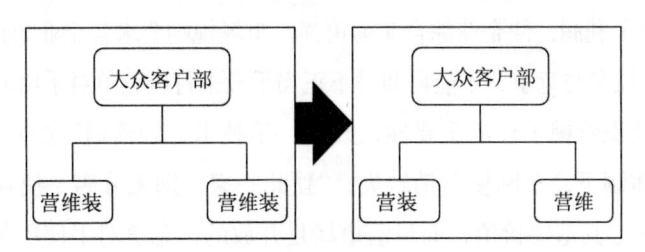

图1-11 社区经理"营装""营维"分开的组织结构图

"营维"班的社区经理对责任区域内的用户故障负责维护。由于责任区域比较固定，社区经理有时间去做些线路整治作业计划，开展主动维护，使故障在萌芽阶段得以解决，大大减少故障的发生；在上门维护过程中，给用户详细讲解业务使用方法，引导用户使用新业务，至少也可以对用户的满意度进行调查，及时帮用户解决难题，解除误会。

"营装"班的社区经理虽然没有固定区域服务，但时间上是根据"工时池"满度及工单次序来安排的，这就大大减少了因装机时间不足造成没有时间营销的情况。由于工作有序，上门装机时将新业务的宣传单张和服务便民卡派发给用户，并详细指导用户使用业务的方法，在测试产品的过程中，将业务介绍给用户。以广电运营商为例，可在安装开通高清电视业务的同时，演示互动功能及其他增值业务，将主推转型业务适时推介给用户。

二、提升社区经理制的人力资源

(一) 加强社区经理的营销意识

实行"营维合一"模式，思想意识是非常关键的，因为"思想决定行动"。

如果企业员工包括领导层都没有认识到营销工作的必要性和重要性，那其他的组织架构、人力资源、IT支撑体系、作业流程等做得再完善，也不能做到真正的营销，且没有正确的营销意识指导方向，"营维合一"各种管理要素也不能为这种模式服务。要提升"营维合一"的思想意识，以指导营销和维护工作完备结合，企业必须在以下方面进行整改。

1. 要彻底抛弃垄断意识，树立良好的有序竞争观念

企业一家独大的时代已经一去不复返了，各行各业开放、竞争、互联互通不是中国的特有现象，而是时代发展的潮流，企业受政策的保护的局面不可能再出现。另外，多家企业竞争的局面是绝对的，不可能再形成一家垄断市场的情形，竞争是必然存在的，企业必须正确面对竞争的到来。竞争意味着市场份额的分流，但这不一定是坏事，竞争会促使企业将服务做得更好，也可以将市场蛋糕做得更大，竞争使企业加强管理，降低成本，反而提高了利润，使企业综合实力更强。市场规则要求各企业要良性竞争，要采用正常的市场手段参与竞争，不能再通过不正当手段来打压竞争对手以取得市场份额。

2. 要正确认识营销工作的重要性，改变"重技术、轻营销"的意识观念

过去在旧体制下，垄断使营销缺失，"独此一家，别无分店"使营销工作根本就不需要，更谈不上其重要价值，而目前市场是开放的，竞争对手使用各种营销手段来发展新客户，如果不采取应对措施，原有用户就会流失。因为现在技术不断更新换代，新进入的竞争对手可以采用新技术，原先的技术可能过时，企业的技术优势将不再成为绝对优势，当竞争对手的价格与服务有明显优势时，客户将会重新选择。另外，不重视营销，就是不尊重消费者的需要，因为只有保持市场的敏感性，通过市场调查，不断推陈出新，提供给消费者最适合的产品，才能提高客户满意度和市场回报。

3. 要正确定位企业的服务业意识，做好服务营销

不论哪个行业，服务都是最主要的特点之一。如何服务，使消费者满意，如何使消费者认同企业提供的服务而成为忠诚客户，这也是企业营销工作所要解决的问题，因此，企业必须重视用户感受，提高服务质量，创新服务内容，为客户提供更多更好的服务，这些工作正是需要社区经理通过营销工作去实现的。所以，只有对企业的定位正确了，才能树立服务营销的意识。

4. 要正确认识"渠道"概念，才能更好地推进"营维合一"

在渠道建设中，社区经理属于大众客户直销渠道。营销渠道执行着消除企业与用户之间在时间、空间及所有权等方面的障碍，促使产品或服务顺利转移到用户手中的功能。而大众客户直销渠道的队伍就是"社区经理"，如果社区经理只装机维护，不做营销工作，不去把新业务推介给消费者，那就不能实现大众渠道的功能，就使渠道失去了存在的意义。

因此，"营维合一"中，社区经理的工作主要是"营销"，然后才是"维护"，维护是为营销提供场所的手段，只有把营销工作做好了，社区经理才是合格的，大众客户渠道才是名副其实的。

只有从以上四个方面，正确认识到营销的价值、地位、必要性，才能建立起适

合"营维合一"模式的企业要素，才能引导和支撑社区经理真正开展营销工作。

(二) 提升社区经理的专业技能

1.鼓励社区经理的在职学习和学历进修，提高社区经理的整体素质

社区经理素质普遍不高已经是历史原因造成的，现在不可能辞退现有的社区经理，换成学历高的员工，只能通过鼓励机制，促使他们自觉地参加成人大学或自学，提高学历和文化水平。这种鼓励机制可以是报销学费、免费报名、自设网络大学等，也可以将某些岗位的进入门槛提高，社区经理们为了保住饭碗并有发展的机会，只能自觉去学习。只有社区经理整体素质提高了，这支队伍才能适合"营维合一"模式的需要。

2.加强岗位培训，提高社区经理的营销技能

在营销执行上，社区经理营销成功率低，既有营销技巧的问题，也有业务不熟悉的因素，还有社区经理营销权限不对等的问题，这些问题确实阻碍社区经理营销工作的开展。

社区经理提高学历和文化水平后，并不意味着营销工作就能做好，因为营销工作需要经验和技巧，如服务礼仪、言谈举止都不得体，那就不能取得用户信任，就不能够成功营销。营销技能可以通过内部岗位培训得到加强，每个月轮流组织培训，采用集中培训、现场培训、二次培训等各种模式，来提高社区经理营销的技巧、技能，并在实践中加以应用，为"营维合一"提供技术保障。

社区经理对业务不了解，这个可以通过早会、练兵培训学习会等，将最新营销政策尽快灌输给社区经理。同时，可以采用手机短信、微信群等形式，将业务相关资料传送给社区经理，这些做法，使社区经理对营销政策的掌握更加及时。由于营销内容不断更新，所以社区经理必须保持持续学习的姿态，这可以用考试、测试等形式促使社区经理自觉去学习新业务和新方法。社区经理对营销权限不对等，这就要求我们在设计产品和套餐时，要考虑给予社区经理一定的优惠权限，使社区经理在用户面前有威信，缩短客户接受业务的时间，使客户对社区经理更加信赖。

(三) 引进合适的员工，采用合适的薪酬体系

在招聘员工时，企业方不能为了追求高素质人才，提高应聘学历门槛，将一些学历高但专业不对口，或不适合做社区经理职位的大学生招聘进来，要考虑到岗位的吻合对口及学历匹配性，尽量招聘一些营销专业的毕业生，充实社区经理队伍。渠道建设规范中，虽然对社区经理的学历要求没有封顶，但考虑到社区经理工作环境的实际情况，一般大专以下学历的毕业生比较适合社区经理角色，本科以上学历的毕业生一

般只把该工作当成一个跳板，工作时间不会很长。同时，企业也要提前说明社区经理岗位的职责和待遇，将那些误以为大企业就有高待遇的毕业生，或冲着企业员工福利而来的那些人过滤掉，以免入职后，期望没有办法得到满足后在短期内辞职，造成客户关系的流失。另外，在薪酬体系上，要尽量使工资报酬、职业发展等与服务年限挂钩。用待遇福利等方式，把熟练员工留在企业，使员工稳定，企业客户关系稳定。

（四）实行同一岗位统一用工制度，解决劳务工待遇歧视问题

目前，劳务工与正式工虽然用工制度不一样，但在很多企业的社区经理岗位上，这两种用工制度的员工是混合着的。这就意味着大家做同样的工作，但拿不一样的钱，同工不同酬，是造成劳务工心理不平衡的主要原因，影响员工积极性。解决这一问题的方法，就要做到内部公平，一种办法是将所有员工的待遇重新洗牌，实行真正的同工同酬；另一种方法是将同样用工制度的员工安排在某一岗位上，这一岗位不允许有不同用工制度的员工存在，这就部分解决了待遇比较的问题，使做同样工作的员工能取得同样的待遇。由于用工制度的改革牵涉老员工福利和感情等问题，目前还不容易做到真正的同工同酬，后一种办法是比较可行、可操作的办法。只有解决了员工的心理障碍，员工工作的积极性提高了，他们才能有效地开展营销工作。

三、重构社区经理制的作业流程

社区经理制原有的派单式营销效果并不明显，主要原因在于有机会营销的时候没有时间，而有时间营销的时候却没有机会，解决这一矛盾的办法是实行"派单式机会营销"。

"派单式机会营销"的做法是将营销任务与装机或修障工作结合起来。在工单上，系统自动将该客户的资料、用户需求预测、用户消费信息、产品资费等信息体现出来，同时还附上企业业务宣传单张以及业务受理表格等，这些资料是针对客户的需求而制订的。社区经理上门后，在服务的过程中，将业务推介给客户，同时有宣传单张介绍，客户更加清晰地了解业务的内容，如果用户需要，马上登记到受理表格上，在用户签名或盖章后，营销就算大功告成了。

"派单式机会营销"的重点是"机会"，即抓住机会才能营销，不是专门地上门营销，所以，不论是接触客户的机会，还是营销成功的几率，都是比单纯的派单式营销效果更佳。而在服务的工时上，可考虑营销所耗费的时长，增加到"工时池"耗时里面，使"工时池"管理模式更合理，更加贴近营销工作的实际需要。"装维"工作空闲的时候，可适当安排客户回访、客户调查、欠费追缴等不需要上门就可以完成的工作，这些工作不是派单模式，而是采用项目制，将任务分配下去，在一个周期内，自由安排时间，这样就能充分利用"工时池"里面的未满工时。

四、完善社区经理制的系统支撑

目前的 IT 支撑体系对社区经理的营销支撑不到位,主要原因是社区经理没有机会使用电脑查询资料,以及社区经理营销管理系统不能起到指导工作的作用,因此,在 IT 支撑体系上,迫切需要建立一套适合社区经理使用的、高效的应用系统。

首先,要将现有的工单管理系统和故障管理系统进行对接,将客户资料、消费信息、需求预测等直接与社区经理日常使用的系统关联起来,在社区经理打印工单时,就能将这些信息附加到工单上,方便社区经理有针对性地进行营销。社区经理有了这些依据,方向目标明确,产品适销对路,客户信任度提高,客户也更加容易接受新业务的促销。

其次,改善社区经理的营销管理系统,除了统计和管控社区经理的装机工时、修障工时之外,还可设置强制营销工时,规定每天一定要有营销工时,营销工时少于一定限度时,对该社区经理的工作模式要提出预警;另外,要将营销工作从工时管理中脱离出来,采用目标管理的方法,提升社区经理成功营销的动力。

最后,完善网上营业厅流程,实现社区经理现场受理业务。由于目前社区经理在营销业务时,经常要打客服电话受理业务,这样会花费很多时间,也使客户对流程反感,因此,要尽快完善网上营业厅流程,使社区经理在用户家里就能查询和受理业务,同时,也可以引导用户自己在网上办理业务,既方便了社区经理和用户,又减轻了呼叫中心和营业厅的压力。

■ 案例——营维一体化手机客户端助力社区经理营销

为支撑起社区经理营销工作,实现精确化营销,某广电运营商的 IT 部门从实际需求出发,着手建设了具有大数据分析能力的新型服务营销支撑系统。

其中,针对社区经理(工程师)长期户外作业,无法使用 PC 端 IT 支撑系统的问题,采用 HTML5 技术开发了适用于 IOS、Android 手机的营维服务一体化手机应用,实现了用户信息在线查询、安装维修工单的在线处理、业务订购和缴费的在线办理,有效提高了整体运维质量,缩短了服务响应时间。

手机客户端开发了独立版本和 MBOSS 融合版本,提供手机版本的社区营销系统功能,方便用户在手机客户端使用社区营销的功能,包含营销视图、营销支撑管理、风险预警管理、考核管理、营销信息录入、营销视图管理、工资查询等;MBOSS 融合版本把手机应用和移动 BOSS 功能整合在一个客户端下,让社区经理实现一站式营销和业务订购工作。

案例分析:工欲善其事必先利其器。根据业务发展需要,该运营商开发的营维一体化手机客户端,既可以大大提升网格化营销的效率,还可以给广大用户带来实实在在的便利。

社区经理制的优化，技术的创新、工具的优化、IT 系统支撑的完善，是永恒的课题。

五、优化社区经理制的考核体系

目前，社区经理的 KPI 考核体系存在着偏重装机、维护工作的问题，使营销工作得不到重视。此外，营销工作的考核不够全面，只考核结果不考核过程，有些考核项目比较牵强，不能真实反映社区经理实际劳动业绩，影响社区经理参与营销工作的积极性。解决这几个考核问题的措施如下。

1. 将考核方向和比重倾向于营销

如果在渠道建设中，规定社区经理 70% 的工作是营销，30% 的工作是装机、维护，那在考核方面，就不能"轻营销、重维护"，营销分数所占的比例至少在 60% 以上，将装机和维护工作的分值设低，某些可能造成偏高分的项目设置成封顶分，从 KPI 考核体系来引导社区经理重视营销、愿意营销、能够营销。

由于考核侧重于营销，社区经理在装机修障的同时，开展机会营销，不断积累成功的经验，效率也不断得到提高，社区经理对营销工作的抗拒心理逐渐消退，取而代之的是习惯性地自觉开展营销工作。

由于考核方向的改变，加重营销的考核分数，维护和装机的分数比例自然就下降，社区经理装机、修障的积极性是否就下降了呢？实际的情况表明，实行了侧重营销的 KPI 考核方案后，社区经理装机的数量没有减少，维护质量反而比以前更好了。究其原因，是由于只有到用户家里去，才能谈得上营销，社区经理要营销成功，就必须开展装机、修障工作，每次修障都能彻底修复，并到用户家里测试，创造营销的机会；如果需要更多的营销机会，就必须装更多的机，修障到户率 100%。因此，侧重营销的 KPI 考核方式不会影响装机和维护工作，反而使营销和维护工作相辅相成，互相促进。

2. 将营销考核从目标考核转向过程考核

虽然保持片区业务收入，市场占有率、市场预测等工作是社区经理的职责，但社区经理的能力和素质都决定了不可能掌控这些市场指标，且由于区域发展不平衡的因素，硬性摊派收入指标的做法只能使社区经理对指标失望，不能积极采取有效措施来阻止收入流失，提高市场占有率。同时，社区经理需要 KPI 考核重点来指导他的工作方向，相当于工作指引一样，所以，太笼统的指标不适合社区经理这一层次，需要将目标考核转向过程考核，如营销一个业务套餐给予多少分，开通一个增值业务给多少分等。社区经理通过营销过程的执行，实际上就是为了达到区域收入增长及市场占有率提高的目的，但过程考核使社区经理感觉实在，能真切地看到业绩被肯定，从而更有成就感。

3. 引入内部竞争，促使团队总体能力提升

目前社区经理的考核中，绝大部分是个人业绩的考核，很少有团队营销的考核内容，也没有通过与其他社区经理比较来体现业绩，因此，需要建立一套业绩排行榜，将所有社区经理的营销业绩排名，每个人的营销业绩在团队中的位置、团队总体营销能力的比较等，就一目了然。

另外，社区经理的现场促销、策反活动等，也经常采用团队作战的模式，所以，考核也可以采用团队评分的模式，改变以往单兵作战的考核办法，使社区经理团队营销工作的积极性更高。

当然，社区经理"营维合一"模式的管理优化，不是社区经理团队自身能解决的，企业必须在用人制度、社区代理渠道、支撑系统开发等方面给予保障，才能使以上"营维合一"模式优化的各项措施得以顺利实施。因此，企业还需要做好社区经理制的保障和支撑工作。

（1）"同工不同酬"问题的解决

社区经理同岗位统一用工制度，必须在用人制度上，将社区经理中的正式工逐渐采用内退、转岗等方式消除，在"营装"班或者"营维"班上实现用工制度的统一，实现同岗同酬。

（2）社区经理人员不足问题的解决

社区经理的"营维合一"模式要求70%的工作是营销，而30%的工作是装机、维护。但目前企业的现状是，99%的时间用来做装机、维护，营销无暇顾及。深层次的原因是社区经理人力严重不足，社区经理根本就没有时间做营销，对此，企业需要在人力资源方面进行调整。另外，也可以改变现在的代理渠道，将部分工作逐步外包，只留下维护工作由企业自有渠道负责。

（3）支撑系统接口问题的解决

支撑系统的开发上，需要将客户资料转移到工单系统、客服系统上，就必须统一规划开发，建立适合本地网营销的有效的IT支撑系统。

总之，社区经理制的管理优化是系统工程，从组织结构、人力资源、作业流程、系统支撑及考核体系方面的优化动作，不仅仅适应于运营商企业，也同样适用于其他欲借助社区经理、社区经理制贴近市场、贴近用户，以社区营销带动大众客户市场社区项目开发的其他行业。

案例分析

社区经理拓展增量建壁垒

案例介绍

社区经理小张在日常上门装机、修障及巡检过程中，十分留意其辖区内房地产开发情况，收集相关信息，如：该地产的开发商是谁，其用途是什么，企业在该地段网络资源及配套设施怎样，其他运营商有什么动作等，并将有关情况上报给相关单位。

一次，他发现某地段已建好了六幢楼，由于小张对辖区内管线情况十分了解，故他知道该区没有企业的线路资源，而根据楼层数及楼的内部结构，他初步判定这些楼应为出租所用，业主为了提高房屋的出租率及出租的价格，肯定存在宽带及高清业务的需求。

为此，小张亲自上门拜访，经与业主交谈证实这些楼确为出租用，共二百多间房。正如小张预料的那样，业主想办理高清及宽带业务，目前Ａ公司已与他联系过具体安装事项。

鉴于此情况，小张及时报告上级领导，经领导审批后决定为业主的出租房加建配线，抢在Ａ公司之前为业主办理了高清及宽带业务，成功地阻止了Ａ公司及其他运营商的业务渗透及所造成的业务流失。

案例点评

本案例中，社区经理通过对地产商信息的留意与收集，分析市场并判断寻找出市场中存在的机会（与业主交谈证实确为出租房）。由于社区经理对客户需求的有效把握，从而使企业可以迅速制订出具有针对性的解决方案，赢得客户。

社区经理要主动了解市场及客户对企业产品的需求，在日常的服务及客户走访中，保持良好的客户关系，真正发挥社区经理制"渠道下沉、贴近用户、维系用户、保住存量、拓展增量、建立壁垒"的作用。

案例分析

社区经理"装维随销"工作模式

案例介绍

某运营商的 ITV 业务在推广过程中存在以下的问题与挑战：

第一，潜在客户难以发掘：不能较好地找到目标潜在客户，造成营销人员"广撒网"，对非潜在客户造成干扰，不利于客户对企业的感知；

第二，企业成本过大：运营商客户基数过大，大量业务专项营销队伍的组建，加大了企业成本；

第三，营销手段单调：针对公众客户的营销手段往往以短信、电话推送的方式为主，营销效果不佳；

第四，营销过程中客户存在的问题不能得到集中的反馈与解答，降低了客户感知水平。

针对以上问题与挑战，该运营商通过对业务数据的挖掘分析，获得更为精准的潜在客户清单，并开发了客户端 APP 以供最贴近一线公众客户市场的社区经理使用。

其具体操作方式是：通过基于基础客户信息数据（CRM 系统数据）、网络数据（后台数据）、客户行为数据（前端数据）的挖掘，获取客户特征，针对性地设计精准的产品、政策及服务，通过社区经理的"装维随销"主动出击，从而达到事半功倍的效果。

案例点评

社区经理采用"装维随销"的工作模式能有效地解决以下问题：

1）通过大数据挖掘分析的方法，过滤了大部分非潜在的企业客户，营销范围得到了较大的收缩，有利于增加公众客户对企业的好感；

2）通过已有的社区经理（装维队伍），在响应客户故障上门修的过程中开展业务营销，既较好地降低了企业成本，又有效地扩充了业务营销的手段；

3）将"随销"的推荐信息嵌入到"装维工单系统"，能集中有效地取得客户的反馈信息，提升了客户对 ITV 产品的使用感知水平。

案例分析

借力"意见领袖"做好客户策反

案例介绍

"万国城"是某分局区域辖内的一个楼盘,现采用另一运营商的产品,成为该区域社区经理的重点策反对象。

然而"万国城"的发展商、物业管理公司对社区经理态度冷漠,随意敷衍,几次拒绝听取社区经理的建议,使得社区经理策反时碰到了较大的阻力。但该区域社区经理小余及其团队并没有灰心,几经考虑,觉得既然发展商和物业管理公司出于各种原因,很难争取,那么可以从熟悉的老客户入手,借助这些熟悉的老客户,引导发展商和物业管理公司重新采用企业的产品与服务。

于是,社区经理小余对那些熟悉的老客户进行回访,对他们几十年如一日地支持企业表示感谢,并与他们就不同运营商的产品进行交流,还适当地提出建议,并积极向他们宣传企业的产品、服务优势以及企业运作规范等。

慢慢地通过这些老客户,小余又争取了一部分业主成为企业的新客户,企业在该楼盘的影响力不断壮大。

群众的力量是伟大的,终于,发展商、物业管理公司改变了初衷,同意企业的产品及设备进入大厦安装,客户策反成功!

案例点评

发挥意见领袖力量,增强销售说服力!

所谓"意见领袖",就是指在大批消费人群当中,一小部分善于交流沟通和发表自我鲜明观点的消费者,而且,他们的意见受其他人欢迎和认同,对其他人的消费行为也起到影响和带动的作用。

在销售过程中,"意见领袖"的作用往往可以用"以一顶十"来形容,也就是一个"意见领袖"往往能够影响10个以上的周边或者后续消费者,所以,从某种意义上说,他们是企业在销售服务活动中的"核心目标消费者"。

针对"意见领袖",首先要能影响他们,使其对企业的服务或者产品有个良好的信赖度和认同感,再通过他们优秀的交流沟通以及传播能力,将他们对企业的信赖度和认同感传播给其他消费者,达到"抓住重点、盘活全局"的效果。

案例中,社区经理从老客户入手,看中的就是老客户在物业社区中所能起到的"意见领袖"式的影响力和带动力。通过对老客户的公关，取得他们对企业产品的信赖和认同，"意见领袖"们发挥主观能动性，自觉为企业争取更多的新客户和利益。这样，企业的销售成功就水到渠成。

因此，社区经理在自己所辖的营销社区内，通过平时沟通和信息收集，寻找并挖掘几个关键的"意见领袖"，加强对这些"意见领袖"的公关和关系维护，使其能够更为积极地传播企业产品和宣传企业形象。

工具运用

用户档案建立及资料管理模板

一、档案建立相关要求

（一）档案基本内容

本网格区的人口总数、用户所在的房屋、商铺（楼宇的门牌号、房间号）、姓名、地址、证件号、产品、使用业务的合同号、业务号、联系方式、电话占有率百分比、来电显示占有率、宽带占有率、对服务有何意见、通信业务所属运营商等。

（二）建档的要求

1）由社区经理结合走访用户、业务发展等日常工作，对所辖区域内所有住户"一对一"地进行用户信息普查和建档工作，核实用户资料，确保用户资料准确无误，并对用户实时动态进行更新完善。

2）可采取与居委会合作开展此项工作，降低工作难度。

3）社区经理所在辖区内，对没有使用本公司通信业务用户和使用他网业务的用户资料做好档案记录，作为潜在的用户管理。

4）在用户信息建档过程中要梳理在用用户，按楼宇房屋的命名规范用户住址，以用户办理业务的证件号码统一用户标识，将一个标识下的所有业务归并。

5）用户信息建档是一项需要长期坚持的工作，要将此项工作纳入到片区日常工作中。

二、档案模板

（一）用户档案明细模板

序号	网格客户名称	楼宇（平房）名称+单元号	用户名称	联系人	联系固话	联系手机	其他联系方式	证件类型	证件号码	工作单位	公司业务	业务号码	资费套餐	时限	局向	业务竣工时间	竞争对手业务	备注
1		…																

(二) 网格信息档案汇总模板

片区名称	基本信息							维系信息用户数				竞争对手用户数	备注
^	名称	详细地址	住户数	楼宇/平房数量	住户总数	业务A覆盖楼宇（平房）	业务B覆盖楼宇（平房）	商铺数量	业务A	业务B	业务C	...	增值业务
XX公司XX网格区														

工具运用

社区经理日常工作三大基本话术

话术的准确运用,既能提高社区经理的工作效率,又能保证整个服务团队的服务一致性。实际工作中,通过头脑风暴、对标学习等方式,企业先梳理出工作场景,再集思广益,整理出相应的解释话术,并通过培训、考核,让社区经理掌握、人人过关,将对运营工作大有裨益!

下面我们梳理了社区经理日常工作的三大基本话术:即部分工作场景应对话术、投诉处理话术及过渡营销话术。

一、部分工作场景应对话术

序号	对应场景	应对话术
1	当用户业务不能使用,我方正在查找原因时,面对客户对故障原因的询问	对不起,我们正在核查故障原因,确定原因后再回复给您,请您耐心等待,对此造成的不便请您谅解
2	已处理完毕时,面对客户对故障原因的询问	对不起,您的故障是××××原因引起的,我方已做处理并修复,请您方便的时候确认一下网络是否可以正常使用。如果还有问题,您可以直接和我联系,我的电话是××××
3	当已确认是由用户原因造成用户业务不能使用时,面对客户对故障原因的询问	对不起,从您所反映问题并结合我们核查的情况来看,本次故障是由您自己××××问题引起的,我向您演示一下,请您先检查并处理该问题,好吗?
4	已确认是由第三方原因造成用户业务不能使用,且正在进行核查处理时,面对客户对故障原因的询问	对不起,经核查,本次故障是××(问题)引起,我们正在与××方面沟通协调,预计××时可以修复(由于××××原因,目前无法预估具体的修复时间),对此造成的不便请您谅解
5	客户业务不能正常使用,故障原因不明时,面对客户对故障原因的询问	对不起,经过现场核查,发现故障的原因较为复杂,我会向上级反馈,安排技术专家做进一步的核查处理,届时会与您联系,请你耐心等待,对此造成的不便请您谅解
6	无法/不适合当场回答客户问题	对不起,您反映的问题我们需要进一步核查,一有结果会及时向您反馈,对此造成的不便请您谅解
7	客户抱怨故障重复发生	对不起,我们正在核查重复出现故障的原因,并进行相应的处理,一有结果会及时向您反馈故障处理情况,对此造成的不便请您谅解
8	客户抱怨故障处理时间长	对不起,由于故障原因(故障处理)比较复杂,需要较长时间核查处理,请您耐心等待,一有结果会及时向您反馈,对此造成的不便请您谅解

续表

序号	对应场景	应对话术
9	客户抱怨运维人员工作技能、服务态度差	对不起，给您造成不便我们深表歉意，我们会对您反映的问题进行调查，并将核查处理情况向您反馈，感谢您指出我们工作中的不足之处，我们会认真改进
10	当已确认是因用户方原因（未准备设备、无预埋线等），未能按预约时间安装（修复）	对不起，因为您的业务需具备终端设备（预埋线）后方可施工或正常使用，请您先准备好（处理好）××后再联系我们，我们会尽快为你安装（修复），对此造成的不便请您谅解

二、投诉处理应对话术

序号	对应场景	解释话术	不规范用语	管控要求
1	客户索要投诉电话和投诉方式	您好，您的问题我们非常重视，希望您能给我们一个解决问题的机会，我们会尽快核查处理	①我不知道投诉电话及联系方式；②这是内部信息，不能告诉你	发现客户有投诉倾向，立即上报班长协调，一个小时内班组长先与用户联系安抚，再尽快处理问题
2	客户不接受解释安抚，坚持要投诉	很抱歉，我会马上将您的问题及要求转告我的上级，由他与您联系处理，请您耐心等待	①你投诉也解决不了问题；②明明是你自己的问题，干嘛还要投诉？③你投诉了最终还是要由我来处理	
3	接到用户投诉	您好，请问您反映的是××问题吗？对此造成的不便请谅解，请问您什么时候有空，方便我上门做核查处理？	①有问题跟我说不就行了吗，干嘛要去投诉？②等我有空了再去帮你处理；③我也不清楚（不好说）问题该怎么处理	禁止带着情绪去处理用户的投诉
4	客户情绪激动或失礼	①请问您遇到什么问题？②请问有什么问题需要我处理的？③我非常理解您的心情，为了解决问题，请您慢点说；④×先生（女士），您也希望我们尽快为您解决这个问题，您的问题……（进一步对客户的问题进行复述和核实，并为客户提供解决的方案）	①这又不是我的错；②别那么激动，有话好好说；③麻烦你冷静一下；④你不要发这么大的火；⑤我不知道你有什么不满；⑥又不是我的错，干嘛骂人？⑦麻烦你说话文明一些，好吗？⑧不应答客户，保持沉默	保持冷静，避免与客户发生争执或冲突，通过服务技巧处理

续表

序号	对应场景	解释话术	不规范用语	管控要求
5	客户投诉服务人员（其他部门）态度不好或工作出差错	①我们的服务给您带来不便，请您原谅，您是否能告诉我详细的情况？②我代这位工作人员向您道歉，您能说一下具体的情况吗？③我会将您反映的问题上报相关部门核查处理，给您带来的不便请您原谅	①您说的情况我不清楚；②刚才电话不是我接的；③这是××的问题，不关我的事；④系统（流程）出错是正常的；⑤我不知道该向谁反映（处理）；⑥不是我的问题，我也没办法	诚恳地向客户道歉，做好解释及安抚工作，对无法处理的及时上报班组长，由其协调处理
6	无法当场答复客户投诉的问题	您好，对您反映的问题，我们会马上向上汇报，安排其他人员核查处理，尽快给您明确的答复	①你的问题暂时解决不了，过几天你再来电话问一下；②你的问题还在处理中，不知什么时候才能解决，还要再等一段时间	上报班组长协调处理，一个小时内班组长先与用户联系安抚，再尽快处理问题
7	投诉处理完成	您好，您反映的××问题经过核查处理，现在已经解决了，对此造成的不便请谅解。如果您在使用过程中还有什么问题，请您及时与我联系，电话是××××	你的问题已经解决了，以后不要再投诉了	

三、过渡营销话术

下面以广电运营商为例，梳理社区经理在专业频道、高清机顶盒、宽带业务方面的过渡营销话术。

（一）关于专业频道

问题1：频道太多看不完。

应对话术：每个频道都有自己的主题，喜欢看什么类型节目可以直接转到相关的专业频道，再也不用毫无目的地挑选频道了。

问题2：基本没时间看电视。

应对话术：正是因为没时间，更要直接选看自己喜欢的频道，可以在不多的休闲时间里享受到最优质的节目体验。

问题3：家里都是老人在看，不用订购这些频道。

应对话术：有很多频道是适合老年人收看的，可以开通一两个频道，当做给家里的老人尽尽孝心。

问题4：还想减台呢，减台可以少交钱吗？

应对话术：收视费是一个数据包，频道是一起发送的，所以没办法减台了。

问题5：平时都是上网。

应对话术：对着电脑上网人会很疲倦，在沙发上看电视会更舒适，可以全家人一起看，增进家庭感情。

问题6：家里只是小孩看电视，有一个少儿频道就可以了，不用订购其他频道。

应对话术：家里有小孩，您可以订一些像《宝贝家》《中小学同步》这类的频道给小孩看，这些频道都是针对孩子而设计的节目，是益智频道，有助于孩子的成长。

问题7：专业频道也有重复的节目。

应对话术：专业频道是没有广告的频道，几乎是全天候不间断播出不同类型的节目，但是为了照顾一些不能经常坐在电视机旁的用户，为了不让他们错过一些节目，所以我们才适当重复播放一些节目。

问题8：订专业频道都收看不到，不想订。

应对话术：我们这里有教您怎么操作的温馨卡片，只要按照里面内容就可以操作。我也可以教您怎么操作。

问题9：专业频道太贵。

应对话术：现在我们有优惠活动（告诉用户当时的活动内容），您也可以选择收费套餐，以最低价格收看最多的频道。

问题10：不想订，怕影响孩子的学习。

应对话术：孩子上学其实很累，也要适当放松一下。如果您真不想孩子看其他与学习无关的节目，那您可以订《中小学同步》《读书》这类频道给孩子，可以让孩子在电视上学习，一举两得。

（二）关于高清机顶盒

问题1：使用高清机顶盒有什么好处？

应对话术：画面比例16∶9，画面清晰度提高5倍，人像不再扁了，图像不闪烁，长时间看电视眼睛不会疲劳，保护了眼睛。

问题2：高清频道怎么那么少？

应对话术：高清频道由节目源决定，我们会转播所有高清节目源，高清电视是国家的重点发展项目，很多省台和一些频道商已经在制作高清频道了，高清频道会越来越多。

问题3：家里是普通电视，不需要办理高清机顶盒了。

应对话术：普通电视也是可以办理高清机顶盒的，高清机顶盒是一个发展的趋势，现在很多的电视台和节目商都在制作高清频道，高清机顶盒可以收看到比标清机顶盒更多的频道套数。而且现在市场上卖的都是液晶电视了，您家的电视迟早也是要换的。现在我们的机顶盒正在做活动，有优惠，现在办理是最划算的，随着高清频道套数的增多，高清机顶盒的价值是越来越高。收视费不变，频道数、清晰度都能得到提高，所以还是用高清机顶盒性价比更高。

问题4：高清频道会出现不是全屏的现象。

应对话术：高清频道从制作到传输都是高清的，并且是另一个平台制作的。如果节目源是标清的，电视画面就是4:3的，显示就不是全屏，是节目源制作的问题。不知道您有没有注意到有的时候高清频道播出的节目是全屏的，而到了广告就不是全屏的了，就是因为广告节目源是标清的。

问题5：高清机顶盒的价格太贵。

应对话术：高清机顶盒的零售价是1280元，在外面商场也是一样的价格。在我们这里办理，除了可以得到机顶盒之外，我们还赠送专业付费频道和礼品，因此价格不贵。况且高清机顶盒的功能很多，实现双向互动之后，还可以有时移功能，可以暂停、快进、回放，您不会错过任何节目。

(三) 关于广电宽带

问题1：广电的网络太慢。

应对话术：对于您反馈的这个问题，我们很抱歉，我们会尽快安排维修师傅上门为您检查宽带线路问题，好吗？刚才我查询到您使用4M宽带，如果您觉得网速太慢，我们正好有一个免费的提速活动，只要预存费用，就可以免费提速为10M。您的套餐费用即将到期，我建议您现在就提速，这样就不会觉得网络慢了。最近好多用户知道有提速活动，都纷纷来营业厅续费提速，要不我现在为您提速，好吗？

问题2： 广电网络经常掉线，不打算继续使用，就交收视费。

应对话术： 您好！对于您反馈的问题，我们非常抱歉。如果您不打算继续使用广电宽带，那么按照您以往的消费记录，一年的高清收费套餐为460元，您只能收看电视节目而已，WIFI无线网络无法使用，电视回看和影视点播都无法收看了。现在我们正好有免费提速活动，宽带续费套餐只需每天不到2元，就可以包含收视费、10M宽带和双向互动功能。您想想，单独交高清收视套餐都460元，现在只是多200元而已，网络翻倍。相对其他运营商的宽带，我们的宽带价格是最便宜的，还有精彩影视点播任您点，7天73套节目任您回看。您放心，现在为您提速到10M宽带后，您一定不会觉得网络慢的。现在，我为您安排师傅上门检测宽带网络，建议您还是交660元宽带续费套餐，好吗？

第二章

网格经营创新
——变革驱动的创新思维

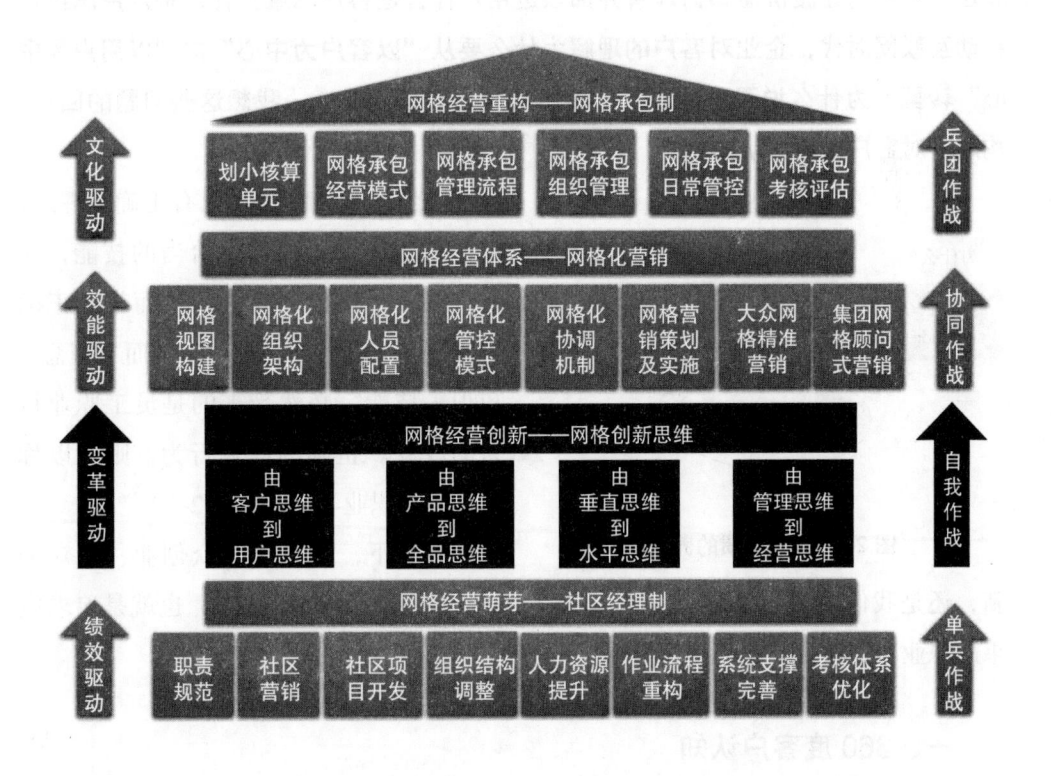

网格经营重构——网格承包制

| 划小核算单元 | 网格承包经营模式 | 网格承包管理流程 | 网格承包组织管理 | 网格承包日常管控 | 网格承包考核评估 |

网格经营体系——网格化营销

| 网格视图构建 | 网格化组织架构 | 网格化人员配置 | 网格化管控模式 | 网格化协调机制 | 网格营销策划及实施 | 大众网格精准营销 | 集团网格顾问式营销 |

网格经营创新——网格创新思维

| 由客户思维到用户思维 | 由产品思维到全品思维 | 由垂直思维到水平思维 | 由管理思维到经营思维 |

网格经营萌芽——社区经理制

| 职责规范 | 社区营销 | 社区项目开发 | 组织结构调整 | 人力资源提升 | 作业流程重构 | 系统支撑完善 | 考核体系优化 |

左侧（自下而上）：绩效驱动、变革驱动、效能驱动、文化驱动

右侧（自下而上）：单兵作战、自我作战、协同作战、兵团作战

网格（化）经营的萌芽——社区经理制，相比其他市场运营范式，在渠道下沉、贴近用户、社区营销、社区项目开发等方面都具备很多优势，但这种绩效驱动的、以单兵作战为特点的社区经理制，依旧遭遇到互联网环境下的挑战。

当企业身处一个不确定的环境、面对着市场及用户接受信息途径及消费习惯的改变、产品同质化严重、资源优势趋同等，都在迫使企业从变革的角度回归思维的基本层面去检讨经营工作。

"知人者智，自知者明；胜人者力，自胜者强"。

基于变革驱动的网格经营创新思维，是企业的自我作战！

第一节　从客户思维到用户思维

关于客户的理解，实在有太多的话要说。很多企业都号称"客户至上""客户就是上帝"，可这些企业实际的作为，却令人怀疑他们对这一基本问题的理解到底是否正确？

客户的基本属性是什么？客户与用户的区别？客户如何细分？客户的需求如何满足？客户的让渡价值如何理解并加以运用？什么是客户思维？什么是用户思维？移动互联网时代，企业对客户的理解为什么要从"以客户为中心"向"以用户为中心"转型？为什么说互联网思维的根本就是用户思维？……我想这些问题的回答，构成了对客户的全面认知。

因为，我们认为：只有正确的理念，掌握相应的知识，运用恰当的技能，才有可能产生正确的行为，从而带来正确的结果，对企业贡献产能。而"理念＋知识＋技能"必然带来的是员工职业行为的改变。正确的职业行为，则可以称为良好的职业习惯（见图2-1）。

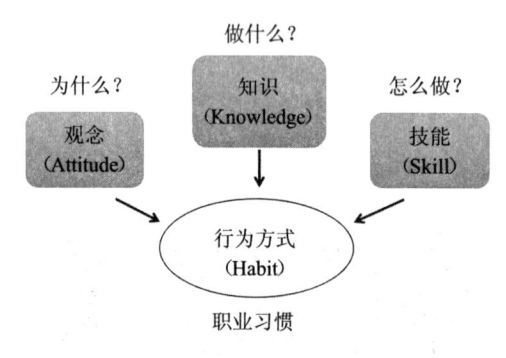

图2-1　职业习惯的养成

而当下，不论是大众创业、万众创新，还是我们强调的"匠人精神"，其本质都离不开职业化的提升，也就是追求成果的职业习惯教育、职业习惯养成。

一、360度客户认知

客户的认知是服务及营销的根本。这一问题可以从服务的角度、客户成长周期的角度、客户需求特性的角度、客户传播及本质属性这几个角度来分析。

(一) 服务角度的客户认知

这是一个服务的社会，出自于《三个火枪手》中的"**我为人人，人人为我**"充分地诠释了这一点。

从服务的角度来理解客户是企业面临的基本问题，也是最为重要的问题之一。

图2-2中的"服务的经典五问"给了我们正确理解客户一个很完整的思路。

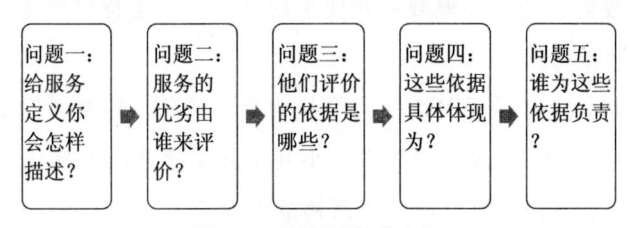

图2-2 服务的经典五问

问题一：给服务定义你会怎样描述？

答：为了满足客户需求所做出的各种努力。

说明：关键词是需求及努力。目的是满足需求，途径是各种努力。但凡为了满足客户需求所做出的努力，无论是工作时间还是闲暇之余，都可以算是服务的范畴，同理，无论你是体力或是精力的付出。

问题二：服务的优劣由谁来评价？

答：服务对象是评价服务优劣的主体。

说明：既然服务是为了满足客户的需求所做出的各种努力，自然，服务对象，既包括内部客户也包括外部客户，则成为了评价服务优劣的主体。值得关注的是服务对象的范围。外部客户指的是外部的市场及客户，内部客户指的是服务价值链上的各个环节。

问题三：他们评价的依据是哪些？

答：服务对象以需求是否得到满足或者超过预期为评价依据。

说明：这里的关键是要对客户需求精准把握。由此也就提出了一个服务质量差距模型（关于服务质量差距模型的理解及运用，详见《网点产能提升之道》相关章节）。

问题四：这些依据具体体现为？

答：对于外部客户而言，这些依据具体体现在对产品（包装、质量、价格等）、服务体验、企业品牌等方面的综合评价。

说明：这个问题的回答涉及对产品、体验、品牌等要素的理解。在后面的相关内容，也会对产品及全品这样一组概念进行对比分析。

而关于体验，我们可以通过一个案例来进一步分析：

小刘的客户张哥长期在外地工作。张哥经小刘推荐，为母亲订了一台空气净化器，然后托小刘给同城的老人送过去。

小刘事先给张哥的母亲王阿姨打了电话，约定了送货时间。到了楼下，小刘再次给王阿姨打了电话确认。到了王阿姨家，小刘主动套上随身携带的鞋套，进门后帮忙把净化器安装好，还耐心地教会她使用的方法。他还特别提醒王阿姨，机器耗电量很小，不要舍不得用。

几天后，小刘打电话给王阿姨，问候她的身体状况，还特别问了咳嗽的情况是不是好转了？王阿姨说"真是好了些"。小刘再问了净化器的使用情况，再次提醒王阿姨要坚持使用，对身体有好处。王阿姨欣然答应。

又过了半个月，小刘又打电话问候王阿姨身体的情况。聊天时，小刘得知王阿姨晚上会把净化器"拖到"卧室使用。小刘经询问发现，王阿姨最近风湿病犯了，腿脚不便，使不上力气，只能慢慢拖动本来并不是很重的净化器。小刘叮嘱了王阿姨要注意身体，还说过几天再去拜访。

细心的小刘找了朋友帮忙定制了带滑轮的底座给王阿姨送去了。小刘的用心感动了老人，王阿姨一个劲地道谢，还要留小刘吃饭。小刘表示，这都是应该做的，而且张哥在外地，作为朋友，帮忙照顾一下老人家也是应该的。

后来小刘只要经过王阿姨家附近，常常会去看看王阿姨在家里有什么需要帮忙的。一次聊家常时，小刘得知王阿姨擦洗厨房的抽油烟机非常费力，于是主动拿了随身带的浓缩厨房去渍剂帮她清洗干净，并告诉她很多如何省力地清洁的小方法。王阿姨对产品赞不绝口，也直夸小刘热心周到。老人家非常满意。

小刘的热心、用心让王阿姨成为企业产品的忠实客户，她和张哥也常常会给小刘介绍身边的有需要的朋友。

从这个案例可以看出，小刘提供的服务给客户王阿姨带来了极佳的服务体验，王阿姨最终成为企业的忠实客户，不仅自己选择企业的产品，还持续不断地为企业提供客户资源。

因此，站在体验的角度，可将服务分为三个层次（见图2-3）：标准服务、主动服务及感动服务。

图2-3 服务的三个层次

标准服务是指为了帮助客户用好产品、兑现承诺，使产品能够发挥相应的功能、价值，销售人员需要在销售产品后立即落实任何必要的细节，比如送货时间、购买的物品，以及其他对于客户重要的事项和信息。在服务后，应该确保客户在收货后能够正确地使用产品，并了解客户使用产品中是否有问题，确保客户应得的利益。

以本案例中涉及的保健品行业为例，标准服务通常包含以下几项。

> 使用说明类：常见的服务包括使用频率、使用方法、用量、常见问题或注意事项等；
> 送货安装类：客户购买产品后，尽快安排在客户方便的时间内完成送货和安装；
> 维护保养类：在客户使用产品过程中，提供维护保养方法、常见问题及处理办法等信息；
> 补货提醒类：根据客户的购买日期和使用情况，定期提醒客户进行补货；
> 信息分享类：及时向客户发送新产品、沙龙活动、课程等新信息，公司的促销活动或信息及时告知客户，定时为客户送公司内部杂志。

值得强调的是：**标准服务**并不是对客户的馈赠，是**必须提供的基础服务**！

主动服务是指通过额外的服务让客户优化使用体验，强化产品价值和服务的附加价值。本案例中的主动服务包括以下内容：

> 强化产品价值类：定期的美容护肤服务、美食沙龙、保养品的定期服用提醒以及健康饮食和养生知识等；
> 提升专业知识类：营养、美容等专业课程、个人使用方法或心得体会分享等；
> 实用赠品类：赠送产品配套使用的小工具，如试剂、木制锅铲、西点模具等。

感动服务是最高级别的服务，具体包括种种超出期望、客户未曾期望营销伙伴会做或持续做的服务。

感动服务需要结合特定情境完成，没有固定模式或固定方法可以参考。

而一旦企业实现从标准服务到主动服务再到感动服务，企业也就实现了从平庸服务到感动服务的转变（见图2-4），进而在客户关系上实现了由客户接受到客户满意最终到客户忠诚，而带来的直接效果则是由客户购买产品及服务到多次购买再到转介他人购买。这样一种效果不正是企业所追求的吗？

问题五：谁为这些依据负责？

答：在产品、体验、品牌等方面构成价值产出的各个环节，既有面向客户（市场）的（基本活动），也有提供支撑的（辅

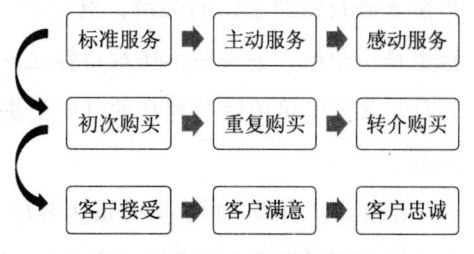

图2-4 从平庸到卓越的服务

标准服务 ➡ 主动服务 ➡ 感动服务

初次购买 ➡ 重复购买 ➡ 转介购买

客户接受 ➡ 客户满意 ➡ 客户忠诚

助活动），这些都构成了为这些依据负责的主体。

说明：这个问题的回答，涉及服务价值链的问题。

对上述五个问题的回答，我们可以得出这样的结论：

服务的提升是一个由前台及后台、业务及职能等环节构成的系统工程。只有各环节"互为客户""互相服务"，"链"起来形成一个有机整体，才能真正为客户及企业创造价值，实现从平庸到卓越的服务。

严格来说，服务还可以分为外部服务和内部服务，参照上述"服务的经典五问"，针对内部服务，我们同样可以有下面这五个问题的思考，即内部服务的经典五问（见图2-5）。

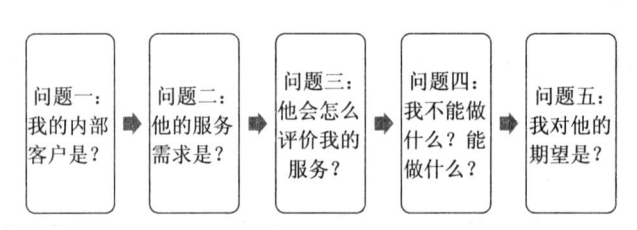

| 问题一：我的内部客户是？ | 问题二：他的服务需求是？ | 问题三：他会怎么评价我的服务？ | 问题四：我不能做什么？能做什么？ | 问题五：我对他的期望是？ |

图2-5　内部服务的经典五问

易道咨询在很多次为企业培训过程中，都会用一些时间来引导全员，特别是职能部门、上级主管来做内部服务经典五问的思考，这往往是解决内部沟通不畅的一个有效方法。

（二）成长周期角度的客户认知

一般而言，谈及客户周期，更多情况下是指客户生命周期，在后面的具体操作中，结合服务营销的案例，关于客户生命周期，我们会有更加详细的介绍。

简单地讲，从客户成长周期的角度来看（见图2-6），所有的客户都有可能成为企业的潜在客户。如何从海量的潜在客户中，区分哪些是有可能成为企业客户的客户，是一件非常重要的事情，这关系到工作的效率和效益；将潜在客户发展成为客户是服务及营销工作的关键，这会是一件充满挑战且颇有趣味的事情，毫无疑问，这也是企业最为主要的工作及目标之一；如何保持存量客户、维系存量客户，并做好存量客户的价值提升及在此基础上提升增量客户，则是一个长期的客户关系管理问题。

潜在客户升级、潜在客户成为客户、客户升级这样的分类，其目的在于让企业充分认识到不同阶段，客户的关注点不一样，需求不一样，自然，企业的策略及方法也应该不一样。毕竟，一切的工作都是为了满足客户的需求并获得丰厚的回报。

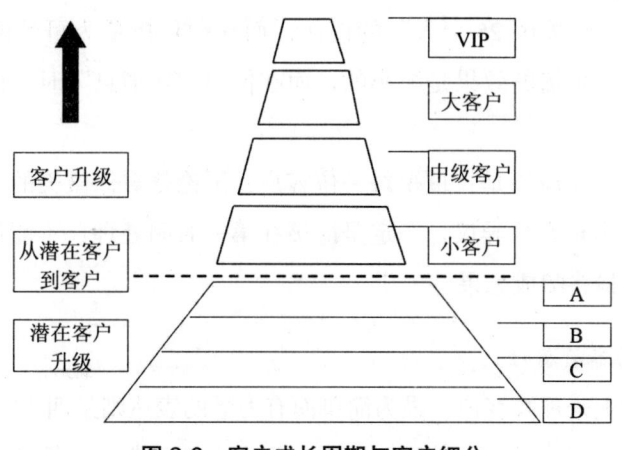

图 2-6　客户成长周期与客户细分

(三) 客户需求角度的客户认知

随着互联网的深入，客户接受信息的途径发生了翻天覆地的改变，和新媒体崛起形成鲜明反差的是传统媒体的一蹶不振，这意味着企业在产品的宣传及品牌塑造方面均应做出巨大的变革；而由于接受信息的途径及丰饶经济带来的综合效益，客户的消费习惯也在发生着变化。

传统环境下，客户的消费呈现着 AIDMA 的习惯。即首先引起注意，进而产生兴趣，通过某种方式唤起欲望，留下记忆，在合适的环境下以合适的方式采取购买行动。

互联网环境下，客户的消费呈现出 AISAS 的习惯，即首先通过各种渠道引起兴趣，进而产生兴趣，因为信息获取的便利，客户主动搜索，通过线上及线下结合的方式收集相关信息，做出是否购买的决策，最终将体验进行信息分享。

从这两种不同环境下的消费习惯对比（见图 2-7）可知，建立与客户有效的互动机制，保持并发展与客户的联系非常重要，"水能载舟，亦能覆舟"。

(四) 传播角度的客户认知

有一种观点说要全面地认识一个人常常是通过这个人周边的环境和相处的人来判别。人是群居动物，在社群经济、社群营销大行其道的今天，人在传播方面的力量是不容忽略的。

AIDMA		AISAS	
Attention	（引注注意）	Attention	（引起注意）
Interest	（产生兴趣）	Interest	（产生兴趣）
Desire	（唤起欲望）	Search	（主动搜索）
Memory	（留下记忆）	Action	（促成行动）
Action	（购买行动）	Share	（信息分享）

图 2-7　由 AIDMA 到 AISAS 的消费习惯改变

且不说互联网环境下的人肉搜索，且不说互联网环境下的粉丝经济，且不讨论近乎人人微商的社会现象，单就传统环境下，客户之间的信息及对产品的宣传就可以看出客户在信息传播方面的力量。因此有"1个人能影响周围25个人"的说法，而这种传播最为可怕的还是：它在传递"好消息"时，传播的效果是缩小的；而在传递"坏消息"时，传播的效果是扩大的。

这给企业的启发应该是：重视每一位客户，不论是对你微笑的，还是对你恶脸相对的；而一旦出现客户异议，一定是应该在第一时间处理，不能让"坏消息"不加控制地传播，最终酿成恶果。

（五）客户的本质属性

从本质属性上来理解客户，最为简单而有力量的表达则是四个字"衣食父母"。

没有客户的认可、接受、使用、买单，企业一切的服务、管理、技术、创新都得不到认可，价值都得不到体现，企业将面临生存的危机，更谈不上发展。

因此，企业对客户要多一份敬畏。而抱着敬畏的心态去服务于客户及市场的企业，收获的自然是客户及市场的认可及丰厚的回报，这种认可及回报与企业的敬畏成正比。

我们看到的那些基业长青的企业，我们看到的那些百年传承的企业，无疑不是将客户视为衣食父母，真诚地用良心产品、良心服务来对待客户，如履薄冰，谨慎前行的。

在服务客户这个问题上，事实证明：**任何"小聪明"的举动，都最终会被客户抛弃！**

二、客户细分的创新

关于客户细分，我们先来看一个运营商的案例：

在实际工作中，对客户进行分类可以帮助企业充分认识到自己客户的特点，从而可以对不同的客户采取不同的策略，更大限度实现回报收益。

电信运营商按客户的需求进行分类，包括大客户、商业客户和公众客户。大客户主要包括党、政、军部门等重要客户，对行业具有一般代表性，月消费较高；商业客户主要是指一些商住楼宇，工厂等区域性较为集中的客户，月消费略低于政企客户；而个人客户是最为分散的群体，分布在每一个角落，又可能出现在我们的政企客户和商业客户中，这部分客户消费少、贡献率较低，但是数量最为庞大。按客户的需求特征，可细分为政企客户、商业客户、校园客户和个人客户。

（1）政企客户

政企客户一般具有行业重要特点，消费较高，可能具有全国乃至全球的互联需求，对于高值电路、综合业务框架性需求更高，通常一次性采购的数量多，金额高。

（2）商业客户

商业客户按照客户分布区域、行业属性等多维度、逐层深入优化细分，以清单制进行销售管理。其中，按区域维度，集聚类客户可细分为商务楼宇、产业园区和专业市场，连锁类客户可细分为连锁销售、连锁服务和连锁餐饮；规模类客户可细分为规模企业、中小医院和单体酒店。各细分客户群可按照行业维度进一步细分为更小的行业。

（3）校园客户

校园客户主要指各级教育管理部门及各类学校，包括省、市、县三级教育管理部门（省教育厅、省团委，市县教育局、市县团委）；普通高等教育、承认高等教育等高等院校；初高中、职业中学、技工学校、小学、学前教育（各类幼儿园等）中小幼教育类学校以及其他教育团体性组织客户个体。

可见，这种按客户的需求进行分类的方法，简单明了，操作简便。

在《网点产能提升之道》一书中，针对广电运营商客户细分工作的介绍，全面且有代表性。

(一) 客户细分的四种基本方式

以广电运营商为例，目前常见的客户细分方式有以下四种。

1. 基于客户组织归属细分

这是广电运营商采用的最为普遍的客户细分方法，即根据客户的组织形式来分，典型的客户分类为：普通客户（家庭客户）、企业客户，企业客户中又会根据企业性质继续细分，如酒店客户、餐饮娱乐商业客户、单位客户等。

这种客户细分的方式，简单、易操作，其主要目的并不是作为产品形态差异化的参考，更多只是用于作为价格差异化的参考依据。例如：面向普通客户的价格策略是固定的标准价格，而面对企业客户，企业可以根据终端数量的多少和使用业务的实际情况，采取议价的方式，在标准价格上进行适当的优惠。

2. 基于客户的社会属性细分

该方法主要用于对普通客户（家庭客户）的细分，如一般客户、低保客户、残疾客户、五保客户等。该种客户分类方式也不是用于产品形态的差异化，只是用作享受国家规定的对特殊或弱势群体资费政策的一个参考依据，这也从一个侧面体现了广电的公益性！

3. 基于客户的收入水平细分

该种划分方法是近几年才开始使用，这也是很多广电运营商为制订营销策略用得最多的一种客户细分的方法。

但该方法由于没有详实的客户信息资料，且没有获取客户资料的有效手段，因此无法根据客户真实的收入水平、文化程度、习惯爱好、消费倾向等因素来对客户进行划分，只能简单、粗放地以小区或楼盘为单位进行划分，如房价较高的小区和楼盘就算是优质客户，这样的划分方法虽然有一定的参考意义，但并不准确，而且也无法发现客户的真正需求。

4. 基于客户价值细分

随着有线电视业务的日益发展和有线电视市场的逐渐开放，一个常用于通信运营商的衡量客户价值的指标"客户每月平均贡献值"被引入到广电运营商。

例如：有的广电运营商根据客户的月均消费金额的不同，将客户划分为不同的层次（见图2-8），并根据不同的层次制订不同的营销策略和服务策略。通过ARPU值划分客户对通信运营商非常有效，但对有线电视效果却有限。

序号	等级	ARPU 值
1	普通用户	≤30元/月
2	VIP 用户	>30元/月且≤60元/月
3	VIP 银卡用户	>60元/月且≤120元/月
4	VIP 金卡用户	>120元/月

备注：ARPU 值为上一计费年度中月平均消费金额

图 2-8 某广电运营商基于客户价值划分的客户等级

(二) 基于客户使用行为的客户细分

三网融合下，广电运营商的个人业务往往包含模拟电视、数字电视、互动电视和宽带业务四类。因模拟电视业务已经逐渐走向消亡，因此数字电视、互动电视和宽带业务是三网融合业务的基础业务。

针对这三类业务，结合客户的行为特征分析，可将客户细分为基本业务客户群、新视频客户群、网民客户群、全业务客户群、传统视频客户群。每类客户群对应的群体特征可用图2-9表示。

1. 基本业务客户群的特征分析

基本业务客户群是有线电视客户的最主要的组成群体，他们是广电网络稳定收入的保障，他们所代表的需求也是有线电视客户最基本的需求。

该类客户最明显的业务特征就是基本业务需求稳定，但对新业务兴趣不大，高清、互动、宽带业务开通率非常低。家中通常只有一个终端，不经常订购业务，导致该类客户的有线电视业务花费在五类客户群中最低，ARPU值偏低。

客户群名称	详细特征
基本业务客户群	满足于现有的基本电视业务，对所有新业务都不敏感
新视频客户群	热衷于各类视频业务，无论是付费、高清还是互动，都积极尝试
网民客户群	只喜欢上网，对视频业务兴趣不大，虽然也有付费电视使用的记录，但这些记录很大一部分是在购买宽带业务时赠送的
全业务客户群	对各类业务都有很高的接受度，是公司的白金用户
传统视频客户群	只对传统视频业务有需求，且对视频质量和内容有着较高的要求

图 2-9　基于客户使用行为的客户细分及其特征

2. 新视频客户群的特征分析

新视频客户群的高清电视业务的开通率是 100%，互动电视的开通率也达到了 100%。他们对高清、互动业务高度认可，是以视频为特色的有线电视运营商的坚强支持者。这部分客户当中少部分有两个以上终端，比较频繁地订购业务，以满足所订购的各类视频业务使用的需求。广电的"真高清""高清视频专家"的定位很符合这类客户的消费心理。

3. 网民客户群的特征分析

网民客户群的特征是对上网有着比较明确的要求，上网需求严重压缩了互动业务的需求，互动电视开通率基本为零。

该类客户的高清开通比例虽然也有，但这并不一定是客户自发的需求，而是高清和宽带组合销售方式产生的被动行为。

该类客户消费能力较强，ARPU 值相对其他客户而言较高，这很大一部分原因是宽带包年的方式拉升了客户的消费金额。

4. 全业务客户群的特征分析

相对来说，全业务客户群的客户数量最少。虽然人少，但他们在高清、互动、宽带方面的开通率都比较高。该类客户消费能力较强，平均消费金额在所有客户群中最高，这很大程度上得益于他们全面订购了新业务。

该类客户经常订购新业务，对新业务认可度比较高，而且为数不少的客户有两台以上的机顶盒。他们往往是公司的个人 VIP 客户。

5. 传统视频客户群的特征分析

传统视频客户群是第二大的客户群体，是有线电视忠实的客户。

该类客户只关注传统视频，他们与基本业务客户群相比，更在意节目的内容和质量，因此付费、高清业务订购得较多，ARPU 值也相对较高。

三、客户让渡价值及其策略

（一）客户让渡价值

客户让渡价值（Customer Delivered Value）是美国著名营销学家菲利普·科特勒在定义客户价值时采用的一个概念名词。这一概念最早出现在菲利普·科特勒的营销巨著《营销管理》一书的第 8 版中。

客户让渡价值是总客户价值与总客户成本之差（见图 2-10）。

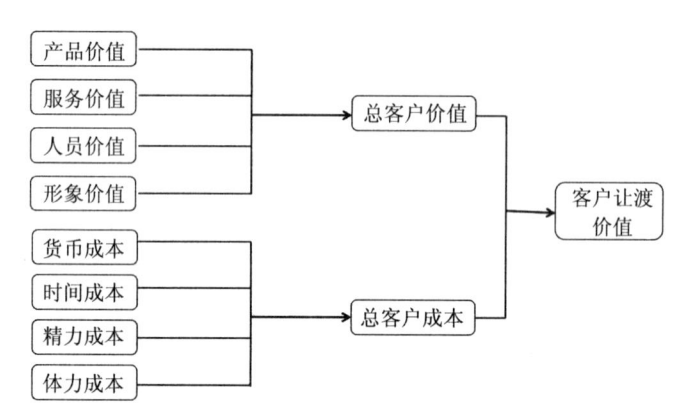

图 2-10 客户让渡价值

总客户价值（Total Customer Value）是指客户从某一特定产品或服务中获得的一系列利益，包括产品价值、服务价值、人员价值和形象价值四个子项。

总客户成本（Total Customer Cost）是指客户在评估、获得和使用产品或服务时所引起的各项成本支出，包括货币成本、时间成本、精力成本和体力成本四个子项。

客户是价值最大化的追求者，在购买产品或服务时，客户总是希望以最低的成本获得最大的收益，使自己的需要得到最大程度的满足。企业让渡给客户的价值越大，客户的满意度就越高。客户让渡价值概念是指导企业营销战略的有力武器，只有从满足客户需要的角度出发，或提高总客户价值，或降低总客户成本，或两者同时进行，才能实现客户满意和客户忠诚，才能促进企业的长远发展。这实际上也就给企业在客户关系管理方面指明了战略方向，如图 2-11 所示。

（二）总客户价值细分

既然提升客户满意度的关键是提升总客户价值，对总客户价值进行细分，则是客户关系管理的基础。只有明确了价值总成，才能找到提升的方向。

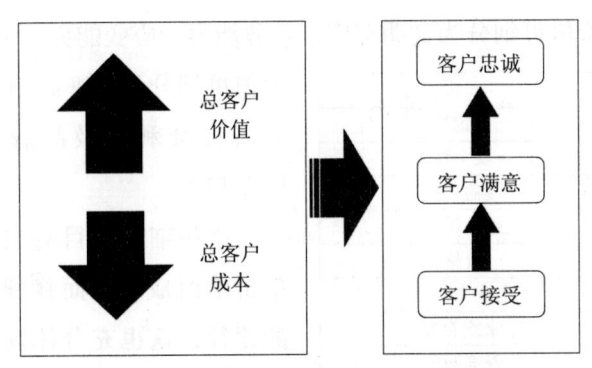

图 2-11　客户让渡价值与客户满意程度

1. 产品价值分析

产品的设计都是为了满足客户及市场的某种需求，或者是激发某种需求。因此，在设计产品的时候，要考虑核心利益、基础产品、期望产品、附加产品、潜在产品等五个层次。这一点详见后面章节的介绍。

2. 服务价值分析

对于服务的理解，决定了企业对服务价值分析的方向。

服务价值是指伴随着产品的售出，企业向客户提供的各种附加服务。一个企业在对客户出售产品的时候，或多或少的都会有一些服务伴随着产品。例如：运营商给集团客户提供的服务价值，主要是指为客户提供通信设施的装机服务、使用说明、客户变更、故障处理等所产生的价值。

3. 人员价值分析

人员价值是指企业员工的经营思想、知识水平、业务能力、工作效益与质量、经营作风、应变能力等所产生的价值。在进行营销的时候，企业要详细了解客户的需求、工作习惯，针对客户的实际情况，为客户推荐各种产品及服务。如果利用专业知识提高工作效率，提升了客户满意度，这就是人员价值的具体体现。人员价值在某种程度上也决定了总客户价值的高低。

4. 形象价值分析

形象价值是指一个企业在社会公众中形成的总体形象所产生的价值。例如，企业在新产品上市而组织的新闻发布会上，通过生动形象的讲解和演示，使得更多的客户接受企业的产品，同时品质也得到了社会的一致认可，这就可以被理解为形象价值。

产品价值、服务价值、人员价值、形象价值这四者组成了总客户价值。实际工作中，我们可以针对这四个一级价值指标进行二级细分。以运营商为例，面向集团客户，其产品价值可细分为稳定性、安全性、网络覆盖程度、产品种类、价格等因素；其服务价值可细分为企业文明度、业务能力、咨询服务、投诉服务及故障服务的能力；其人员价值可细分为文明程度、业务能力、应变能力、工作效率；其形象价值可细分为品牌影响力、品牌归属感、品牌社会利益及品牌心理利益等（见图2-12）。

这些细分的目的在于让企业更加清楚价值组成，从而找到提升总客户价值的途径，这也充分体现了企业的产品设计、服务提供等工作都应充分考虑客户的因素以及客户对价值的评价。

一级	二级
产品价值	稳定性
	安全性
	覆盖程度
	产品种类
	价格
服务价值	企业文明度
	业务能力
	咨询服务
	投诉服务
	故障服务
人员价值	文明程度
	业务能力
	应变能力
	工作效率
形象价值	品牌影响力
	品牌归属感
	品牌社会利益
	品牌心理利益

图2-12 集团客户价值构成

（三）提高总客户价值的策略

通过总客户价值的细分，我们找到了提高总客户价值的途径，下面分别加以说明。

1. 提高产品价值

提高产品价值可以从改进产品品质、拓展产品的新用途和开发新产品这几个方面实施。

（1）改进产品品质

产品品质的改进，永远是最基础的，也是最重要的。无论渠道如何顺畅、促销如何给力，最终客户感受到的还是产品品质。现在大力提倡的"匠人精神"其实是对这一点最好的说明。

改进产品品质应坚持"人有我优"的原则。对于很多企业而言，在原有产品的基础上进行改进，使之性能更良好、结构更合理、功能更齐全、外观更新颖等往往能起到事半功倍的效果。例如运营商，实现手机与固话，以及固话之间拨打视频电话、网页浏览、实时看电视、数码相框展示、水电气费缴纳、周边商家打折信息等移动互联网业务，此类三网整合终端可以提供实时在线的国内外动态信息和第一手财经新闻，可以提供包括商品打折、天气预报、网络订餐等与生活密切的最新信息内容等，这就是在原有产品基础上的改进。

（2）拓展产品的新用途

拓展产品的新用途意味着改变，意味着创新，意味着变革。拓展产品的新用途，不仅仅能满足客户的需求，往往还能起到降低客户总成本及帮助企业找到新的利润增长点的效果。

例如微信，最开始设计可能只是满足"熟人"的社交功能，但随着用户量的巨增,平台优势尽显。而支付功能的拓展,在极大地方便用户的同时,也给企业带来了巨大的利润。

又例如电信运营商,从通话、发短信,到上网、聊天、收发邮件、账单支付、订购商品……搭载在手机上的数据业务日益丰富,手机的用途也在不断"刷新"。电信基于天翼手机应用平台推出了一项新型电子支付产品——"翼支付",它让手机不再局限于简单的通信与娱乐功能,通过短信、WAP、客户端等多种形式,利用电信账户、支付卡、银行卡等多种支付手段,实现账单支付、手机充值、商品订购、资助金融、刷机消费等手机自助支付服务,从此用户便可挣脱钱包和银行卡的束缚,轻松完成消费的过程。

这样的案例数不胜数,这也充分体现了这个时代"产品快速迭代更新"的特点。

(3)开发新产品

变革、创新是这个时代的主旋律,反映在产品开发上尤其如此。3D打印、智能穿戴设备、清洁能源、生态工程,各种各样的创新成果、创新产品层出不穷。可能一夜醒来,你就会发现一个新产品的出现、一个新业态的形成、一个新市场的呈现。

创新带来的便利,让所有人都能感受到,创新带来的压力,也真实地摆在每一个企业面前,这种压力的存在,是不分企业大小及创办时间长短的。曾经呼风唤雨的企业,可能就是因为一个时间点的忽略,没有开发新产品,就被市场所遗忘。柯达、诺基亚、摩托罗拉等企业的遭遇都验证了这一点。

而当创新再加上"跨界",这给企业带来的压力则更为巨大。

如果不创新,没有开发新产品,企业则可能在这场创新的变革中落伍。

2.提高服务价值

服务价值是一种评价,提供服务价值要善于利用服务差异化策略。服务差异化策略主要有服务内容差异化、人员差异化和形象差异化。

服务内容差异化:服务内容差异化就是要求在具体项目上,形成自己的特色。例如民航业,比较经典的例子是美国西南航空公司,他们以幽默文化而出名,乘客在搭乘该公司的航班时,常常获得喜悦甚至捧腹大笑的快乐。如果美国西南航空公司只是在飞机上增加电影、空对地电话等业务,这些虽然可以在短期内区别于对手,但这些服务项目很容易模仿。然而,美国西南航空公司的幽默文化是难以模仿的,这就使该公司形成了持久的经营特色。

服务人员差异化:服务人员差异化就是在服务过程中,企业通过人员、环境和过程实现服务的传送。如果服务人员不精通业务、责任心不强,客户就马上感觉到服务水平有问题,很可能转移到竞争对手那里购买服务。由于服务内容很具体、细致，每个客户的要求也不一样，所以仅仅靠服务规范是不够的，这就要求服务人员有很强的适应能力。前台的服务也需要后台人员的支持，后台人员的技术水平和工作态度会直接影响前台服务的质量。所以，聘用比竞争对手的员工更优秀的员工，加强培训和继续教育，建立有效的考评和激励制度，通过人员差异化来实现服务差异化，往往是企业常用的手段。

形象差异化：企业形象是企业长期不懈努力的结果，是企业的无形资源。企业应当注意通过沟通和实实在在的行动，致力于塑造公司和品牌的个性，提升企业的形象，从而达到吸引客户、促进销售的目的。形象的差异化，表现了企业的个性。例如，麦当劳、肯德基以"QSCV"的坚持著称，迪士尼给人乐观向上的感觉，苹果则以创新而闻名，华为则以技术力量雄厚而受到瞩目，这些都有助于企业在形象上区别于其他企业。

再比如运营商，提高服务价值应注重前台服务、装维服务、投诉处理等环节。

前台服务是经营服务综合素质与水平的体现，那么企业就应从营业厅现场管理、业务处理、主动营销、服务亲和力等方面入手，以优质、高效、快捷的服务为切入点，全面提升窗口服务水平。通过在各营业网点安装全球眼，加强对营业现场的远程监控，并结合每月营业检查，提升企业对于营业现场的管控能力（这一点我们在《网点产能提升之道》一书中有专门的章节介绍）。

其次，紧盯装维服务短板，全力提升服务硬性指标。针对装机和维护存在的短板，压缩装移机时限，实施宽带及ITV用户全面预约装机服务，根据与客户约定的时间上门安装；加强在途工单管控，要求装移机工单必须在时限内装通；切实落实装移机回访制度，实施装移机用户100%回访制度，了解装机、服务态度等情况，每日汇总回访情况并进行通报考核。

再次，要认真对待用户的投诉，把矛盾解决在萌芽状态。在处理用户投诉时，态度再诚恳些、手段再多些，有条件解决的，就要坚决为用户解决，即使企业受到损失也在所不惜；一时无法解决的，要做耐心细致的解释工作，不能单纯以"有关规定"为由生硬地回绝用户，更不能互相踢皮球，推卸责任。

3. 提高人员价值

人的因素是最不能忽略的。总客户价值的提升，直接取决于员工素质。但我们看到，很多企业的人力资源状况并不乐观。员工的能力及技能要求不一定能满足客户及企业的发展需求。以运营商为例，由于历史的原因，员工队伍规模庞大，但更多的是一些中低层次的管理人员、技术人员，掌握的知识和技能比较单一，视野很窄，不符合复合型人才的要求，而企业急需的高技能人才、高素质的管理人员极为匮乏。很大一部分员工适应了过去的经营思路和工作方法，很难适应企业转型的需要，离企业实施战略转型所要求的素质还存在着一定的差距。

这些现状导致了企业的经营管理还比较传统，业务推出滞后，出现重大失误时反应速度不够快；因业务技能不熟而出现差错或等待时间太长；客户得不到应有的尊重和礼貌而引起客户的不满；员工维护企业形象的自觉性不高，直接影响了企业的社会形象，影响了企业品牌的认知度和美誉度。长此以往，将给企业带来不可估量的损失。

4. 提高形象价值

客观地讲，对于形象价值的重要性，很多企业是忽略的。而实际的情况是，良好的声誉和形象能使企业的产品（服务）对消费者产生更大的吸引力，增强其持续获利的能力。看看每一次苹果推出新机，"果粉"的疯狂，你就知道在"果粉"心中苹果的形象价值几何。

运营商企业不但要为用户提供通畅、安全的网络服务，更要以诚信为己任，真诚、负责地对待用户，成为有社会责任感的优秀企业。只有将企业的品牌、社会形象达到最大化，企业价值才能实现最大化，只有在经营活动中把公众利益和社会整体利益放在重要位置，才能得到社会公众的认可。运营商企业积极推动政府工程，参与公益事业，这些举动都极大地提高了运营商企业的社会影响力，促进了企业形象的提升，对运营商企业的持续发展起到了推动作用。

（四）降低总客户成本的策略

客户在货币、时间、体力及精力上的支出，构成了总客户成本。降低总客户成本的策略是针对这四者展开的。

1. 降低货币成本

以运营商为例，资费一向都是消费者关注的焦点，涉及资费的政策、投诉等都是社会新闻关注的热点。从总理提出的降低资费到几大运营商在降低资费上的具体动作，我们都能感受到市场对这一问题的关注。

例如电信，从每小时 2 元的"k"时代，到现在几十元就能享受 8M、10M 甚至高速宽带的不限时上网，从以前"天价"手机资费令人难以承受，到如今各类实惠的资费套餐，大大降低了消费门槛，使电信产品和服务得到大规模普及的同时，也给消费者带来了实实在在的好处。

2. 降低时间成本、精力成本和体力成本

要保持客户让渡价值的持续领先，就必须在总客户成本上下足功夫。

例如简化业务办理手续、缩短业务受理和开通时间等，以节约客户的时间成本；

提高服务保障水平，免费为客户定期检测网络系统状况，提高故障处理速度等，以降低客户的故障成本；强化整个服务保障体系，突出企业技术、网络和服务的综合实力，降低客户的预期风险成本等，这样可以减少客户购买或使用业务服务的时间成本、精力成本和体力成本等。

毫无疑问，企业要想生存和发展别无他途，只有为客户创造更大的让渡价值，即以市场需求为导向，提供个性化、适销对路的服务，尽可能让消费者享受到周全、满意的服务。

然而我们也应看到：总客户价值与总客户成本的变化及其对客户让渡价值的影响作用并不是相互独立的，价值的提高往往同时也意味着成本的增加。因此，企业应综合考虑总客户价值与总客户成本各子因素之间的相互关系及其对客户让渡价值的影响，在提高总客户价值、降低总客户成本的前提下，真正向客户让渡更多的价值，提升企业的整体竞争力，实现产能提升！

四、从客户思维到用户思维

(一) 客户与用户

客户，本书的定义是指购买产品及服务的群体，强调的是购买，这是典型的销售思维。它体现的是企业将产品或服务，从生产领域到流通领域再到消费者手中的传递，强调的是产品转化为货币。

用户，本书的定义是指使用产品及服务的群体，强调的是产品及服务的使用，这是典型的营销思维。它体现的是用户对产品及服务的体验及由此产生的评价，强调的是企业与用户的关系构成。

(二) 客户思维与用户思维

那为什么要区分客户与用户？这是因为在很多时候，客户与用户不是一个群体，也就是说购买方和使用方不是同一个群体。

客户，作为购买方，对企业而言，涉及的是销售的问题；用户，作为使用方，对企业而言，涉及的是维护及产品二次开发的问题。因此，由此产生的客户思维的本质是一种销售思维，更多的关注还是在于销售的达成，传统的4P营销战略是其很好的解读；由此产生的用户思维，是一种营销思维，更多关注的是企业与用户的关系构建，现代的4C、4R营销理论都是对其很好的解读。

当然，也有很多场景下，客户和用户指的是同一个对象。

我们以广电运营商为例，来网点购买开通套餐及业务的是客户，如果他正好也是套餐及业务的使用者，那么在他身上，客户与用户是同一个对象；如果他仅仅是开通业务，使用者是他的家人或者其他群体，那么这种情况下，客户与用户就不是同一个对象。再深入一点说，如果企业要提升销售的效率，企业关注的可能就是客户；而企业的运维，面对的可能就是用户。不同的对象，需求不同，对于企业的要求自然也就不同，而企业采取的方法自然也会随之改变，这还只是一个大众客户的案例，如果现在谈的是集团客户，情况就更加复杂。

众所周知，集团客户的购买决策和大众客户是不同的。面对集团客户进行销售常常遇到的情况是决策者不是使用者，使用者觉得产品及服务好，并不一定代表决策方就会持同样的评价。那么在集团客户销售中，如何平衡这两者的关系，如何发展"内线"，如何做好集团客户购买的风险评估，这一系列的问题就产生了。我们这里不展开这个话题，但通过对集团客户购买决策的这种情况说明，已经很清楚地表达了将客户与用户区别开的作用了。

一句话，将客户与用户区分开，是引发企业对客户（用户）资源深层次的思考及理解。从资源的角度思考销售及产品开发、服务优化乃至客情维护的工作的这种逆向思维，是精准营销的基础。

（三）"以客户为中心"向"以用户为中心"的转变

"以客户为中心"，也就是客户思维，它是一种销售思维，关注的是产品到货币的价值实现；"以用户为中心"，也就是用户思维，它是一种营销思维，关注的是企业与用户的关系构建。

如果说在商业价值链中，离终端用户越近越有价值，越容易让用户产生依赖，越容易形成产业链的控制力，那么企业势必要尽快实现由"以客户为中心"向"以用户为中心"的转移。

想必大家都有快递的经历，如果要经常快递大量的文件或其他物品，快递单的填写、收件人的资料归档对于寄件人来讲是一个颇为麻烦的问题。先不说填写快递单要占用大量的时间，对于要多次快递文件或其他物品的寄件人，也常常会遇到找不到其资料的窘境。在《网点产能提升之道》一书出版后，我也经常要向全国各地的朋友邮寄书，这种麻烦我是深有体会。从物流公司到国有快递企业再到民营快递企业，好像这些企业对于用户的这种"痛点"并不是非常关心。直至两个月前，有一家民营快递公司的出现，才为我们解决了这一麻烦。

只要关注了这家企业的公众微信账号，里面就有快递单填写及收件人资料归档的模块，当在微信平台上下单后，一个小时之内，网格的快递员就会上门，带着一个手持的快递单据打印机为你服务，既环保又节约时间。当体验过这种服务后，你能感受到这家企业所做的流程优化是站在用户角度的。这种良好的用户体验，必然将增加客户的信任，从而提升客户黏着力。

再例如百度，当它实现了"以客户为中心"向"以用户为中心"的模式转变后，它的广告收入也就超过了央视（当然可以思考一下，对于百度而言，"客户"是谁？"用户"又是谁？）。

由此，我们说，实现"以客户为中心"向"以用户为中心"的转变，是贴近用户，形成产业链控制力的关键。

（需要说明：本书中，顾客、客户、用户这些称呼，在没有特别说明的情况下，指的都是同一个对象）。

第二节 从产品思维到全品思维

在服务的经典五问中，第四问是：客户评价服务的依据具体体现为？我们给出的回答是：外部客户（市场）评价服务的依据体现在对产品（包装、质量、价格等）、服务体验、企业品牌等方面。这也就涉及产品的认知问题。

一、360度产品认知

企业有一项基本职能即是通过产品及服务建立起与客户的联系，在满足客户需要的同时，实现企业自身的生存与发展。由此，产品一直是企业非常关注的一个基本问题。

（一）产品的三个层次

一般而言，产品的理解可以分为三个层次，即核心产品、形式产品及附加产品（图2-13）。

核心产品也称为实质产品，是指产品能给购买者带来的基本利益和效用，即产品的使用价值，是构成产品的最核心的部分。

消费者购买某种产品，并不是为了占有或获得产品本身，而是为了获得满足某种需要的利益或效用。如人们购买有线电视节目，是为了放松娱乐、掌握最新信息、获取知识等。

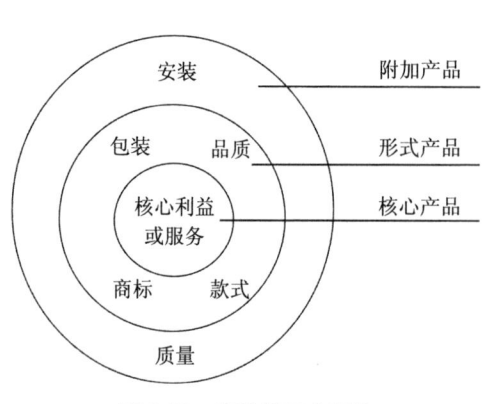

图2-13 产品的三个层次

形式产品是指消费者需要的产品实体的具体外观，是核心产品的具体表现形式。它在市场上通常表现为包装、商标、价格和特征形态等。

附加产品指消费者购买产品时所能获得的全部附加利益和服务，包括产品提供的保证、安装、维修、送货、信贷、技术培训等，还包括企业的声望和信誉等。

客户可能购买的是形式产品，并通过附加产品最终满足内心对核心产品的需求。核心产品是产品满足客户需求的根本，也是最难把握的，这也是产品设计时最为困难的事情。这种困难表现在它可能借助于形式产品及附加产品才能满足，但是很多时候却被人理解成为它就是形式产品及附加产品。

比如胶卷，它的形式产品就是消费者购买的产品本身，它的售后及产品的品牌及相关专业知识的培训可能构成了它的附加产品，但这一定不能代表消费者购买胶卷的核心需求，即想借助于胶卷获得一段难忘的回忆。当然，如果企业对胶卷的理解及定位从一开始就是从核心产品出发，并围绕着消费者的核心需求将其通过形式产品及附加产品表现出来、鲜活起来，则一定会得到消费者的认可。

因此，企业认识到核心产品、形式产品和附加产品的关系，能很好地帮助企业在产品设计、宣传、推广等方面更加精准地采取相应的活动。

当然，企业也常常采用根据产品的特性进行产品分类的方法，比如广电运营商，根据收费形式将产品划分为：①一次付费型产品：这种产品，用户的费用是一次付清的，如数字电视机顶盒销售、CM销售等；②循环付费型产品：这种类型的产品，用户的费用是周期性重复发生的，如机顶盒、CM等用户终端设备的租赁，以及数字电视节目按月付费、CM包月上网等；根据业务类型将产品划分为：模拟有线电视类产品；单向数字电视类产品；交互数字电视类产品；有线宽带接入类产品等。

（二）产品的特点及分类

行业不同，产品呈现的特点也不尽相同。以广电运营商为例，其提供的产品及服务就区别于移动、电信及联通这三大运营商。但必须看到，虽然这四家运营商的产品及业务的演变路径不同，但在强调"三网融合"的今天，产品的同质化势必是趋势；再比如金融行业提供的产品，形成产品区隔（消费者差异化认知的）的往往不在于形式产品，而是在于对核心产品的把握及附加产品的完善。下面我们以广电运营商为例来说明产品呈现的特点。

1. 强调产品的整体性

对于广电运营商而言，产品的整体概念是指不同层次的产品组合起来才能达到最大的功用，只有将硬件产品、软件产品、服务三者很好的结合，向消费者提供包含各种价值的整体产品，才能满足其需求，而纯粹单独的某个产品并没有实际意义。

如只有将服务类产品"有线电视入网"和软件产品"有线电视节目"结合起来，才能让用户享受到电视节目；卖机顶盒并不是为了卖机顶盒，而是为了通过卖机顶盒来卖数字电视节目；同样，推出各项免费的服务类产品看似不赚钱，但正是这些服务类产品才能确保核心产品——有线电视节目的质量。

2. 以满足用户视听需求为核心产品

有线网络行业属于服务性行业，不是一个制造型企业，经营的是服务，因此，满足用户的视听需求是其核心产品的表现，有线电视节目、数字电视节目等软件产品是其形式产品，诸如数字电视机顶盒、CM等硬件产品和安装、维修等服务类产品都是依附于核心产品的附加产品。

3. 各产品之间的互补品关系

有线网络行业产品之间的关联性体现在两个方面：一是诸如数字电视机顶盒等硬件和安装、维修等服务都是依附于有线电视节目等产品的，离开了这些，产品就没有意义；二是从业务线来分，数字电视、宽带接入产品必须以模拟有线电视产品为基础，只有购买了有线电视入网、有线电视节目产品后，才可能购买数字电视或宽带上网产品（当然这也是给用户的一种限制）。

4. 产品的灵活可塑性

同样的物理产品，因其付费方式的不同，可能成为不同的产品，如对同样的机顶盒，租、卖、送方式不同，可定义成为不同的产品；同样的软件产品，如数字电视节目包，因其产品的计费粒度（计费粒度：产品基本收费单位，或称产品的粒度）不同，如按月、按季度、按年付费等，由此定义成为不同的产品。

5. 垄断性产品和市场竞争性产品共存

既有模拟电视节目传输这样的公益性产品，以实现政府赋予的文化宣传的社会义务、确保普通百姓都能看上电视为主，企业盈利为辅；也有有线宽带接入这样的完全市场竞争性产品。

了解产品的特点及根据业务类型进行产品分类的方法，是为了更好地为用户提供针对性的产品，以满足其需求。

（三）全品概念的提出

产品的一个最主要功能是要满足客户的需求，实现产品到货币的转移，持续不断地给企业发展提供源泉，但这只是基础。

每家企业都渴望让产品持续地被客户购买，并建立牢固的客户关系、放大产品的价值。在互联网环境下，要想达成这样的目的，遭遇到的困难可能是传统环境下意想不到的。企业在进行产品设计、开拓市场时，如果只是考虑产品的功能、特点、优势等基本要素，已经不能满足客户的需求及市场的变化，已经不能适应这个时代。

全品概念的提出是基于互联网环境下对营销理论及客户需求、市场环境的综合思考。

(四) 全品认知的三要素

全品概念的关键字是"全"，意味着企业在设计产品时，要全面地考虑客户需求及市场环境。这个"全"不是简单地将核心产品、形式产品、附加产品进行叠加，而是要充分考虑客户在购买产品基本功能后，产品给客户带来的体验、品牌的综合。

简而言之，全品＝产品＋体验＋品牌。

在组成全品概念的三要素中，产品、体验和品牌这三者的排序也预示着企业以产品功能设计为基础、以优化客户体验为抓手、以品牌塑造为核心；这三者的结合也预示着企业应该要在注重产品设计的基础上优化客户体验，最终通过品牌的认可实现客户关系由接受认可到客户满意进而到客户忠诚。

因此，产品功能及质量是基础，客户服务及产品体验是保障，产品品牌及企业文化是核心。

二、产品思维与 4P 营销理论

产品思维是指传统环境下，从产品的功能、价格、渠道、促销等要素综合考虑，进行产品设计、开发、推广时运用的系统思维。

4P 营销理论是 1960 年由密西根大学教授杰罗姆·麦卡锡提出，即产品（Product）、价格（Price）、促销（Promotion）、渠道（Place）四要素，4P 理论是从管理决策的角度来研究市场营销问题。

(一) 从产品的角度解读 4P 营销理论

从产品的角度出发，产品从设计到借助流通渠道最终走向市场，其经营活动也是基于 4P 要素的组合设计，以此形成了 4P 策略：

- ➤ 产品策略主要是指企业向目标市场提供产品来实现其营销目标，包括各种适合消费者需求的有形和无形产品，其中包括对与产品有关的品种、规格、式样、质量、包装、特色、商标、品牌及各种服务措施等可控因素的组合和运用；
- ➤ 定价策略主要是指企业按照市场规律制订价格和变动价格等方式来实现其营销目标，其中包括对与定价有关的基本价格、折扣价格、津贴、付款期限、商业信用及各种定价方法和定价技巧等可控因素的组合和运用；

> 分销策略主要是指企业以合理地选择分销渠道和组织商品实体流通的方式来实现其营销目标，其中包括对与分销有关的渠道覆盖面、商品流转环节、中间商、网点设置及储存运输等可控因素的组合和运用；

> 促销策略主要是指企业以利用各种信息传播手段刺激消费者购买欲望，促进产品销售的方式来实现其营销目标，其中包括对与促销有关的广告、人员推销、营业推广、公共关系等可控因素的组合和运用。

从产品设计到定价，到通过渠道，借助一定的促销手段，最终到达消费者手中，实现产品到货币的转换，这是企业设计、开发和销售产品的根本目的。

（二）运用 4P 营销理论指导产品设计

从产品的角度解读 4P 营销理论的实际意义在于，运用 4P 营销理论进行企业产品的组合设计。下面，以广电运营商为例加以说明。

1. 产品策略

（1）产品多样化

对于电视业务而言，高清互动节目就是营销的主要对象，也就是产品。要满足用户的需求，产品多样化是基本要求。

首先，必须要丰富节目内容，从点击率与问卷调查分析情况来看，电视剧、电影等节目依然受到用户的普遍欢迎。随着新媒体业务快速发展，收看新电视剧、新电影的渠道开始多样化。因此，建立高清互动电视平台刻不容缓，更新电视剧及电影的速度非常重要。所以广电运营商要加强与第三方提供商之间的合作，购买最热、最新的电视剧和电影的版权，要缩短与影剧院上映的时间差，保证电视剧与各家卫视同步上映。

其次，加大策划编排的力度，从目前来看，各种娱乐及体育新闻逐渐摆脱了单调的节目资讯，编排策划更加灵活，深度挖掘和拓展内容，引发观众不断思考。

最后，要拓展增值业务，互动平台中能够体现双向交互功能的产品就是互动增值业务，如今许多影视公司逐渐开始上线影视类、游戏类内容等，但是从目前现状来看，因缺乏有效的宣传，上线后认可度不高。所以，广电运营商应该针对儿童、青年人以及中老年人这三大市场，有针对性地设计增值产品，例如，针对儿童播出智力开发、趣味游戏等方面的节目。

（2）操作便捷性

从目前来看，高清互动电视平台的各项操作功能还存在许多问题，因此，还需要针对客户需求进行改善，提升平台功能与用户体验。

首先，应该把相对独立的节目制作成节目连播形式，当用户看完了一个节目后，能够快捷、自动转到下一个节目上，这样就能够增加用户的收看时间和对互动电视的黏附度。

其次，制作收藏节目功能。这种功能能够将用户没有收看完的节目添加到收藏夹，当下次登录界面时，就自动弹出提醒的对话框，提醒用户是否需要继续收看。

再次，实现搜索功能。随着不断扩充高清互动节目内容，要想在众多节目内容中查找用户有意向的节目比较困难，通过搜索功能就能够解决这个问题，有效提升用户的体验。

最后，添加意见收集板块。将用户对电视节目的意见收集起来，比如，如果没有及时更新最新热播的节目，依据用户反馈意见提醒维护人员更新资源。

（3）产品组合策略

广电运营商应该依据用户所需，将用户所需实行产品组合策略，对"基本包"和"产品包"进行重新搭配。其中，"基本包"是用来满足用户基本需求的，不需要另外购买，"产品包"是用户按照增值产品、依据个人所需自由组合的产品。

2. 价格策略

（1）产品定价策略

运营商对互动套餐进行梳理简化的同时，还要重新梳理资费，降低资费的复杂性，加强销售人员的推广力度，提升用户理解度。这不但能够发挥基础性作用，还能够对销售发挥一个推进作用。

例如，某运营商高清互动的基础套餐有优享套餐、畅享套餐和尊享套餐，针对不同套餐进行优化合并之后，就仅仅保留了基础性套餐的尊享套餐，而且，价格也随之有所降低。通过这种方式调整价格，降低了业务办理门槛，从根本意义上讲，这种方式分散了用户成本，由此能够吸引更多的用户。

（2）副终端优惠策略

如果是首次办理业务的客户，可选择主副终端捆绑的销售方式，不仅提升了续费率，还可以发展更多的终端用户。

采用这类主副终端的捆绑套餐，价格也必然会随之降低，并且，企业对于终端的收视费采取了免费策略。对于互动电视的副终端，企业应该推行三年捆绑套餐，实行一次性缴费可以使用三年，自然价格也比分别订购有所优惠。

3. 渠道策略

广电运营商应丰富渠道组合的方式，方便用户的开通、缴费、续费、业务咨询等业务需求，可设置直销渠道、实体渠道、电子渠道、社会渠道的组合，带给用户良好的服务体验。

流配送和体验。

4.传播与客户服务（促销）方面

传统环境下：第一，大众传媒的促销方式，如人员推销、广告等，其信息流动是单向的，同时信息的发送与反馈存在时间差，由于信息的单向流动，客户处于被动接受状态。第二，传统的传播方式费用高，容易引起客户反感而且效果差。

互联网环境下：第一，客户有了更大的主动性和互动性，而不仅仅做一个被动的信息接受者。第二，注重产品的服务提供以及全程的体验，注重服务的及时响应和感知。

由此可见，互联网环境下，需要对产品有一个全新的认知，也需要完善营销理论对产品设计的指导。

三、全品思维与4C、4R 营销理论

全品概念的提出，是基于互联网环境下的，势必需要全品思维及现代营销理论的指导与支撑（见图2-14）。

（一）全品思维

全品思维是指互联网环境下，运用4P营销理论进行产品的初步设计开发，在4C、4R营销理论的指导下，通过体验的优化及品牌的打造，全面地实施产品设计、开发、推广时运用的系统思维。

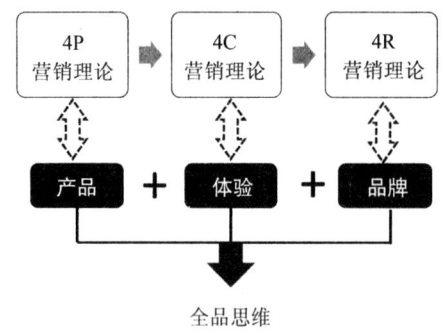

图2-14 全品思维的营销理论支撑

（二）4C 营销理论

4C营销理论是美国营销专家劳特朋教授在1990年提出的，它以消费者需求为导向，重新设定了市场营销组合的四个基本要素：即消费者（Customer）、成本（Cost）、便利（Convenience）和沟通（Communication）。

1.顾客

Customer（顾客）主要指顾客的需求。企业必须首先了解和研究顾客，根据顾客的需求来提供产品。同时，企业提供的不仅仅是产品和服务，更重要的是由此产生的客户价值（Customer Value）。

2.成本

Cost（成本）不单是企业的生产成本，或者说4P中的Price（价格），它还包括顾客的购买成本，同时也意味着产品定价的理想情况，应该是既低于顾客的心理价

格，亦能够让企业有所盈利。此外，这中间的顾客购买成本不仅包括其货币支出，还包括其为此耗费的时间、体力和精力以及购买风险。

3. 便利

Convenience（便利），即所谓为顾客提供最大的购物和使用便利。4C 营销理论强调企业在制订分销策略时，要更多地考虑顾客的方便，而不是企业自己方便。要通过好的售前、售中和售后服务来让顾客在购物的同时，也享受到便利。便利是客户价值不可或缺的一部分。

4. 沟通

Communication（沟通）则被用以取代 4P 中对应的 Promotion（促销）。4C 营销理论认为，企业应通过同顾客进行积极有效的双向沟通，建立基于共同利益的新型企业/顾客关系。这不再是企业单向的促销和劝导顾客，而是在双方的沟通中找到能同时实现各自目标的通途。

可见，4C 理论对于顾客、成本、便利、沟通等方面的关注，支撑了全品思维当中的"体验"要素。它强调企业首先应该把追求顾客满意放在第一位，其次是努力降低顾客的购买成本，然后要充分注意到顾客购买过程中的便利性，而不是从企业的角度来决定销售渠道策略，最后还应以消费者为中心实施有效的营销沟通。这都是在优化客户的体验，这也是建立满意的客户关系的关键。

（三）4R 营销理论

4R 营销理论是由美国学者唐·舒尔茨在 4C 营销理论的基础上提出的新营销理论。4R 分别指代 Relevance（关联）、Reaction（反应）、Relationship（关系）和 Reward（回报）。

1. 关联

企业必须通过某些有效的方式在业务、需求等方面与顾客建立关联，形成一种互助、互求、互需的关系，把顾客与企业联系在一起，减少顾客的流失，以此来提高顾客的忠诚度，赢得长期而稳定的市场。

2. 反应

企业必须提高对市场的反应速度。多数公司倾向于说给顾客听，却往往忽略了倾听的重要性。在相互渗透、相互影响的市场中，对企业来说最现实的问题不在于如何制订、实施计划和控制，而在于如何及时地倾听顾客的希望、渴望和需求，并及时做出反应来满足顾客的需求，这样才利于市场的发展。

3. 关系

企业要重视与顾客的互动关系。如今抢占市场的关键已转变为与顾客建立长期而稳固的关系，把交易转变成一种责任，建立起和顾客的互动关系。而沟通是建立这种互动关系的重要手段。

4.回报

回报是营销的源泉。由于营销目标必须注重产出，注重企业在营销活动中的回报，所以企业要满足客户需求，为客户提供价值，不能做无用的事情。一方面，回报是维持市场关系的必要条件；另一方面，追求回报是营销发展的动力，营销的最终价值在于其是否给企业带来短期或长期的收入能力。

可见，4R 理论对于关联、反应、关系、回报等方面的关注，支撑了全品思维当中的"品牌"要素。在互联网环境下，企业需要通过紧密联系顾客、提高反应速度、强化互动关系、注重回报，从更高层次上以更有效的方式在企业与顾客之间建立起有别于传统的新型的主动性关系，其实质也就是品牌的打造及企业文化的建设。这也是最终建立忠实的客户关系的关键。

互联网环境下，运用 4P、4C、4R 营销理论指导企业产品、体验及品牌建设工作，是全品思维助力企业产能提升方面的实际运用。

四、从产品思维到全品思维

互联网环境下，消费者接受信息途径的改变、消费习惯的改变及众多科技的创新、市场环境的瞬息变化等各种要素的叠加，使企业在经营发展中面临更多的不确定性。

从产品思维到全品思维，意味着从侧重产品的功能、特点、优势、渠道、价格、促销等要素的组合，到注重在夯实核心产品、形式产品、附加产品"三位一体"的产品基础上，更多地借助互联网工具，优化客户体验，强化产品品牌及企业文化。

从产品思维到全品思维，这既是互联网思维对于产品的全新解读，也是企业应对环境不确定性、持续提升产能的重要突破！

第三节　从垂直思维到水平思维

垂直思维是指用逻辑的、传统的思维方法来解决问题的思维方法，是按照一定的思维路线或思维逻辑进行的向上或向下的思考方法；水平思维是指以非正统的方式或者显然的非逻辑的方式来寻求解决问题的办法，是一种系统的、创新的、水平的思考方法。如同左脑思维和右脑思维一样，垂直思维和水平思维都是解决问题不可或缺的思维方式。

渠道的设计及管理是一项系统工程，企业呈现的渠道架构，有运用垂直思维模式设计的，也有运用水平思维模式设计的，而到底该采用垂直思维还是水平思维的模式去进行营销渠道的设计及管理，其实必须依据市场环境的变化和内部形式的发展而不断做出改变。

没有一个最好的渠道管理模式，只有一个在一定时期最适合的渠道管理模式；也没用哪种思维模式是最好的，唯有在一个环境下最为合适的思维模式。

一、360 度渠道认知

360 度（全方位）渠道认知，是指营销渠道认知的五个基本问题（见图 2-15）。

（一）营销渠道的定义

渠道（channels）一词来源于拉丁文，意思是运河。因此，渠道会使人想起河流，如黄河、长江，是重要的商业水道。渠道含有通道的意思，渠道是水或其他内容的流动，具有动感的概念。

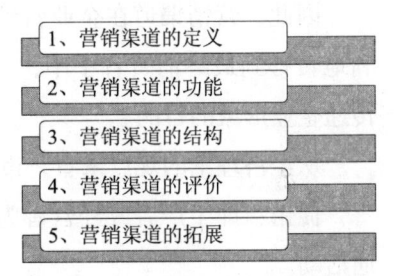

1、营销渠道的定义
2、营销渠道的功能
3、营销渠道的结构
4、营销渠道的评价
5、营销渠道的拓展

图 2-15　营销渠道的五个基本问题

菲利普·科特勒在《市场营销管理》一书中采用了斯特恩和艾斯利对营销渠道所下的定义，指出"大多数生产商都要和营销中介机构打交道，以便将其产品提供给市场，营销中介机构组成了营销渠道，也称贸易渠道或分销渠道，营销渠道是促使产品或服务顺利地被使用或消费的一整套相互依存的组织。"

我们可以从以下几个方面来理解营销渠道的含义：

1）对于企业来说，营销渠道既有内部构建的，也有依附于外部的。因此，渠道管理既有组织内部管理，也有跨组织的管理。

2）营销渠道过程的目的是使产品和服务被使用，所有渠道成员要立足于这个目标，为终端用户服务。

3）营销渠道是一系列组织（渠道成员）的结合，这些组织之间是交换和协作的关系。渠道成员之间在获得、处置产品和服务过程中，为创造顾客价值而建立起了交换关系。每个成员依赖其他成员协同工作，渠道成员共同努力，渠道工作才能最优化。

4）营销渠道是一个"过程"，是从销售到售后服务的一系列过程。

（二）营销渠道的功能

渠道是连接企业与客户的管道，通过这个管道，企业首先是将企业的产品、服务、品牌、形象传递给客户（宣传功能）；其次，企业通过这个管道了解客户需求，并通过一系列产品及服务的组合，满足其需求（服务及销售功能）；再次，通过这个管道，在与客户建立了初步合作关系后，借助客户关系管理的各种手段，加深与客户的关系维系，实现客户关系从满意到忠诚的转变，从而在获得更多转介客户的同时建立起竞争壁垒，以此实现产能提升（客户关系管理功能）。

这些功能的演变，反应在营业网点——这一实体渠道上，则是要求网点的运营实现由注重业务到侧重服务的运营转型，由侧重服务到规范管理的运营转型，由注重规范到侧重绩效管理的运营转型，由注重绩效管理到注重效能管理的运营转型这四次转型过程上（详见《网点产能提升之道》）。

因此，营销渠道在企业营销活动中，执行的功能主要是销售，使产品或服务顺利地转移到最终消费者手中，当然，通过营销渠道，企业也能达到收集市场信息，传递企业形象的目的。

从经济理论的观点来看，市场营销渠道的主要职能有如下几种：

促销：即生产者或经营者为刺激消费者购买所进行的关于产品和企业的宣传沟通活动。

洽谈：即生产者或经营者寻找潜在的购买者，并与之接触，实现交易的活动。

融资：即渠道成员为完成渠道功能而进行的资金融通活动。

物流：即产品的运输和存储活动。

降低和承担风险：降低风险是指由于渠道成员的活动而使整个渠道风险降低；承担风险是指在商品流通的过程中，随着商品所有权的转移，市场风险在渠道成员之间的转换和分担。

服务：主要指渠道成员为最终用户所提供的服务，包括送货、安装、维修、承诺等。

整理分类：渠道成员需要对商品进行分类、分等、组合、搭配等活动，以符合购买者的需要。

收集和传送信息营销：渠道成员通过市场调研收集和整理有关消费者、竞争者及市场营销环境中其他影响者的信息，并通过各种途径将信息传送给渠道内的其他成员。

（三）营销渠道的结构

营销渠道的结构可以分为长度结构（即层级结构）、宽度结构以及广度结构三种类型。三种渠道结构构成了渠道设计的三大要素或称为渠道变量。进一步说，渠道结构中的长度变量、宽度变量及广度变量完整地描述了一个三维立体的渠道系统。

1. 长度结构（层级结构）

营销渠道的长度结构又称为层级结构，是指按照其包含的渠道中间商（购销环节），即渠道层级数量的多少来定义的一种渠道结构。通常情况下，根据包含渠道层级的多少，可以将一条营销渠道分为零级、一级、二级和三级渠道等。

2. 宽度结构

渠道的宽度结构，是根据每一层级渠道中间商的数量的多少来定义的一种渠道结构。渠道的宽度结构受产品的性质、市场特征、用户分布以及企业分销战略等因素的影响。渠道的宽度结构分成：密集型分销渠道、选择性分销渠道和独家分销渠道。

3. 广度结构

渠道的广度结构，实际上是渠道的一种多元化选择。也就是说，许多公司实际上使用了多种渠道的组合，即采用了混合渠道模式来进行销售。概括地说，渠道结构可以笼统地分为直销和分销两个大类。其中直销又可以细分为几种，比如直接销售、直接邮购、电话销售、公司网上销售等；分销则可以进一步细分为代理和经销两类。

(四) 营销渠道的评价

根据企业的渠道流程，结合平衡计分卡理论，可以建立以企业内部流程、财务、客户及学习成长为根本的营销渠道绩效评价指标体系。

内部流程表示的是企业满足客户需求的过程，可以简略分为服务前、服务中和服务后；

财务是企业营销的最终目的，可以从渠道投入和产出两个角度来衡量；

客户是营销渠道的终端，客户需求是企业营销的重点，包括产品质量、售后服务等；

学习成长是企业自身产品、服务升级的重要过程，对于营销渠道起着重要支撑作用。

根据上述内容，可以得到营销渠道绩效评价体系的基本框架。

在一级评价指标确定后，还需要对评价指标进一步细化，得到二级评价指标。

以运营商为例，营销渠道二级评价指标包括以下几点：

首先，在内部流程上，服务中对应的二级指标有信息化率、业务清晰程度、自主设备利用率；服务后对应的二级指标有投诉渠道的畅通性和解决方案的可行性两点。

其次，在财务维度上，投入的二级指标包括渠道培训费用、渠道用电、渠道管理和服务人员的基本酬劳及培训费用、渠道设备建设维护成本；产出的二级指标有业务增长率、用户增长率和用户在网时长。

在此基础上，确定指标权重并进行计算，确保评价指标体系的科学、合理。

第三，在客户维度上，服务质量的二级指标包括客户投诉次数、设备故障次数和故障率；业务便利性的二级指标有排队平均时长、设备可操作性；问题响应处理效率包括设备故障处理时长和解决能力、客户投诉处理时长和解决能力。

第四，在学习成长上，营销渠道自身提升二级指标有员工培训、能力和流失率，对渠道支持培养二级指标包括渠道培训次数、走访次数和VI形象建设。

(五) 营销渠道的拓展

一般而言，营销渠道的拓展主要有五种渠道模式。下面以运营商为例加以说明：

第一种是业务合作，主要是在渠道尚未能很好覆盖或延伸的区域进行。合作的主要方式是：常规业务的销售，新业务的市场拓展，常规客户服务，如用户的上户、销户及费用的收缴等。在这种合作方式中，渠道主要是结合自身的优势，服务能力强的进行客户服务、销售能力强的进行业务的销售和新业务的拓展，具体实现合作的方式是双方通过协议的形式，明确合作的内容及佣金的标准，企业按一定的销售周期对渠道终端的工作量进行统计，并核发相关费用。

渠道拓展的第二种方式是业务合资，业务合资是指渠道终端在前期通过投入一定的资金，参与到业务发展的活动中来，渠道终端和企业签订协议，由渠道终端对企业的某些业务进行买断经营，独自承担风险，自负盈亏。

渠道拓展的第三种方式是终端合资，和专门的终端销售渠道相比企业目前的营销渠道终端不论在终端运营模式上还是终端的售后服务上都存在一定的差距，因此，对于渠道终端而言，要将终端的销售和业务的发展结合起来，通过捆绑式的营销，形成竞争中的差异化，从而在激烈的市场竞争中占据位置，终端合资主要围绕业务开展。

渠道拓展的第四种方式是项目合资，主要是在中小项目建设这方面，如部分市场需求较少或者拓展困难的地区，企业在综合权衡下，无法及时进行投入，基础设施建设无法满足用户的需求，这种情况下可以通过合资的方式，引入渠道的资金来进行项目的建设或维护，在满足用户需求的同时为企业增加服务的覆盖面，提升市场份额，一般采用利益分配的模式进行，可以采用短期或者长期协议，保证双方的利益。

渠道拓展的第五种方式是特许经营，特许经营是指由企业对想要经营企业业务的个人或者企业发放特许经营证照，由特许经销人进行业务的拓展和服务的维系，一般在某些客户有特殊需求的情况下进行，如客户需要较高的服务时可以通过特许经营的方式，既满足了用户的需求又减轻了企业的成本压力和负担。特许经营主要采用保证金和特许经营费等方式进行管理。

企业在进行渠道结构的改进设计过程中，需要对各种不同类型的渠道合作方式进行仔细斟酌，并在此基础上进行渠道成员甄选，对不同合作方式下可能存在的风险进行评估，争取达到最佳渠道效益。

二、垂直思维下的直线式渠道

虽说互联网时代，"去中间化""扁平化"的呼声日益高涨，但一个不争的事实是：多数生产者都不会直接面向消费者销售产品或服务，而大部分最终消费者也不会直接在生产者处购买产品。实现产品或服务从生产者转移到最终消费者的中间机构——营销渠道依然扮演着重要的角色。

在市场竞争趋向白热化的今天，渠道对于企业产品的营销至关重要，成熟的营销渠道能够使每一个愿意或希望购买产品的消费者都能够快速方便地买到产品，从而实现销售的最大化，所以有观点认为"得渠道者得天下"。

不论是四大运营商，还是金融、邮政及众多的品牌连锁店，都通过建立整体营销服务渠道体系对公司的产品、业务、服务进行推广，以此来塑造企业形象，建立客户与企业的连接，实现有效的互动。这些以客户为中心的营销服务渠道可以分为直销渠道、自营渠道、社会分销渠道和电子渠道。而自营渠道又是各大企业的核心的营销服务渠道之一。下面将以四大运营商的营销服务渠道为例，说明运用垂直思维设计的营销渠道的架构，并简要介绍各运营商自营渠道建设运营情况。

（一）中国移动营销服务渠道简介

中国移动整体营销服务渠道体系分为直销渠道、自营渠道和社会分销渠道。其中，直销渠道、自营实体渠道和电子渠道是移动核心的营销服务渠道，社会渠道则是拓展营销服务渠道。不同类型的渠道又包含不同的渠道模式。

直销渠道包括客户经理和销售经理等，分移动内部员工和社会招聘人员。客户经理主要服务于集团客户和客户：集团客户根据规模和属性分为重要和一般集团；销售经理主要面向家庭市场，主要工作为入驻各小区或写字楼开展销售工作。

自营渠道包括实体渠道和电子渠道。实体渠道指自建自营厅，主要面向各类品牌的大众客户，坚持"传播、体验、销售、服务"四位一体的功能定位，根据不同类别各有侧重；自营厅承担七项标准功能：品牌零售、终端销售、基础业务服务、业务体验与拓展、客户服务、标准化集团业务受理和客户咨询投诉。电子渠道包括自助服务站、网上营业厅、短信营业厅、掌上营业厅、人工和热线自助办理等，面向各类型用户。

社会渠道指自营渠道以外的利用社会资源拓展的销售型渠道，主要包括战略合作商、普通分销商、合作营业厅、连锁渠道、直供零售点等。其中，战略合作商指与中国移动通信有长远的战略合作意向且具备战略合作意义，并签订战略合作协议，有较强的资金实力及广阔的渠道资源，拥有零售连锁卖场，拥有数款手机终端厂家直供或省级以上代理权的合作商。合作营业厅指自建他营厅和他建他营厅。连锁渠道指在居民聚居区拥有多个连锁性的渠道服务网点，具备独立的法人资格渠道。直供零售点指非专营通信业务的渠道网点，如小型超市、杂货铺、书报亭等。

（二）中国电信营销服务渠道简介

中国电信主要的营销服务渠道有：直销渠道、电子渠道、实体渠道和社会渠道。

直销渠道包括服务于大客户的大客户经理、服务于商业客户的商业客户经理、服务于公众客户的社区经理和服务于农村市场公众客户的农村统包员。

电子渠道覆盖了所有客户，包括呼叫中心和网上营业厅。

实体渠道指自有营业厅和合作营业厅，均面向所有客户，以公众客户为主。自有营业厅由中国电信自建自营，提供业务受理、营销、业务体验等。合作营业厅包括自建他营和他建他营，根据各地区实际情况提供开放部分或全部的业务办理权限。

社会渠道指代理代办电信销售业务的商家，主要包括银行、邮政等缴费点和其他社会零售渠道。

（三）中国联通营销服务渠道简介

中国联通的渠道主要分为自有实体渠道、社会渠道、直销渠道和电子渠道四大类。

其中，自有实体渠道包括自营厅（指联通公司自己投资建设或租赁，拥有产权或使用权，并自主经营的营业厅，投资方式包括购置、建设和租赁）、自助厅、客户俱乐部等。

社会渠道包括合作厅（指联通公司与合作方以合作方式建设，可补贴或分担部分营业设备、营业家具、装修、租金等费用，合作方拥有产权或使用权，由合作方经营的营业厅）、特许经营店、专营店等社会主流实体渠道和代理店、银行、邮政、家电连锁、手机厂商在内的社会普通渠道。

直销渠道包括客户经理和销售经理，是由相对稳定的人员与客户以面对面形式直接发展公司业务的队伍，主营业务对象涉及党政军、金融、保险等集团客户。在业务层面上，具有战略性、高价值客户由直销人员直接接洽，并以项目的形式备案管理，并且通过拓展行业用户，挖掘需求，对用户需求进行搜集、整理、评估，为其提供特色服务。

电子渠道包括网上营业厅、热线等，主要实现用户的查询和号卡的销售功能。

在各类渠道中客户俱乐部主要面向世界风品牌客户，直销渠道主要面向集团客户和个人高端客户，电子渠道面向特定的细分客户，其他各类渠道面向中国联通大众客户。

（四）三大运营商渠道建设的四大特点

综合上述三大运营商的渠道建设情况介绍，分析其特点如图2-16所示。

1. 渠道结构立体化

目前，从三大运营商的渠道现状来看，按隶属关系，可划分为自有渠道和社会渠道；按照渠道的长度（也就是流通环节多少或渠道纵深），可划分为长渠道和短渠道，也可称为直接渠道与间接渠道；按照渠道宽窄（指每个层次或环节中同类型渠道成员数目多少），可划分为宽渠道和窄渠道。显然，三大运营商的渠道体系已呈现立体化趋势，既有功能齐全的自有营业厅，也有各种授权的社会专营厅及代理店；既有布局合理的实体渠道，也有功能强大的电子渠道和客户热线；既有针对性突出的集团直销渠道，也有各式各样的便利性分销渠道。

图 2-16　三大运营商渠道建设的四大特点

2. 渠道功能便利化

（1）实体营业网点遍布城乡

营业厅作为传统的实体渠道，是运营商服务广大公众客户的主渠道。三大运营商在经营初期，就开始致力于营业网点的建设，其中中国电信的自营营业厅网点覆盖相对广泛，尤其在农村地区具有相对优势，通过推进"一镇一店、一村一点"以及社区、农村综合信息服务站点建设策略，其网点已覆盖至乡镇及行政村。中国移动和中国联通则更加重视社会渠道网点的建设，该类网点也相对较多，通过建设社会合作专营厅、连锁店以及各类代理营业网点，运营商将营销服务渠道迅速覆盖到了广大的乡镇地区。

（2）电子营业厅方便有效

作为实体营业厅的有效补充形式，三大运营商的电子营业厅［包括网上营业厅、掌上（WAP）营业厅、短信营业厅等］，通过各种随时登录的自助服务，可为客户提供更为便捷的服务，其服务范围涵盖缴费、查询、选号、套餐变更、增值业务订购与退订等各类服务。在电子营业厅中，三大电信运营商尤其注重费用支付及业务订购的便利性，如方便地使用电子钱包、手机钱包、充值卡以及银联支付，以便让用户足不出户就能办理业务及缴纳费用。

（3）客服热线全天候服务

目前，三大运营商的客户服务热线已发挥着越来越重要的作用，已在当初单纯呼叫中心的定位上，深度融入了营销服务职能，成为与客户联系的重要渠道和贴心顾问。客户热线采取人工与自动相结合的受理应答方式，能满足客户业务咨询、话费查询、故障申告、业务受理等多样化的服务需求；同时具备用户回访、电话营销、用户满意度调查等功能，可在第一时间了解客户需求、解答客户疑问、受理客户业务。自助服务热线可为客户提供费用查询、积分查询、业务办理、银行卡缴费等自助服务功能，极大地方便了客户使用。

（4）新型服务手段拉近客户距离

近几年来，电信运营商充分利用互联网应用技术，从方便客户咨询与投诉的角度出发，在网上营业厅原有在线客服的基础上，相继开通了QQ客服通道和微博客服，可提供各种业务咨询及业务办理，极大地方便了用户的联系沟通。

（5）渠道功能逐步系统化

三大运营商在丰富渠道形式、明确不同渠道服务重点的同时，同步发力提升各渠道的综合营销服务能力，从自有实体渠道开始，逐步延伸到授权社会合作营业厅以及电子渠道，基本做到了业务受理一台清和一站式服务，避免了用户咨询办理不同业务需要奔波于不同柜台或不同营业网点的麻烦。

3. 渠道形式体验化

随着电信运营商向全业务运营商的转型，内容管理和流量经营不但逐渐成为电信运营商最为关注的利润增长点，同时在整体发展战略中占据越来越重要的地位，为此，电信运营商迅速改变了只关注于产品特色和利益、较少关注客户感知的传统营销模式，开始努力为用户营造良好的消费体验。

在具体的操作层面，电信运营商重点从营业厅的转型切入体验式营销：一方面是加快营业厅体验环境的建设，另一方面是注重营业人员体验式能力的培养，努力创造在销售终端为顾客提供体验产品和服务的机会，让目标顾客通过观摩、聆听、尝试、试用等方式，亲身体验到电信产品和服务的品质或性能，促使顾客全面认知并最终选择相关产品和服务。

在三大运营商中，中国移动在2006年开始率先在自营厅渠道全网实施体验营销战略，对营业厅内的新业务体验营销区进行了大规模改造，并在全国范围内普及培训体验营销相关知识，促使营业厅的体验营销硬件环境快速得到改善，员工的体验营销能力不断提升，部分省市在新业务体验营销方面上取得了实质性突破。从2008年开始，中国移动对社会渠道授权网点进行体验店的改造，尤其在沿海城市，均基本导入了体验厅模式。3G牌照颁发后，随着3G用户规模的增加和智能手机终端的普及，三大运营商开始全面导入体验营销战略：2009年，中国移动对全国各地营业厅开展转型改造，借鉴国外体验店的模式，从软、硬实力两方面入手，深度推进体验营销；2009年，中国联通对所有营业厅进行改造，并在全国营业厅内开展体验式营销培训；2010年，中国电信对大部分营业厅开展体验式卖场化的改造。除在实体渠道重视体验营销外，在授权的社会渠道、在各自的电子渠道以及集团直销过程中，三大运营商均导入了体验营销，业务范围主要涵盖3G业务体验营销和增值业务体验营销。在体验模式上，目前三大运营商基本采用"教育+体验"为主的营销模式。以营业厅为基地，搭建各种3G及增值业务玩家俱乐部，作为体验式营销的主要载体，通过设置3G或增值业务体验系统（以触摸屏演示为主），设置专门的业务终端展示区，制订标准化销售流程等多种模式，以吸引和影响客户。

整体来看，在体验营销上，三大运营商达到的效果更多体现在营业厅体验环境的改变上，而在员工的体验理念、员工的体验能力、客户的参与深度等软实力的提升上，还有很长的路要走。

4. 渠道渗透精细化

电信运营商在完善原有营销体系建设的同时，为有效克服原渠道体系条线分割的弊端，在营销体系方面也在不断进行创新性的尝试。2008年，中国电信率先引入网格化营销渠道体系；2010年，中国联通部分地区试点网格化体系。网格化营销渠道体系是电信营销渠道的创新形式，该体系同时具备产品营销与服务营销的功能，通过这种创新的渠道体系，可以优化电信产品与服务向客户传递的过程，使得市场变化和客户竞争信息的传递更加顺畅，同时可快速准确掌握客户的使用、变动情况，以此增强营销措施的针对性和实效性，真正实现由前端推动后端的客户驱动营销模式。

（五）广电运营商营销服务渠道简介

随着"三网融合"进程的不断深入，广电运营商正在从原有的单一电视节目传输向多业务综合运营转变，所运营业务的种类也从原有的基本数字电视业务扩展到高清电视、付费频道、视频点播、宽带上网等多种业务。同时，"三网融合"相关政策明确指出电信运营商可以承担视频服务提供商的角色，这也就打破了广电运营商在这一领域的垄断地位，用户对于视频服务提供商和业务的选择自由度也大幅提高。为了更好地促进自身业务的发展，同时也为了更好地应对电信运营商的竞争，广电运营商必须大力加强营销渠道建设，通过建立全方位的营销渠道体系来提高客户感知度和客户覆盖度，变原有的"被动营销"为"主动营销"，从而提高自身的核心竞争力（图 2-17）。

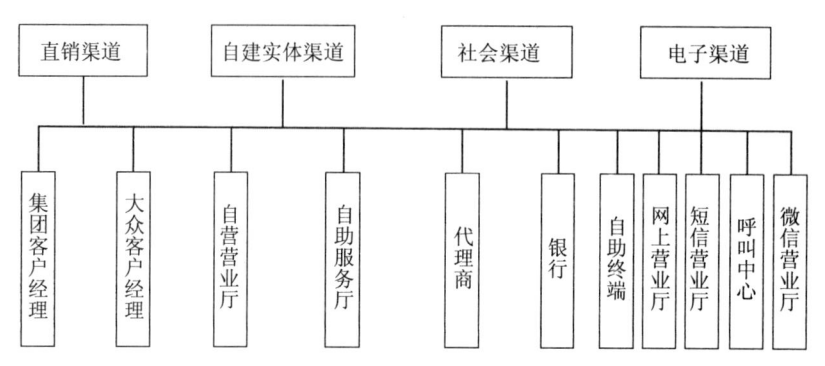

图 2-17　广电运营商渠道建设

1）直销渠道是指通过面对面、"一对一"的方式向特定客户群直接提供服务的人员队伍。根据其定位和工作重点的不同，直销渠道主要包括集团客户经理和大众客户经理。

2）实体渠道是指以实体网点形式向客户提供业务与服务的场所，自建实体渠道是指所有权归属于广电运营商的实体渠道，主要包括自营营业厅和自助服务厅，其中营业厅是目前广电最主要的营销渠道。

3）社会渠道是指由渠道经销商经营的渠道，包括自建他办、他建他办和各类社会代理渠道，如代理商、银行等。

4）电子渠道是指以 IT 的方式向客户提供非面对面服务的手段和设施，如：自助终端、网上营业厅、短信营业厅、呼叫中心和微信营业厅等。

（六）运营商营销服务渠道存在的问题

总体而言，三大运营商（电信、移动及联通）的社会渠道占比远大于自营渠道，同时仍有大力发展末梢社会渠道的趋势，广电运营商则不论是社会渠道还是自营渠道，相对而言数量偏少。各大运营商营销服务渠道主要存在以下问题：

1）运营商的营销服务渠道规模小，数量多，运营不规范，经营权分散，管理难度大。

2）运营商与社会渠道之间主要以利益来维系关系，缺乏有效的管理和监控，商家的忠诚度和向心力很低，营销服务水平参差不齐。

3）社会渠道中从事批发业务的专营店数量多，没有区域限制，关系松散，对下游代办点的控制能力弱，容易造成价格混乱、恶性削价竞争、窜货销售等问题。

4）社会渠道缺乏提供优质服务的主动性和积极性。

5）运营商自营渠道多采取传统的坐店经营模式，营销人员的服务能力弱，市场信息反馈慢。

6）客户市场逐渐从增量市场转化到存量市场，以用户发展方向的赢利空间在逐步减少。

7）在科技日新月异的今天，移动用户的消费需求层次不断提升，物联网和技术日趋重要。新业务是较为复杂的、对人员和设备要求高的服务，社会渠道对新业务的承载难度较大。

三、水平思维下的网格化渠道

(一) 水平思维在渠道建设中的运用

随着网络信息技术和通信技术的发展，消费者获取信息的渠道日益丰富，引导消费者需求逐渐朝着多元化方向发展，企业所处环境已发生翻天覆地的变化。而企业渠道成本、控制、效率和效益之间的矛盾越来越不易协调，互联网、新兴商业资本等新的力量又增加了其间的变数，在这种形势下，传统的营销渠道反应滞后、职能分割等缺陷逐渐开始暴露出来。因此，探寻一种能够解决渠道效率、渠道资源集成、渠道资源分配等问题的新的渠道建设及管理观点十分重要。

"网格"，不是仅指网络技术层面上的网格，也不是意识层面上的网格，而是在营销渠道划分之下进一步细分的网格单元。

水平思维在渠道设计中的运用是指以计算机网格技术为工具，将企业的营销渠道按照一定标准划分成由若干网格单元组成的渠道网格，将划定的网格单元明晰化、信息化、精细化，实现资源整合和信息共享的"格""格"联动，打破传统碎片化管理束缚，实行纵向到底、横向到边的新型管理，从而使产品或服务快速、精准、稳定地传递给客户。

(二) 基于水平思维的网格化渠道

基于水平思维的渠道建设，突破了直线式营销渠道架构的约束，构建成"三位一体"网格化营销渠道（图2-18）。

网格化营销渠道，具体解释就是将整个市场、资源比做一张网，再将这张网依据一定的标准划分成便于操作的网格，将直销渠道、实体渠道、电子渠道、社会渠道等下沉到网格，在网格里配置相应的资源，构成在网格内的"四大渠道"的"三位一体"。

水平思维下的渠道建设，通过"实体＋社会渠道"的网点营销，起到"引进来"

的作用；通过"直销＋社会渠道"的社区营销，实施"走出去"，通过"电子渠道"的网络营销"动起来"，以达到"网点服务、社区外拓；社区引流、网点成交；线上宣传、线下体验；网格联动，产能提升"的效果。

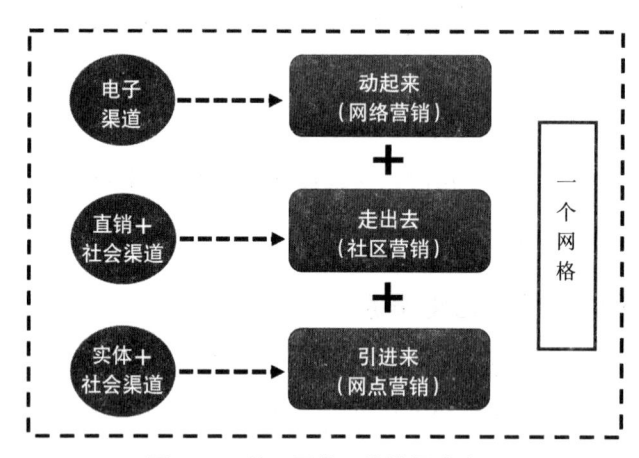

图 2-18 基于网格思维的渠道建设

运用水平思维，将传统的直销、电子、实体、社会渠道下沉到每一个网格，"纵向到底、横向到边"，并配备相应的资源。这样，当每一个网格都实施了"四大渠道"的"三位一体"，整个企业所在的"大网"的营销业绩自然也就能实现"月月有计划，日日有营销，营销能落地，产能有提升"。

四、从垂直思维到水平思维

（一）直线式渠道体系与网格化渠道体系

我们先通过两个案例来对比分析运用垂直思维及水平思维构建企业渠道体系的不同效果。

案例一：某运营商的直线式渠道体系（图 2-19）

某运营商现有的营销渠道主要有两类：自有渠道和社会渠道。

自有渠道包含直销渠道、实体渠道和电子渠道三种形式。其中，直销渠道包含政企直销、个人经理、农村统包员三种形式；实体渠道包含自有营业厅，对应一、二、三、四级营业厅；电子渠道包含统一客服电话（业务咨询办理、障碍申告及投诉、品牌客户服务于一体的综合平台渠道）、网上营业厅、掌上营业厅三种形式。

社会渠道包含合作营业厅、代理服务点和合作伙伴三种形式。

从图 2-19 中可以看到，该运营商的营销渠道架构主要是运用垂直思维设计的直线式的营销渠道结构。

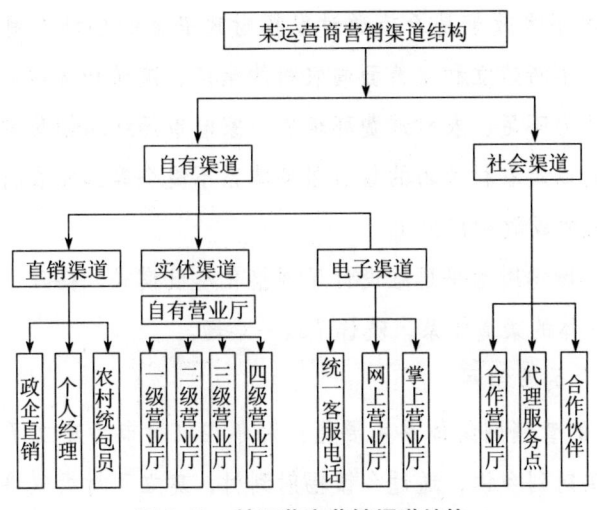

图 2-19　某运营商营销渠道结构

直线（垂直）式渠道结构比较简单，少数营销人员即可以完成大量市场拓展工作，管理市场的成本和费用比较低，对于市场初期来说，垂直式管理也是比较单一的，简便易行。

但是随着全业务市场的拓展，渠道层级增多，企业对于渠道的管理难度加大，对渠道成员的控制力度减弱，间接造成企业的经营风险增大，面对市场环境变化的压力加大。

在直线（垂直）式营销渠道架构下，企业只能集中精力达到非常少量的细分目标消费群体，而且竞争对手的竞争行为给企业带来很大的障碍。企业在产品、广告、促销、渠道等方面的直线营销活动，只是使得企业营销在某一些群体上产生了作用力，而这种作用力在竞争对手的竞争下同样被弱化，某一因素的力量弱化到一定程度，企业的营销体系就会坍塌崩溃。

案例二：海尔的水平（网格）化渠道体系（图 2-20）

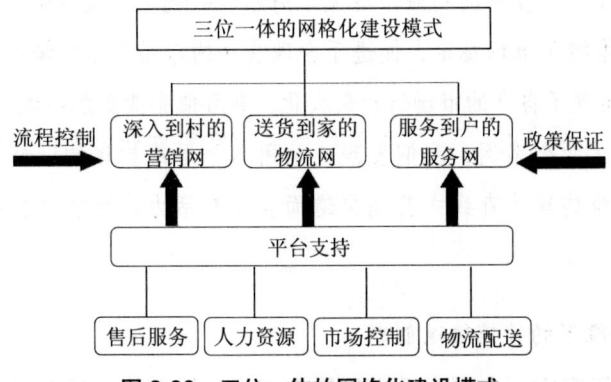

图 2-20　三位一体的网格化建设模式

网格经营变革之道

国家推广家电下乡政策是希望通过发挥财政资金的杠杆作用，引导更多的企业关注农村市场，不断建立和完善面向农村的生产、流通和售后服务网络。但由于农民收入低、购买力不足、农村消费环境差、家电市场终端销售网络不健全、家电产品的供需不平衡以及农村市场的售后服务体系不健全等，使农村家电渠道建设滞后，家电下乡政策的成效大打折扣。

海尔在农村市场运用水平思维设计了网格化建设模式，搭建了营销网、物流网和服务网的三位一体的渠道体系，破解了这一难题。

1."深入到村"的营销网

"深入到村"的营销网络体系主要指：海尔在农村市场建立了以县网为核心的营销网络，以县辐射到乡镇，通过乡镇辐射到村，建立了村级联络站，并设立联络员直接销售到村，使农民不用出村就可以买到海尔产品和享受到海尔服务，同时农民的需求可以及时反馈到企业，研发出满足农民需求的产品。

2."送货到家"的物流网

"送货到家"的物流网络体系是指：一级配送中心实现了产品从工厂到客户，做到定时、定人、定线；二级配送中心实现了产品从客户到用户。目前，海尔在全国建立了44个物流中心，建立了到镇、到村的配送体系，实现一日一配，24小时内送达。

3."服务到户"的服务网

"服务到户"的服务网络体系是指42家技术服务中心（对服务人员进行实战培训，提供技术支持），1000多家星级服务中心（用户互动、增值服务中心），5000多家特约服务商（星级服务中心力量的补充，为用户提供规范专业的服务），实现了服务到户的服务网络体系。此外，为方便与全国各地的用户沟通，海尔在全国开通了统一的服务电话（400-699-9999），对用户的需求在24小时内做到响应到位。

三位一体的网络体系使更多的农民购买到性价比高、服务有保障的名牌家电产品，更重要的是维护了海尔客户的利益，避免了海尔产品进货渠道混乱、窜货乱价现象等市场无序行为，维持了市场稳定，促进了合理有序的市场竞争环境的形成。海尔通过网格化建设，也实现了自身的市场份额最大化，并且使企业更加贴近用户、贴近市场。

通过对比上述两个案例，我们发现：运用水平思维构建的网格化渠道体系，相对于运用垂直思维构建的直线式营销渠道而言更有活力，更能反映出企业对市场的应变能力。

（二）水平思维下的营销渠道创新

渠道设计和管理中，实现由垂直思维向水平思维转换，旨在帮助企业更好地贴近客户，精准分析客户需求，以市场为导向进行企业的运营与资源配置，通过改进传统意义上的企业营销渠道模式、企业资源配置机制、企业组织结构等，使得企业的营销渠道管理更加精细化、精准化，企业的资源得到高效、快速的集成与配置，企业的市场响应更加灵活、柔性。

由此带来的营销渠道设计及管理创新具有精细化、网络化、扁平化、动态化的特征。其中，精细化是标准，网络化是基础，扁平化是支撑，动态化是机制。这些特征相互协同、相互支撑，共同作用，保障着营销渠道管理创新的顺利实现。

1. 精细化

精细化是一种现代的管理理念与管理方式，是当今企业努力实现企业目标和致力发展的方向。精细化要求企业在渠道管理中精耕细作，通过详细分析渠道成员的特征与需求，对渠道成员进行准确定位，适时地为各成员提供精准、细致、详细的满足甚至超越其需求的产品与服务，将管理精准化、细致化、深入化，力求为成员提供最为精准的支持与支撑或产品与服务。营销渠道管理创新根据企业不同的要求，将管理对象按照不同的标准划分，形成企业的渠道网格，并对组成渠道网格的各个网格单元进行深入、详尽、精准的评估与分析，根据不同网格单元的特征与需求进行资源的聚集与配置，为成员提供差异、精准、快速、优质的产品与服务。

2. 网络化

网络化是指企业的营销渠道是张巨大的、复杂的网络，由不同的渠道成员联接而成，是一个由各渠道成员、渠道资源交织而成的组织或系统。它是营销渠道管理创新的基本特征之一。网络化同时还指营销渠道网格化管理组织是一个网络组织，它具有信息互通、资源集聚、资源共享、业务合作协同等特点，是实现精细化营销渠道管理的最佳途径。

3. 扁平化

扁平化是现代企业管理与组织的一致追求。营销渠道管理创新将组织下沉至各个网格单元中，而组织将分布于广阔的营销渠道网格之中的各种信息与资源，通过营销渠道管理创新的资源进行整合、集聚与共享、配置，从而达到组织的下沉、权力下放、职责下潜的目标，实现组织层级的减少，从而实现组织的扁平化，提高管理效率。

4. 动态化

市场的瞬息万变、渠道成员的不断发展变化，要求渠道管理也是一个不断发展变化的动态过程。渠道管理创新引入网格这一先进的理念，强调快速的市场反应、迅速的资源集成与精准的资源配置，因而只有紧密关注各网格单元的变化与整个渠道网格的发展与变化，并根据网格的变化适时地对资源、信息进行及时的更新、聚集与动态控制，以保证准确、及时的动态管理，提高市场柔性，应对市场变化。

管理大师德鲁克曾经说过："唯有创新和渠道才能形成真正的差异化优势。"

营销渠道发展到今天，渠道的成本、控制、效率和效益之间的矛盾越来越不易协调，互联网、新兴商业资本等新的力量又增加了其间的变数，营销渠道管理面临巨大的挑战。

垂直思维是直线的、基础的、传统的；水平思维是水平的、发展的、创新的。我们强调在渠道设计和管理中，实现由垂直思维向水平思维转换，旨在让企业的营销渠道更有活力、更加贴近市场、更加激励员工，从而帮助企业树立真正的差异化优势。

这也是渠道建设实现由"垂直思维"向"水平思维"转换的贡献所在！

第四节 从管理思维到经营思维

一、管理与经营

管理是对内的，是指企业理顺工作流程、发现问题的行为，强调对内部资源的整合并建立秩序，关注的是以人为本，以实现企业价值为导向。

经营是对外的，是指企业市场经营活动的行为，追求从外部获取资源和建立影响，关注的是以客户为中心，以市场需求为导向。

管理大师德鲁克说过："公司内部的所为只会增加费用，而机会在外面。"

那么经营和管理的定位、关系到底如何呢？

（一）经营是"选择正确的事"

经营是选择对的事，也就是说经营是解决企业的定位、商业模式、发展策略问题。

首先，经营着重关注和思考企业的定位，做什么？不做什么？其中更重要的是要明确不做什么。

其次，经营还要明确企业的商业模式，如市场选择、核心资源、现金流结构、企业价值等，不同的经营模式决定不同的赢利模式，而这是企业的关键，一个好的商业模式会让企业的发展举重若轻，顺风顺水。

再次，经营还重点关注策略，要在企业所处的不同发展阶段匹配不同的发展策略，如在产品阶段就要以产品为核心，靠产品挤进或新开辟一个市场机会；在规模阶段就要特别关注营销，实行薄利多销，尽快上规模，获得企业的生存规模；在行业品牌的集中阶段就要注重品牌建设、文化建设，注重差异化策略和完全的顾客导向等。

(二) 管理是"将事做正确"

管理主要解决企业的绩效问题，也就是说管理为绩效负责，企业通过运用一系列的管理手段为经营加分。

管理的基本手段主要有计划管理流程管理、组织管理、绩效管理、战略管理和文化管理等。

其中，计划、流程、组织的管理是基础管理，有关企业的系统效率，对企业的短期目标和当期业绩负责；战略、绩效、文化管理则对企业的长期目标和未来成长负责。

总的来看，经营着重关注企业的业务选择、商业模式和发展策略，对企业的发展和未来负责；管理着重关注当期业绩、系统效率，对企业的绩效和效率负责。

二、管理思维下的销售演变

销售，强调从内到外。

销，促销；售，售卖。

销售，最简单的理解就是从产品或服务到货币的转换，通俗地说就是寻找有需要者，把东西卖出去，是典型的管理思维。

不同的市场环境下，销售呈现的特点及关注点是不一样的。接下来的四个销售场景很好地说明了这一点。

(一) 产品功能型销售

场景：假设喜爱运动的你在篮球比赛后，来到学校门口的小卖部买一瓶水喝，这会是一种怎样的销售情况？值得提醒的是学校周边只有这一家小卖部，而你非常口渴，马上就想喝到水。

表现：在很多次销售培训中，列举上述场景请学员上来表演时，总是不乏一些"影帝""影后"，他们既极尽表演之能事，又最大限度地展现自己所掌握的销售技能。比如，有的表演者滔滔不绝地介绍有多少种饮料，每一种饮料的口感、特点等，熟练地运用着各种销售话术；当然，也有一些表演者的表现很朴实，没有太多的台词，表演者指着一瓶水对老板说"老板，2块钱，给！"小卖店店主递水，表演结束。

分析：设置这个场景想说明的是处于计划经济时代、物质都很短缺或者是市场上几乎没有竞争对手存在的市场环境下的销售状况。这时的销售是没有压力的，或者说根本没有必要使用销售技能，成交与否完全取决于产品的功能。我们将此称为注重产品的功能型销售。

这种市场环境下，销售业绩的获得很大程度上是因为市场上产品的短缺、唯有企业销售的产品能满足顾客的需求，所谓"皇帝的女儿不愁嫁"。在《网点产能提升之道》一书中，提到了网点的四次转型，网点最初只需关注业务受理的那个阶段，就和功能型销售呈现的特点是类似的。

客观地说，近20年来，很多传统企业从计划经济走向市场经济、从垄断地位走向竞争环境时，遇到的挑战就是"从被动要改为主动"，企业转型遇到的最大困难也就在于要改变功能型销售带来的惰性。

(二) 专业技巧型销售

场景：在一个超市有两个不同品牌的洗发水——A和B。这两个品牌的洗发水价格不相上下，特点各有不同。A在头发去屑方面很突出，B在头发柔顺方面很突出。这两个品牌都派出了促销员进行专场销售。邀请一位学员上来扮演顾客，看看A、B哪个品牌的促销员能销售成功。

表现：现场表演中，A、B的竞争是很激烈的。比如，A品牌的促销员一上来就展现主动、积极、热情的服务，并手持洗发水给顾客说明产品的特性；B品牌的促销员则利用图片，有些甚至是利用视频来强调自己产品的特点，使用的销售技巧有封闭式提问、聆听技巧等。大家可以回忆一下日常在超市中遇到的情况就能想象一二。

分析：这个场景的设置是要展现一个处于竞争环境下的销售，特别是销售的产品没有太大差异，甚至是同质化的产品（起码顾客感知是这样的），顾客对于产品的选择有了很大的空间。顾客最终决定购买哪一家企业的产品，很大程度上取决于销售员所具备并运用的销售技能。我们将此称为注重专业技巧型的销售。

因为产品之间没有太多的差异，所以唯有通过销售及服务来塑造产品的差异；因为有了竞争，所以要战胜竞争对手，要想在销售战役中胜出，只有比竞争对手更有销售技巧；因为要比竞争对手更有销售技巧，所以要加强销售技巧的学习及培训。

(三)以需求为核心销售

场景： 一位男士来到某城市旅游，想在第二天去拜访自己的大学同学，得知大学同学已经有了一个可爱的三岁宝宝，所以，这位男士计划着购买一个预算在200元左右的玩具作为礼品。邀请三位学员扮演售货员，看看谁能在一分钟之内将玩具卖给这位男士。

表现： 这个场景相比前面两个稍显复杂。模拟表演中学员们的表现也是精彩纷呈，因为有了前面两个案例的铺垫，学员们纷纷展现自己的主动、积极、热情及各种各样的销售技巧、样品展示等，但真正能在一分钟之内将玩具卖给这位男士的还是少之又少。究其原因就是在于很多学员只注重产品特点的讲解而忽略了客户的预算及需求的把握。

分析： 这依旧是一个竞争环境下的销售，只是它要求销售人员的销售技巧更加全面。真正好的销售人员不仅仅是具有多么强的语言能力、销售技巧，更要掌握倾听的技巧，要通过听及问这样一些销售动作的组合来挖掘、判断客户需求，进而向客户提出专业的建议，促成销售的达成。我们将此称为以客户需求为核心的销售。

以客户需求为核心的销售，彻底改变了销售过程中的关注点。顾问式销售等销售方式，无不都是建立在对客户需求足够的重视上。如果销售的时间用100分来描述的话，引导客户需求、挖掘客户需求、判断客户需求的部分甚至占到了80分以上。

当然，以客户为核心的销售，还在产品、价格、渠道、促销等方面都有了极大的改进，销售的效率及效益也得了提升。

(四)提供全面解决方案的销售

场景： 某装饰公司计划添置200台笔记本电脑，预算为100万。这家公司通过网站对外发布了这个需求信息，有A、B、C三家电脑公司都表示对这个需求感兴趣。其中，A品牌的电脑均价为5000元/台，B品牌的电脑均价为7000元/台，C品牌的电脑均价为20000元/台，A、B、C三家电脑公司各自派出一位销售经理前往公司进行项目的初步接洽……

表现： 案例实战中，A、B、C三家电脑公司都表现出了较好的职业素养，展现了较好的销售技能。但有一个值得注意的现象就是，几乎每一次的案例实战，能跳出A、B、C三家电脑公司本位思想的学员非常少，几乎每一位学员都是想着如何将自己品牌的电脑销售出去，而真正站在客户角度，为客户提供全面解决方案的学员几乎没有。

分析：如果前面的三个场景可能涉及的是大众客户销售，那么这个场景对应的则是集团客户销售。场景设置中的这家装饰公司需要200台笔记本电脑，不同的使用部门、使用者对笔记本电脑的需求是不一样的，自然对应的笔记本价格也就不一样。顾客需要的是一个全面的解决方案，即站在他的角度，为他的各个部门及使用者配置合适的笔记本电脑。我们称之为提供全面解决方案的销售。

这样看来，其实案例设置中的A、B、C三家电脑公司都有机会，只是谁是站在客户角度，谁给客户提供的全面解决方案。

以上的四个场景，对应了四种不同特点的销售，也体现了销售的演变过程（图2-21）。随着竞争环境的日益激烈，单纯的功能型销售几乎难觅踪影，越来越多的企业开始注重技巧型销售及以客户需求为核心的销售，而毫无疑问的是，这其间的佼佼者一定是熟练地运用销售技巧，站在客户的角度，以全面解决方案的提供为销售工具的企业及个人。

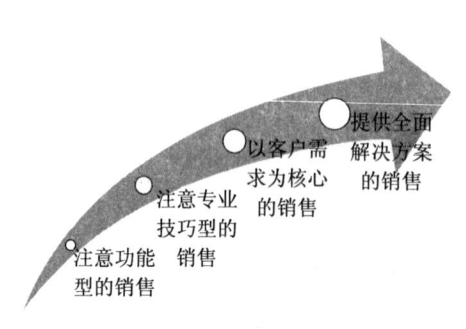

图2-21 销售的四次演变

（注意功能型的销售 → 注意专业技巧型的销售 → 以客户需求为核心的销售 → 提供全面解决方案的销售）

三、经营思维下的营销活动

营销，强调从外到内。

营销，最简单的理解就是企业与用户建立良好关系的一个过程；通俗的理解就是企业的产品转换为货币只是这个过程中的一个环节，要想轻松地、持续地实现这种转换，还需要借助于其他工作的配合，是典型的经营思维。

销售是企业提供的产品转化成货币的过程，营销的概念则可能要复杂得多，暂且不列举4P、4C、4R等众多营销理论，单纯字面上来解读营销，营即指营谋、策划，指经营客户关系；销即指销售产品及销售产品后的持续服务。其中，营销的两个关键是指经营客户关系（客户关系管理）及营谋与策划。

（一）经营客户关系

我们先看一个案例：

潘天伟先生很爱喝咖啡，一天他来到星辰咖啡店。他刚要走进去，店门就自动打开了，一位年轻的服务员微笑着鞠了一躬，"先生，您好，欢迎您光临，请问几位？"潘先生说，"就我一位。""好，那您随我来"。跟着她走了半分钟以后，潘先生说，"我不想坐这儿，您能帮我找一个靠角落的位置吗？我比较喜欢安静。"于是服务员说"好，那您随我来"，服务员把他带到一个靠角落的位置，在那儿坐了没有半分钟，他又把服务员叫过来，"小姐，我老开车，所以有些腰椎间盘突出，你帮我拿一个靠垫过来好吗？"服务员说"好的，您稍等。"三分钟之后，服务员给潘先生拿来一个靠垫。潘先生坐稳后，服务员拿着菜单问："先生，您喝点儿什么？"潘先生说："给我来一杯冰摩卡吧，然后再来两块方糖和两块冰。"服务员说"好的，您稍等。"

大概过了四五分钟，服务员端上来一杯冰摩卡，同时还有两块方糖和两块冰。潘先生一边看着报纸，一边喝着咖啡，大概过了一个小时，他准备出门结账。就在他掏出20块钱准备结账的时候，刚才那位服务员又对他说，"先生您好，您今天正好赶上我们的促销期，凡是在这周一次性消费满20元钱的客户，就可以获得一张VIP卡，以后凭这张卡，您或您的朋友来本店都可以享受八五折的优惠。"潘先生像其他客户一样，填完一张登记表，换取了一张VIP卡。

这家星辰咖啡店显然为潘先生提供的是优质的服务，但是潘先生是否一定还会回来呢？

在很多次培训现场，大家对于这个问题的回答还是比较客观，潘先生虽然接受到优质的服务，但不一定就会回到星辰咖啡店再来消费，原因很多，比如有可能还会有另外一家服务更好、位置离潘先生公司更近的咖啡店。那么，如何让潘先生还能回到这家星辰咖啡店呢？

一位营销专家进行了相应安排，首先在潘先生离开后的第7天，给他发一条短消息，上面写着，"尊敬的潘先生，您好！今天是周末，又恰逢您莅临我们星辰咖啡店满7个工作日，在此我们谨代表星辰咖啡店全体员工，向您表示周末最诚挚的问候，同时祝您未来好生意，好心情！"

过了20天，当潘先生刚要忘掉他们的时候，又发现信箱里多了一份很精美的手册——泡制咖啡完全手册，寄送人是星辰咖啡店。又过了18天，潘先生又收到了一份关于如何选择精品咖啡豆的手册。过了3个月，潘先生再次想喝咖啡时，脑子里第一反应就是星辰咖啡店，于是他特意又去了那家咖啡店。

当潘先生再次来到星辰咖啡店的时候，刚要推门，门自动打开了，一位服务员满脸微笑着鞠躬说"潘先生您好，欢迎您再次光临！"潘先生感到很亲切。在他还没来得及说话的时候，服务员又问他，"今天您还坐靠角落的位置吗？"这时候他觉得很感动。当潘先生坐在靠角落的位置没超过半分钟，服务员就送来一样东西——靠垫，他觉得有一种宾至如归的感觉。然后服务员拿着单子来问他，"今天您还喝一杯冰摩卡吗？"过了四五分钟，当服务员拿着冰摩卡上来的时候，还多了两个小盘，里面放的是两块方糖和两块冰。经过这样不断被感动的过程以后，潘先生已经坚定地选择了这家星辰咖啡店。

网格经营变革之道

从这个案例可以看出，如果这家企业只是将服务停留在销售的角度，即在第一次服务时实现了产品到货币的转移就不再有后续的动作，那么再优秀的产品及优质的服务，也不足以在企业与客户之间建立良好的客户关系，让客户忠诚。

由此，营销和销售的一个关键区别就呈现出来：通过经营客户关系建立企业与客户间的良好关系，这是营销的重要职能，而这种职能的实现，将使销售工作变得轻松。这就是营销的"营"，即经营客户关系。

(二) 营谋与策划

我们再看一个案例：

相信不少乘坐飞机的朋友都会在下了飞机以后还要再搭乘另一种交通工具才能到达目的地。在成都双流国际机场有个很特别的景象，当你下了飞机以后，会看到机场外停了百部休旅车，后面写着"免费接送"。如果你想前往市区，搭乘出租车平均要花150元人民币，但是如果你选择乘坐那种黄色的休旅车，只要一台车坐满了，司机就会发车带乘客去市区的任何一个地点，完全免费！居然有这样的好事？其实这个惊喜来自四川航空公司的营销策划。

四川航空公司一次性从风行汽车订购了150台风行菱智MPV。四川航空公司此次采购风行菱智MPV主要是为了延伸服务空间，挑选高品质的商务车作为旅客航空服务班车来提高在陆地上航空服务的水平。为此，四川航空还制订了完整的选车流程。

作为航空服务班车除了要具备可靠的品质和服务外，车型的外观、动力、内饰、节能环保、操控性和舒适性等方面都要能够达到服务航空客户的基本要求。

四川航空向风行汽车买了150辆休旅车，主要是为了要提供上述免费的接送服务。四川航空一方面提供的机票是五折优惠，一方面又给乘客提供免费接送服务，这一举措为四川航空带来上亿利润。

我们不禁要问：免费的车怎么也能给它创造这么高的利润？

原价一台14.8万元人民币的MPV休旅车，四川航空要求以9万元的价格集中一次性购买150台，提供给风行汽车的条件是，四川航空令司机于载客的途中为乘客提供关于这台车子的详细介绍，简单地说，就是司机在车上帮风行汽车做广告来销售汽车，即在乘客的乘坐体验中顺道介绍车子的优点和车商的服务。

每一部车可以载7名乘客，以每天6趟计算，150辆车，带来的广告受众人数是：7*6*365*150，超过了200万的受众群体，宣传效果非同一般。

那么，司机哪里找？想象一下在四川有很多找不到工作的人，其中有一部分很想要当出租车司机,据说从事这行要先缴一笔和轿车差不多费用的保证金,而且他们只有车子的使用权,不具有所有权。因此四川航空征召了这些人,以每台车17.8万的价格把休旅车出售给这些准司机,告诉他们只要每载一个乘客,四川航空就会付给司机25元人民币!

四川航空立即进账了1320万人民币(17.8万-9万)/台×150台=1320万。你或许会疑问:不对,司机为什么要用更贵的价钱买车?

因为对司机而言,一般出租车要在路上到处晃呀晃的找客人,四川航空提供了一条客源稳定的路线!这样的诱因当然能吸引司机前来应征!这17.8万里包含了稳定的客户源、特许经营费用和管理费用。

接下来,四川航空推出了只要购买五折票价以上的机票,就送免费市区接送的活动!如此一来,整个资源整合的营销策划方案已经形成了(图2-22)。

■川航:对四川航空而言,150台印有"免费接送"字样的车子每天在市区到处跑来跑去,让优惠讯息传遍大街小巷;与车商签约在期限过后就可以开始酌收广告费(包含出租车体广告);还有(17.8-9)万×150=1320万的差价收益;四川航空最大的获利是:当这个商业模式形成后,根据统计四川航空平均每天多卖了10000张机票!

■乘客:对乘客而言,不仅省下150元的车费,也解决机场到市区之间的交通问题,划算!

■司机:对司机而言,与其把钱投资在自行开出租车营业上,不如成为四川航空的专线司机,获得稳定的收入来源,划算!

■车商:对风行汽车而言,虽然以低价出售车子,不过该公司却多出了150名业务员帮他卖车子,以及省下了一笔广告预算,换得一个稳定的广告通路,划算!

图2-22 四川航空的营销策划

从上述案例可以看出,营销和销售的第二个关键区别就呈现出来:通过营谋及策划、制造需求、挖掘需求,并通过营销工具的组合,使销售工作变得非常轻松。这就是营销的"营",即营谋与策划。

当然,关于专业营销的关注点还有很多,即便是只针对客户关系管理和营销策划这两个关键点。在本书的网格化营销体系章节中,会有更多的篇幅介绍这两个关键点的实际运用。

四、从管理思维到经营思维

经营管理实践中,总有不少人过分相信管理的作用,从而造成管理和经营不匹配;也有人太忽视管理内功的锤炼,而缺乏长远发展的实力。

网格经营变革之道

　　管理思维是左脑思维，是传统的、垂直的；经营思维是右脑思维，是创新的、水平的；用经营思维指导管理思维，在管理思维的基础上重视经营思维，企业实践需要"左脑＋右脑"的全脑思维。

　　陈春花教授曾说："经营大于管理，管理始终为经营服务，就是经营定位决定管理定位，要确保管理水平匹配经营水平，千万不能让管理水平超过经营水平。"

　　运用到网格经营中，即是指要实现从管理思维到经营思维的转变，要从简单销售转变为专业营销。

案例分析

"四位一体"优化直销渠道

案例介绍

负责直销渠道的客户经理在产品的销售过程中，所肩负的不仅仅是单一产品的销售，而是搭载了相关增值业务的融合型产品的销售，这也导致直销渠道客户经理在与客户沟通时需要交流的东西更多，也让企业的产品差异化优势体现得更明显，从而可以让客户忠诚度进一步提高。

但是这也就出现一个问题，对客户经理的要求非常高，客户经理不但要了解常规产品，而且对各类行业应用等增值业务也要精通，否则无法很好地在客户面前呈现企业产品的优势。因此某运营商将直销渠道的客户经理根据行业规模和大小进行了区分，设置了政企行业经理和商客直销经理两类角色，再根据客户的情况进一步细分行业经理，这是为了降低客户经理工作的难度，也有一定的效果。

然而最好的产品呈现方式必然是真实环境下的体验，并在此基础上形成销售团队，各司其职，共同为客户服务。因此构建以直销渠道经理、社会代理、行业应用体验中心、行业应用技术支撑经理四位一体的直销渠道模式就显得非常必要了。

1）直销渠道经理作为团队长，综合协调各类资源，进行统筹规划，利用社会代理获得更广的渠道覆盖面，并从中获得更加广泛的社会渠道资源，进行客户筛选，发现商机，寻找潜在客户，邀请潜在客户到行业应用体验中心进行各种业务的全方位体验，在体验过程中找到业务拓展的方向和突破口，进而推进销售；

2）社会代理则是那些在企业或者某些行业拥有深厚的客户关系，且能独立拓展市场的个人或组织，利用其良好的社会资源拓展市场；

3）行业应用体验中心一般根据行业客户的规模和地域分布进行建设，主要目的是针对不同行业客户的需求进行行业应用的示范性体验，也可以作为产品销售的地点和承担业务受理、售后服务等工作；

4）行业应用技术支撑经理负责针对不同客户需求的差异化方案的开发工作，也承担后续的售后技术上的支撑工作。

案例点评

"四位一体"优化直销渠道的模式既体现了"专业的人做专业的事"，又体现了渠道布局应以合理的分工，综合利用各种资源和手段，获得最佳的效益为根本原则。

案例分析

值得思考的自营厅社会化改造

案例介绍

某运营商为了优化营销渠道，分别采用了两种方式进行了自营厅社会化改造：

第一种方式是"引商入店"，即在自营厅内划分不同销售区域，进行招商，吸引优秀的通信代理商进入自营厅，强化销售能力，部分大的自营厅甚至引入各代理商进场，由于不同的代理商之间存在竞争关系，导致自营厅内销售氛围浓厚、客户服务意识淡薄，造成自营厅良好的服务形象受到损害，也影响了整体服务质量。

第二种方式是"门店置换"，即指自营厅免费或只收取少量门店租金的方法提供给代理商经营，作为交换条件，代理商要在指定的区域另外建设一个或多个门店。

第一种方式的目的是激发自营厅销售潜能，增加销售量；第二种方式的目的是增加电信门店的覆盖率。

案例点评

两种方式的自营厅改革，不可避免地遇到了管理上的困难，特别是对于投诉客户的接待及处理，明显影响了服务质量的提升，这种自营厅社会化改造的方法值得深思。

案例分析

提供解决方案的成功销售

案例介绍

一天,周经理将为社区内一客户排障,上门前周经理先用客户经理营销系统调查了该用户的有关记录,发现该用户近几个月的话费有上升的趋势,周经理认为该用户应对"家家乐"这一优惠政策感兴趣。故周经理在修障时利用与用户闲聊的时间,了解到用户对话费过高的忧虑,并不失时机地递上"家家乐"的宣传单张,凭着自己熟练的业务知识和实战经验向用户介绍起"市话家家乐"优惠套餐在节约话费方面的好处,并建议用户:"眼看春节就要到了,您家要打的电话肯定多,而您只要多加一定金额就可获得多10倍的市话消费,我认为这个套餐非常适合您!"

眼看用户已经开始动心了,周经理马上拿出"家家乐"协议书,向用户表示如果愿意办理该套餐,只用在协议书上签个字,其余的手续可由周经理为其办理,不需用户再费神。在周经理的热情服务下,该用户很爽快地在协议上签了字。

案例点评

案例中,社区经理周先生针对客户话费有所上升的这一实际情况,进行有效分析,得出客户需要一个解决方案,以降低日渐升高的电话费用,然后再根据实际的业务设置,适时推出了"家家乐"套餐,为客户解决了问题,提供了非常有效的解决方案,受到客户的欢迎,使企业和客户之间达到双赢的状态。在办理业务时,周经理也尽量化繁为简,让客户只签一个名字而不需做其他事,很好地满足了客户的最小努力心理,又为以后的客户关系稳定打下了一个坚实的基础。

当然,如果社区经理能充分利用客户经理营销管理系统,时刻注意客户的一些细微的变化(产品消费的变动情况),发掘客户深层次的需求和需要解决的问题,则能更有针对性地提供有效的解决方案,赢得客户的认同和好感。

工具运用

基于客户生命周期的维系挽留系统

客户维系挽留系统,就是针对运营商的需求,利用对客户信息进行挖掘的结果,结合预警指标等信息,针对客户生命周期不同阶段采取有针对性的各种维系方法,以达到降低客户流失率,维持客户群的目的。

1. 针对处于成长期的客户

针对处于成长期的客户,系统会对可能使用某类业务的客户做出预测分析,主动向客户进行推荐,促进客户向稳定期转化。

2. 针对处于稳定期的客户

针对处于稳定期的客户,系统会提供一些日常关怀活动,保持客户长期处于稳定期。

3. 针对处于预警期的客户

针对处于预警期的客户,系统根据设定的预警条件,自动对行为异常的客户做出预警提醒,为后续的相关行动提供导航特殊服务,尽量使处于预警期的客户回归稳定。

4. 针对将要流失的客户

针对将要流失的客户,系统会根据客户流失的特征进行分析,生成预测客户流失的规则和条件,对即将流失的客户做出判定分析,采取业务绑定、话费绑定、协议绑定等服务模式,对即将流失的客户展开挽留行动等。

工具运用

广电运营商微信平台营销推广方案

微信公众号、微信服务号由客户服务中心统一服务、统一运营、统一管理，菜单统一设置为：客户服务、精彩广电、便民服务。

针对微信平台功能实现，微信平台营销主要通过宣传营销、服务营销两个途径和建立营销团队、加强微信号宣传两种措施来实现。

（一）宣传营销

1. 以贴近民生的推送信息引导粉丝对产品的关注度

微信推送是微信平台进行宣传营销的有力平台，订阅号每月144条和服务号每月40条的微信推送为微信平台的营销提供了较为广阔的宣传空间。将微信推送定位为大众口味、贴近民生，让群众在了解生活、享受生活、热爱生活的过程中，逐步接受广电网络企业文化，喜爱广电网络服务模式，依赖使用广电网络产品。

2. 以符合大众消费心理的产品宣传增强用户消费依赖

依托"产品手册""经典套餐""特惠专区"等功能板块优势，以图文并茂的形式，宣传卖点产品、特惠产品，引导消费，为用户选择产品提供依据，树立营销权威。

（二）服务营销

1. 以良好的线上服务，获得用户消费信赖

微信平台实现了语音服务、在线服务、自助服务等多项服务功能，可以满足不同用户的不同服务需求，可以全方位服务于广电网络新老用户，加之广电网络消费的公信度较高，可以将服务渠道发展为较好的营销渠道，加大客服人员营销理念及技巧的培训，为公司赢得更多的客户。

2. 以新颖的服务模式促进多业务的发展

微信平台便民服务板块可进行社保查询、车辆违章查询、快递查询、预约挂号等，还有形式新颖的小游戏，随着用户关注度的提高，不仅为下一步广告植入提供了较好的平台，而且可以将公司的服务理念渗透到社会保障、医疗等大众关注的民生领域，为多业务拓展奠定基础。

(三) 渠道营销

全面调动全省广电网络宣传渠道进行微信平台宣传、服务、营销功能的宣传，覆盖到产品彩页、频道底拉、自有频道画面宣传等。

1. 营业厅推广

用户在营业厅进行缴费时，通过安装APP软件或关注微信平台，用户可以享受适当冲抵金额的优惠或获得小礼品，或者可以额外获赠1～2个高清频道免费观看1个月等。

2. 客服中心推广

客服中心来电、回访、外呼营销时，可以通过结束语提醒用户关注微信公众号，对用户可以进行指导关注，并告知关注后的好处，即后期可以在线保障等。

短信平台配合客服中心外呼进行推广。客服中心在进行外呼同时，发送短信下载地址，并告知用户安装之后可以享受一定优惠等。

3. 分公司宣传

宣传工作由各分公司自行制订方案并执行，要求采用省公司统一设计制作的宣传主题。

4. 路演、流动宣传车进行推广

通过在小区、广场发放面巾纸、小礼品的方式进行推广宣传。

第三章

网格经营体系
——效能驱动的网格化营销

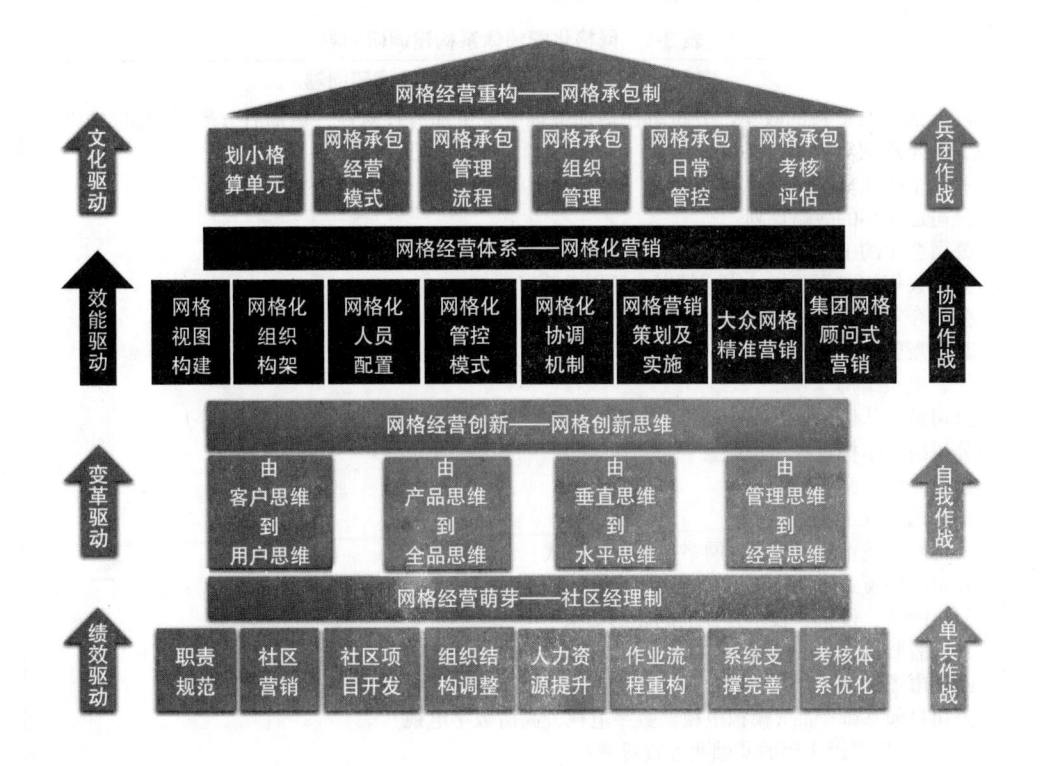

	网格经营重构——网格承包制	
文化驱动	划小格算单元 / 网格承包经营模式 / 网格承包管理流程 / 网格承包组织管理 / 网格承包日常管控 / 网格承包考核评估	兵团作战
效能驱动	**网格经营体系——网格化营销** 网格视图构建 / 网格化组织构架 / 网格化人员配置 / 网格化管控模式 / 网格化协调机制 / 网格营销策划及实施 / 大众网格精准营销 / 集团网格顾问式营销	协同作战
变革驱动	网格经营创新——网格创新思维 由客户思维到用户思维 / 由产品思维到全品思维 / 由垂直思维到水平思维 / 由管理思维到经营思维	自我作战
绩效驱动	网格经营萌芽——社区经理制 职责规范 / 社区营销 / 社区项目开发 / 组织结构调整 / 人力资源提升 / 作业流程重构 / 系统支撑完善 / 考核体系优化	单兵作战

变革驱动下的创新思维既是对绩效驱动的以单兵作战为主要特点的网格经营萌芽——社区经理制的反思，也是对产品、客户、销售、管理的全新思考，当我们实现了由产品思维转换为全品思维、客户思维转换为用户思维、垂直（销售）思维转换为水平（营销）思维、管理思维转换为经营思维，我们也就基本树立了网格经营创新思维，也就做好了构建网格经营体系——效能驱动的网格化营销的准备！

第一节　网格化营销体系

网格化营销是建立在网格化营销体系基础之上的。

营销体系的构建，特别是网格化营销体系的构建，解决的不仅仅是网点或网格的问题。既然是体系，它必然涉及资源梳理、组织架构、人员配置、营销管控、绩效评估等一系列的问题。而这一系列要素的组合，又必然会随着市场需求及竞争环境、技术要素等方面的变化而呈现出一个动态的组合过程。

"对于企业而言，没有最好的营销体系，只有最合适的营销体系。"

之所以讨论这些，确实是源于我们在这么多年的营销咨询服务中的感受。表3-1为网格化营销体系构建调研问卷。

表 3-1　网格化营销体系构建调研问卷

广电运营商网格化营销体系构建调研问卷
以下情况及资料的收集、分析将使培训咨询服务更加有针对性，更加有效率。请如实填写提供，并不局限于以下资料目录。 一、企业战略 公司近3年的战略规划 公司今年的工作目标 公司去年的工作目标、完成情况、原因分析 公司今年1～3月业绩和去年同期相比业务分析 其他需要提交说明的资料 二、组织结构 公司员工队伍构成情况（年龄、专业化程度、从业经历、学历、技术、培训等） 公司组织结构及各岗位职责 其他需要提交说明的资料 三、网络技术 公司网络技术情况介绍（网络技术传输方式） 公司网络覆盖率（单向，双向） 公司网络、设备、技术存在的问题的对策 其他需要提交说明的资料 四、市场运营 公司目前基础产品（模拟电视，数字电视，高清数字电视） 　　1）公司近3年的基础业务收费率？ 　　2）公司近3年基础业务收在总收入中的占比？

续表

> 公司目前可经营销售的增值业务产品种类
> 　　1）付费节目__套；[与节目商合作方式：合营（　）；买断（　）；其他方式（　）]。
> 　　2）付费高清电视节目__套；
> 　　3）宽带业务__户，占比__%；
> 　　4）互动产品__个，收入占比__%；
> 　　5）其他增值产品；
> 　　6）公司近3年增值业务收入在总收入中的占比？
> 公司各类产品收入在总收入中的占比？
> 　　1）付费节目收入占比__%；
> 　　2）付费高清电视节目收入占比__%；
> 　　3）宽带业务收入占比__%；
> 　　4）互动产品收入占比__%；
> 　　5）其他增值产品收入占比：__%。
> 公司客户在网情况
> 　　1）公司近3年离网客户占比？
> 　　2）公司客户离网原因分析
> 公司近3年新增用户数及占比？
> 今年公司确定的目标客户市场及其需求分析
> 公司现有的产品、服务能否满足细分市场需求？原因分析
> 公司现有宽带客户数量及整个市场的占比
> 其他需要提交说明的资料
> 五、服务营销
> 公司有无客户满意度评价体系及其具体情况介绍
> 公司拥有营业厅数量及营业厅基本情况介绍
> 公司营销体系基本情况介绍
> 公司协同营销工作情况介绍（营业厅、呼叫中心、运维部、集团客户部、业务部门与职能部门的协同营销）
> 公司营业厅、呼叫中心、运维部、集团客户部绩效考核制度介绍
> 公司去年全年的营销策划活动介绍（活动名称、时间、内容、费用、效果、评估等）
> 公司今年营销策划活动计划介绍（活动名称、时间、内容、费用、效果、评估、应急预案等）
> 其他需要提交说明的资料
> 六、竞争对手分析
> 公司在现有市场上的竞争对手基本情况介绍
> 公司与竞争对手在品质、品牌、价格、服务、销售、人力资源、网络技术、营业厅、客户关系维护、培训等方面的优势、劣势分析
> 公司所在城市的政治、技术、经济及文化要素分析
> 其他需要提交说明的资料

这实际就是我们为运营商及其他行业提供营销效能咨询服务时所要了解的企业、市场、产品、环境等影响因素。大家也可以深度思考一下，为什么我们要收集这些信息，这些信息组合的背后是一种什么样的营销逻辑？

既然我们认为只有最合适的营销体系，而最合适的营销体系亦同企业经营（营销）战略一样，是如图3-1一样的一种三者之间的契合。

那么，讲述网格化营销体系这个话题，我们也只能放到一个特定的市场环境当中去，并选择一个具有代表性的对象，对它经历的种种情况加以描述及分析，从

而道出营销体系构建的方法论。因此，这一章的内容虽然适用于四大运营商、邮政、金融等行业，但从营销体系的连贯性及实战效果来考虑，我们依然是选择一家运营商作为研究对象，并且我们用到的是已经发生了的事实及呈现的结果来做素材。

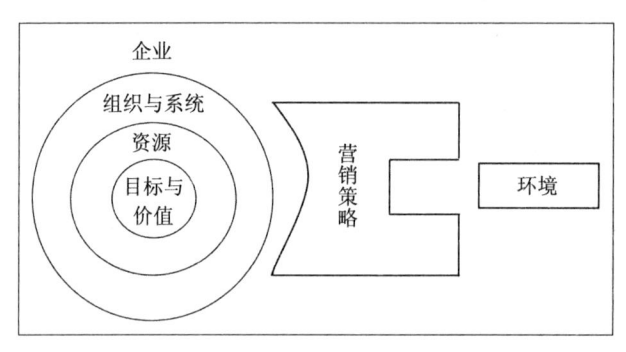

图 3-1　营销策略、企业与环境之间的契合

先看一个案例：

某运营商，市级公司的营销组织架构按照客户群划分为集团客户部、商务客户部和公众客户部。其中，集团客户部设大客户经理，对市内大客户实行名单制服务维系，按照行业进行新客户营销；商务客户部对中小企业高端客户进行维系，但客户经理人员有限，大部分低端客户无客户经理维系；公众客户部设置社区经理，按社区每人维护用户约 1.6 万户，服务质量得不到保障。

通过调研、暗访，我们发现该运营商的营销体系存在以下问题。

（1）营销人员不足

社区经理人员有限，对分散的中小企业客户无力进行全面覆盖，商务客户营销体系尚未建全，潜在集团中小企业客户和中低端存量客户销售与服务不能充分保证。

（2）考核和激励不到位

社区经理岗位等级低，社区营销未建立有效的业绩目标考核制度，缺乏激励政策，综合能力较强的人员普遍转岗到更高的岗位。

（3）基层营销缺乏协同机制保障

随着销售部与集客部分工日趋细化，公众和集团客户销售人员职责划分日渐清晰，原有社区内面向公众和集团中小企业客户的销售人员因无法有效实现营销协同、信息共享，不能最大范围地挖掘客户，影响了客户无缝隙覆盖的实现。

可见，这种以直线式营销思维构建的营销体系存在以下弊端：中低端市场存在销售空隙，营销团队缺乏竞争力，易给竞争对手以可乘之机。因此，急需实现由粗放式营销模式向精细化营销模式转变，整合公众和中小企业商务客户两个完全独立的营销体系，完善人员结构，建立以社区为基础，实施统一的网格化营销的模式。

因此，我们建议该运营商：改变直线式营销模式，建立网格化营销体系。具体而言就是以物理网格划分客户市场营销区域，在网格内设立社区经理、楼宇经理和商客经理，打造一支有区域竞争力的营销团队，对公众和集团中小企业客户实施主动的、精细化的、系统化的全业务销售管理，从而实现物理区域和客户市场的无缝覆盖，保存量客户、扩新增市场，提高公司整体经营收入。

一、直线式营销

众所周知，传统的 4P 营销理论是指导企业开展市场营销的基础。产品、渠道、价格、促销等四个营销元素是企业市场营销的核心。

直线式营销是传统 4P 营销理论的特点。中国民间谚语有"吃什么补什么"的说法，这可以说是直线式营销的形象比喻。

直线式营销是指企业往往遵循着一种简单的直线思维模式进行营销。比如，如果渠道差，那么就增加渠道开拓力度，加大对渠道参与者如经销商、代理商、零售商的奖励或支持力度；如果广告效果不佳，那么就增加广告费用投入，或者变化投放媒体，再或者改变广告说辞和内容；如果产品价格高，就不断降价；如果促销不力，就从"买一赠一"到"买一赠二"，或者多试用或免费品尝，要不就将奖项越设越大。

以运营商为例：我们看到在实际操作中，很多企业一遇到渠道差的情况，就增加渠道建设力度，增加渠道代理商的佣金或支持力度，如给予渠道补贴；广告效果不佳，就增加广告费用投入，变换广告推广模式，再或者改变广告内容；一旦发现自身产品价格高，就马上推出新的低价；如果套餐促销不力，就增加赠送，如从六折购机变为五折购机，最后变成 0 元购机，又或者交押金免费用的方法，要不就进行抽奖，从中奖到中奖，从中单车到中汽车……如此种种！

但不争的事实是，再优秀的企业也会存在着市场营销的短板，像木桶理论诠释的那样，企业在广告、产品、促销、渠道、价格等元素上永远不可能全都完美，可能永远存在着某一方面弱于竞争对手的情况。而企业的资源有限，使得企业永远在有限资源中难以满足所有的竞争需要，"拆了东墙补西墙"的做法若经常出现在企业的营销过程中，最终导致企业失去了战略规划，而企业在扩张——补漏——停滞——扩张的循环中周而复始。

直线式营销，到了该转变、优化的时候了！

二、网格化营销

(一) 网格化营销的起源

网格（Grid）最初是构筑在互联网上的一组新兴技术，它将高速互联网、高性能计算机、大型数据库、传感器、远程设备等融为一体，为用户提供更多的资源、功能和交互性，其本质是共享服务，提高资源的利用率和服务质量。这种通过网络和契约协议共享服务和资源的思想逐步与企业活动实践相结合，形成新的一种企业经营管理方式。最先使用网格理念的企业经营活动是生产制造环节，已形成供应链、企业动态联盟等成熟的生产制造为核心的制造网格。

大约在 21 世纪初，涌现了网格化营销这类思想。最初的设想就是提升企业的服务能力，能更好地服务客户，更多地贴近客户，发掘客户，让企业使用固定的营销成本换来更多的市场需求，提高企业自身的营销效果来提升企业的盈利水平，把市场需求定为风向标，采取精准营销方式。

(二) 网格化营销的定义

网格在营销学上指将市场看成是由无数个、由不同消费群体组成的格子，而无数个格子最终形成一张大网。

网格化营销是指利用各种有效的营销方式和工具，使企业营销资源重新组合和分配成网格化状态，充分达到可能到达的每一个极度细分的消费群体，从而使得有限的营销资源发挥出充分的作用。由于企业的营销资源和营销模式按照网格化状态存在，组建虚拟组织营销，所以称之为网格化营销。网格化存在使得企业即使损失了几个网格也不会影响企业的整体性生存，大大降低企业的营销风险。

网格化营销是精细化营销同网格化管理思想相结合产生的，其目的是帮助企业更加贴近用户，使企业的资源分配更加以市场变化为导向。以运营商为例，实施网格化营销的意义在于改进前端营销方式，进而改变企业资源配置机制、组织结构、企业战略等一系列传统意义上的后端机制，从而使得运营商的运营更加精细化，企业的资源分配更加有效率。

网格化营销与精细化营销、网格化管理思想有着紧密的联系。三者之间的关系如图 3-2 所示。

由此可见，由精细化营销同网格化管理思想相结合产生的网格化营销与直线式营销有着很大的区别。

(三) 网格化营销推行的必要性

网格化营销推行的必要性体现在以下四个层面。

```
                注重营销手段和                         注重管理效率提升，
                方法，注重投入                         注重网格等新技术
                    产出比                                  的应用


                    精细化营销           网格化管理
                             网格化营销


              由精细化营销与网格化管理思想结合产生的网格化营销，
                  注重市场细分与管理能力提升效果相结合，
              注重研究企业资源的有效分配和不同网格间的效果比较。
```

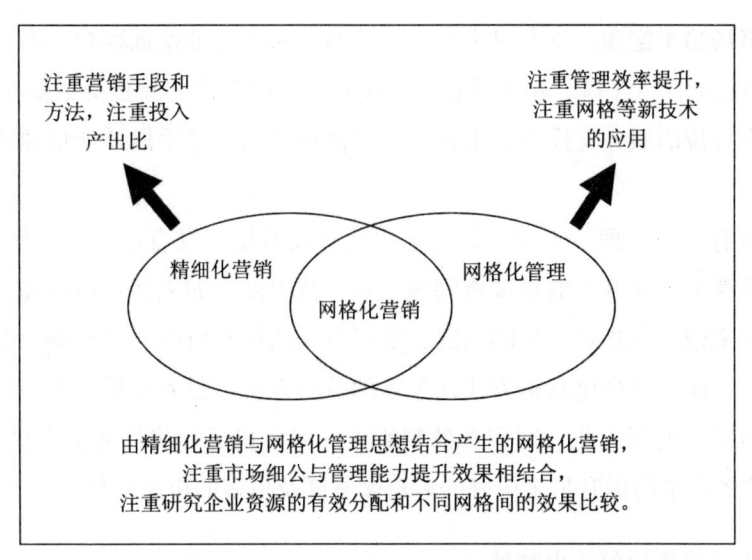

图 3-2　网格化营销与精细化营销、网格化管理的关系对比分析

1. 从顶层设计的战略方面来分析，网格化的营销方式建立了"占领市场、服务市场的战略方向"

网格化营销将目标市场划分为单一销售人员所能覆盖的销售服务区域，N个服务区域又组成一个网格化的片区，并落实相应的营销及服务政策，让营销人员在划分好的网格内精耕细作，通过这种方法，企业的销售人员与分布在市场上的客户形成了有效且无缝的对接，企业的战略目标才能比较容易实现。当然，顾客被网格化后，竞争对手想要进入网格进行相关策反活动，就显得尤为困难；反之，市场如果没有被有效地划分，而是让客户经理随意地走访客户，任其发展，最终会顾此失彼，导致客户流失，严重的将失去整个市场的份额。

2. 从科学的管理方法来分析，网格化是落实精准营销的基础

通过网格化的营销手段将会让管理层对目标客户市场有较为明确的认识，对客户的地理位置、消费能力、消费习惯及潜在资源有较为明确且有效的掌握。营销人员通过网格化后的地图，对整个市场的掌握不再限于大脑中和纸面上，而是非常明了且清晰，最终具体可操作的展现在大家面前。

3. 从有效的执行方面来分析，网格化的营销方式是真正意义上销售团队融入市场的必要手段

这里强调的融入市场也就是让销售人员有目标地去做营销，而非传统意义上的随意销售，目无市场商机。早些年代的原有粗放型的销售方式表现为：企业在市场中处于资源垄断地位，且整个市场不饱和，销售人员只想抓住大的商机，也不甘于在一片区域发展，更不愿意主动拜访客户，对客户的需求有选择的实施。但现如

今，整个市场趋于饱和，只有对市场做细做精，才能充分挖掘客户的潜在需求，通过对销售目标的深入了解，精准营销，才能花更少的营销资源获得更多的利润。

4. 从全方位的服务支撑方面来说，通过网格化的营销手段才能快速响应客户的服务需求

如果没有客户经理、支撑人员与客户的有效对接，没有形成良好的客户关系，服务支撑更谈不上从客户的角度看问题，从一线出发。如果客户有新需求，对于支撑服务人员来说，都是新产生的状况，都得重新认识并研究，当然响应的速度就根本无法保障。通过网格化营销方式让公司的营销人员、服务人员和客户站在了同一条线上，对需求的深入化、对服务的精细化、对商机的准确性才会有更多的保障，才能通过服务水平的提升带来更好的客户满意度及更多的市场商机。

(四) 网格化营销的三大特性

从上文可以得出结论，网格化营销的推行是势在必行。而网格化营销也呈现出以下三大特性。

1. 服务性

企业的服务可分成对外和对内两个方面。对外指的是服务企业客户，企业市场；对内指的是服务内部员工。对外、对内，二者相辅相成，不可偏颇。

网格化营销的对外服务可以包括分析客户行为、挖掘特征需求、建立客户视图、进行项目开发、有针对性地提供服务等；网格化营销的对内服务既体现在上级管控部门对一线生产部门的服务支撑，也体现在后端维护建设部门对前端销售服务部门的服务支撑。

目前，许多企业往往更多地强调对外部客户的服务而疏于对自身内部员工的服务，导致企业营销工作不和谐，降低营销成效。根据上述分析，实施此种营销方式的企业很有必要自上到下、从内到外设计出一个服务特点鲜明的网格化营销体系。

2. 规模性

网格化营销的一个重要前提是该企业拥有的客户必须足够多，客户分布足够广泛且均匀，否则网格化营销的基础——网格的划分，就是一句空话。因此，网格化营销的主要特征之一就是规模性。

这里的规模性包含有两个方面的内容，即企业的规模性和市场的规模性。企业的规模性要求企业的规模大，拥有对市场投入足够的资源；而市场的规模性则强调该企业用户数要多，用户群有着服务趋同却又需求多样的特点。可以明确地说，适合推行网格化营销的企业就是那些拥有大量客户却又面临市场处于饱和困境的规模企业。这些企业新客户拓展空间小而老客户服务维系任务重，促使它们自然而然地

走上网格化营销道路。目前很多曾在某一阶段处于垄断性质的行业，如运营商、邮政、金融行业等，都处于这样的境地。

3. 整体性

网格化营销是一套科学有序的营销体系，它的推行和运作需要整个企业多个部门的协同与配合，不是简单的营销具体方式的改变，而是企业营销整体策略的改变与实施。我们可以从点、线、面三个方面来说明网格化营销的整体性。

所谓"点"，指的是企业的营销网点，包括企业的营业厅、合作点、代办点等，既可以是长期的、实体的，也可以是临时的。这些点最好能较为均匀合理地散布到整体网格中，作为网格的服务支撑点。

所谓"线"包含两个方面的内容，一是指企业内部直线式的运营管理和资源配备方式，二是指网格之间横线式的资源共享和信息交互。通过"线"的运作，实现企业各类营销资源及网格间信息的流动，使得各网格达到责权利相统一的目标。

所谓"面"，既指的是对企业的客户层面要梳理，要进行细化分群，进而可以针对性地提供相应服务和产品，也指的是对企业组织的营销活动所依托的地理地面要进行范围限定，即要对地面进行网格划分。

可以看出，整体性对于网格化营销的重要性要远大于其他的营销方式。

三、网格化营销体系

(一) 网格化营销体系的认识

网格化营销体系是指基于行政区划或地理特征设置的区域营销中心、网格营销单元和与之相适应的营销组织机构，以区域营销服务责任制为基础，通过纵向的专业化营销指导、支撑、管控，与横向的区域营销实施、执行相结合，实现对区域内所有客户的服务覆盖和精确化营销。其目的是实现对区域内所有客户，包括个人客户、家庭客户和政企客户的全方位、无缝式、立体式的营销和服务全覆盖（图3-3）。

(二) 网格化营销体系的优势

网格化营销体系的优势体现在以下几个方面。

1. 快速响应市场，实现目标区域精耕细作

网格化营销所带来的最明显的和最直接的好处就是各个渠道可以对网格内的市场精耕细作。资源的网格化以及网格认领制度的建立，使得企业基层营销员工的工作方向性和责任感更强，应对竞争时更具灵活性。

2. 迅速调配资源，减少部门合作的"低效率"

企业采用网格化营销可以提高资源的配置效率，使得原来由于不同部门多头管

理而造成的合作困难以及资源协调"低效率"可以通过网格自下而上的需求响应得到解决。同时，通过明确考核指标，考核到各部门，可以切实从任务和指标导向上增加部门之间协作的积极性，进而提升企业整体组织的柔性。

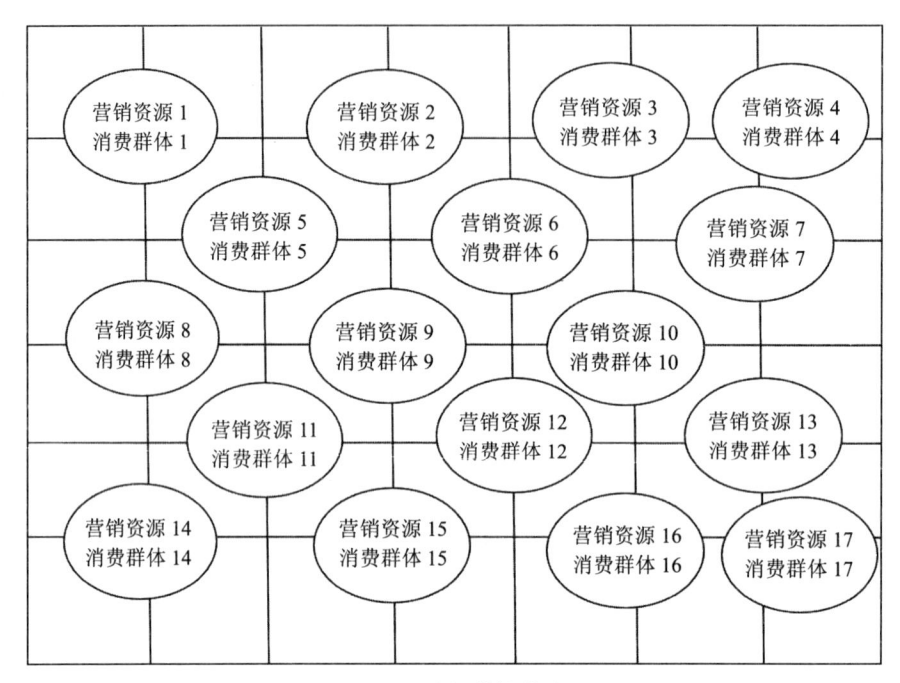

图 3-3　网格化营销模式图

3. 从"推销型营销"向"服务型营销"转变

通过实践网格化营销，可逐渐提升各合作渠道对市场竞争环境的认识，使得合作渠道人员切实感受到除了完成营销过程，还需注重网格内用户的服务工作，以提升用户的满意度，促成新的营销商机，"服务型营销"是大势所趋，是适应市场竞争需求。

（三）网格化营销体系的运用

网格化营销相对于直线式营销具备的种种优势，使得其在近十几年得到了各行业的迅速推广。

2007年，北京邮政推广实施网格化营销，整个北京城区被划分成67个大小不等的"网格"，在"网格"内推行客户经理制，各区速递公司根据"网格"存量收入并结合增量市场的调研情况，确定"网格"经营指标，"网格"经理再结合实际，将经营指标分解到每个"责任区"。"网格"营销员按照营销业绩实行分等分级管理，薪酬与业绩挂钩。

2007年，中国惠普也实施了全面的网格化营销，取得了不错的成绩，2007年上半年收入同比增长 64%，利润同比增长 60%，在惠普全球 PSG 排名中一跃排在第三名，仅次于美国和英国。

从实际运作的形式看，无论是北京邮政还是中国惠普，它们的网格化营销实际都是区域经理责任制，即根据区域特征把区域划分为若干个格子，每个网格有一名区域经理，配备一定的资源，同时指标也划分到每个区域，并根据区域的业绩进行考核。

无独有偶，近年来，电信运营商在完善原有营销体系建设的同时，为有效克服原渠道体系条线分割的弊端，在营销体系方面也在不断进行创新性的尝试。2008 年，中国电信率先引入网格化营销渠道体系；2010 年，中国联通部分地区试点网格化体系……

实践证明，网格化营销体系与传统直线式营销体系在特点及战略意义上存在以下特点及转变。

1. 网格化营销体系与传统直线式营销体系相比具有的特点

1）网格化营销体系兼顾客户的聚类特征和地理位置进行网络划分，而不是只依据地理特征划分营销区域，同时，网格化营销体系打破了不同客户群、不同渠道独立负责营销的壁垒，通过组建团队，发挥多渠道合力，快速实现了对网格内客户的全面覆盖。

2）网格化营销体系通过落实区域考核经理负责制及组建"1+N"虚拟团队，充分发挥了渠道团队作战的协同作用，实现了重点区域、重点客户的无缝覆盖。网格化营销体系的"1+N"虚拟团队中，"1"通常指网格的区域客户经理，"N"可以由其他人员组成，可以是社区经理、营业员、运维人员、呼叫中心坐席人员等。

3）网格化营销体系使营销和服务工作可以根据具体网格客户特点开展，真正实现客户驱动，有助于提高针对性营销与服务的水平。

4）网格化营销体系打破了业务系统和资源系统之间的壁垒，客户信息与资源信息形成精确对应，以地图形式构筑了客户的全息视图。

2. 网格化营销体系与传统直线式营销体系相比实现的转变

1）网格化营销体系兼顾客户的聚类特征和地理位置进行网络划分，而不是只依据地理特征划分营销区域，同时，网格化营销体系打破了不同客户群、不同渠道独立负责营销的壁垒，通过组建团队，发挥多渠道合力，快速实现了对网格内客户的全面覆盖；

2）网格化营销体系通过落实区域考核经理负责制及组建"1+N"虚拟团队，充分发挥了渠道团队作战的协同作用，实现了重点区域、重点客户的无缝覆盖。网格化营销体系的"1+N"虚拟团队中，"1"通常指网格的区域客户经理，"N"可以由其他人员组成，可以是社区经理、营业员、运维人员、呼叫中心坐席人员等；

3）网格化营销体系使营销和服务工作可以根据具体网格客户特点开展，真正实现客户驱动，有助于提高针对性营销与服务的水平；

4）网格化营销体系打破了业务系统和资源系统之间的壁垒，客户信息与资源信息形成精确对应，以地图形式构筑了客户的全息视图。

（四）网格化营销体系的构建

企业构建网格化营销体系，一般需要经历以下四个过程。

1. 划分明确的营销网格网络图

实施网格化营销的基本条件是需要将网格划分清楚。网格划分科学与否、边界清楚与否、目的明确与否，都会直接影响到网格化营销推进过程的最终效果。

2. 调整组织架构和重建营销团队

网格化营销除了将本身营销人员进行组合外，在某些时候还要将后端人员进行前端支撑化。重建后的营销团队，在营销手段上更为丰富，发挥着各自领域的优势，对客户而言，后端人员前端化，更有利于需求的收集，维护的实效性大大提高。

3. 确定合适的管理流程和考核方式

在确定管理为经营服务的基础上，所谓管理，就是在"管"与"控"这两层面，只有确定合适的管理流程和考核方式，才能把握事情朝着预期的方向前进。对优化后的营销管理流程，要落实到位，以切实的手段提高其执行水平。人力资源绩效考核方式也需要做相应的调整，调整后的考核方式要能促进销售人员的激励，让销售人员从"被动营销"转化为"主动营销"，最终让网格化营销方式得以顺利推行，达到预期目的。

4. 建设有效的IT支撑系统

在没有实施网格化营销前，企业可能对客户的需求无从了解，总觉得整个市场巨大，但又无从下手实施，往往会像无头苍蝇一样乱营销，这样不仅不能得到客户的认可，反而在实施过程中影响到了客户的感知；而在落实网格化营销方案后，客户规划在几个网格之中，网格和网格之间犹如信息节点，在充分发掘客户信息之后，IT系统会根据客户归类原则，主动分析客户需求所在，提供网格人员营销理论依据，营销人员通过整个营销过程所发掘的信息可明确目标，同时通过建立用户信息档案，提供后续营销方案。

当然，IT系统不仅能为营销人员提供信息支持，还可以为绩效考核部门提供考核依据，通过IT系统取数，对每一位营销人员的考核数据清晰呈现，考核结果有理有据。

四、网格化营销体系构建评估

但凡评估工作的进行，一般都遵循这样的顺序：先确定评估项目、评估内容，再确定评估标准、设置评估权重及各部分分值，最后确定评估方法。网格化营销体系构建的评估也是如此。

网格化营销体系是否能满足企业下沉渠道，贴近用户，在做好大众及集团客户服务的基础上，"一格一策"，精准营销，并实施针对性的项目策划，达成网格产能提升的目的？我们需从基本条件、内部管理、营销组织、营销业绩四个方面对网格化营销体系构建进行评估。

其中，基本条件评估是指网格化营销体系的机构设置、网格划分、信息整理等基础工作以及实施网格化营销所需要的硬件设置，这部分分值设置为20分。

内部管理评估是指网格化营销体系的收入服务责任制的落实及各项规章制度的制订以及基础资料管理等方面的工作，这部分分值设置为30分。

营销组织评估是指对协同营销体系、精准派单营销组织及团队营销组织的评估，这部分分值设置为30分。

营销业绩评估是指从收入服务提升、品牌营销及服务质量三方面来衡量评估，这部分分值设置为20分。

以上四项内容合计100分。考核评估办法只扣分不加分，不扣分项目评为良好，扣分占比20%以下项目评为合格，扣分占比20%及以上项目评为一般。

（一）网格化营销体系构建基本条件评估

通过对网格化营销体系的基本条件的评估，我们可以从硬件及软件两方面对企业实施网格化营销的基础做出科学的评估。

评估内容及分值设置如下：

集团客户直销机构设置（2分）、网格划分（2分）、存量客户入网格及网格基础信息呈现（3分）、营销中心设置及部门设置（1分）、网格经理人员配置（2分）、岗位设置（2分）、办公场地及服务标识（8分）等七项内容。

其所对应的评估标准及要求、考核评估办法、检查结果评估具体内容如表3-2所示。

表 3-2 网格化营销体系构建基本条件考核评估

名称	项目及分值	评估标准及要求	考核评估办法	检查结果评估
基本条件评估（20分）	集团客户直销机构设置（2分）	集团客户中心设置党政军、金融、大企业、聚类（中小企业）四个营销中心，设置综合支撑班组（岗位），集团客户部设置行业营销班组、综合经营班组（岗位）	查看文件及系统资料，不符合设置规范且不能清楚说明的，每处扣1分，扣完为止	
	网格划分（2分）	结合客户特征及地理位置、资源分布，进行集团及大众客户的网格划分，并对每一个网格单元根据用户特征进行细分	查看文件和系统资料，访谈网格经理，每一个网格划分不符合要求扣1分，扣完为止	
	存量客户入网格及网格基础信息呈现（3分）	存量客户100%入网格，并能通过IT系统呈现网格地域信息、客户及产品信息、收入及责任人等相关信息	从系统中提取数据，网格系统内产品数/CRM系统内产品数≥99.9%，每低于1个百分点扣0.5分，扣完2分为止。不能呈现地域、产品及责任人等信息的扣1分	
	营销中心设置及部门设置（1分）	营销中心数量与收入规模符合要求，下设综合营销分部和集团客户分部	查看文件，相关人员访谈，不符合要求不得分	
	网格经理人员配置（2分）	每个网格由一名网格经理负责，网格经理数与集团网格数之比大于1∶1.3	查看文件，访谈网格经理，网格经理与集团网格数之比小于1∶1.3，扣2分	
	岗位设置（2分）	按要求明确设置岗位、明确直销人员及支撑管控人员职责、预算与业务量收、考核指标与职责相对应	查看文件，访谈相关人员，不符合要求不得分	
	办公场地及服务标识（8分）	区域营销中心按规范挂牌，临街房屋整体清洁，墙面无破损，营销中心内部干净、整洁。电脑、笔记本、投影仪、打印机等办公设备配置齐全，网格办公用品摆放整齐，网格划分视图、工作职责、业务图表、全业务销售业绩排行榜、销售明星榜等上墙悬挂规范（3分）	现场检查、办公现场管理混乱扣1分，设施不齐备扣1分，上墙悬挂内容不正确或落实不到位的，每少一项扣0.5分，扣完3分为止	
		客户欢迎指引牌（0.5分）	门口有客户欢迎牌和业务办理（标明营业厅及集团客户部位置的）指引牌，没有不得分	
		业务宣传栏（0.5分）	门口有业务宣传栏，特别是品牌业务及增值业务宣传，没有不得分	
		资料架（0.5分）	会议室内有资料架，没有不得分	
		业务洽谈室（1分）	配备业务洽谈室，并备有沙发、饮水机等必需设备，没有不得分	

续表

名称	项目及分值	评估标准及要求	考核评估办法	检查结果评估
基本条件评估（20分）	办公场地及服务标识（8分）	应用演示终端（1分）	每个区域营销中心配备应用演示终端，能进行业务演示及体验，无终端扣0.5分，不能演示的扣0.5分	
		全业务视图（0.5分）	全业务视图上墙，没有不得分	
		网格区划与责任分布图（0.5分）	网格区域与责任分布图上墙，没有不得分	
		业绩排行榜（0.5分）	业绩排行榜醒目位置悬挂，没有不得分	

（二）网格化营销体系构建内部管理评估

1. 内部管理的具体内容

内部管理主要从落实收入服务责任、建章立制、营销中心基础资料管理三个方面来展开评估。

（1）落实收入服务责任

1）明确客户经理是网格内所有非清单集团客户收入和服务的第一责任人，承担集团客户量收考核指标。

2）大众客户经理为网格内大众客户收入服务第一责任人。

（2）建章立制

1）制订并落实区域营销中心内工作人员日常工作规范，如服务规范、走访频次、上门服务、服务礼仪等，有文件要求和日常走访记录。

2）建立并落实晨会制度、业务通报制度、业务培训制度。每日召开晨会；每周通报个人业务发展情况，并上墙公布排名；建立周培训制度并有相应的培训内容、培训记录和考试成绩记录。

（3）营销中心基础资料管理

1）及时做好CRM系统中辖区内的客户信息数据维护和网格支撑系统的用户数据更新。

2）按要求的规范模板，建立区域营销中心辖区内专业市场、商务楼宇、工业园区、校园、住宅小区等重点市场的市场空间信息库，并及时进行数据更新。

3）建立健全区域营销中心综合管理台账，包含如下内容：

➢ 辖区社会基本情况；

➢ 网格划分及责任片区情况；

➢ 区域营销中心人员基本情况及区域营销中心可移动资产情况（器材、工具、用品等）；
- 区域营销中心经营基本情况（各网格收入、业务、品牌、用户发展情况及用户欠费等）。

4）归类整理、建立相关文档，包含以下内容：
- 会议、业务培训记录本；
- 区域营销中心经营分析材料汇编；
- 员工作业计划本；
- 员工考勤、考评本；
- 客户咨询、投诉记录本；
- 客户走访、营销记录本。

2. 内部管理评估标准及方法

网格化营销体系中内部管理检查评估30分。

评估内容包含收入服务责任落实（15分）、建章立制（2分）、营销中心基础资料管理（2分）、市场空间信息库建设（4分）、动态维护管理办法（3分）、制订协同营销办法（2分）、电子外呼经理设置（2分）等七项内容，其所对应的评估标准及要求、考核评估方法、检查结果评估具体内容如表3-3所示。

表3-3 网格化营销体系构建内部管理考核评估

名称	项目及分值	评估标准及要求	考核评估办法	检查结果评估
内部管理评估（30分）	收入服务责任落实（15分）	网格经理承担网格内非清单级集团客户的收入指标和品牌业务发展指标；大众客户经理服务网格内大众客户的收入指标和增值业务发展指标	查看文件，访谈网格经理，要求知道所负责的目标客户、品牌、收入和业务发展量指标。网格经理承担所有客户群业务发展的量收指标，该项不得分；网格经理职责不清扣2分，不清楚收入任务扣3分，不清楚业务量指标扣2分，不清楚品牌业务套餐政策扣2分，同时承担增值而延误发展指标扣3分，行业经理兼网格经理扣3分	
	建章立制（2分）	制订并落实区域营销中心内直销人员的日常工作规范，建立并落实晨会制度、业务通报制度、业务培训制度等	实地检查，访谈客户经理和相关管理人员，一项制度不健全的扣0.5分，扣完为止	
	营销中心基础资料管理（2分）	及时做好CRM系统中辖区内的客户信息数据更新、网格支撑系统的用户数据更新，建立健全区域营销中心综合管理台账	抽查网格支撑系统存量客户及新增客户数据，一处错误扣0.2分，扣完为止	

续表

名称	项目及分值	评估标准及要求	考核评估办法	检查结果评估
内部管理评估（30分）	市场空间信息库建设（4分）	按要求的规范模板，建立区域营销中心辖区内专业市场、商务楼宇、工业园区、校园、住宅小区等重点市场的市场空间信息库，并及时进行数据更新	抽查电子档案，每少一类重点目标市场空间信息扣2分，抽查单条客户信息错误的扣0.2分，扣完为止	
	动态维护管理办法（3分）	建立新增客户的认领、客户资料变更的更新和检查制度	查看文件，访谈客户经理，无新增客户认领办法扣1分，无资料更新和检查制度扣1分，未实施扣1分	
	制订协同营销办法（2分）	按要求及布置，制订协同营销办法	查看文件，访谈相关人员，无文件不得分，未实施不得分	
	电子外呼经理设置（2分）	设置电子外呼专席，集团外呼专席达到外呼坐席总数的15%	查看文件，访谈呼叫中心和集团客户相关人员，未设置集团外呼专席不得分，集团外呼专席总数低于15%扣1分	

（三）网格化营销体系构建营销组织评估

1. 营销组织评估的具体内容

营销组织的评估包含协同营销体系、精确派单营销组织和团队营销组织三项内容的评估。

（1）协同营销体系

1）按照渠道协同要求，建立渠道协同办法，完善渠道协同流程，明确职责和考核要求。

2）电子渠道分设针对集团客户和大众客户的外呼专席，其中集团客户的外呼专席数量占比高于外呼专席总数的20%。

3）外呼专席中，至少有50%的专席与区域营销中心对应。

4）公司本部设立外呼营销班组，服务城市网格与农村支局网格的外呼营销，配置集团外呼专席。

5）实体渠道营业厅设立大众客户VIP受理专席，完善工作流程，严格按照分客户群营销要求进行把关受理。区域内的营业厅提供就近服务，并进行关联考核。

6）社会代办渠道为就近客户受理通道，服务要求同实体渠道营业厅。

（2）精确派单营销组织

1）设立数据分析中心，建立发起派单流程：挖掘目标客户数据，进行基于特征网格的数据加工，形成派单。派单内容包括客户基础信息、消费信息、特征属性、原资费政策、推荐产品类型等信息。

2）开展针对性外呼营销，由电子渠道对数据挖掘出的目标客户进行电话外呼营销。

3）开展派单精确直销，将需要上门的意向和目标客户派单到区域营销中心、网格经理，进行针对性上门直销。

4）派单营销结束后，数据分析中心对新增业务（用户）进行分析评估，对客户价值提升情况进行跟踪，对低值化营销和跨客户群营销进行通报考核，进一步修改、完善派单内容。

5）对新增客户进行分配和认领到对应网格。

（3）团队营销组织

1）组建针对专业市场、商务楼宇、产业园区、临街店铺、校园、酒店、医院、网吧等市场的专业销售协同团队，由行业经理或客户经理结合目标客户消费特征，制订营销策划方案，提出营销活动组织要求。

2）进行业务开通的流程穿越测试，对客户经理进行营销政策培训。

3）支撑经理基于数据挖掘提取目标客户派单至电子渠道开展外呼预热和宣传投放。

4）根据营销活动要求组织包括行业经理、客户经理、社区经理、支撑经理的销售团队开展专项团队营销，或按周制订团队营销计划，开展常态化团队营销。

5）售后支撑团队跟进支撑，负责现场营销后的业务开通。

2.营销组织评估的评估标准及方法

营销体系中营销组织检查评估30分。

评估内容主要包含建立关联考核机制（2分）、设置数据挖掘中心（2分）、精准营销（5分）、协同营销（8分）、组建专业销售团队（5分）、团队营销组织（5分）、特约服务点（综合信息服务站）建设（3分）等七项内容，其所对应的评估标准及要求、考核评估办法、结果评估等具体内容，如表3-4所示。

表3-4 网格化营销体系构建营销组织考核评估

名称	项目及分值	评估标准及要求	考核评估办法	检查结果评估
营销组织评估（30分）	建立关联考核机制（2分）	电子渠道下设的大众客户外呼班组和集团外呼班组分别与各区域营销中心大众和集团收入关联考核，营业厅与所服务的区域营销中心的收入关联考核	查看文件，访谈呼叫中心、营业员和区域营销中心相关人员。外呼经理绩效考核未与所负责客户群部门收入关联的扣1分，营业员绩效考核未与所服务的区域收入相关联的扣1分	

续表

名称	项目及分值	评估标准及要求	考核评估办法	检查结果评估
营销组织评估（30分）	设置数据挖掘中心（2分）	在前端部门设立数据分析中心	查看文件，访谈呼叫中心及集团客户部相关人员，无数据分析中心不得分	
	精准营销（5分）	数据挖掘中心根据客户群部门要求提取相应用户数据，由客户群市场经理加工为"一户一案"后派单至电子渠道或区域营销中心直销经理开展精准营销	查看数据挖掘记录、派单记录，其中派单记录要求有客户历史消费数据、原采用和推荐的政策及业务数据	
	协同营销（8分）	集团外呼经理根据数据挖掘结果开展针对性外呼营销；营业厅设置品牌或增值业务受理专席	查看文件、外呼脚本、派单记录，访谈集团外呼经理、营业员和网格经理。无协同营销流程或办法扣2分，无品牌或增值业务外呼脚本扣2分，无品牌或增值业务派单记录扣2分，外呼人员或营业网点专席人员不清楚品牌或增值业务政策的扣2分	
	组建专业销售团队（5分）	组建专业市场、商务楼宇、产业园区、临街店铺、校园、酒店、网吧等特征网格的销售协同团队	查看文件，未组建团队扣2分，未形成基于网格销售协同团队的考核机制扣1分，未组织专项营销活动扣2分	
	团队营销组织（5分）	将团队营销常态化，将驻场经理、网格经理组成营销团队，结合定向外呼预热等前后端协同开展有组织、有计划的团队营销，至少每周一次或每月开展不少于4天的集中营销	查看区域营销中心团队营销计划，访谈网格经理，无团队营销计划扣1分，无营销团队扣1分，未开展团队营销扣2分，团队营销频次不达要求扣1分	
	特约服务点（综合信息服务站）建设（3分）	在业务不便办理的市场、园区、校园、住宅小区等以自助终端的形式建设服务点，提供基本服务。数量及配置符合要求	重点市场及区域未建综合信息服务站（服务点）此项不得分；已建无宣传布置的扣1分，无自助终端扣1分，无业务宣传扣1分	

（四）网格化营销体系构建营销业绩评估

1.营销业绩评估的具体内容

营销业绩主要以收入提升、品牌营销、服务质量三个指标来衡量评估。

（1）收入提升

全面完成公司对区域营销中心下达的年度预算指标，以去年网格对应的收入基数为基准，区域内非清单集团客户收入增幅达10%以上，大众客户收入增幅达5%以上。

（2）品牌营销

在完成公司业务量收预算指标的基础上，以去年网格对应的品牌业务基数为基准，区域内品牌业务渗透率达到25%以上、增值业务渗透率达到15%以上。

（3）服务质量

1) 以去年网格对应的不同客户群所占基数为基准，即普通客户不含VIP客户，VIP客户不含普通客户，普通客户满意度达80%，VIP客户知晓度达95%，VIP客户满意度达90%，服务信息知晓率（含普通客户和VIP客户）达90%以上。

2) 制订和落实服务人员服务规范，对服务人员客户走访频次、上门服务、服务礼仪等方面的内容进行规范和落实。

3) 落实网格区域内的挂牌服务，专业市场、商务楼宇挂牌率达100%，服务小贴士覆盖率达50%以上，住宅小区挂牌率达100%。

4) 按照维护服务规范，对网格区域内客户业务开通及障碍查修实行100%预约服务，建立针对品牌和高值客户的差异化服务规范。

2. 营销业绩评估的评估标准及方法

营销体系中营销业绩检查评估30分。

评估内容主要包含收入提升（5分）、品牌营销（5分）、服务质量（10分）三项内容，其所对应的评估标准及要求、考核评估办法、结果评估等具体内容如表3-5所示。

表3-5 网格化营销体系构建营销业绩考核评估

名称	项目及分值	评估标准及要求	考核评估办法	检查结果评估
营销业绩评估（20分）	收入提升（5分）	全面完成区域营销中心的年度预算指标，区域内非清单集团客户收入增幅达10%以上，大众客户收入增幅达5%以上	系统取数，按照时序进度考核。未完成预算指标扣3分，集团客户收入增幅低于要求的扣1分，大众客户收入增幅低于要求的扣1分	
	品牌营销（5分）	完成公司业务量收预算指标，区域内品牌业务渗透率达到20%以上，增值业务渗透率达到15%以上	系统取数，品牌业务、增值业务渗透率低于渗透率要求的每少1%扣0.5分，扣完为止	
	服务质量（10分）	制订和落实销售服务人员服务规范，对销售人员客户走访频次、上门服务、服务礼仪等方面的内容进行规范和落实（3分）	检查文件，访谈客户经理，未制订服务规范的扣3分	
		普通客户满意度达80%，VIP客户知晓度达95%，VIP客户满意度达90%，服务信息知晓率达90%以上（3分）	以满意度调查结果为考核依据，每项每低于要求1%，扣0.5分，扣完为止	

续表

名称	项目及分值	评估标准及要求	考核评估办法	检查结果评估
营销业绩评估（20分）	服务质量（10分）	挂牌服务：一楼一牌（2分）	落实挂牌服务，专业市场、商务楼宇、住宅小区挂牌率达95%以上。抽查检查，每一个市场或楼宇未挂牌扣0.5分，扣完为止	
		客户经理知晓率（1分）	访谈用户，是否知道客户经理，是否有客户经理名片，每出现一次不知道客户经理的情况扣0.5分，扣完为止	
		按照维护服务规范，对区域内客户业务开通及故障查修实行100%预约服务，建立针对VIP客户和集团客户的差异化服务规范（1分）	查看CRM系统，没有实行预约服务和差异化服务的各扣0.5分	

从基本条件、内部管理、营销组织和营销业绩四个方面对网格化营销体系构建进行评估，可以导出网格化营销应用的优势和劣势，从而进一步优化和完善网格化体系。这才是网格化营销体系构建评估工作的目的所在。

以上，我们从案例导入，对比分析了直线式营销与网格化营销的不同，并就网格化营销的起源、特点、作用及推行的必要性等做了简要的介绍。在此基础上，我们结合网格化营销体系的运用情况，针对网格化营销体系构建的四个过程，对比分析了网格化营销与传统营销在特点及转变上的差异，并提出了网格化营销体系构建的评估方法，从以上的介绍及分析可以得出这样的结论：

对于整体客户群庞大，市场竞争激烈，"保用户、保存量"任务艰巨，"提增量"困难重重的运营商、邮政、金融等行业而言，网格化营销及网格化营销体系的构建需要通过改进前端的营销方式，进而改变企业战略、组织结构、资源配置机制等一系列传统意义上的后端机制，将使企业的运营更加精细化，资源的分配更加有效率。这无疑是转型升级的关键动作！

第二节　网格化营销体系构建

一、网格化营销体系的网格划分

网格营销体系的建设工作需要大量细致的基础性内容信息作为支撑，并非一蹴而就，而划分网格的重要意义就在于锁定目标市场，聚焦于网格内有资源的目标市场，重点进行项目开发，同时运用工具管理目标市场内的客户资料，更好地管理客户资料、挖掘客户需求，进行精准的市场营销，将客户需求转化为订单，实现网格内的精确化营销。

网格化营销体系的网格划分五步曲（图3-4）是指：建立网格档案、确定网格划分标准、实施网格划分、建立网格视图规范、明确网格包区界面。

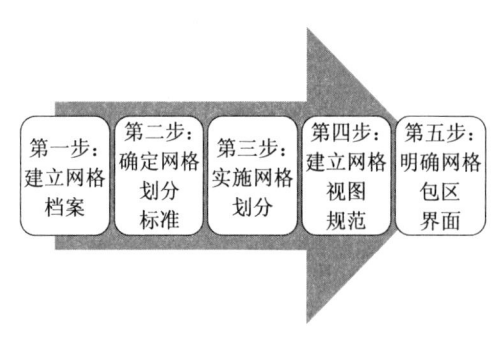

图3-4 网格划分五步曲

第一步，建立网格档案

网格档案的建立工作是网格划分及网格化营销体系建设的第一步，具体包括：梳理网格资源档案、梳理楼盘信息、梳理客户档案等工作。

1. 梳理网格资源档案

网格划分的重要依据就是网格资源的合理配置，这样才能确保有资源的区域实现有效的市场营销，达成预期效果，因此必须梳理现有网格资源的市场覆盖情况。梳理现有网格资源的工作应以全业务经营为根本目的。

坚持"模板化、标准化、简约化"的原则，对网格资源进行梳理，并将各单元资源梳理的结果按统一的模板进行统计汇总，从而形成区域内的网格资源覆盖及利用情况的梳理。

这里，"模板化、标准化、简约化"原则的理解及坚持是关键。资源梳理工作既琐碎又繁重，以运营商为例，实际操作中，应协调后台网络建设部和线路维护工程队，明确区域内的机房位置，列出所有机房能覆盖的地理区域范围，再按照七级标准地址的格式，如：××市××区××路××号××楼宇××栋××层××室，对资源情况进行排查，然后汇总到统一格式的区域网格资源一览表中。特别是对各个新建楼盘、商业综合体、工业园区、沿街商铺和特殊的聚类市场，需重点梳理资源分布及当前利用情况。

此外，还必须建立前后台联动机制，后台部门定期将网格资源的变动情况传递到分前端，以对前端市场营销形成及时、有效的支撑。

2. 梳理楼盘信息

楼盘信息梳理是整个网格档案建设的核心工作。该项工作属于重复性、多变性的工作，所以实施的难度较大，必须建立一个长效、持续的梳理机制，才能有效地完成区域内楼盘信息的梳理。

根据人员配置、区域特性，楼盘信息梳理要进行以下三个方面的工作。

第一，对区域内所有楼盘进行排查摸底。从区域的GIS系统中调出数据，指定分派到区域内所有人员进行现场的一一确认。

第二，对 GIS 系统中的数据和现场踩点所得信息进行一一对应。由网格负责人牵头，带领所属的客户经理进行地毯式的排查，查漏补缺，最后汇总到区域负责处，对 GIS 系统中的信息完善补充。

第三，定期更新楼盘的竞争对手的动态信息。社区经理每天必须巡视自己负责的所有楼盘，将竞争对手的信息每天向网格负责人汇报。每个网格负责人必须每周完成一次所负责网格的巡视，区域负责人每月完成一次对 4 个楼盘群的巡视，并将巡视结果运用到对网格人员的 KPI 考核中，以保证企业能第一时间获取竞争对手的信息，制订出及时的应对策略。

3. 梳理客户档案

客户档案主要是以 BOSS 系统中的客户资料为基础。信息内容必须体现出客户在网的时间、业务种类、消费金额、投诉信息、离网原因、客户特征等关键要素。

因此，梳理客户档案工作需要后端部门和前端人员联动进行，内容如下。

第一，在网客户档案梳理。后端技术部门从企业 BOSS 支撑系统中提取资料，形成客户档案。区域根据客户所处网格进行划分并落实到网格负责，再由所属的客户经理进行后期客户信息跟踪，通过电话访问、现场营销摆点、渠道促销活动等形式，对在网客户资料进行完善更新。

第二，潜在客户档案梳理。对收集到的重要客户信息（比如大型商业综合体、政府企业、新建楼盘）根据区域配置网格资源情况进行识别，优先进行有资源（包括未来 1~2 年在建或准备建设）的潜在客户排查。

第三，网格负责人指导客户经理通过各种落地的现场营销活动，记录竞争对手的在网客户信息，并及时转为本网的潜在客户的信息。

第四，区域的客户经理通过走访重要客户（特别是集团行业类客户）并建立关系，持续了解潜在客户业务使用情况，记录客户信息。

第二步，确定网格划分标准

网格化营销体系构建的基础是网格的划分，要尽量做到网格间的实力均衡，网格间的边界划分务必明确，避免出现网格间争夺客户的情况，以及出现网格内运维、安装、营销相冲突的情况。因此，确定网格划分的标准就很有必要了。

（一）较为直接的网格划分标准

较为直接的网格划分标准是指网格划分时，采用按区域空间、产品类型及业务发展状况等标准来划分。

1. 按区域空间

城市与农村、乡镇、社区、行政村、工业开发区、商业区等在空间分布上具有明显的区域特征。运营商的管道路由、分机房设置也基本遵循这一特征,为此网格划分应以空间为主要维度,这也可以方便网格团队在有限的范围内更准确快速地接触到客户。

此外,按区域空间来划分网格,还需要充分考虑自身的资源能力,来确定划分区域的数量。比如可将整个区域按两级划分网格,一级网格按行政区域划分,即设立相应站所,二级网格由各站所根据自身的网络、客户等状况细化网格。

2. 按产品类型

以广电运营商为例,广电网络的产品随时代发展和技术进步已呈现多样化,有广播式数字电视、互动式数字电视、高清电视、3D 电视、家庭宽带、企业专线宽带以及衍生出来的高清监控业务、高清视频会议系统、无线 Wi-Fi 等产品。根据产品及服务的使用情况,广电运营商将客户分为大众客户、高端客户(个人客户、集团客户);而相对于给广电运营商贡献 ARPU 值大的高端客户,则可归为单独网格单元,专门配置网格经理,以便于更好地服务于客户。

3. 按业务发展状况

按业务发展状况,借助四分图模型概念,通过设定横轴、纵轴指标,网格可以划分为金牛、明星、高危、瘦狗四类网格。比如,根据网格经营单元内有线宽带市场渗透率与竞争情况(有线宽带装拆比)两个指标可以制作出有线宽带业务"四分网格市场模型"(图 3-5),即宽带渗透率、宽带装拆比均高于全市/县平均水平的,为金牛网格;宽带渗透率低于全市/县平均水平,而宽带装拆比高于全市/县平均水平的,为明星网格;宽带渗透率高于全市/县平均水平,而宽带装拆比低于全市/县平均水平的,为高危网格;宽带渗透率、宽带装拆比均低于全市/县平均水平的,为瘦狗网格。

(二)较为精细的网格划分标准

相对于上述较为直接的网格划分标准,采用较为精细的划分标准的网格划分是以市场空间为主要维度进行划分,物理划分和逻辑划分相结合,各专业在网格单元基础上形成映射关系,在网格内汇集服务、销售、客户维系等功能。

网格单元划分根据地理属性进行划分,将各行政区域划分为多个网格单元,区分城市和农村区域,并进一步考虑竞争因素、服务范围。

1. 城市区域

对于成型的物理区域,如商务楼宇、楼盘小区、产业园区、专业市场、商圈、城中村、社区、临街商铺、校园等结合具体管理框定边界进行划分；对于非成型的物理区域，可以以市政道路、河流、山川等作为边界围成独立区域进行划分（参考：服务面积小于 5 平方千米、电信固网用户数小于 1000 户原则上划分为一个网格单元，如超出上述标准，如小区可按一、二、…期单列网格单元）。

```
有线宽带装拆比
    │
    │    明星      金牛
    │
    │    瘦狗      高危
    │
    └─────────────────→ 有线宽带市场渗透率
```

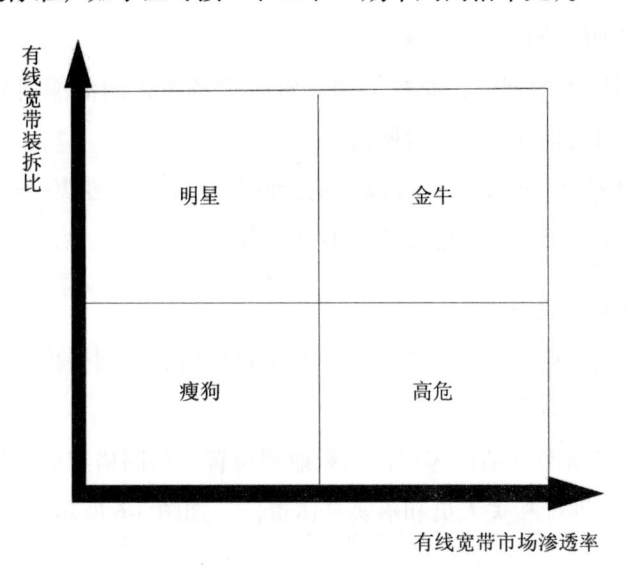

图 3-5　有线宽带业务"四分网格市场模型"

2. 农村区域

由于行政村由一套领导班子（支部、村委会）管理，原则上按照行政村进行网格单元划分，如涉及成型的物理区域可参照城市区域方式进一步细分。对于营维合一区域，社区经理作为责任主体进行营维服务，营销中心协调各方资源（参考：服务面积小于 20 平方千米、电信固网用户数小于 500 户的行政村原则上划分为一个网格单元，如超出上述标准，可结合实际情况进一步细分，但一般最小网格单元为自然村）。

3. 成型物理区域划分

由于网格单元为各专业划分的最小颗粒，需考虑市场、资源、装维的专业要求进一步细分。现以成型的物理区域为例说明：某物理区域相连的小区 A、B、C，在将这三个小区进行划分时：

1）从市场的角度，要考虑实际管理和营销的要求：如三者分别为不同的物业公司经营，可划分为三个网格单元；如 A、B 为同一个物业公司经营，C 为另一个物业公司，可 A、B 划分为一个网格单元，C 划分为一个单元；

2）从资源的角度，如 A、B、C 归属于同一接入网，根据市场、装维划分的最小维度进行划分；如 A、B、C 归属不同接入网机房，划分为 A、B、C 三个单元；

3）从装维的角度，要考虑装维的服务能力，如面积、用户数，以最小服务维度为基础划分：如 A、B、C 为同一小区的一、二、三期，市场划分时归属于某一客户经理服务，装维划分时归属三个装维人员服务，则可划分为 A、B、C 三个单元；否则可汇总划分。

4.非成型物理区域和农村区域划分

非成型物理区域的划分，原则上同一资源设备覆盖的范围划分为同一网格单元。此外，可以以道路为边界划分网格单元。

农村区域的划分，原则上按行政村划分网格单元。超过 20 平方千米可视实际情况，拆分为多个网格单元，但原则上不拆分自然村。

（三）明确网格单元类型

在网格划分的基础上，结合客户特征和地理位置，将网格再划分为更细的网格单元。下面以某运营商为例加以说明：

其具体做法是将网格结合客户特征和地理位置，将网格细分为集团客户和大众客户网格单元，并匹配相关人员和落实具体责任，如图 3-6 所示。

图 3-6 网格单元类型划分图

由图 3-6 可以看出，根据客户特征和地理位置，网格单元划分集团客户和大众客户网格单元，一共有十类。

这样，该运营商通过网格分类赋予网格单元类型、物理位置、用户情况等基础属性，再由各专业部门结合实际来具体应用。

各专业（市场、资源、装维）在网格单元上形成映射关系，匹配人员和相关资源落地具体责任。其中，客户经理为集团网格单元的责任主体，社区经理为大众网格单元的责任主体，总体协调各专业人员围绕网格单元开展相关工作。

网格单元的描述，除基础属性外，各专业部门结合运营要求可给网格单元赋予相应的、更加精细的属性，如竞争情况、经济条件、资源满足情况、人口和面积等。

1.集团网格单元特点

集团网格单元又细分为商务楼宇单元、产业园区单元、专业市场单元、临街商铺单元、校园单元等。每个网格单元对应的特点如下。

（1）商务楼宇单元

商务楼宇单元包括写字楼、商场、商住两用楼等。商务楼宇内部含有多个客户，员工一般多在 10 人以上，人员素质相对较高，客户业务需求多样，客户价值较大。对这类客户，需通过提供专业的产品和服务保持客户，及时响应客户需求；同时，做好楼盘开发商/物业管理公司公关工作，防止竞争对手策反。

（2）产业园区单元

产业园区单元包括开发区、工业区、科技园等有边界的区域。产业园区一般区域较大，以关联企业聚集为主，客户规模大，消费能力强，园区工人众多。对这类客户，需重点提供专业甚至部分个性化的产品和服务，另外，鉴于园区内部工人众多，存在面向企业单位决策链的营销服务模式和面向一般普通工人的营销模式。

（3）专业市场单元

专业市场单元包括小商品市场、汽车城、批发市场等具有聚类特征的各种行业、专业市场。专业市场内部以聚集商铺或小公司为主，人员较少，一般在 5 人左右，客户整体素质相对偏低，需求简单，标准化程度较高，单个客户消费较低，决策简单。

（4）临街商铺单元

临街商铺单元是指街道两旁以小商铺为主，或者楼下商铺、楼上住家的区域。该网格单元以聚类客户和家庭客户为主，一般 2~3 人，客户需求简单，主要提供标准化的产品和服务。

（5）校园单元

校园单元包括大中专院校、中学、小学、幼儿园等。校园单元服务主要面向学校、学生和学生家长三个目标群体，彼此关联性较大。

2. 大众网格单元特点

大众网格单元又可细分为楼盘小区单元、城市社区单元、城中村单元、农村单元及待建空地单元五类。

（1）楼盘小区单元

楼盘小区单元包括各类住宅小区、楼盘等，以有成熟的物管为标识。该网格单元以家庭客户为主，用户量较大且集中，用户需求基础，但是数量巨大。对该类客户的服务需打通物业关系，利用物业管理处人员开展协销或代理，并做好日常的宣传覆盖、更新。

（2）城市社区单元

城市社区单元往往没有规范的物管，该网格单元以家庭客户和流动客户为主，该类区域客户需求种类多且分散。该类区域进入方便，适合开展常态化的路演和现场营销。

（3）城中村单元

城中村单元指在城市化推进过程中，被划入城区的位于城区边缘的农村，由原村改造而演变成的居民区。居民以工薪层和劳务人员为主，该类区域客户需求种类多且分散，营销模式应以区域代理、路演促销为主。

（4）农村单元

农村单元包括行政村、自然村等，该网格单元以农村用户为主。农村客户的消费需求处于快速上升阶段，且对产品价格非常敏感。在业务宣传方面，需要用农村客户熟悉的背景和语言，由当地人口碑相传通常会有比较好的传递效果。该区域的营销模式以区域经理缴费高峰期营业厅协销和整村推进营销为主。

（5）待建空地单元

待建空地单元是指已经规划的未建区域、具备地理位置潜力的未建区域。该网格单元作为业务增长的机会，应着重做好建设需求、进度信息收集和接入权的竞争。

■ 案例——金融行业网格划分的创新

江苏省苏州市某银行，结合分行的客户特点和苏州的地理区域特点，将客户通过区域、行业、规模、业务需求、客户类型五个维度进行网格划分，创新了客户网格划分的方法。

（1）区域

依据现有行政区域边界，或者依据相对独立的市场区域，如商务楼宇、产业园区、专业市场等，将客户划分到不同的片区。区域划分相当于在空间上将客户进行网格划分，有利于节约时间、人力和物力，提高营销效率。

（2）行业

根据客户的主营业务，将客户分为电子、机械、造纸、文教卫、金融保险等不同的行业。行业划分有利于营销人员专注于特定行业政策，并制订与之相应的营销方案，同时还有利于准确掌握客户风险程度，以降低业务风险。

（3）规模

根据注册资本、存贷款余额、业务规模等要素将客户分为特大型、大型、中型、小型、微型五类。规模划分是实行网格化分层营销的前提条件，对实现与客户的平等对话，提高客户满意度并最终成功营销具有非常重要的作用。

（4）业务需求

将客户分为结算业务、融资业务、理财业务、国际业务等多种业务需求类型。准确地定位客户综合业务需求类型，有利于选派专业的营销人员，进行更专业、细致的营销。

（5）客户类型

根据企业高管或个人客户的气质类型、性格特征、个人爱好将客户进行划分，如将客户分为交际型、运动型、稳重型等类型。根据客户类型可挑选与客户志趣相投的营销人员，通过与客户的相处、沟通来建立深厚友谊，以促进客户忠诚度的提高。该行将客户全集看作一个五维的客户空间，采用以上的五个维度，对客户空间进行网格化细分，每一个客户都落入空间内的一个网格中。

在此基础上，将落入同一网格或相邻若干个网格的客户作为一个子群，然后将子群对应到相应的营销团队，每个营销团队也可以负责若干个客户子群。网格化划分的客户和营销团队的对应关系可以用一张二维表格来表示，横向表示将客户进行网格化的若干个维度，纵向为客户名称（见图3-7）。

维度 客户	区域	行业	规模	业务需求	客户类型	营销团队
客户一						团队一
客户二						团队二
客户三						团队三

图3-7 网格化营销示意图

通过这张表格，可以清晰地看到辖内客户的各个维度属性，以及和营销团队的对应关系。在此表格的基础上，各营销团队可实现对客户的全面覆盖，同时还可以与各客户子群进行深入沟通，调研客户的个性化需求，根据各客户子群的不同需求设计相应的营销方案以进行精准营销，将营销影响力最大化。

案例分析：从字面意义上来看，网格应是一个平面二维的概念，但二维的空间还比较粗放，仅仅通过两个维度是难以实现市场的极度细分的。因此我们在进行网格化营销时，在维度上要进一步突破二维的平面概念，将网格维度向三维、四维等高维度拓展，实施立体化的网格化营销战略，实现客户的进一步精细化管理。

第三步，实施网格划分

在梳理了网格资源，建立网格档案之后，我们明确了网格划分的标准，接下来就是实施网格划分。实施网格划分的具体流程如下。

（一）评估客户（市场）与对应的资源覆盖情况

评估客户（市场）与对应的资源覆盖情况，具体是指：核查确认区域内存量客户数量、网格资源覆盖的客户数量、在建资源和待建资源的客户数量。

存量客户数量核查确认主要是对企业出账的存量客户名单进行清查，与其他单位进行比对，特别是注意接壤边界用户的确认。

要剔除非本区域的客户，核实客户属性和真实性、有效性，将所有在网客户落实到每个客户（社区）经理负责，实行包干服务。

协调后端网络建设部门和线路维护组，根据提供的资源覆盖表对资源覆盖的客户进行清理，核实资源覆盖范围内的非存量客户数量、资源利用率等情况。

对于未来1年内计划开展营销的，但却没有资源覆盖进入的区域，则需协调相关部门提供相关资料（诸如在建资源和计划建设资源覆盖的客户数量），通过在建资源涉及的区域和覆盖的客户数量进行比对核实。同时考虑对未来2~3年内将要覆盖的区域和客户数量进行预测，根据对以上客户数量的测算，完成对区域内的存量客户、未来2~3年内的潜在客户进行评估。

（二）组织实施物理网格划分

组织对本区域市场情况非常熟悉的客户经理、社区经理等共同确定客户的地理位置，以楼盘为原点，结合考虑周围市场情况，将地理位置附近其他无法识别的类型的客户划归到该网格，确保网格市场客户颗粒归仓，不留死角。对于不能确定的客户，则安排客户经理协同相关部门到现场进行查看。

通过资源排查、定位，将存量客户落实到系统可识别的具体地址中，最终实现市场容量平衡充足，同时形成对客户无缝覆盖。

（三）进行网格优化调整

根据物理网格划分的情况填写网格划分表，对划好的网格进行总体评估。对每个网格的存量客户数量、潜在客户数量、存量收入情况、楼盘数量、网络设备、渠道分布等进行对比，对存在不平衡的地方进行优化调整。

第四步，建立网格视图规范

建立网格视图规范是网格化营销体系精确管理客户群的必要流程及重点环节。建立网格视图规范的主要内容如下。

（一）建立网格视图信息

建立网格视图信息主要包括网格名称、网格编码、网格地理范围、网格单元编码、网格单元名称、网格单元地址、网格单元特征码等信息,具体信息描述说明如图 3-8 所示。

网格视图信息	信息描述
网格名称	以网格所覆盖区域的有代表的名称来命名
网格编码	坚持唯一的原则,自行编制
网格地理范围	网格的地理区域范围
网格单元编码	网格的单元编码,结合产品及市场特点,针对产业园区、商务楼宇、专业市场、临街店铺等进行
网格单元名称	以专业市场、楼宇、街道等名称(或客户名称)命名
网格单元地址	网格单元所在地址或地理位置范围
网格单元特征码	用于标识特征网格类型,用 2 位数字表示,区域统一,比如:产业园区 01 商务楼宇 02 专业市场 03 临街店铺 04 网吧 05 校园 06 医院 07 宾馆酒店 08 党政军 20 金融 30 大企业 40 住宅小区 90
网格负责人	记录网格销售服务责任人

图 3-8 网格视图信息描述

(二)建立市场空间信息

1)在网格内,建立最小细分单元的四类客户市场空间库,主要针对专业市场、商务楼宇、产业园区、临街商铺、住宅小区,按单元内细分地址、客户名称、客户状态、主要使用业务、业务量、合同期限、月均消费、联系人、联系方式等空间信息,以一场一册、一园一册、一楼一册、一校一册、一乡一册、一区一册的形式呈现。网格单元空间信息如图 3-9 所示。

网格单元	专业市场	商务楼宇	产业园区	临街商铺	住宅小区
单元内细分地址					
客户名称					
客户状态					
主要使用业务					
业务量					
合同期限					
月均消费					
联系人					
联系方式					

图 3-9 网格单元空间信息

2)上述网格单元内的客户状态包括四类:即存量客户、竞争客户、异网客户、潜在客户。客户状态可用图 3-10 表示。

第五步,明确网格包区界面

明确网格包区界面,既能精准地指导网格的营销工作,又能为绩效考核提供基本依据。网格包区界面的确定需要遵循的原则主要有以下四点:

网格经营变革之道

```
                    潜在客户
         ┌─────────────────────────────┐
         │ 存量客户 │ 竞争客户 │ 异网客户 │
         └─────────────────────────────┘
```

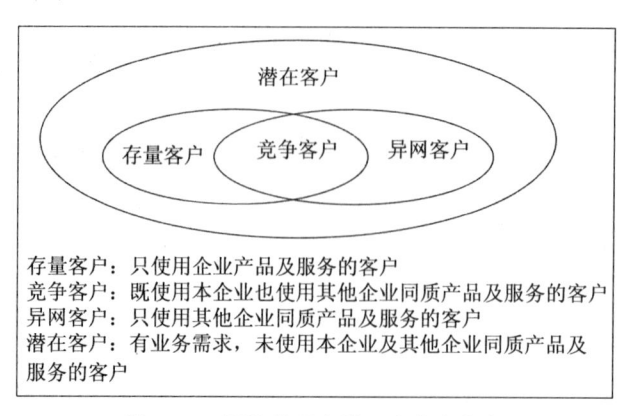

存量客户：只使用企业产品及服务的客户
竞争客户：既使用本企业也使用其他企业同质产品及服务的客户
异网客户：只使用其他企业同质产品及服务的客户
潜在客户：有业务需求，未使用本企业及其他企业同质产品及服务的客户

图 3-10　网格单元内的四类客户状态

1）集团、大众客户同在一个地域网格，收入按照不同的客户群计算，不可交叉重叠；

2）客户经理承担地域网格内所有非清单级集团客户的收入服务责任；

3）社区经理承担若干地域网格内的所有大众客户收入服务责任；

4）网格内非清单集团若干行业大客户，其收入达到清单级用户范围内，则收敛为清单级客户，并从网格中剔除，由集团客户经理承担其收入服务责任。

网格包区界面的确定具体描述如图 3-11 所示。

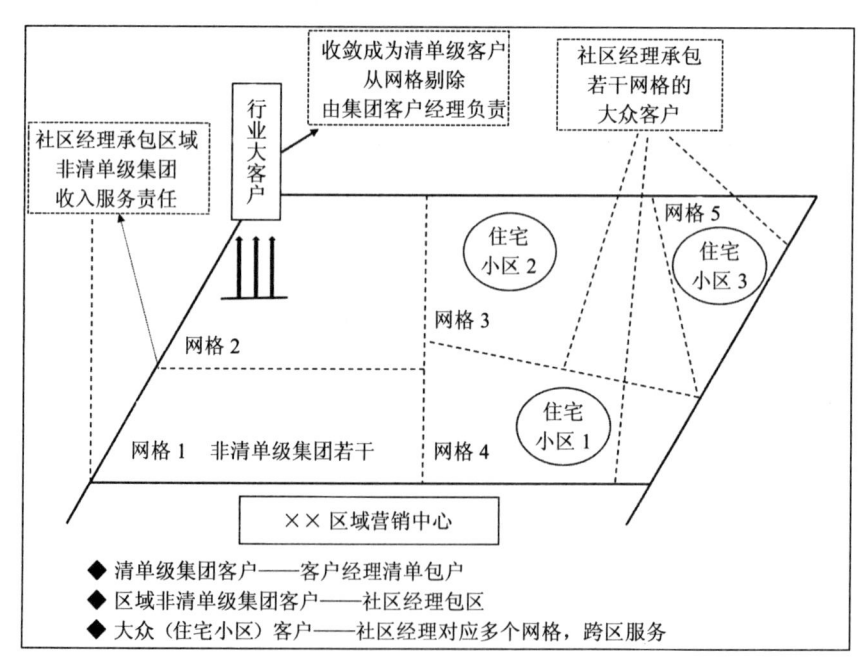

图 3-11　网格包区界面

◆ 清单级集团客户——客户经理清单包户
◆ 区域非清单级集团客户——社区经理包区
◆ 大众（住宅小区）客户——社区经理对应多个网格，跨区服务

从图 3-11 可知：

➤ 清单级集团用户由集团客户经理包户负责营销服务；

- 地域非清单级集团客户由社区经理包区负责营销服务；
- 大众（住宅小区）用户由社区经理对应多个网格，负责跨区营销服务；当用户收入达到包区界面时，则可动态地调整其对应的经理营销收入服务责任。

二、网格化营销体系的组织架构

前文介绍了网格化营销体系构建的前提——网格划分五步曲。在对该运营商的网格资源进行梳理、网格单元客户特点进行分析及规范网格视图、网格包区界面的基础上，我们将构建基于网格的营销架构，并依此进行岗位设置、人力资源的配置工作。

网格化营销是整合营销在企业营销运营中的具体运用。整合营销主要包含两个方面的内容：第一，不同营销部门之间需要协作一致；第二，差异化的营销模式，例如，销售、广告、产品和市场有机结合在一起。第一个层次需要企业内部不同部门之间进行协同，在网格化营销中，成立一线的区域中心（市场部或者项目部），由这个部门去协调产品、资源、集团客户中心、大众客户中心、支撑、广告等其他部门，打破部门壁垒，使各部门目标一致，提高效率。第二个层次就需要引进大数据，通过大数据分析才能把各市场要素关联起来，把各种营销工具、营销手段组成一个统一的整体，形成合力。

（一）基于网格的营销架构构建

在将网格结合客户特征和地理位置细分为集团客户网格单元和大众客户网格单元后，构建营销架构，进行岗位设置，是必然要解决的问题。

基于网格的营销架构（图3-12）原则上不与原组织结构相冲突，依旧由市场部统一管理网格内的营销工作，对集团客户部、大众客户部、农村支局网格、末端维护中心进行绩效考核。其中，集团客户部主要对区域内清单级客户进行营销及服务；大众客户部由下属直销班组、实体及社会渠道班组、电子渠道班组直接对网格内用户提供服务；农村支局网格主要对所在对应网格营销服务；末端维护中心主要对网格做好支撑服务。

（二）网格化营销体系的岗位设置

网格化营销体系的根本目的在于对客户及市场进行精确营销和精确管理。因此，在构建网格化营销架构的基础上，我们建议网格化营销体系设置以下岗位。

1. 集团客户部

集团客户部承担区域内清单级集团客户收入服务责任，负责区域内清单级政企客户及高端客户的日常营销服务与销售执行。集团客户部配置客户经理、驻场经理等岗位，接受所在区域市场部的管控考核与支撑。

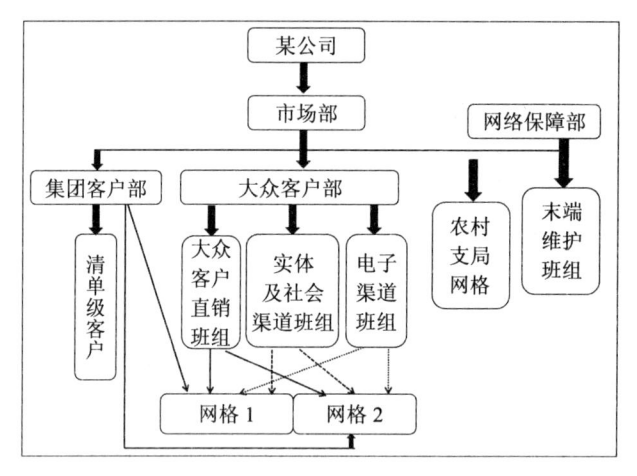

图 3-12 基于网格的营销架构

2. 大众客户部

大众客户部负责区域营销中心日常销售组织、营销派单、营销分析、内部考核与营销协同。大众客户内根据规模可设立大众客户直销班组，与电子外呼班组、公众客户 VIP 班组、营业厅开展协同营销和服务。

其中，实体及社会渠道班组含有大众客户 VIP 班组、营业厅、社会代办点等。

3. 大众客户直销班组

大众客户直销班组承担区域内高端大众客户的营销服务责任，负责住宅小区现场促销，网格内营销，高端大众客户维系，业务受理电子渠道、实体渠道等工作。大众客户直销班组内配置社区（网格直销）经理、驻地网营销经理，接受区域市场部的管控考核，接受大众客户部的支撑指导。

4. 安装维护班组

安装维护班组对应各区域营销中心，承担区域内所有客户的末端安装及维护职责。安装维护班组内配置维护经理，划分维护责任包区，进行日常障碍查修、装拆移机等日常维护服务工作。安装维护班组归口网络保障部，市场部有服务调度和考核权。

5. 电子外呼班组

电子外呼班组对应区域营销中心集团客户与大众客户部，分客户群、分组实施外呼营销，协同社区经理、公众直销营销经理做好品牌宣传。电子外呼班组归口公众客户部电子渠道管理。

6. 营业厅与社会代办点

营业厅与社会代办点为区域内客户提供就近服务与业务受理通道，以协同方式支撑区域营销中心做好客户服务工作，归口大众客户部实体渠道管理。

7. 大众客户 VIP 班组

大众客户 VIP 班组服务于区域内集团客户与大众高端客户，协同区域营销中心，对集团客户和高端大众客户进行维系关怀。大众客户 VIP 班组归口大众客户部管理。

8. 综合信息服务站

综合信息服务站是对营业厅与社会代办点的良好补充。在集团客户密集区域设立政企综合信息服务站，在住宅小区密集区域设置公众综合信息服务站，可以弥补直销渠道服务能力不足的缺陷。综合信息服务站归口大众客户部管理。

综合信息服务站是一个专业的社会代办渠道，为客户经理的常驻服务据点，其职责除提供代缴费、上门收费的便利服务外，还包括针对专业市场、工业园区、商务楼宇、学校、住宅小区等客户提供综合信息服务的品牌业务宣传、业务咨询、业务预受理等。同时，综合信息服务站还需配合客户经理协调客户关系，开展各类营销活动和促销宣传，实现扩大产品市场份额、提高客户感知的目的。

三、网格化营销体系的人力资源配置

实施人力资源配置来确保人员到位是网格化营销顺利开展的支撑。

(一) 人员配置基本原则

对基于网格的营销体系架构及岗位设置进行的人力资源配置，该运营商遵循了以下原则。

1）聚焦中高端客户，完善营销覆盖。其中，集团客户以直销渠道为主，大众客户以电子、实体和社会等渠道覆盖为主。

2）充分利用现有人力资源，吸引优秀人才服务基层，充实营销一线，做到总量控制、结构调整、充实营销、提升管理。

3）优化建立职业发展通道，区域营销中心人员在干部任命、骨干选拔、评先方面有一定优先权。

(二) 人员配置要求

1. 直销队伍调整要求

原有社区经理分别划入区域营销中心政企分部和大众客户直销岗或班组。

2. 集团客户经理

集团客户原则上要求一个网格经理承包一个网格。考虑到目前直销渠道人员配置等实际情况，规定网格经理总数与所负责网格总数量之比控制在1∶1.3之内。

3. 大众客户经理

住宅小区社区经理根据住宅小区在若干网格内的分布密度，按需配置相应营销力量，一个大众客户社区经理可以跨网格服务。

4. 电子渠道外呼人员

电子渠道外呼中心政企班组专席总数要求达到全部外呼坐席总数的15%以上。

■ 案例——"收服制"改革客户经理的绩效考核

2011年年初，中国电信浙江公司杭州分公司（以下简称杭州电信）就开始建立城市分支局渠道求变试点项目，下城分局被确定为试点单位。在分公司人力资源部、市场部和企信部的共同协助下，分局制订了相关考核体系，固化了考核模板，并完成了基础数据配置等工作。经过4—6月共三个月的数据校对，分局按现有区域特性，在人员优化的基础上，划分了15个网格片区和104个聚类单元，并于2011年7月完成了客户经理网格片区的切分和客户认领工作。至此，客户经理收入服务制（下简称收服制）相关绩效考核正式启动。

打开中国电信浙江公司数据仓库应用平台，进入收服制考核系统后，分局长、支局长、客户经理和相关支撑人员随时都能查询到自己工号权限对应的每天业务发展量以及区域收入、存量收入和新增收入等情况，奖励和扣分也都有明细可查。这就是中国电信某公司推进网格化营销试点工作后取得的初步成效。

案例分析：

网格片区客户经理的绩效考核采取"收服制"，效果显著，具体表现在以下几方面。

(一) 关注有效性，考核更透明

在网格化收服制实施前，分局在客户经理绩效考核上存在收入量化不足、考核不透明等问题。同时，由于过度强调发展量的考核，使客户经理对业务保有和发展有效性的认识普遍不足。此外，还存在着同工不同酬、用工性质壁垒等情况，无法有效地调动员工工作的积极性。

而收服制对客户经理按网格化来管理，业务收入考核主要根据客户经理对应的网格片区，"责任田"概念逐渐深入人心。下城武林支局在网格化管理基础上，根据区域特点，支局将每个网格又细化为两个区块，梳理出了46幢中高端楼宇及7

个社区，竞聘上岗了4位专职"空军司令"负责楼宇客户的覆盖，同时有4位专职"陆军司令"负责沿街商铺CD类商客以及社区的全面覆盖，使职责界面更加清晰，员工的"责任田"意识不断增强。

落实收服制的同时，分局加大对新增、有效收入的奖励力度。新增有效收入入账当年，客户经理可持续受奖，如客户每月净增业务收入两万元，则客户经理每月都可获得相应比例的奖励，这意味着业务发展得越早，客户经理受益越多。这也让客户经理意识到客户服务和客情维系的重要性。

在网格片区的切分和客户认领过程中，客户经理积极认领原先客情较好、但这次不在名单内的"流失"客户，并且主动要求多带客户。

为了鼓励多劳多得，分局打破了同工种的绩效分配壁垒，把所有客户经理40%的绩效奖金全部放入"奖金池"内，谁发展量做得多，拿到的计件奖励也就越多。而客户经理也不再单纯以做量为主，他们在发展业务的同时会更加关注有效性，提升客户价值。因为客户价值越高，拿到的发展量和新增有效业务收入的双重奖励就越多。收服制使客户经理的工作职责和业务发展导向更加明确，收服制考核系统则让考核变得更加透明。

（二）解放生产力，考核更精确

收服制极大地提升了客户经理的工作积极性，同时也带来管控能力的提升。基于数据仓库应用平台上的收服制考核系统每天都能及时、精确地汇总支局一天的发展量，把支局长从繁琐的手工统计发展量的工作中解放出来。

以前，每天下班前，支局长至少要花半个小时来归总各种数据和报表，分析当天业务发展情况，了解员工动态。现在只要点几下鼠标，发展量和各明细就一目了然，他们可以腾出更多的时间来陪同客户经理走访客户，制订支局营销计划。同时，他们认为，收服制的考核更透明，数据具有说服力，彻底杜绝了情感化因素，使奖金分配趋于公平、合理，他们带领团队也更轻松了。

（三）变革组织架构，引入1+N模式

为了实现网格内营销的全覆盖，组织架构也需要随之调整。而"1+N"模式的引入，为网格化营销的顺利实施奠定了基础。所谓"1+N"模式，就是网格经理+客户经理+装维人员+网格内营销员+网格内自有与合作厅等人员及单位组成的团队，通过协力合作，共同把"责任田"内的营销、保有工作做实做强。"1+N"模式有效覆盖了重点住宅小区、商务楼宇、沿街店铺等区域，在保有和发展上都取得了较好成效。

四、网格营销体系的管控模式

网格化营销要处理好专业管理与区域销售的管控关系。

专业管理与区域销售的管控关系在于网格化营销纵横结合，横为主、纵指导，集团客户纵向为主，大众客户横向为主。

专业管理以营销策划、政策制订为抓手，从纵向以市场部为中心管控各客户群（集团及大众客户群）；区域销售以区域营销中心为重点，从横向协调各执行单元之间的关系。一纵一横，相互配合，从而使网格化营销既精准又协同。

明确公司营销管控部门、客户群部门与区域营销中心的管控关系，主要体现在以下五项工作。

1）市场部为公司前端的营销统筹部门，统筹管控公司各个客户群部门与区域营销中心的工作开展。

2）集团客户实行垂直管控模式。即对于集团客户的年度计划的预算下达、机构调整、客户群管理等由市场部统筹部署，对于集团客户的日常营销工作，包括经营分析、营销派单、纵向一体化营销服务管控、营销协同、集团客户群重点工作派单等工作，实行纵向一体化的垂直管理，垂直管控区域营销中心集团客户部及区域网格。集团客户部各行业组支撑区域营销中心网格经理。

3）公司大众客户部通过市场部对区域营销中心大众客户班组进行管控、指导。公司大众客户部指导管控大众客户经理为区域营销中心网高端客户提供服务。

4）区域营销中心作为销售执行单元，承担新增客户的挖掘，楼宇、小区的驻地网营销以及存量客户的维系和服务。新增客户的收服制当年统一落入网格，第二年根据客户特征进行营销属性划分，标记为存量客户。

5）实体渠道、社会代办渠道、电子渠道、个人客户渠道，分别通过对应区域营销中心的末端机构营业厅、代办点、外呼班组、大众客户班组服务于区域营销中心客户，由公司各专业部门按照统一标准进行集中专业化管控。

从图3-13可知，市场部对集团客户部、大众客户部、区域营销中心支局进行统筹管控；集团客户部、大众客户部对区域营销中心支局进行支撑，指导各客户群部门与区域营销中心双计双考来确保管控到位。

五、网格化营销体系的协调机制

建立纵横结合的网格协调营销机制的目的在于：通过矩阵式的管理关联和团队式的营销运作，使各前端部门和区域营销中心职责分明、权责到位、无缝覆盖、精准营销。

第三章　网格经营体系

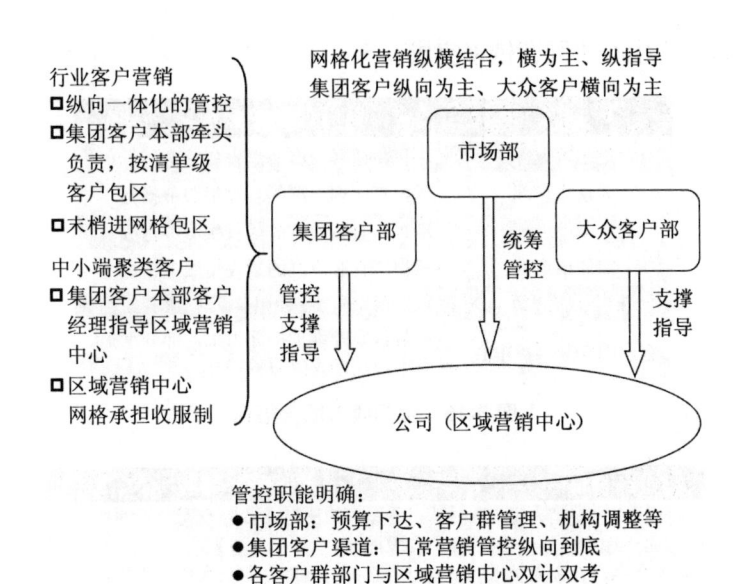

图 3-13　纵横结合的网格化营销管控模式

其中，前端部门中集团客户及大众客户渠道部门以管理和营销指导为主（清单级客户除外），行使管理指导职能；区域营销中心行使销售执行职能，其他部门则以服务和销售支撑为主。

网格的协调营销机制主要由以下三个方面内容组成（图 3-14）。

（一）明确收服责任

1. 区域营销中心收服责任

区域营销中心承担区域内除清单级客户外所有客户的量收及服务指标。

2. 相关各部门收服责任

公司相关各部门（集团客户部、大众客户部、电子渠道部、实体渠道部、社会代办渠道及客户端安装维护中心）作为区域营销中心的指导支撑部门，承担相应的收服责任，具体如图 3-15 所示。

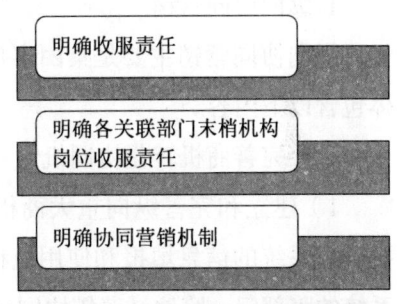

图 3-14　网格的协调营销机制

（二）各关联部门末梢机构岗位收服责任

关联部门末梢机构包含集团客户直销人员（网格经理、驻场经理）、大众客户直销人员、营业厅、代办点和综合信息服务点、大众 VIP 客户经理、电子外呼经理、装维工程师等岗位，其承担相应的收服责任指标，具体如图 3-16 所示。

（三）明确协同营销机制

协同营销机制主要由纵向协同营销和横向协同营销以及网格与实体、电子、社会渠道、大众客户中心协同营销来完成。

部门	收服责任
集团客户部	承担集团客户群的量收集服务指标
大众客户部	承担集团客户群的量收集服务指标
电子渠道部	承担所有客户群的量收集服务指标
实体渠道部	承担所有客户群的量收集服务指标
社会代办渠道	以发展增量客户为主，承担服务指标
客户端安装维护中心	以装移修等维护指标为主，部分承担所有客户的量收集服务指标

图 3-15 部门收入服务指标

岗位	收服责任
集团客户直销人员（网格经理、驻场经理）	承担所服务的网格或特征单元网格的集团客户收服指标
大众客户直销人员	承担所服务的网格内大众客户收服指标
营业厅	承担所服务的网格的收服指标
代办点、综合信息服务点	承担所服务的网格的业务量发展和服务指标
大众 VIP 客户经理	承担所负责的大众 VIP 客户的收服指标
电子外呼经理	承担集团客户和大众客户的收服指标
装维工程师	承担所服务的网格的收服指标

图 3-16 关联部门末梢机构岗位收入服务责任指标

1. 纵向协同营销

纵向协同营销主要是集团客户部和区域营销中心之间的协同。纵向协同营销具体包含以下内容。

（1）完善商机转化协同机制

1）建立和完善纵向重大商机共享机制，完善纵向商机共享平台，明确当地商机管理系统的信息填报和使用流程，明确填报、审核、跟踪责任人，实现基于商机系统的跨部门、跨地域营销协同和管控。

2）完善当地商机管理系统中涉及党政军、金融、大企业客户与中小企业、聚类客户和其他客户群的横向营销协同流程，明确横向协同的商机挖掘、统筹、协同、管控运作机制和接口，促进行业应用商机对聚类客户及其他客户群的拉动。

（2）强化渠道覆盖和协同营销

1）建立集团客户部对区域营销中心面向细分市场的专业化、矩阵式营销策划指导的管控机制，通过关联考核和派单营销，落实营销管控。

2）建立首席客户经理制。首席客户经理通过扁平化的业务流程，接受集团客户部行业经理的专业化指导和支撑，负责编制本地跨区域营销计划并牵头实施；负责牵头与归属在网格中的客户分支机构；客户经理建立信息共享、协同营销的客户销售小组。

2. 横向协同营销

横向协同营销要处理好电子渠道、大众客户经理、营业厅、社会渠道及客户端安装维护中心与区域营销中心的协同关系。

（1）电子渠道和区域营销中心

1）将公司电子渠道设立为集团和大众客户群分别服务的两个外呼班组。外呼经理与网格经理形成 1∶N 的协同营销方式。

2）在公司通过坐席延伸的方式建立外呼班组，班组内划分为集团和大众客户群分别服务的两个小组对应负责不同客户群的网格经理（含农村网格经理）。外呼经理与网格经理形成 1∶N 的协同营销方式。

3）完善外呼的目标客户分析挖掘、客户名单交接、外呼要求确认、外呼频次和效果管控等工作流程，实现销售经理与外呼经理协同下对网格内客户的无缝销售覆盖，包括主动营销、主动客户关怀、业务受理、投诉处理等。

4）提升外呼经理的协同营销数据挖掘能力。外呼经理根据网格经理协同营销需求和数据挖掘结果，开展针对性营销和宣传性覆盖工作，担当网格营销前期宣传的主要实施者和电话营销、移动客户端营销提升客户价值的主要开展者的角色。

（2）大众客户 VIP 经理和区域营销中心

大众客户部设立大众客户 VIP 经理与网格经理形成的协同营销方式，为落到网格属地的大众 VIP 客户做好电子和电话的维系关怀服务。

（3）营业厅和区域营销中心

1）根据业务类型，按标准规范建立分客户群服务的实体业务受理和支撑通道，如 VIP 专区或专席等。

2）根据公司和所属地区域营销中心近期营销要求，开展厅点宣传配合工作及受理处理工作。营业厅要成为营销宣传的阵地和触发式营销的主要开展者。

（4）社会渠道和区域营销中心

1）社会渠道以代办点形式就近服务各类客户，集团客户聚类、住宅密集区域以代办形式建立综合信息服务站，就近解决聚类客户的业务受理、缴费等服务问题。

2）社会代办点：根据公司和所属地区域营销中心近期营销要求，开展厅点宣传配合工作，作为营业厅业务受理处理的补充渠道。

3）综合信息服务站：综合信息服务站与网格经理形成的协同营销方式，根据网格经理近期营销要求，配合网格经理开展对应网格内客户关系协调、营销活动开展、业务促销宣传、业务预受理等工作。

（5）客户端安装维护中心和区域营销中心

客户端安装维护中心装维人员按网格大小及客户数量与网格形成1∶N的对应，维护经理负责对应数个网格的末端维护工作，对网格经理形成专业的维护支撑。

3. 网格与实体、电子、社会渠道、大众客户VIP中心的协同

网格与实体、电子、社会渠道、大众客户VIP中心的协同遵循以下原则：

1）管理集中于公司本部，销售服务于区域网格；

2）实体渠道应对应营业厅，协同就近受理服务区域；

3）电子渠道对应外呼经理，协同1+N与网格形式对应关系服务区域；

4）社会渠道对应代办点（综合信息服务站），协同中低端聚类密集区域（网格）；

5）大众客户VIP中心对应大众客户VIP经理，协同1+N与网格形成对应关系服务区域。

网格与实体、电子、社会渠道、大众客户VIP中心的协同模式具体如图3-17所示。

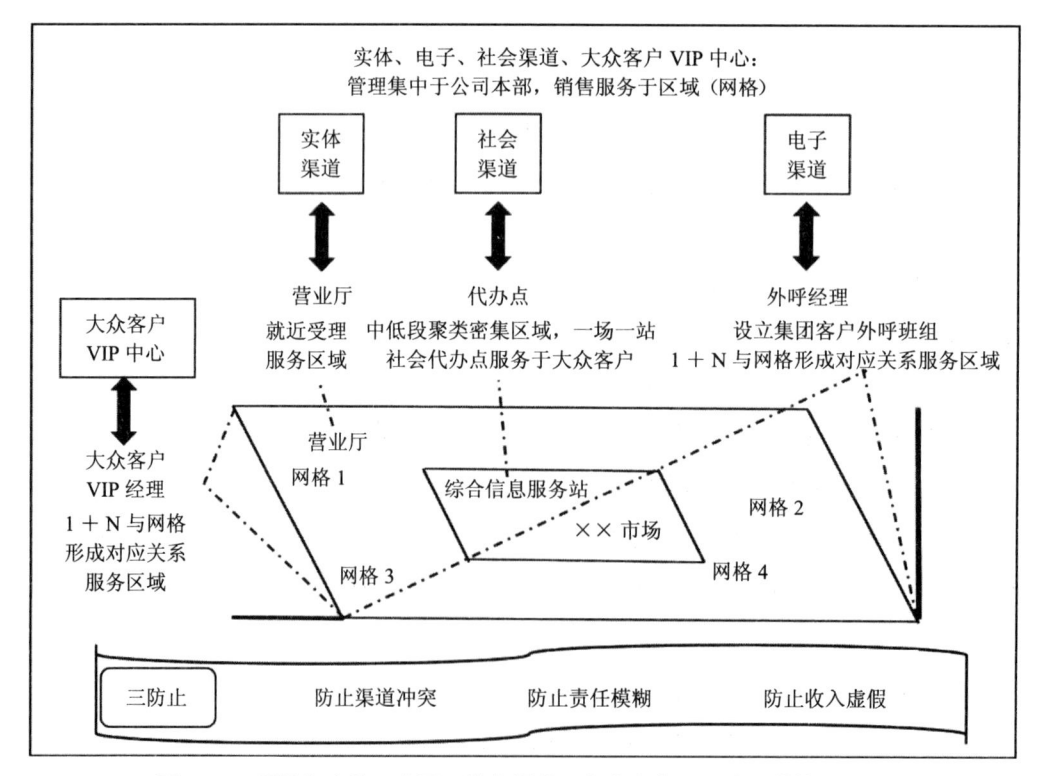

图3-17 网格与实体、电子、社会渠道、大众客户VIP中心的协同模式

从图 3-17 中可以看出网格与实体、电子、社会渠道、大众客户 VIP 中心的协同起到了三防止作用：即防止渠道冲突，防止责任模糊，防止收入虚假。

■ 案例——丁桥片区网格化营销体系建设的五点经验

江干分局览桥支局丁桥片区位于杭州城市东北角，位置较为偏远，与觉桥营业厅相距有半个小时的车程，方圆几公里范围没有电信营业厅。近年来，丁桥镇兴建了大量商住小区，在政府的大力扶持下，周边配套设施日益完善，交通也越来越便利，目前入住人口正在逐月递增。为了更好地为客户服务，江干分局今年与代理商合作，通过建立天翼专营店等形式，在丁桥片区提供驻点服务。采用了融合化管理的丁桥片区，各方资源得到有效整合，渠道经理、代理商、社区经理频频联动，在创建网格化营销新模式的同时，取得了良好的经营业绩。

江干分局丁桥镇营销网格目前有 1 个渠道经理（片区长），15 个代理商人员和 8 个社区经理，以渠道经理为龙头，与合作伙伴和社区经理组成小团队，俗称"1+N"模式。

由于充分利用了代理商的力量，区域内的营销力量迅速得到强化，与此同时，网格的社区经理也积极开展边际营销，装维人员只要有机会就会大力宣传和推荐电信产品。

为了提高边际营销效率，江干分局特别制作了社区经理口袋书。口袋书中选取了目前客户接受度最高且主流的两款电信 189 套餐内容，同时加入了电信宽带单产品内容，设计成三折页的小册子，每个社区经理人手一册，随时向客户进行宣传；融合化管理后，代理商与电信员工成为真正的一家人。网格内所有人员的全家福照片挂在天翼专营店的醒目位置上，让客户进店就能产生信任感，代理商人员也由此充满自信，融入了电信大家庭；代理商营业员、营业员与装维人员还组成小组开展劳动竞赛，提升营销积极性，片区周末组织的各类联谊活动，加深了合作伙伴和装维人员的感情。成为一家人后，装机工单、修障工单，一个电话就能通知到社区经理，不需要再通过 10000 号层层派单和转接，提升了固话和宽带的装移和修障速度。

案例分析：江干分局的网格化营销体系建设工作具有以下五大亮点。

1. 利用实体渠道聚人气

2013 年 8 月 18 日，丁桥惠兰雅路营业厅开张前，代理商投入大量人力、物力，精心组织了两天路演，分支局全力支撑，片区人员全部积极参与，两天就受理 3G 乐享套餐 150 件。营业厅开张当日，共受理 C 网手机 186 部。

2. 发展实体渠道成据点

发展实体渠道——天翼专营店成为网格化营销实施的据点，从而带动业务量稳步提升。自 8 月份丁桥两家天翼专营店同时开张至 10 月中旬，丁桥的宽带新增量达 593 件，套餐渗透率达到 43.79%。融合化管理后，网格内的修障历时和装机历时平均缩短了 20%，目前装机及时率和修障及时率都保持在 95% 以上。

3. 借力代理渠道拓业务

丁桥电信代理商原为联通代理商，2006 年开始为各家运营商做代理，经综合考察后，带着原班人马与电信展开合作。代理商实战经验非常丰富，他特别看好中国电信天翼手机的业务发展前景，加上很满意电信的全方位支撑，一口气就在丁桥开设两家天翼专营店。经验丰富、社会资源较多的代理商目前已成为中国电信业务发展最强大的助力。

4. 网格营销从社区出发

实施网格化营销后，社会效益显著。中国电信在丁桥开设天翼专营店，受到政府和百姓的好评。丁桥政府肯定中国电信积极接应政府工作，为丁桥居民做了实事和好事。当地居民也切实感受到了便利，同时天翼专营店积极参与社区的各种活动，融洽了企业与社区的关系。

5. 网格团队更有战斗力

网格化营销后，网格团队离客户更近，能第一时间获取竞争信息，应对瞬息万变的市场需求；同时也能做好客户保有工作，把篱笆扎得更紧。

从实体渠道的建设到代理渠道的合作，从提升全员的实战能力到制作营销工具，从社区路演到社区项目开发及社区关系营造，丁桥镇的网格化营销体系建设的经验值得推广。

第三节　网格营销策划及实施

网格划分的根本在于渠道下沉，客户细分，以便提供差异化的服务；实施网格营销的目的在于集中优势资源，做好项目开发，不断提升客户及市场价值。而网格的情况是千差万别的，呈现的需求也各不相同，因此需要企业针对网格的特性进行专门的营销策划，"一格一策"，精准营销。

一、网格营销策划的基本原则

营销策划是企业根据内外部环境的准确分析，以满足消费者需求和欲望为核心，借助科学方法与创新思维，有效地配置和运用自身有限的资源，实现企业预期目标的一种活动。

(一) 营销策划活动设计的闭环流程

从企业内部流程的角度来看，营销策划是融合诸多元素的系统工程，涵盖营销活动组织管理、方案内容、审批、执行、跟踪及效益评估等整个闭环过程。

营销策划管理内容涵盖营销策划的各个环节，如营销策划的组织管理、营销活动的设计原则、方案的编写、活动的审批、执行、跟踪、评估、存档及促销品管理等一整套闭环流程（见图3-18）。

(二) 营销策划活动的原则

营销策划活动应遵循的原则，既有普遍性，又有行业特性。

普遍性原则体现为，营销策划活动应遵守全局性、战略性、稳定性、权宜性及可行性原则。

其中，全局性是指营销策划要具有整体意识，从企业发展出发，明确重点，统筹兼顾，处理好局部利益与整体利益的关系，酌情制订出正确的营销策划方案。战略性原则是指营销策划是一种战略决策，将对未来一段时间的企业营销起指导作用。稳定性原则是指营销策划作为一种战略行为，应具有相对的稳定性，一般情况下不能随意变动。如果策划方案缺乏稳定性，朝令夕改，不仅会导致企业营销资源的巨大浪费，而且会严重影响企业的发展。权宜性原则是指任何一个营销策划都是在一定的市场环境下制订的，因而营销方案与市场环境存在一定的相互对应的关系。当市场环境发生了变化，原来的营销方案的适用条件也许就不复存在了。可行性原则是指营销策划首先要满足经济性，即执行营销方案得到的收益大于方案本身所要求的成本；其次，营销策划方案必须与企业的实力相适应，即企业能够正确地执行营销方案，使其具有实现的可行性。

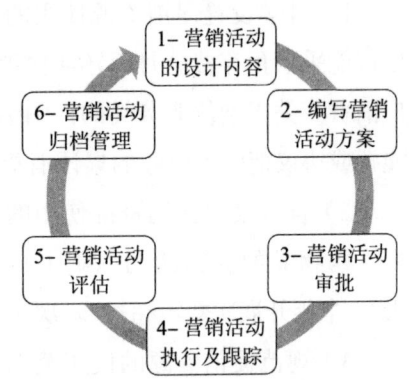

图 3-18 营销策划活动设计的闭环流程

下面以运营商为例，说明开展营销策划活动应遵循的行业特性原则。

1. 扩展性原则

1）针对客户。以客户发展规模大小为优惠条件，遵循"大网小优惠、小网大优惠"的原则。

2）针对消费额。以鼓励客户多消费为原则，采用消费数额越大越优惠的资费结构进行产品设计，合理设计价格阶梯。

2. 区隔性原则

1）针对消费量。考虑到低、中、高端客户的核心消费差异，本着"高 ARPU、多优惠，低 ARPU、少优惠"的原则设计产品。

2）针对消费属性。主要从社会属性、消费特点、工作特点、集团、功能等多角度进行细分，同时有效利用分时、分区、分门槛等区隔方式设计产品，多采用资费包，少体现单价。

3. 效益原则

1）科学设置促销资源使用的赠送比例。预存费、协议消费赠送促销品活动应尽可能采取预存费分月返还或协议承诺最低消费等方式延长客户在网时长、提升客户消费。关于增值业务类的促销活动，促销品的价值原则上不得高于该业务的月功能费或协议期内该业务的累计消费额。

2）合理设定促销资源使用的活动周期和活动次数。除预存费和协议消费赠送外，购物品的促销活动原则上持续周期不超过 × 天（如某移动运营商规定为 45 天），全年开展次数不超过 × 次（如移动运营商规定为 5 次）。

3）规范促销资源的使用范围和种类。对于预存费赠送和协议消费赠送的自有类促销品要统一确定使用范围和种类。促销品应优先选用自有产品或与自有产品相关性较强的产品，外购促销品要充分考虑对社会相关行业的影响。在促销活动开展前要与当地工商、物价、行业监管等部门做好沟通，取得相关主管部门的许可。用于抽奖类促销活动的促销品应符合工商部门的相关规定，价值不得高于 × 元人民币（如某移动运营商规定为 5000 元人民币）。

4. 品牌提升原则

营销活动应根据用户品牌设置相应的回馈额度、周期等充分体现品牌营销的原则，充分发挥营销活动对品牌的驱动作用，更好地体现品牌内涵。

5. 渠道匹配原则

营销活动设计时应根据业务办理的复杂程度、是否需要客户领取促销品等情况，充分发挥社会渠道，尤其是电子渠道的作用。

6. 闭环管理原则

营销活动的设计应从营销背景、营销目标和营销活动内容、时间、推广渠道、宣传、活动预算、费用列支、执行、跟踪、效果评估等方面进行全面闭环管理，以提高营销活动设计的科学性和有效性。

（三）网格营销策划的两个关键

网格营销策划除了遵循营销策划的基本原则外，更加重要的是要坚持"基于网格做预算、基于网格做策划"。

每个网格对应的网格资源不一样，竞争情况不一样，企业投入不一样，人力资源配备不一样……因此企业的预算、营销及网格资源的预算也会不一样，预算，特别是营销预算要基于网格的特性。

每个网格对应的客户群体不一样，每个群体的需求及特性不一样，每个群体的需求及特性对应的服务及产品不一样，每个网格面临的竞争对手不一样，因此，每个网格的营销策划方案必然要基于网格的特征。

"基于网格做预算、基于网格做策划"是网格营销策划的两个关键。

二、网格营销策划的组织管理

运营商营销活动的组织管理一般分省（区）公司、地市分公司两级，集团公司一般不参与实质管理，多数情况下仅以指导意见形式传达集团领导层的管理思路等。关于省市公司管理职责及内容，主要是基于营销活动管理的闭环流程、活动发起部门及活动支撑部门协同工作情况来界定。

网格层面的营销策划组织架构，一般分为公司层面及营销单元层面二级。

（一）公司层面

公司层面的营销策划又分为大众网格营销策划及集团网格营销策划。其中，大众网格营销策划交由大众网格营销策划团队（市场部＋营销支撑数据分析挖掘）负责；集团网格营销策划交由集团网格营销策划团队（政企客户部＋营销支撑数据分析挖掘）负责。

（二）网格单元层面

采用"分局、县分公司负责人——首席策划责任人"；"小区营销组织、政企营销组织——策划落地执行责任人"的模式。

三、网格营销策划的各级职责

（一）公司层面职责

1）基于特征网格细分客户类型的专业化销售场景梳理；

2）营销政策、宣传方式、营销组织模式及网格预算编制策划；

3）基于目标客户开展：数据挖掘、销售包装、营销脚本、营销流程设计等；

4）营销政策培训、营销效果跟踪；

5）知识库的建设及共享，以及营销过程的随机支撑；

6）基于网格预算完成的营销策划调整、优化和分批次营销策划组织。

（二）网格单元层面职责

1）营销执行过程的完善及优化；

2）营销过程中的信息反馈；

3）现场营销的宣传、组织及指导。

四、网格营销策划活动的实施步骤

如何有效地做到营销策划有创意、营销活动有计划、活动实施有流程、营销协同有默契，真正体现"一格一策"，提升网格营销的成功率，我们需要遵循网格营销策划活动的实施步骤（见图3-19）。

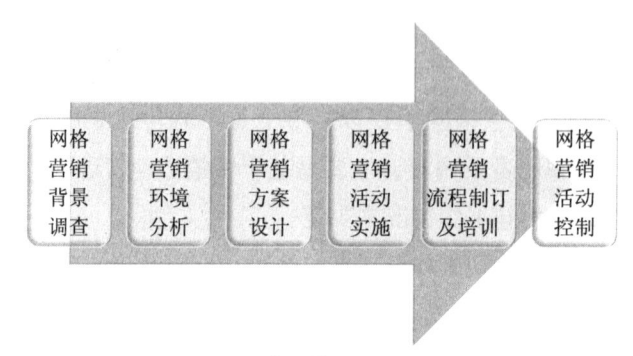

图3-19　网格营销策划活动的实施步骤

网格营销策划活动的实施步骤，遵循营销策划及实施的基本原则，包括网格营销背景调查、网格营销环境分析、网格营销方案设计、网格营销活动实施、网格营销流程制订及培训及网格营销活动控制这六个步骤。

下面，我们以A广电运营商采用网格营销策划来实施高清互动电视业务的推广实例说明网格营销策划活动的实施步骤。

A广电运营商高清互动电视业务的发展已有四年整。自2012年起，A广电运营商将发展高清互动业务作为经营工作的重中之重，四年来不断致力于完善互动产品质量、扩大用户规模、提升产品价值，业务发展速度越来越快。2013年底，A广电运营商开始"高清互动电视整体转换"活动，计划用两年时间将高清互动终端的渗透率提高到50%以上。

为此，A广电运营商遵循网格营销策划的基本原则，依据网格营销策划活动实施的六个步骤，制订了基于网格划分的高清互动电视业务的营销策划方案，"一格一策"，并通过由"客户经理+社区经理+外呼+营业网点"组成的网格团队实施营销活动。下面是其中的目标网格单元——B网格单元的具体营销策划及执行情况。

（一）网格营销背景调查

1.网格客户群介绍

目标网格——B网格区域内有2家汽车4S店，2个高档小区，1所职业院校，1所中学，1家大型百货超市，2个家电卖场……

2. 问卷调查

针对高清互动电视业务，发放调查问卷（分为前期问卷和不续费问卷），了解市场需求，筛选客户。（调查问卷详见工具运用）

3. 网格客户特征分析

通过对调查问卷的资料进行统计、分析及数据挖掘工作，结合公司的客户档案，给具备高清互动电视业务需求的网格内客户做出特征画像（详见图3-20），从而达到筛选客户的目的，以便集中优势资源，有的放矢。

主要群体	群体特征
家庭收入高	老板、管理高层为主要人群，热衷于高端可靠的产品，对于产品服务要求质量高，极具享受高端产品所带来的自满感和满足感，也是最愿意花钱享受生活的一个群体
有稳定收视习惯	工作比较休闲，或年龄偏大，或家庭主妇为主要人群，生活方式比较单一，但是热衷于利用电视来消磨时光的一个群体
有在其他平台上类似服务消费的经历	上班族为主要人群，工作繁忙，虽没有充裕的时间去享受产品，但服务型消费有助于他们在疲惫之间得到一丝舒适的解放，交互式高清电视业务所带来方便快捷和高质量的服务平台会让这一群体回家后身心愉悦
愿意在熟悉的平台上尝试新的产品/服务	他们不断追求好中更好的东西、高端之更高端的产品，他们永远不会满足现有的产品，他们渴望新的产品，更好的产品，更具有人性的产品，更高端的产品，他们是永不满足现状的一个群体

图 3-20　A 广电运营商高清互动电视业务客户画像

4. 网格渠道分析

B 网格营销渠道由三部分组成。其中，实体渠道有自营营业网点及代理网点；直销渠道有客户经理、社区经理及运维人员；还有外呼人员进行电话销售。

（二）网格营销环境分析

1. 整体分析

（1）市场特征

基于有线电视技术的高清互动电视业务的目标客户为20～50岁的中青年人群，但实际使用的客户群却以家庭为单位。电视客户的最低需求是收看电视节目，以及通过广电网络进行互联网连接或购买商品等增值服务。

（2）行业分析

全国各省广电运营商几乎都在通过高清整转、高清升级等活动，大规模推广高清或高清互动机顶盒，占领用户客厅、卧室，稳固现有用户规模，抢占市场。

（3）消费趋势分析

电视用户的传统消费理念仍然停留在低价消费电视服务的阶段，不太接受为电视内容付费的理念。即便是互联网视频网站也都实行免费提供视频内容来扩大用户规模，再以广告盈利的商业模式。因此，广电网络的电视业务目前只能靠捆绑宽带和时移回看等互动功能带动利润增长。

（4）销售状况分析

从A广电运营商发展高清电视业务以来，市场对高清电视的反应一直比较热烈。2014年推出高清互动升级活动以来，高清互动终端销售数量同比去年明显提升，尤其是高清电视和宽带捆绑的套餐，占高清升级套餐总销量的50%，以上说明高清、宽带存在较大的刚性需求。

2. SWOT 环境分析

A广电运营商高清互动电视业务 SWOT 环境分析如图 3-21 所示，具体内容如下。

S 优势	W 劣势
1）历史悠久 2）有一定的渠道体系支撑 3）产品"真高清、真保真" 4）比传统模拟信号电视清晰 5）电视频道多，节目源丰富 6）支持多种在线互动业务	1）收费价格高，经营方式不灵活 2）营业厅销售的走量较小，受配送限制，销售半径较小，缺少互动体验的专区 3）高清机顶盒的宣传没有突出与标清机顶盒的不同之处，客户服务效果差 4）推广投资大 5）运营模式互相冲突 6）公司内部效率低
O 机会	T 威胁
1）光纤网络密度最大、分布最广 2）消费者主张精神消费和绿色健康消费的观念 3）高清数字电视集体验、互动、高清为一体 4）市区内的网改高端小区占了大多数，而低端小区网改并没有多少人参与 5）电视市场规模在不断增大	1）IPTV 已经对用户免费，手机用户只需把宽带网络与手机卡捆绑，并且每月手机话费消费达 88 元，即可享受 4M 宽带上网和 IPTV 免费业务 2）同质化竞争态势 3）网络免费视频、网络互动体验社区 IPTV 的鲸吞蚕食和竞争 4）电视机厂商在其电视机已经配置了 PPPOE 微型端口，用户只需接入网线即可 5）高清电视节目内容匮乏，高清节目源短缺 6）高清数字电视机顶盒售价高昂

图 3-21 高清互动电视业务 SWOT 分析图

（1）A广电运营商的优势

➢ 历史悠久；

➢ 有一定的渠道体系支撑；

➢ 产品"真高清、真保真"；

➢ 比传统模拟信号电视清晰；

➢ 电视频道多，节目源丰富；

➢ 支持多种在线互动业务。

（2）A广电运营商的劣势

➢ 收费价格高，经营方式不灵活；

- 营业厅销售的走量较小，受配送限制，销售半径较小，缺少互动体验的专区；
- 高清机顶盒的宣传没有突出与标清机顶盒的不同之处，客户服务效果差；
- 推广投资大；
- 运营模式互相冲突；
- 公司内部效率低。

（3）A广电运营商存在的机会
- 光纤网络密度最大、分布最广；
- 消费者主张精神消费和绿色健康消费的观念；
- 高清数字电视集体验、互动、高清为一体；
- 市区内的网改高端小区占了大多数，而低端小区网改并没有多少人参与；
- 电视市场规模在不断增大。

（4）A广电运营商面临的威胁
- IPTV已经对用户免费，手机用户只需把宽带网络与手机卡捆绑，并且每月手机话费消费达88元，即可享受4M宽带上网和IPTV免费业务；
- 同质化竞争态势；
- 网络免费视频、网络互动体验社区IPTV的鲸吞蚕食和竞争；
- 电视机厂商在其电视机上已经配置了PPPOE微型端口，用户只需接入网线即可；
- 高清电视节目内容匮乏，高清节目源短缺；
- 高清数字电视机顶盒售价高昂。

3. 产品对比分析

根据市场反馈，选定高清互动电视业务的主要竞争业务IPTV，并从高清品质、特色频道、时移回看、资费优势、特色应用这五个方面进行产品对比分析，如表3-6所示。

（三）网格营销方案设计

依据4P营销策略，A广电运营商网格营销方案的设计简化为三大部分内容，即产品组合设计、宣传渠道设计及促销方式设计。

1. 产品组合设计

产品内容：真高清798元套餐，包含基本收视维护费、天华高清4套、高清体验频道、高清测试频道2套、3D测试频道1套等节目。

产品组合说明如下。

1）用户在进行标清换高清业务转换时，必须承诺使用一年，在使用完超过半年的高清资费补贴486元后，要视原来标清312元使用情况，补交余款。余款计算方式为：余款＝高清798元－486元－312元里面的标清剩余收视资费（每月减26元）。

表 3-6 高清互动电视与 IPTV（高清）对比分析

广电优势	产品对比	广电（高清互动电视）	电信（IPTV 高清）
高清品质	高清分辨率	1920×1080 分辨率	1280×720 分辨率
	高清画质	1080P（全高清）	720P（高清）
	高清频道	10 套高清免费 +6 套高清付费 + 自办高清 +3D 频道	11 套
	带宽	高达 2G 带宽，观看多路高清频道	12M 带宽，只能观看 1 路高清
特色频道	标清频道	不低于 55 套标清免费 + 多套标清付费	67 套
	粤语频道	直播所有主要本地和境外频道，如本地新闻、南方卫视、翡翠台、本港台、凤凰卫视、澳亚卫视等	除本地卫视外没有直播本地和境外频道
	3D 频道	有	没有
时移回看	时移回看频道	60 套频道（15 套高清 +45 套标清）	78 套频道（11 套高清 +67 套标清）
	时移时间	4 小时时移功能	2 小时时移功能
	回看时间	7 天回看	3 天回看
资费优势	单项资费	待定	一年 360 元（送 3 个月，相当于 24 元 / 月）
	安装费		￥360 新装用户安装费 =（￥210 安装费 + ￥150 Modem）；￥220 现有宽带用户安装费（安装费 +Modem）或自带 Modem ￥100 安装费
	高清互动机顶盒	780 元	预存 360 元高清 IPTV 资费一年，免费租用机顶盒；若退订，预存款不予退还，抵高清机顶盒费用
	套餐优惠	待定	方式 1 捆绑业务（高清 IPTV+12M 宽带 + 手机费 600 分钟时长 + 固话月租）：224 元 / 月（219 元 +5 元手机七彩铃音）；要求签约 2 年、预存 800 元手机话费，24 个月返还（送手机优惠券买手机），银行代扣用户，2 年总资费 6176 元 方式 2 必须跟 12M 或以上宽带捆绑，需预存 360 元，每月返 30 元 IPTV 资费，活动仅限已入网 3 个月以上的客户
特色应用	增值产品	游戏娱乐、资讯 360、证券财经、电视购彩、电视银行、电视阅读	互动游戏、33 个聚场、卡拉 ok、天翼相册、NBA 专区、首映专区（院线同步的电影及电视剧，需付费点播）

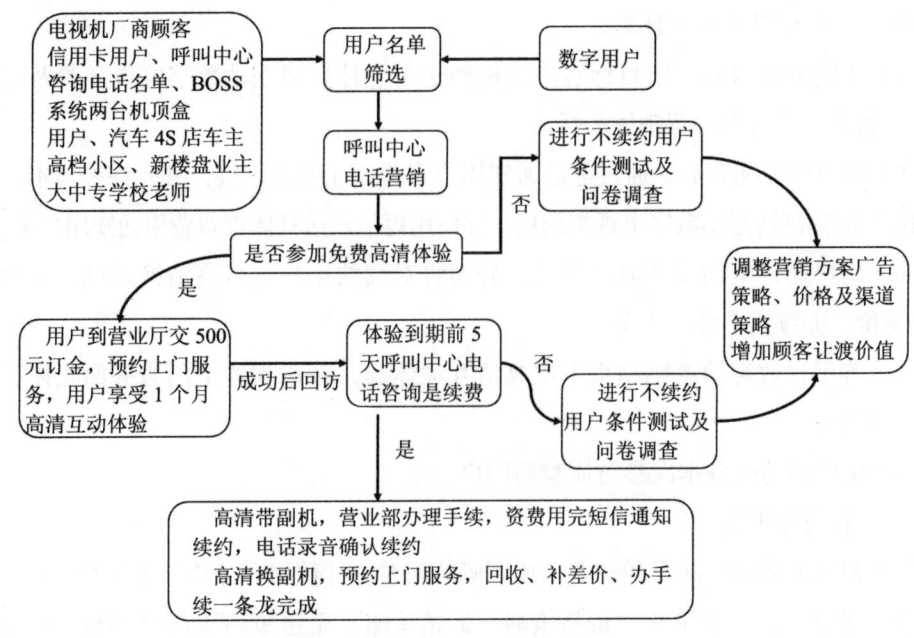

图 3-23　呼叫中心电话营销流程

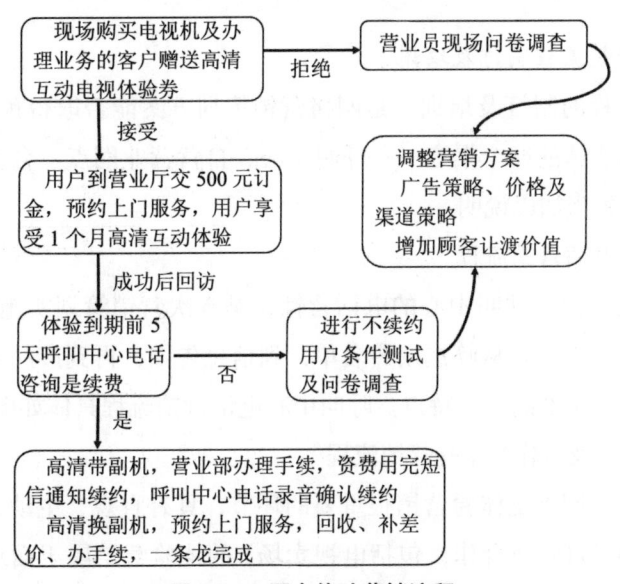

图 3-24　网点体验营销流程

社区经理体验营销流程的简要描述见图 3-25。

4．产品功能及话术掌握

高清互动电视业务的功能及特性，与竞争对手相对的优势、差异，这些都是每一位参与营销工作的人员应该掌握的。在此基础上，还应该将产品的功能及特点表达为用户的收益，编写成营销话术，人人过关，实战模拟，方能提升体验营销的成功率。高清互动电视业务的功能及"一句话"营销话术详见表 3-10。

金499元,取得机顶盒去体验;

4)实施电话营销,向目标客户主机赠送1个月高清互动数字电视套餐及付费节目,副机不参与本次营销体验活动;

5)用户体验期到后,通过电话通知用户到营业厅办理手续,并允许参与本次体验的用户家庭高清互动数字电视带副机,并使用短信发送具体资费费用通知用户续约;

6)用户通过电话录音确认续约,公司将对续约用户进行高清换副机、预约上门补差价、办续约手续等服务;

7)若用户放弃续约则结束本次高清互动体验,公司预约上门服务回收体验使用的机顶盒;

8)电话回访部分本次参与体验的用户。

4.营销方案调整

1)根据电话回访结果和初期市场调研的问卷统计数据,分析并重新统计;

2)对原有的广告策略、价格策略、促销策略、渠道策略等部分调整,增加顾客让渡价值。

(五) 网格营销流程制订及培训

网格营销流程的制订及培训,是网格营销策划方案能否取得预期效果的关键。下面分别以营销实施的四个渠道——呼叫中心、自营营业网点、合作营业网点、社区经理的营销流程来加以说明。

1.呼叫中心电话营销流程

从某个意义上说,呼叫中心的电话营销,是本次营销策划实施的起点和终点,规范其流程,意义重大。从筛选用户名单,到信息告知,再到产品咨询、营销,都体现了网格化营销精准的这一特点。呼叫中心电话营销流程具体如图3-23所示。

2.网点(自营及合作)体验营销流程

实体渠道——网点是体验营销很重要的环节,具有直观、主动、快捷、高效等特点。营业网点(自营及合作,包括电视卖场)的体验营销属于面对面、阵地营销的范畴,我们在《网点产能提升之道》一书中,曾专文介绍了针对营销的七步法,这里不再赘述。

网点(自营及合作)体验营销流程的简要描述见图3-24。

3.社区经理体验营销流程

社区经理(包含代理人员)主动出击,深入社区用户家中,面对面进行产品及服务宣传,邀约客户体验,与呼叫中心、网点渠道形成全渠道覆盖,并将用户的意见及市场情况及时收集反馈,以便及时调整营销策划方案。

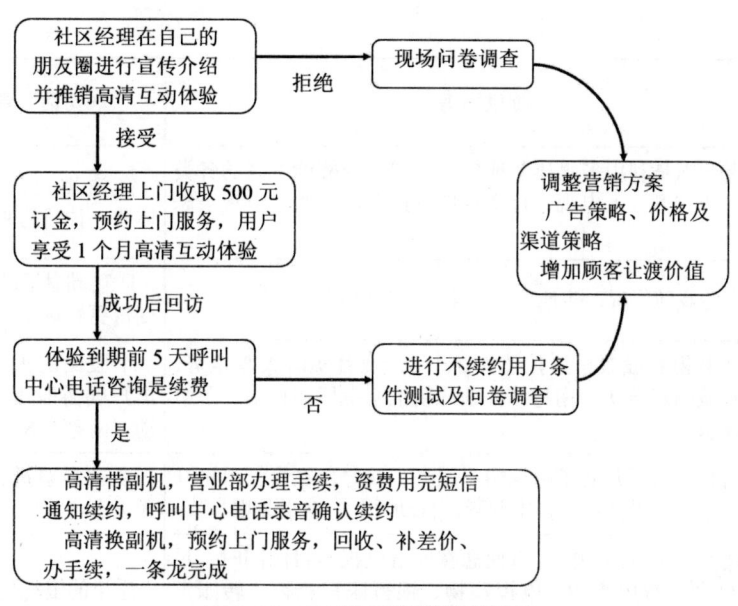

```
┌─────────────────┐
│ 社区经理在自己的 │         ┌──────────┐
│ 朋友圈进行宣传介绍│──拒绝──→│现场问卷调查│
│ 并推销高清互动体验│         └──────────┘
└─────────────────┘                │
         │接受                      │
         ↓                          ↓
┌─────────────────┐         ┌──────────────┐
│社区经理上门收取500元│       │ 调整营销方案  │
│订金，预约上门服务，用户│      │广告策略、价格及│
│享受1个月高清互动体验│       │渠道策略       │
└─────────────────┘         │增加顾客让渡价值│
         │成功后回访                └──────────────┘
         ↓                          ↑
┌─────────────────┐         ┌──────────────┐
│体验到期前5天呼叫  │──否───→│进行不续约用户条│
│中心电话咨询是续费 │         │件测试及问卷调查│
└─────────────────┘         └──────────────┘
         │是
         ↓
┌──────────────────────────────────┐
│高清带副机，营业部办理手续，资费用完短信│
│通知续约，呼叫中心电话录音确认续约     │
│  高清换副机，预约上门服务、回收、补差价、│
│办手续，一条龙完成                   │
└──────────────────────────────────┘
```

图 3-25　社区经理体验营销流程

表 3-10　高清互动电视业务的功能及"一句话"营销话术

产品功能	提供服务	"一句话"营销话术
广播电视	提供包括不少于 55 套基本频道、付费频道、音频广播、准视频点播、电视节目指南等业务，在内容上还增加了多套高清频道，其中包括 CHC 高清电影、CCTV 综合高清等频道	给用户提供"高清机顶盒＋高清电视机＋高清节目源"的真正高清视觉享受
高清电视	16：9 细腻画质拓宽你的视觉感受，5.1 声道还原最逼真的听觉效果	身临其境般的震撼体验，一切来自 U 互动高清——你的私人影院
电视时移	电视节目不会再错过，4 小时前节目任你操作，想停就停，想退就退！还可以自由选择精彩时段	真正让你做电视机的主宰者！
电视回看	昨天的电视今天看，晚上的电视早上看，好看的节目重新看，让精彩不再错过。在"电视回看"状态下，你可以选择 7 天内任意节目，暂停、快进/快退	这就好比拥有一个"时光机"，颠覆传统收视习惯，精彩不再错过
互动点播	海量节目不断更新，种类丰富随你点播，3D 大片、高清电影、连续剧、动画片、纪录片	随意点随心看，满足一家人不同的需要
3D电视	《中国 3D 电视试验频道》是我国首个立体电视节目综合性试验频道，频道内容主要包括动漫、体育、专题片、影视剧、综艺等类型的 3D 电视节目，以及重大活动的现场转播（如春晚、伦敦奥运会等）的 3D 信号播出	足不出户现场看伦敦奥运
资讯360	比价钱，查交通，寻美食，找工作，便民服务给你提供全方位的信息服务。只需点资讯 360 便民服务，电视机前就能轻松掌握，不用翻报，不用上网	U 互动便民服务——您的贴身小管家

续表

产品功能	提供服务	"一句话"营销话术
电视阅读	电视杂志是利用多媒体呈现技术，把大众阅读率高的各类平面杂志"搬"上电视，让您轻松点播自己喜欢的电视杂志来阅读	高清浏览，绿色环保，体验一种新的阅读方式
游戏娱乐	丰富游戏随你玩，斗地主、推箱子、打麻将	U互动休闲娱乐，让家变得更好玩
证券财经	打开电视看股票！遥控器按3个8，观看实时大盘走势，收听权威财经分析。南粤888助您精准掌握股票行情，了解股市动态	小股民的大户室，足不出户畅游股市，尽在U互动"南粤888"
电视购彩	彩民朋友只要开通了电视购彩服务，就好比在自己家里开设了一个彩票投注站，自主购彩，自动兑奖，自助划账	幸运彩票进家门，幸运天天有
电视银行	实现网上银行的功能，方便您在欣赏电视节目的同时，足不出户享受费用缴纳、电视购物、银行账户查询、转账汇款、投资理财等现代金融服务	家里的银行自助终端

(六) 网格营销活动控制

1. 控制方法

1）每月或每季度详细检查目标的达到程度，然后向企业做反应；

2）对目标进行重新分析，及时找出未达到的项目和原因所在，并加以修改和更正；

3）利用经营理念、整体组织、信息流通渠道的畅通情况、战略导向和工作效率等评价方案，对整体的策划方案进行评估。

2. 应急计划

（1）广告策划

相对来讲，综合各方面因素，显示器背卡和电梯广告的成功率不会很高。一旦广告投放不成功，可将显示器背卡和电梯广告转为小型媒介的广播广告。根据广告市场的投放价格，进而具体考虑广播广告的投放情况。

（2）终端销售模式受阻

如果企业在各大商场的投放的成功率不是很高，或者占据不到较有优势的陈设位置的话，企业可以放宽投放价格和销售量的提及率，尽量将前期的工作做好，也是为以后的进一步发展打下良好的基础。

（3）其他竞争者给体验营销模式带来的压力

在步行街这种繁华的地带，各个企业之间的竞争压力也比较大。这时公司可通过各种新颖的促销活动，来提高对顾客的吸引程度。

3. 分解任务

以 11 月 1 日前为期限，若任务在期限内未能完成，则把任务分解到各个部门，由各个部门独自完成；截止 12 月 1 日，对完成任务的部门予以奖励，对未完成任务的部门予以一定的考核。

4. 奖励办法

1）用户开通高清机顶盒业务，用户部必须为全部用户上门安装高清机顶盒，并教会用户使用，客服中心必须电话回访全部用户；

2）营业部人员营销成功，收款并办理银行推手手续，按每台多少元的比例奖励营业部，下单给用户部人员上门安装，按每台多少元的比例奖励用户部；

3）客服中心人员电话营销成功，按每台多少元的比例奖励客服中心，下单给用户部上门收款、安装，按每台多少元的比例奖励用户部；

4）其他部门人员利用业余时间营销成功，并且收款，按每台多少元的比例奖励个人；由营业部下单给用户部上门安装，按每台多少元的比例奖励用户部；

5）用户部人员上门营销成功，并且收款、安装，按每台多少元的比例奖励用户部人员。

从上述案例分析可知，抓住网格营销策划活动实施的六个步骤，能解决网格营销的有效性问题。"一格一策"的操作，如同我们在《网点产能提升之道》一书中介绍的网点"一点一策"，都是基于对用户需求足够的重视并考虑到自身资源的特性，而通过由"客户经理＋社区经理＋外呼＋营业网点"组成的网格团队，针对大众用户实施的营销活动，体现了网格营销的精准与协同营销的特点，这也充分说明了网格营销区别于传统营销的优势。

第四节　大众客户网格化精准营销

我们先来看一个某运营商面向大众客户实施网格化营销的案例，如表 3-11 所示。

表 3-11　某运营商面向大众客户实施网格化营销

		高、中档小区	合作分成小区	中、低档小区		开放型社区
宣传规范	日常	电梯、物业、停车场；短信、互动电视等		中档小区	电梯、物业、停车场；短信、互动电视等	铺天盖地低成本擂台式宣传
				低档小区	铺天盖地低成本擂台式宣传	
	活动	依托物业、3G 演示、翼机通、ITV 演示		中档小区	依托物业，进行 3G 演示；现场摆放帐篷、桌椅、横幅、ITV	帐篷、桌椅、横幅、ITV
				低档小区		

续表

	高、中档小区	合作分成小区	中、低档小区	开放型社区
营销规范	直销+渠道协同	发展开发商及物业作为销售代理，建立代办、代维合作	分局业务指导、代理商"一驻点、两上门"	分局业务指导、承包商"营维合一"
职责分工	驻地网经理：网格经理第一责任人，竞争应对、小区营销、网点支撑	驻地网经理：网格经理第一责任人，竞争应对、小区营销、网点支撑	营销中心主任：负责对小区代理的培训督导及日常工作安排	分局：培训、数据清理、支撑帮扶、宣传管理、政策支撑响应
	小区物业：信息提供、宣传便利、业务代理	维护经理：信息搜集、随销、线路守护	维护经理：信息搜集、随销、宽带续费	承包商：守区、业务发展、存量保有、装移机、资源看守、服务投诉处理
	装维经理：服务随销、营销融合及支撑	装维经理：服务随销、营销融合及支撑	装维经理：服务随销、营销融合及支撑	装维经理：服务随销、营销融合及支撑
	电子渠道：对应网格营销、特定销售品推广	电子渠道：对应网格营销、特定销售品推广	电子渠道：对应网格营销、特定销售品推广	电子渠道：对应网格营销、特定销售品推广
	网格专营厅：下沉网格、支撑业务发展及团队营销		网格专营厅：下沉网格、支撑业务发展、坐店营销、服务随销、团队营销	网格专营厅：下沉网格、支撑业务发展、坐店营销、服务随销、团队营销
营销周期	一周一次或按割接和升级时间		中档：每周2~3次常态化营销	安排人员驻点营销	安排人员驻点营销

从该案例的表格中可以看出，该运营商将客户分为集团客户及大众客户。其中大众客户又根据客户群的网格特征及小区的实际情况（地理位置、管理模式、客户群特性等）划分为高、中档小区，合作分成小区，中、低档小区和开放型社区，该运营商针对不同特点的网格，在宣传规范、营销规范、职责分工、营销周期上采用不同的策略及方法，既系统又具有实操性，真正体现了"一格一策"，真正体现了针对大众客户要实施精准营销，这将极大地提升网格营销的成功率。

一、精准营销的基本认知

莱斯特·伟门于1999年提出了精准营销的概念。他对精准营销的定义是：以客户为中心，建立客户资料库，然后通过科学分析，确定可能购买的客户，从而为其制订出一套操作性强的销售推广方案，同时为厂商提供对客户的追踪服务。

莱斯特·伟门只是给出了精准营销最为简单的方法，而精准营销在之后的发展中，伴随着行业应用空间的逐渐扩展，开始有了更为鲜活而又泛化的内涵，网络技术为精准营销提供支持。现代社会的网络技术发展速度很快，消费者在网络中获取信息占比很大。信息数据库和网络传媒正是精准营销的两大技术。计算机技术的发展让很多的营销模式变成了现实。精准营销的核心要素就是通过对客户的信息分析处理，确定营销模式的具体对象。通过定量和定性的结合方式分析消费者，设计出有针对性的策略，实现营销模式效率提高的根本目的。

精准营销的应用场景大致分为以下三类。

(一) 基于互联网的精准营销

此种方式多半是通过企业的门户网站，通过网络点击与浏览次数来统计和分析消费者的消费心理、消费行为，企业根据这些分析结果再去制订具有针对性的营销方案。这种方式在目前运用得较多，随着时代的进步，互联网技术也在不断地创新和丰富，目前较为流行的如关键词搜索、广告、博客、来电广告等。

(二) 基于数据库的精准营销

企业可以通过现有的社会信息数据库，比如邮政黄页、社会保障系统以及其他中介机构筛选自己需要的数据。还有一种比较长期的方式是自行建立数据库，传统建立数据库的方式包括邮件直复、呼叫中心和短信。这种方式在企业初期不易达成，另外数据库还需要适时更新。

(三) 基于第三方的精准营销

对于无法直接定位找到目标消费群体的企业可以通过同行业的相同企业找到潜在客户，这类企业通常是指非竞争企业，比如运营商。这样，就可以借助第三方很好地进行精准营销。

二、网格精准营销的三种方式

精准营销是提高大众客户网格化营销的成功率的重要保障。精准营销运用大众客户网格化营销的具体方式分为：基于科学预算的精准营销、基于数据分析的精准营销及纵横结合的精准营销。

(一) 基于科学预算的精准营销

1. 存量收入和客户信息精准到网格单元

基于现有系统，结合客户资料清查，将存量收入和客户基础信息定位到网格单元，确定每个网格单元的预算基数。

2. 市场空间信息细化到网格

汇集网格单元基础信息，以网格为单位建立网格内的市场空间信息，形成细化到网格的区域市场空间信息库。

3. 预算精准到网格单元

基于网格进行产品、客户、地域等多维度的预算，精准到每个网格的收入预算，并层层汇集形成区域营销中心以至公司的预算。

通过上述步骤制订的营销预算、营销目标，充分考虑了网格单元的特性，因而能为网格精准营销提供支撑。

(二) 基于数据分析的精准营销

基于数据分析的精准营销，首先应明确数据分析中心的派单方式：即采用派单给区域负责人，再由区域负责人分解到对应网格及网格单元；或采用直接派单给电子外呼渠道的工作人员，开展外呼营销，其他岗位协同。

1. 在公司前端设立数据分析中心

第一，基于系统支撑，进行数据挖掘；

第二，整合数据，分析客户需求；

第三，下发针对性派单；

第四，对派单营销进行效果评估。

2. 闭环派单流程

基于数据分析的精准营销采用闭环派单流程（见图3-26）。

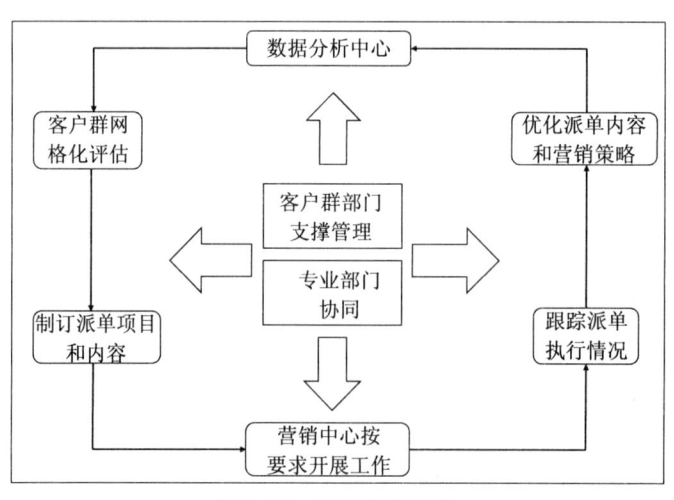

图3-26 闭环派单流程

即首先由数据分析中心将数据传送给网格各客户群评估，评估后由各客户群制订派单项目和内容，营销中心将各客户群发来的派单按要求开展工作，并跟踪派单执行情况，执行后再优化派单内容和营销策略，提交给数据分析中心进一步完善，整个过程由各客户群部门支撑管理，专业部门协同完成。

(三) 纵横结合的精准营销

1. 纵向精准营销

行业客户以纵向商机系统穿透带动营销策略统一和营销服务协同，具体要点包括：

1）完成区域内统一纵向商机系统向公司的延伸和综合信息服务站的穿透；

2）基于穿透的商机系统实现对公司行业客户营销服务的管控与激励；

3）统一平台，强化末梢商机的挖掘和转化。

聚类客户以营销活动和管控激励穿透带动营销统一策略的落地，要点包括：

1）市场部行业团队接应网格客户经理的策划并转化为统一营销活动，配套统一激励政策；

2）统一组织营销活动的落地实施，落实责任人与目标，统筹区域专业化支撑；

3）分解细化营销目标，组织实施营销拓展行动。

2. 横向的精准营销

1）基于区域的多渠道协同、前后端协同、客户（直销）经理团队协作；

2）注重多渠道协同，比如采用"销售团队+电子外呼+现场受理"的协同方式；

3）注重前后端联动，比如重视数据挖掘与派单支撑、资源保障与调度支撑、业务开通与维护保障等方面的前后端联动。

案例：针对大众客户"四位一体"的网格营销协同模式（见图3-27）。

大众客户"四位一体"的网格协同营销模式是在营销策划先行之后的营销承接执行策略。

"四位一体"是指以大众网格经理为主体，电子渠道、实体渠道、社会渠道、装维经理四个渠道进行的协同营销。

构建大众客户"四位一体"网格营销协同模式的关键在于明确责任主体，顺畅协同流程，考核、激励到位，IT支撑到位，通过实战不断提高协同默契。

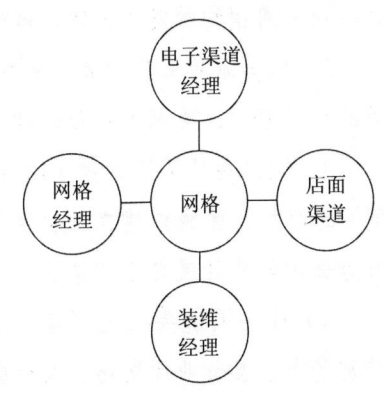

图3-27 大众客户"四位一体"模式

涉及的各个岗位职责可用"抓起来、动起来、走出来、融进来"概括。

（1）网格（直销）经理"抓起来"

1）负责网格包区内的收入和业务发展。

2）负责指定网格的市场信息收集，包括驻地网信息、客户信息、竞争信息等，负责建立四类空间信息库。

3）负责网格包区的营销策划和组织，负责网格包区内的宣传，确保产品和促销活动宣传进小区、进楼道。

4）负责网格包区内的社会渠道（社会代理代办门店）拓展，加强网格包区渠道覆盖，支撑和帮扶社区渠道的业务发展。

5）负责网格包区内驻地网的运营管理。负责驻地网小区的竞争应对，负责流失楼盘的反抢；负责驻地网小区运营的日常管理，负责指导合作方开展指定区域的营销和服务。

6）负责承接本网格各类营销派单，或对承接工作进行组织安排。

（2）电子渠道"动起来"

1）负责承接营销派单的电子营销，电子营销经理必须对应到经营单元和网格，对口承接各类电子营销派单任务。

2）负责对口营销单元和网格的业务宣传、存量维系、客户价值提升和以价值提升为目标的分批次的营销执行。

3）负责需要协同的意向营销单的派单。

4）负责电子营销脚本的优化和电子营销的过程管理，不断提升协同营销效率。

5）负责现场营销活动的宣传预热。

（3）店面渠道"走出来"

1）做好服务随销（坐店营销）。要利用客户缴费、办理业务或咨询服务的机会开展业务随销和触发式营销，做好终端上柜和终端引领销售。

2）做好派单营销（请进来营销）。要做好目标用户的针对性外呼营销或营销派单的跟进营销，要利用自身人脉资源和地理优势，邀请客户进店营销。

3）做好现场团队营销（走出去营销）和上门营销。要做好自主营销活动（非协同）的组织，区域内建立社会渠道为主体的社会直销队伍，充分调动社会渠道的人脉等资源优势开展自主营销。

4）社会渠道要立足网格、依托网格建点，实现社会渠道对网格的有效覆盖，特别是市、县营业厅卖场化改造引入的代理商，一定要负责部分网格的有效覆盖。

（4）装维经理"融进来"

1）承接营销派单，负责网格经理或电子渠道营销派单的上门跟进营销。利用能上门与客户进行面对面营销的自身优势，重点要做好未及时续费宽带客户的攻坚营销。

2）做好业务随销。要利用装维上门服务的最佳时机开展业务随销和信息收集（拆机挽留与原因收集、离网流向、竞争动向）。

3）参与团队营销。要积极参与和配合网格经理开展现场团队营销，协助网格经理一起开展上门营销或服务、小区宣传等工作，做好现场营销现场开通工作。

4）负责信息收集，负责指定网格的市场信息收集，包括驻地网信息、客户信息、竞争信息等，负责建立四类空间信息库。

（5）"四位一体"的协同营销流程。

在规范了网格经理、电子渠道、店面渠道、装维经理的职责后，还应对其协同营销的流程进行梳理，如图3-28所示。

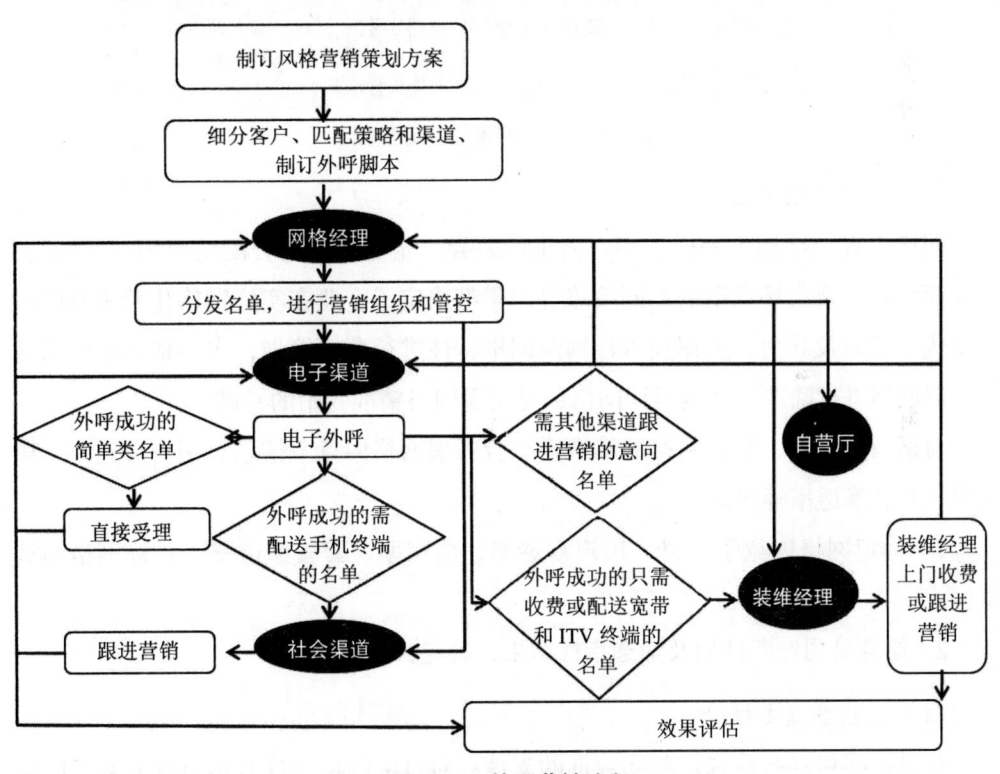

图 3-28　协同营销流程

三、网格精准营销的五个步骤

为加强网格的常态化精准营销，我们必须全面梳理网格营销业务流程，规范设计网格团队采用外呼营销、网点营销、上门营销、现场促销等各类营销模式时的协同流程；同时创意营销策划，强化营销活动总结环节的信息反馈、数据分析管控工作，加强对活动效果的评估，以此提高网格营销整体运作效率。

网格营销的五个步骤（图3-29）是指目标网格筛选、营销数据支撑、营销计划安排、营销过程管理和营销效果评估。

步骤一	步骤二	步骤三	步骤四	步骤五
目标网格筛选	营销数据支撑	营销计划安排	营销过程管理	营销效果评估
1）确定网格内竞争信息、用户渗透率、离网率、套餐渗透率等目标网格筛选指标 2）结合公司经营计划及筛选指标确定目标网格	1）开展网格特征及营销情况、竞争者情况、目标客户消费数据等分析 2）进一步了解消费行为、筛选目标客户，确定客户需求，为营销策划方案的制订好数据支撑	1）针对目标网格，综合营销商机，统筹制订每个目标网格营销时间、营销团队、宣传方式、营销政策等 2）发起营销流程，针对目标网格，设计短信、外呼宣传、网点体验、网格经理上门等多渠道整合的营销计划	1）按照统一布置做好流动车、物品、设备等支撑 2）现场受理用户，用户反馈信息和竞争信息、现场活动照片等上载系统记录 3）建立现场活动巡查制度，对现场活动和员工表现评分考核 4）对于突发事件的处理有预案	1）对比预期目标，进行营销效果评估 2）分析营销活动现场活动中、现场活动后两周业务发展效果 3）每月对上月组织的营销活动进行月评估 4）及时组织复盘，总结经验、树立标杆

图3-29　网格精准营销五步骤

（一）目标网格筛选

网格内客户结构不一样，客户需求的差异、企业资源的分配情况不一定均衡，企业面对客户及市场竞争的不同策略等因素都决定了企业在实施网格化营销时应该集中优势资源及兵力，根据经营计划及网格特性进行营销策划，实施精准的营销活动。对网格进行筛选，确定目标网格，是实现网格精准营销的基础。

对运营商而言，目标网格的筛选需综合考虑网格内竞争信息、用户渗透率、离网率、套餐渗透率等指标。

1）确定网格内竞争信息、用户渗透率、离网率、套餐渗透率等目标网格筛选指标；

2）结合公司经营计划及筛选指标结果，确定目标网格。

（二）营销数据支撑

对目标网格进行筛选，需要数据的支撑；对目标网格设计营销策划方案，同样需要数据的支撑，从IT时代进入DT时代，数据是企业最重要的资源之一。

网格营销中，数据的来源是多样的。从渠道上来讲，有实体渠道、电子渠道、直销渠道等；从内容上来讲，既有自身的数据，也有竞争对手的数据；既有简单的客户资料、消费情况记录，也有深层次的客户需求分析等。

通过对网格特征的分析，结合以往的营销情况、竞争情况分析，仔细分析目标网格客户的消费数据等，进一步了解消费行为，从而为针对性的营销策划奠定基础。

1）开展网格特征及营销情况、竞争情况、目标客户消费数据等分析；

2）进一步了解消费行为、筛选目标客户、确定客户需求，为营销策划方案的制订做好数据支撑。

（三）营销计划安排

不同的时间节点，网格内客户及市场呈现的需求是不同的。企业也会根据自己的经营节奏，综合营销商机，统筹制订每个目标网格的营销时间、营销团队、宣传方式、营销政策等。

营销计划的安排，可以对比分析历史数据，按月、按季、按年编排。

1）针对目标网格，综合营销商机，统筹制订每个目标网格营销时间、营销团队、宣传方式、营销政策等；

2）发起营销流程，针对目标网格，设计短信、外呼宣传、网点体验、网格经理上门等多渠道整合的营销计划。

（四）营销过程管理

营销过程管理主要体现为对营销过程中的"人、事、物"的管理。简而言之：

1）按照统一布置做好流动车、物品、设备等支撑；

2）现场受理用户，用户反馈信息和竞争信息、现场活动照片等上载系统记录；

3）建立现场活动巡查制度，对现场活动和员工表现评分考核；

4）对于突发事件的处理有预案。

（五）营销效果评估

企业应重视营销效果的评估工作，没有效果评估，就不可能有高效的网格营销：

1）对比预期目标，进行营销效果评估；

2）分析营销活动现场活动中、现场活动后两周业务发展效果；

3）每月对上月组织的营销活动进行月评估；

4）及时组织复盘，总结经验、树立标杆。

四、网格精准营销 7 天营销法

网格 7 天营销法是网格精准营销的 5 个步骤的具体实施。如果对应为一周，则为 7 天营销法，如果对应为 30 天，则为 30 天营销法。因此，这里我们强调的是营销工作的连贯性。所谓"简单的事情重复做，重复的事情专心做"。

网格 7 天营销法（见图 3-30），顾名思义是按照周进行的营销活动，通过对一周中的每一天制订具体的营销内容，强化网格营销规定动作，保障网格营销效果。

项目内容	时间节点						
	周一	周二	周三	周四	周五	周六	周日
工作内容	1）开周计划宣贯布置会 2）准备物料、营销派单	1）提供支局需要的数据派单、物料支撑 2）开展平时的小区贴牌、外呼或营业厅驻点、现场工作	1）与市容、物业协调周末现场地点 2）开展平时的小区贴牌、外呼或营业厅驻点、现场工作	1）进现场的小区贴牌、外呼或营业厅驻点 2）安排周末现场的外呼	外呼周末现场	现场活动	1）现场活动 2）下午上报战果、将系统内活动流转至结束
预期目标							
达成目标							
原因分析							
策略优化							

图 3-30　网格 7 天营销法

网格 7 天营销法还强调通过营销的基础管理，针对营销的效果展开评估，对于预期目标与实际达成之间的原因及策略优化进行总结。

"一格一策"、精准营销是大众客户群实施网格营销的核心所在，坚持网格精准营销的步骤及 7 天营销法，将为企业树立最后 10 米的核心优势。

第五节　集团网格的顾问式营销

网格化营销在企业的推行，往往都是从大众客户市场试点开始的。

从引进网格化营销理念，构建网格化营销体系，实行网格精准营销及协同营销，到树立专业化和地域化相结合的立体网格包区，实现从过去的"包客户"向"包市场空间"的战略思路的转变，实效证明，企业利用网格化服务细分现有大众客户市场，能使企业更加贴近一线用户，了解客户实际需求，进一步提高客户感知，大众客户营销获得了良好的效果。

一、集团客户营销的工作现状

虽然网格化营销在大众客户市场取得了不错的成绩，也积累了不少经验，但易道咨询在为企业提供营销咨询服务时还是发现：与大张旗鼓地在大众客户市场实施网格化营销不同的是，集团客户的营销工作依旧是"三板斧"，呈现出以下与市场及用户需求不同步的特点（见图 3-31）。

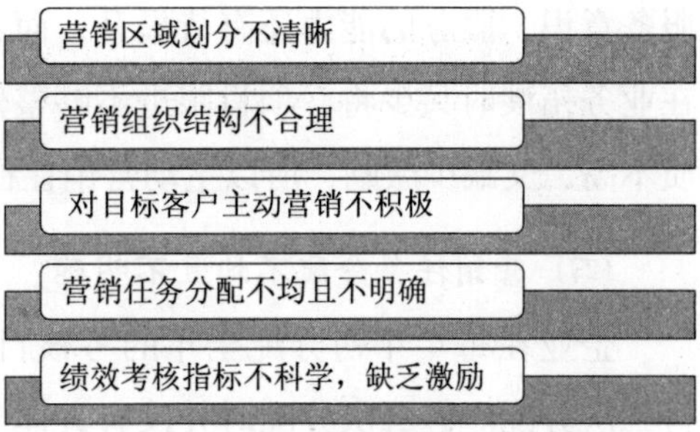

（一）营销区域划分不清晰

集团客户的网格化营销，因客户经理往往没有固定的营销区域，一般仅仅是按照客户属性来分配客户，所以客户经理在实际操作中并没有真正意义上的营销区域。

图 3-31　集团客户营销工作现状

由于营销区域划分的不清晰，导致很多客户经理为完成考核目标抢夺客户，甚至出现私下交换客户需求的情况。优质的客户（客户需求较好，贡献值较大且操作简便）往往会有几批客户经理上门去营销，而对一般客户（客户需求一般，贡献值较低且操作繁琐），客户经理采取避而不见的方式，影响了客户感知。

此外，由于营销区域划分的不清晰，有时客户经理的几家客户分属于不同区域，这就使客户经理花在路途上的时间较多，降低了客户经理工作的效率。

（二）营销组织结构不合理

目前，集团客户的营销组织结构常常按照行业属性来设置。例如，电信运营商将集团客户分为政府行业、军警行业、金融行业、大企业行业、中小企业行业、校园行业等行业客户。各行业间完全独立，且客户经理因所属不同行业互不交流，封闭性较高，行业经理也因分管的各行业不同，职责划分的过分清楚，导致在实际过程中相互推诿的现象比较严重。在目前的营销组织结构下，各行业有着各自的领导，导致团队凝聚力不足，不能形成人员间的交流合作，更谈不上岗位间的轮换，这种情况不利于客户经理职业的成长，很容易造成客户经理因厌倦长期单一的工作内容而离开工作岗位。

另一方面，集团部营销工作与前端营业部门、后端支撑部门完全独立，在项目的开发及跟进上无法做到相互配合、相互统一。很多时候客户提出需求，客户经理上门调研、收集之后还需要回单位与相关部门进行沟通，把需求进行汇总后进行商讨，再与客户沟通，多次往返，效率低下，而且后端部门也没有形成主动前倾服务的意识。

（三）对目标客户主动营销不积极

集团客户的需求不同于大众客户，要求服务人员有较高的知识技能。目前很多企业的集团营销团队建设水平不一，个别人员年龄偏大且知识水平有限，团队建设还很不完善，对现代化的营销理念没有深刻的认识。同时团队中部分客户经理缺少服务意识，服务的能力还有待提升，而且整个营销团队人员流动性也比较大，导致在业务拓展时兵少将，项目跟进不够整体性。当遇到商机时，由于客户经理本身素质不高，又缺少激励，所以主动营销往往很不积极。

（四）营销任务分配不均且不明确

企业在每年年初分配全年的考核目标，集团客户部会根据企业的考核目标进行二次分配。但二次分配时并没有具体分析客户属性，而是相对均衡地分配公司指标，这就给后期营销服务带来较多的问题。例如，政府客户的行业应用需求高，市场、学校对数据运用需求较高，金融行业对线路需求较高，中小企业对日常支出的费用较为敏感。这些需求都有着本质的差异，在分配营销任务时，集团客户部需要通盘考虑这些因素，而不能一刀切地分配指标，且分配的任务要明确，要求量化到数量和金额，这样客户经理才能在后续的营销工作中有据可依，做好有针对性的营销服务工作。

（五）绩效考核指标不科学，缺乏激励

对客户经理的绩效考核，很多企业目前采取的考核方式不全面，缺乏对客户保有、非量化行为的评估考核，过分依赖发展用户的奖励，导致部分行业因实际增收增量少而轻维系，流失现象比较严重。而且绩效考核指标的设定并不科学，每个行业应依据服务客户属性不同而区分指标考核，而实际的情况却恰恰相反，以致客户经理在每月拿到自己的绩效工资时一头雾水，究竟扣在哪里、奖励在哪里都很难弄清楚。

从上述集团客户市场划分及营销的现状能够看出，现有的营销组织结构及营销方式已经不适应企业的业务发展需要。企业必须要针对集团客户实施精准的项目开发及客户关系管理，实现客户服务与销售的有机结合，让客户感受到企业的产品服务所带来的明显优势，方能在竞争中树立核心优势。

因此，借鉴大众客户网格化营销的经验，针对集团客户实施网格化营销是当务之急。

二、网格营销的五个关键流程

在集团客户市场竞争日益激烈的背景下，如何将大众市场网格化营销模式的经验推广应用到集团客户市场已迫在眉睫。

下面，结合运营商及金融、邮政等行业在集团客户营销方面的具体经验，遵循网格化营销体系构建的基本原则，我们介绍集团客户实施网格化营销的五个关键流

程（见图3-32）。

第一步，规范集团客户的市场划分

按客户的需求特性，集团客户可分为两大类：行业客户与聚类客户。根据销售服务和客户管控工作的需要，在市场细分的基础上，增加"客户价值属性"和"客户区域属性"两个分类维度，从多个维度对集团客户实施进一步划分。

图 3-32 集团客户网格化营销的五个关键流程

（一）行业客户

行业客户一般定义为可通过跨域垂直管理或分级统一管理与决策的集团客户的统称。从行业客户的跨域特性来分析，同时考虑消费的能力，可再划分为全球性行业客户、全国性行业客户、全省性行业客户与区域属性化行业客户；再根据行业客户的消费价值分析，进一步划分，例如，最终可划分为5A、4A、3A、2A和1A五个层次的行业客户。

（二）聚类客户

聚类客户一般定义为每一个客户是可以分开管理的，但这一类客户又同时具有类似行业的消费特征，并且在相同地域、相同环境，都有着类似的消费表现的集团客户。聚类客户通过细分可分成高价值聚类客户和低价值聚类客户，同时按照聚类客户消费能力并参照行业客户进一步划分，比如可分为5B、4B、3B、2B和1B五个层次的聚类客户。

按需求特征把集团客户划分为行业客户、聚类客户并落实到具体的网格，是集团客户实施网格化营销模式的基础。

案例：某运营商针对集团客户采取行业特征为主、地域特征为辅的网格划分原则，将集团客户网格划分如下。

1. 清单级客户网格划分

清单级客户网格具体表现为：清单级行业客户和高端聚类客户。

将行业客户1A至5A，聚类3B至5B的政企客户划分为清单级客户网格，一行业（大类）一网格，一客户一网格单元，如图3-33所示。

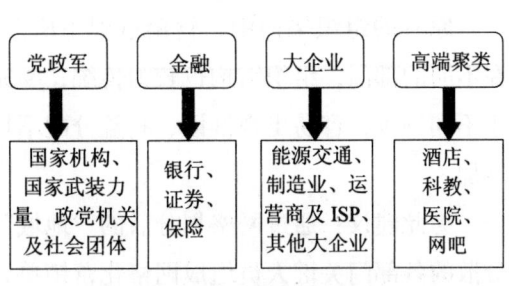

图 3-33 集团清单级客户网格划分

行业管控纵向可延伸到市、区县、支局,清单级网格实施省、市、区县、支局分级管控。

2. 中心企业、中低端聚类/行业客户网格划分两大类

此类客户的具体表现为:特征网格及地理网格。

(1)特征网格是指特征清晰的客户

有边界或地理位置集中的聚类政企客户和2B及以下酒店、医院、学校等电信消费特征高度相似的普通政企客户,按特征划分一大类一网格,如图3-34所示。

大类	细类
商务楼宇	商务楼宇
	商住两用
	商住楼-底层经营
产品园区	厂区
聚类	医院、酒店、学校、超市、汽车、专业市场、主干道
党政军	区、街道办事处、乡镇及同级机构
金融	金融区、乡镇同级分支机构

图3-34 集团特征客户网格划分

特征网格实施省、市、区县、支局分级管控。

(2)地理网格是指地域分散的客户

经营多样化、特征不易归类、地理位置分散的企业、沿街店铺和个体工商户,按地域划分网格。表现为:分散的街区、小区内商铺等。

第二步,组建集团客户网格团队

在原有营销组织架构的基础上,依据网格划分及客户的价值属性、区域属性,对集团客户营销组织架构进行调整,组建网格团队,是实施集团客户网格化营销的前提。

(一)调整营销组织结构

从大众客户网格化营销的实施可以看出,成功的关键在于有较为合理的组织结构,将战术转化为生产力,为企业带来利润的同时提升员工的工作积极性。

推行网格化营销想要达到预期的目标,必须改进现有的营销组织结构,将内部行业属性打破进行优化,将外部后端支撑前倾,并从企业层面考虑将人力、资金等资源向销售网格前端配置,让客户经理能更好地去面对商机,开拓市场与服务客户。

原有的组织架构中,营销过程中所涉及的营业人员、装维人员、技术人员都在不同的部门,组织结构也较为传统,要完成一个营销任务所涉及部门较多且都属于不同领域,容易出现推诿、利益分配不均及考核不到位等现象,造成营销难度的增加。

为此建议:通过网格划分后的"地域"为基本,分配到相应客户,并且将原本分散的各部门关键人员组成网格化营销单元,在销售过程中形成高效团队,有目的地去发现与挖掘客户新需求,提交解决方案。

优化后以网格化营销为导向的组织架构如图3-35所示。

从图3-35可知，合理优化后的组织结构职责清晰，同属于一个销售主体，突显了网格化组织的优点，体现了"客户至上"的服务理念。服务人员在各自岗位上各司其职，在项目实施过程中，部分项目内容或者节奏上由客户经理把控，支撑于对应网格客户经理。

客户经理也打破了原有以行业为团体的组织结构，转变为以网格单元

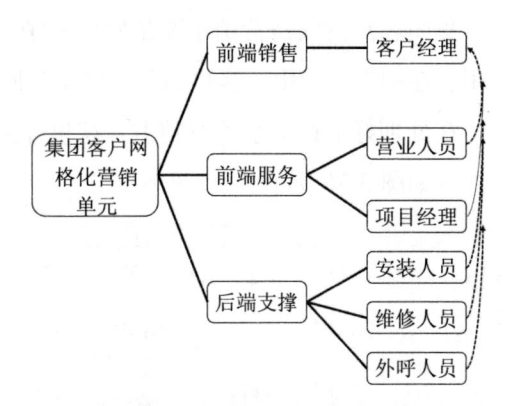

图 3-35　优化后以网格化营销为导向的组织架构

为主的组织架构，可以充分接触不同行业属性带来的不同需求。但在某些特征性比较强的网格单元，可以开展行业特征性较强的细分市场营销策划。

网格营销单元领导由原行业领导担任，客户经理考核由网格领导直接按照相应绩效考核标准进行评定，其余前倾人员根据项目发展情况，结合考核标准给予激励，由对应部门进行核算，实行奖惩机制，保证网格营销单元内项目的有效推进。

（二）重新组建营销团队

营销团队是整个营销工作的核心，营销工作是否执行到位完全掌握在营销团队手上，优秀的营销团队能使整个营销工作达到预期的效果，甚至锦上添花。这就需要集团客户的网格化营销两手抓，一手抓组织结构的调整，另一手抓营销团队的组合建设。

网格化营销的主要目的是通过有效的客户分析对网格内客户存量业务、新增需求的保有及挖掘，从而进一步做好客户服务工作。通过网格组织架构的调整，让前端服务与后端支撑人员对客户需求有一个直接且统一的了解，并采取有效措施，锁定关键客户，分析可行性并实施相关项目。所以，在重新组合团队时需将以下几个内容明确清楚并处理好。

1. 客户经理团队

原本分行业属性的客户经理团队，在网格化营销中需要融为一体，通过网格化营销片区划分进行二次分配，当然对于某些属地特性比较明显的客户，在分配时，适当考虑原有客户经理的工作属性，进行相应分配。

2. 前端销售的客户经理与前端服务、后端支撑人员的关系

营业人员、项目经理、装维人员、外呼人员共同参与到整个营销过程中，为营销工作的现场服务、技术解决给予支撑，并在网格管理人员的统一指导下，做好营销工作的补充。

3. 网格面对的渠道

集团客户的网格营销主要是发挥直销渠道的作用，对其余渠道客户只能起补充作用。在网格营销中，客户归属于网格，网格是面向直销渠道客户进行销售的。

在处理好上述关系的基础上，这里介绍一种"1+X+Z"的网格营销团队的组建模式，如图3-36所示。

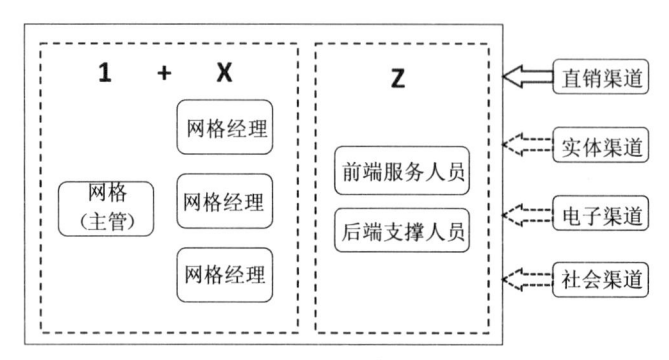

图3-36 "1+X+Z"集团客户网格营销团队组建

(三) 优化团队管理模式

马斯诺的需求理论共有五个层次，分成两大类：一类是基本需要，又称为缺乏性需要，主要包括生理需要、安全需要、归属和爱的需要、尊重需要；另一类是心理需要，又称为成长性需要，主要指自我实现的需要。在团队管理过程中如何保证团队的凝聚力及高效性，实现团队成员的这五个层次的需求是至关重要的。这就要求改变现有的管理模式，设计适合网格化营销管理团队的方式。

团队管理模式的优化主要从以下四个方面进行。

1. 完善岗位的配置

调整原有岗位设置，明确销售、支撑、管控、综合等基础性岗位的配置比例，对客户经理进行星级评定，结合星级进行绩效层级划分，建立省、市、县联动的纵向机制，能上能下，能进能退。

2. 完善岗位的职责

面对集团客户部的每个岗位、不同员工职能的不同，编写岗位权责与岗位说明书等文件，实行岗位就职上岗考试，并且在整个实施过程中设置有效的岗位考核机制。

3. 建立良好的培训机制

根据公司业务知识及产品更新，指定每周培训制度，落实配套的员工培训计划，并建立培训考核手段，有效行程培训质量跟踪的闭环管理措施；并落实传帮带机制，让有责任心、有担当的客户经理承担培训传递和推广工作，实现集团客户培训体系的有效提升，并进行横向业务知识传递，拓展员工的业务水平。

4. 打通员工岗位晋升及水平发展的通道

根据优化后的组织结构，前端部门与后端部门在日常工作中充分接触，有效结合，让员工真正感受到自己适合在什么样的岗位上工作，对有需求转变的员工进行鼓励，对有能力的员工敢于提拔。

第三步，实施客户经理销售过程管理

集团客户经理的销售过程管理，主要通过系统和移动终端来实施整个过程的监控和管理，该管理方式运用过程管理软件来实现。通过过程管理软件提升网格化营销环节中客户经理工作的效率，并达到可查询、可追溯、可视化的营销过程。

客户经理销售过程管理如图 3-37 所示。

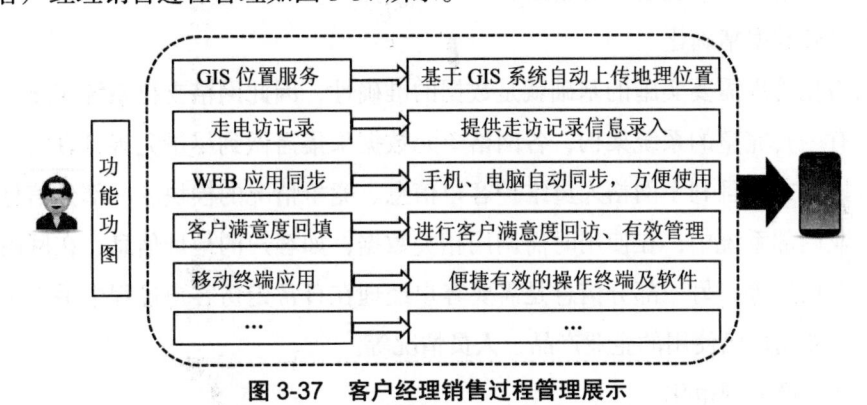

图 3-37　客户经理销售过程管理展示

我们可以看出，客户经理的工作经过科学有效的系统开发，进行全过程的管理，从而实现对网格销售团队进行各类销售活动的事后查阅及有效监控，确保营销过程的可视化，提升销售效率和质量。客户经理通过过程管理系统自动上传地理位置信息，通过签到、签退，可主动查阅时间阶段内走访记录，在管理上，通过轨迹服务管理可有效考核客户经理在工作时间内的在岗情况；通过走电访记录，可记录、查阅相关商机、项目情况，并对相关商机进行针对性的营销工作，在管理上，通过该记录，可有效把握商机的真实性及商机的时序进度，对比较大的商机配置相关资源倾斜客户经理团队；通过满意度回填、电话回访、服务活动回访等手段，进行客户经理满意度考核。管理人员可随时使用过程管理系统调阅和辅导网格团队员工的工作，并将员工过程管理的结果通过绩效考核的分值计算考核评定，实现对员工有效数据真实性的评判。

第四步，优化客户经理考核数据

集团客户网格化营销管理模式实施后，破除了网格片区中原大众客户、集团客户在服务通道上相互分隔的销售和服务间隔，重新规划，从客户需求、客户特征、资源整合等方面推动全面业务的开展，并将此营销结果加入员工的绩效考核；改变了以往只凭结果为目标的绩效考核方式，加入了对销售、服务过程的监控及管理，此种方式的改变被称作"员工网格化绩效考核"。

集团客户经理实行网格化营销模式考核方式后，实施动态薪酬方式的积分考核办法，既考核整体团队的开拓新业务能力，又考核营销人员的个人工作业绩，以此促进销售能力的提高和服务质量的提升。将最终考核设置为优秀、良好、称职、不称职四个结果，考核频次分为季度考评、半年度考评和年度考评，最终考评的结果按照相应分值核算得分，将影响员工当年的晋升、评优转聘等诸多方面。

第五步，建设集团网格支撑系统

集团网格支撑系统建设要点如下。

1. 基础数据精确化

网格化管理需要实施的基础就是数据的准确性，因此网格支撑系统在建立之初就需要有一套完整的系统架构，各网格单元数据采集需做到尽量完善且真实，并且需要有操作方便且利于网格人员维护客户信息、竞争情况的模块。一部分信息已存在于企业内部系统中，在使用时需调用相关数据，如客户的地址信息、在网用户的客户档案信息等；另一部分信息是需要客户经理在日常走访客户过程中手工录入的信息，比如用户已使用的企业产品、人员情况等。

2. 业务产品规范化

业务产品规范包括数据、产品等。

从数据角度来说，网格支撑系统的数据来源为企业原有系统，在取数时通过标准化的格式、统一的计量单位最终展现在客户经理网格支撑系统界面上。

从产品的角度来说，在企业基础产品系统录入的基础上，新业务产品如终端及新兴业务的介绍、受理及优秀案例分享应及时、完整地展现在支撑系统中，客户经理在日常营销过程中方便地调用相关产品，并且可以不断完善销售人员新产品的认识。

3. 营销分析智能化

网格支撑系统能够根据录入的相关客户信息，如已使用企业产品、单位属性、新增或取消的业务情况等，进行数据挖掘与加工比对，为客户经理推荐该客户所需的相关产品，帮助客户经理完成及提高考核目标，实现网格营销派单的精确化，提高客户经理的工作效率。当该网格单元内有新客户加入后，通过行业属性预判客户所需产品，及时通知客户经理，提高客户经理的主动营销。当该网格单元有大批量客户取消业务时，主动提醒客户经理，尽早判断风险情况。

4. 移动办公便捷化

网格支撑系统除支持传统的 PC 电脑外，智能手机及 PAD 的开发也至关重要，必须支撑目前不断更新的移动客户端。网格支撑系统要将 PC 客户端的功能尽量多且简易地展现在移动客户端上，非常关键的是这两种客户端的数据必须保证实时同步。在移动端开发客户登录入口，能让客户看到自己使用产品的运行情况、产品消费情况和故障受理进度等。

5. 安全管理机制化

网格支撑系统应保证能够 7×24 小时无中断运转，在遇到紧急事件时，有一套应急机制，能够让客户经理及时调取相关资料，分析及处理故障。登录认证采用两次认证模式，即第一道手工录入密码，第二道短信验证密码，当移动终端丢失或非客户经理使用时，不能轻易地让别人使用该系统，防止公司机密资料泄露。

以上从市场划分、团队组建、过程管理、优化考核及系统支撑这五个方面，介绍了集团客户网格化营销的五个关键，这也就搭建了集团客户网格化营销的基本框架。而要让集团客户网格化营销模式真正发挥作用，还取决于客户经理及网格团队的客户资源开发、项目营销及客户关系维护工作的实施成效。

三、网格营销的客户资源管理

集团客户的营销工作，历来都是企业最为重视的一个方面，也是市场竞争最为激烈的部分。各家企业都在集团客户市场上投入最强大的资源及兵力。

图 3-38 是从销售周期、与客户关系、客户购买决定、客户决策流程、销售重点等方面，对比集团客户与大众客户的销售工作。

	集团客户销售	大众客户销售
销售周期	长	短，一次访问
与客户关系	长期，广泛	短期，局部
客户购买决定	有多个决策者或决策影响者	少决策者
客户购买决定过程	复杂	简单
销售队伍	团队	个人
同一客户回头生意	多	少
销售重点	项目给客户带来的价值	产品功能

图 3-38 集团客户与大众客户的销售对比

从图 3-38 可以看出，集团客户的销售工作对比大众客户，具有销售周期长、客户购买决策过程复杂、贡献值较大等特点，因而要求客户经理与集团客户保持长期、广泛的业务接触，更加精准地把握客户需求，进而以团队为单位实施精准地差异化营销服务。而在这一过程中，客户经理通过网格走访等多种渠道，构建客户资源，进行客户划分，针对客户生命周期实施针对性的服务及营销，是集团客户网格化营销的基础。

(一) 集团网格客户资源的再细分

在对集团客户按需求特性分为行业客户及聚类客户的基础上，实际操作中，客户经理还可根据波士顿矩阵模型的变通模型对对应网格的集团客户资源进行分类（见图3-39）。

图3-39中，业务份额指的是某个客户与企业发生的业务量相对于整个企业业务量总额的比重，比重越大，则客户对企业来讲就越重要。

客户忠诚度指的是客户对产品或服务的认可程度和满意程度，具体包括：客户对企业的信任程度，双方之间的交流沟通程度，客户与企业的交易频率，年交易次数，客户对企业产品的依赖程度，客户与企业发生的业务量占客户与所有企业发生的总业务量的比重，客户的信用等级等。这些具体的因素决定了一个客户是否对企业保持了较高的忠诚度。

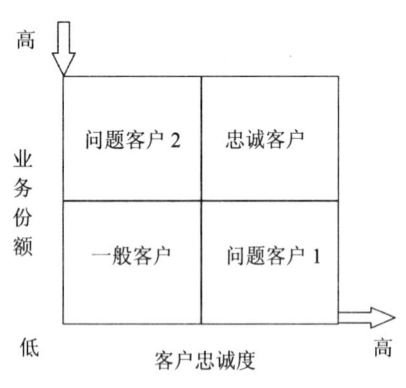

图3-39　集团客户划分矩阵图

按照纵向（业务份额）和横向（客户忠诚度）两个维度，我们可将网格内的集团客户（营销对象）分为四种类型：忠诚客户、问题客户1、问题客户2和一般客户。

1. 忠诚客户

这类客户与企业之间有较大的业务往来，他们一般会对某一中意的企业产生强烈的信任和依赖，因此他们不会轻易断绝与企业已建立的良好合作关系，他们将成为企业长期稳定利润的来源。对于这一部分优质客户，由于已经建立了基于双方利益最大化基础之上的长期合作关系，所以在经营这种关系时，企业不需要再投入更大的力量，只要维持与他们的关系就可以。

在具体实践中，可与他们签订长期合作意向书，将企业与他们的关系契约化、固定化、惯例化。在平时，企业可以考察确定一些重点优质客户，主动与其沟通、洽谈，深入了解其发展现状及长远战略，结合了解的情况，更好地为优质客户提供最优质的服务。对于这些忠诚集团客户，可设立"一对多"的客户经理模式，尽量扩大每一位客户经理的管理跨度，让每一位客户经理在其管理能力限度之内尽可能多地维持与多个客户之间的联系，这样做可以为企业节约大量成本。

概括而言，企业对忠诚客户应采取维持策略，即只进行适量的投资，以维持企业同客户之间已建立起来的忠诚信任关系。当然，这绝不意味着不重视重点客户，对他们的服务也决不能怠慢，因为实践证明，往往在集团客户维系上的懈怠会酿成大错。（《网点产能提升之道》中的第五章271页从网点的角度谈了集团客户的维系方法，可参考）

2. 问题客户1

这类客户所表现的特征是：客户忠诚度比较高，但是其与企业发生的业务份额却只占整个企业对外业务总额的一小部分。这种情况主要发生在中小规模集团客户身上。他们起初可能由于比较欣赏企业在某一方面的出色表现而对企业产生好感，对企业的忠诚度逐渐提高，最终在企业的进一步营销攻势下成为了企业的忠实客户。但由于他们本身的经济能力有限，决定了他们不可能与企业发生大规模的业务往来，所以才会呈现出上述乍看上去似乎矛盾的特征。

对于中小规模的集团客户，企业决不能忽视他们。这部分客户虽然规模小，但是数量众多，实力不容轻视。单个中小规模的集团客户的业务量小，他们与企业讨价还价的能力有限，一般无法享受到企业的一些针对大规模集团客户的优惠政策，因此中小规模集团客户的平均利润率高，再加上数量上的优势，中小规模客户群构成了一支不可忽视的力量。其实，客户经理平时接触到的大部分是中小规模集团客户，如何抓住这些客户的心，塑造一种新型的企业与客户之间的价值关系，让这部分客户资源成为企业的一个重要的利润来源，是值得下大力气解决的问题。

3. 问题客户2

这类客户的主要特征表现为：忠诚度较低，但是业务份额却很大。这类客户应属于最具成长潜力的客户。这类客户在与企业没有建立持久共同价值联系之前也可能与企业发生较大的交易行为，即使没有建立与企业之间深层次的忠诚关系，仍有可能维持这样的交易，直到忍无可忍退出交易或最终为企业的热情服务所打动成为企业真正的合作伙伴为止。企业所要做的就是通过各种途径区分出忠诚客户与问题客户2，并对后者施以必要的营销组合手段，通过挖掘并满足其更深层次的需求，更进一步建立与问题客户2的关系，引导其向忠诚客户的转化。具体工作主要有以下两个方面。

（1）判定问题（客户不忠诚）是处在事前还是事后（建立关系前还是已经建立关系后）

对于这一点的分析必不可少。如果问题是事前的，那说明我们对市场、对客户需求了解得不够，做得不够，市场潜力尚未完全发掘，我们应加大开发客户关系的力度；如果是事后的，那就意味着我们与客户之间出现了危机，一定是某些环节出现了问题，需要及时采取措施解决。例如：一个很大的客户突然要终止与企业的一切交易和联系，如果企业不知道问题是出在事前还是事后，就很难决定究竟该用什么措施来解决当前的问题。

（2）加大对问题集团客户实行"一对一营销"的力度

所谓的"一对一营销"，就是企业愿意并能够根据顾客的特殊需求相应调整自己的经营行为，这些特殊需求有可能是顾客主动提出来的，也有可能是企业从各种渠道收集的。"一对一营销"对于问题客户2特别适用，它可以根据问题客户的具体情况，采取相应的营销策略，而且在实际操作中，还应加大"一对一营销"的执行力度。

"一对一营销"往往始于对待特定重点客户，成熟后可推广至广大中小规模集团客户。实际上实施"一对一营销"并非易事，教会一个客户经理做到热心周到是一回事，至于要真正掌握如何识别、跟踪并与一个个客户打交道，进而做到产品或服务的"量体裁衣"，那又是另一回事。

加大对问题客户2实施"一对一营销"，有以下四个步骤：识别你的客户，通过一点一滴的资料积累，挖掘客户信息；对客户差异进行分析，以帮助企业发现真正的市场机会；与客户保持良性接触，使关系营销活动更经济、更富成效；调整产品或服务以满足每个客户的需要。

4. 一般客户

一般客户主要指客户忠诚度低、业务份额小的客户。由于忠诚度低，意味着对这类客户而言，选择哪家企业无所谓；业务份额小，意味着对企业而言，它并非企业的重点客户，那么我们是否应放弃他们呢？答案肯定是否定的。对于任何客户我们都不能轻言放弃，只要有利润机会，我们就要争取。忠诚度低、业务份额小，或许只能说明我们开拓市场的努力程度不够，还有很大的提升潜力。

对于这部分顾客，由于时间和资源的有限性，我们不可能像渔夫打渔那样将大鱼小鱼一网打尽，我们所能做的就是在确保努力争取、留住问题客户1和问题客户2的基础上，力尽所能地去争取一般客户。

（二）集团网格客户资源的定位因素

在掌握了依据业务份额及忠诚度来划分集团客户类型的方法后，客户经理在寻找集团客户资源之前，必须对企业的产品及服务、特点等有一个清楚明确的业务定位。定位考虑如下几个因素。

1. 目标市场

要清楚自己的产品适合主攻哪个市场？是高端客户还是中低端客户？是大企业

还是中小企业？……

2. 自身实力

要对企业及自身的实力有一个清楚的判断。

比如，自己是否是位一流的营销人员，是否具备足够的专业知识，是否对产品有充分的理解；你所在的企业是否有被市场统一认同的服务产品，是否有提供给客户完全解决方案，是否具备产品规划、新产品创新、业务流程再造、实施产品领先发展战略、不断提升产品整体营销的能力……如果发现有很多缺陷和漏洞的时候，则不能要求太高的目标和市场攻略。这是因为，哪怕自己争取到了客户，但后期服务跟不上，客户还是要跑掉的。所以，必须立即行动，立即改进。

3. 企业产品

要清楚自己的产品是否有改进空间，特别是针对自己的目标市场，是否有改进的理由，是否能够根据客户需求提供差异化的服务。一般产品的改进除了产品本身内容方面，还有品牌包装和概念包装。

当下的竞争不仅仅讲产品的质量，更强调品牌的概念。企业卖的不仅仅是品质，还有品牌概念，在产品内容同等的前提下，品牌好的市场好、价格高。因此要率先创立自己的品牌，率先引领服务的发展。

4. 客户开发的渠道和技巧

在定位明确后，客户经理就应关注客户开发的渠道和技巧了。比如可以通过交易会、网络、官方机构、客户走访等方式去进行集团客户的开发。

（三）集团网格客户资源的网格走访

先来看一个案例：

某农商银行积极开展网格化管理，成立了由董事长为组长、行长为副组长、分管副行长为执行副组长、相关部室负责人及基层支行行长为成员的网格化管理课题研究小组，通过构建三级网格体系，从上到下、纵横交错，实施地域、业务分包制，并在划分地域内"定点、定人、定时"进行地毯式地开拓、网格客户走访，实现"村村到人、区区到人"的管理模式，实现全员管理、人人有责。

通过一个阶段的工作，收到初步成效。到2014年5月末，全行农户贷款户数达到8591户，新增1542户，其中发放农户小额信用贷款3692户，累计金额16884万元，分别比上年同期增加1609户、7855万元。

从该案例中可以看出，该农商银行之所以取得这样的工作成效，通过"定点、定人、定时"的网格客户走访，从而实现"村村到人、区区到人"的管理模式是成功的关键。

网格客户走访，不仅仅是摸底客户资源、了解竞争对手的策略、收集客户资源；网格客户走访，更加重要的是，随时把握客户市场需求的变化，"服务于招手之前"。

客户经理对网格区域内的集团客户进行走访，概括起来有以下八个流程（图 3-40）。

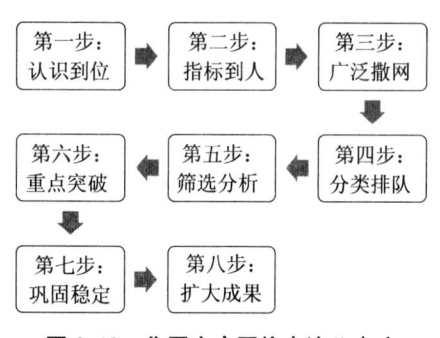

图 3-40 集团客户网格走访八步法

第一步：认识到位

集团客户经理首先应做到"认识到位"，方能在网格客户走访及拓展工作中主动出击。

通过走访网格客户，可以了解客户情况、沟通客户感情、稳定客户关系、挖潜客户潜力、拓展客户资源。客户经理要提高认识，下苦功夫、下笨功夫，全力以赴做好"客户走访"工作。

此阶段工作的重点环节是教育客户经理提高对客户走访重要性的认识；关键点是"一把手"的认识到位。

第二步：指标到人

为了对整个走访过程进行科学规范的管理，有必要将需要走访的客户具体分解到人，明确走访时限、走访要求和拟达到的成效，做到所有客户全部走访，重点客户多次走访。

实行《走访工作单制度》，走访人员要在规定的时限内完成走访工作，详细记录走访时间、所走访的客户、接待的人员、走访交谈的主要内容、客户经营情况、客户需求和走访的成效等。

此阶段工作的重点环节是分解走访指标；关键点是建立《走访工作单制度》。

第三步：广泛撒网

集团部要将存量客户、拟开发客户逐户安排专人负责上门走访。

对拟开发的区域、街道、社区安排专人负责调研走访，所有客户必须全部走访。对于现有客户的上下游客户也要制订走访计划，逐步走访开发。各单位要提高客户意识，增强客户敏感度，善于捕捉客户信息，客户走访和信息收集面要宽，范围要大。

此阶段工作的重点环节是扩大走访面；关键点是发现客户信息。

第四步：分类排队

根据走访情况和客户信息，对于客户按照不同情况和不同分类标准进行分类排队，分类标准可以依据客户规模分为大中小；按照走访程度分为拟走访客户、初次走访客户、多次走访客户等；按照产品合作程度分为单一产品客户、少数产品客户、多种产品客户；还可依据开发潜力、依据开发程度等，结合企业实际，进行分类排队。

对于客户信息的分类排队工作，集团部要做到每日一结，每日排队，每日检查工作进度。

此阶段工作的重点环节是对客户信息进行分类；关键点是做到每日一结，每日检查。

第五步：筛选分析

在分类排队基础上，各网格每周组织召开客户筛选分析会，综合走访信息和分类情况，对客户进行分析筛选，选择确定重点开发客户和近期需走访客户，逐天安排走访工作计划，提出工作要求。通过客户分析，还要着重解决客户走访中的问题和困难，集思广益，群策群力，制订走访开发方案和措施，提高走访工作的针对性和有效率。

此阶段工作的重点环节是召开客户筛选分析会；关键点是确定重点户，制订走访开发方案。

第六步：重点突破

对分析确定的重点客户要下大力气开展走访开发工作。在重点客户开发上，各单位不能单打独斗，集团部负责人必须亲自带队，发挥团队精神，综合各种业务功能和产品特色，逐步渗透，逐步突破，确保成效。

此阶段工作的重点环节是发挥团队作用；关键点是集团部负责人亲自带队、亲自参与。

第七步：巩固稳定

客户走访取得初步成效后，必须再接再厉，深入开展走访工作，稳定已开发的业务，在办理业务中，不断改进服务，提高服务水平，为进一步深化合作，建立起良好的基础。

此阶段工作的重点环节是服务质量；关键点是锲而不舍，不能松劲。

第八步：扩大成果

客户走访的最终目的是开发维护客户，扩大合作范围和领域，让客户更多地使用企业产品。通过走访了解客户需求，也是为了解决客户需求，让客户享受更加快捷、便利、全面的服务，实现客企"双赢"。所以，要在巩固稳定客户的基础上，进一步加强走访，沟通感情，增进合作，真正形成"以业务为支撑，以产品为手段，以服务为纽带，以关系为桥梁"的良好合作关系。

此阶段工作的重点环节是提升走访的层次；关键点是树立"双赢"观念。

(四) 集团客户走 (拜) 访规范

客户 (走) 拜访是面对面交流的主要方式和途径，而面对面交流是集视觉、听觉、嗅觉乃至触觉于一体的交流方式，它直观形象，具有其他沟通方式不可比拟的优点。一般来说，客户走（拜）访应该遵循事先预约、充分准备、目的明确、守时守信的基本原则。

1. 集团客户走（拜）访流程

客户走（拜）访的一般流程如图3-41所示。

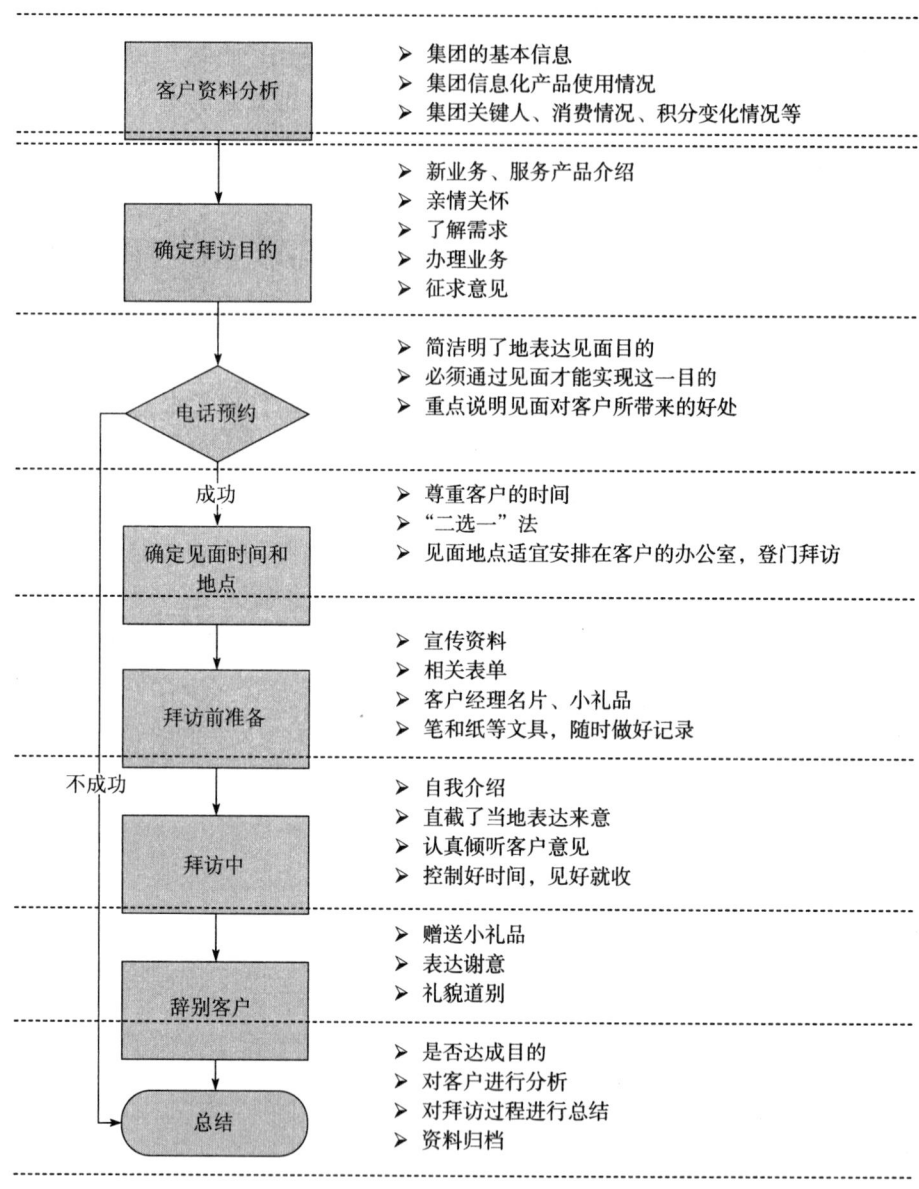

```
客户资料分析
  ➢ 集团的基本信息
  ➢ 集团信息化产品使用情况
  ➢ 集团关键人、消费情况、积分变化情况等
    ↓
确定拜访目的
  ➢ 新业务、服务产品介绍
  ➢ 亲情关怀
  ➢ 了解需求
  ➢ 办理业务
  ➢ 征求意见
    ↓
电话预约
  ➢ 简洁明了地表达见面目的
  ➢ 必须通过见面才能实现这一目的
  ➢ 重点说明见面对客户所带来的好处
    ↓ 成功
确定见面时间和地点
  ➢ 尊重客户的时间
  ➢ "二选一"法
  ➢ 见面地点适宜安排在客户的办公室，登门拜访
    ↓
拜访前准备
  ➢ 宣传资料
  ➢ 相关表单
  ➢ 客户经理名片、小礼品
  ➢ 笔和纸等文具，随时做好记录
    ↓ 不成功
拜访中
  ➢ 自我介绍
  ➢ 直截了当地表达来意
  ➢ 认真倾听客户意见
  ➢ 控制好时间，见好就收
    ↓
辞别客户
  ➢ 赠送小礼品
  ➢ 表达谢意
  ➢ 礼貌道别
    ↓
总结
  ➢ 是否达成目的
  ➢ 对客户进行分析
  ➢ 对拜访过程进行总结
  ➢ 资料归档
```

图3-41 客户拜访的一般流程

2. 集团客户走（拜）访准备

走（拜）访准备是服务于拜访目的的。为了更有效地达成拜访目的，拜访准备

应该有所侧重，如表 3-12 所示。每一次拜访可能同时含有几个目的，这就要求访前准备更充分一些。

表 3-12 拜访准备

拜访目的	拜访准备	要点
业务推介	1）文档宣传资料 2）音视频推介资料 3）客户需求情况分析	采用"三句半"话术：举例： 它就是……，它特别适合于……，用了它之后……，举个例子来说……所推介的业务要适用于客户
联络感情	1）查询客户近期业务情况 2）准备小礼品，如杂志、饰品等 3）准备企业产品及服务的最新资讯	1）挖掘客户需求 2）完善客户资料 3）感情交流，提升客户满意度
赠送礼品	1）申请和领取礼品 2）笔、纸 3）礼品签收单	1）让客户感觉到礼品的珍贵 2）挖掘客户需求，适时推介业务
业务办理	1）业务单据 2）业务凭证 3）办理结果	1）弄清客户需求，准确为客户办理相关业务 2）及时解决客户提出的问题
征求意见	1）意见征求表 2）笔、纸、小礼品 3）整理客户可能的需求	1）态度诚恳 2）结果反馈
解决投诉	1）了解客户投诉原因 2）寻找可能的解决途径 3）相关资料	1）致谢并道歉 2）认真倾听，安抚情绪 3）及时反馈

走（拜）访准备包括以下几个内容。

（1）集团客户资料分析

要全面、细致地分析集团客户资料，并根据分析结果对集团客户进行归类，根据集团客户类别，结合集团客户的个性化特征，明确集团客户应得到的差异化、个性化的优质服务。

（2）明确拜访目的

按客户的特征、喜好等为客户设计个性化服务。服务要投其所好，或投其周围人所好，要以提高客户满意度、忠诚度或二次消费为目的。

通过分析，明确本次拜访的目的，避免无目的拜访。拜访客户可以是办理业务或向客户介绍新业务，也可以是联络与客户的感情、了解客户需求、搜集资料或征求客户反馈意见或建议等。

明确拜访目的的注意事项：明确了拜访目的，客户经理一定要围绕这个目的进行拜访。

（3）准备相关物品和资料

1）准备上门服务所需的相关资料及业务用品；

2）检查各项携带物是否齐备，如名片、笔、小礼品等；

3）着公司统一工作制服，佩戴工作牌，整理仪容。

3. 集团客户走（拜）访规范

集团客户走（拜）访的基本规范如表 3-13 所示。

表 3-13　集团客户走（拜）访的基本规范

集团客户走（拜）访规范	
上门拜访	1）登门拜访时应注重仪容仪表，到客户门前须再次自检，方可进入。 2）同客户约好具体时间，就必须守时，最佳是提前 5 分钟到达，如果是因为塞车、找不到客户地址、临时工作变化或其他因素，导致迟到或不能履约，要及时告知客户，并同客户积极沟通，取得客户的谅解。 3）来到拜访地点时，须向接待人员（门卫或前台人员）问候，并向其说明你是与客户事先约好见面的，等接待人员同意后再进入。 4）如果有接待人员引领你至客户办公室（房间）时，应等接待人员引领进入，不要独自闯入客户办公室（房间）。 5）当前往客户办公室（房间）时，无论客户办公室（房间）的门是打开还是关闭，都应该按门铃或敲门向客户请示。若按门铃，用食指按门铃，按铃时间不超过 3 秒，等待 5～10 秒后再按第二次；若需要敲门时，应用食指或中指连续敲门三下，等候 5～10 秒门未开，可再敲第二次，敲门时，应用力适中，避免将门敲得过响而影响其他人；在等候开门时，应站在距门 1 米处，待客户同意后再进入。 6）当发现客户办公室（房间）里已经有人时，要主动询问客户现在是否方便，以免影响到客户正常的工作，你可以说："对不起，打扰您了，如果方便的话，我在外面等一下，您看可以吗？"如果客户表示不介意现场有其他人，要注意引导其他人，以免影响正常服务。 7）上门拜访时，有其他运营商服务人员在场时，不应带敌视的态度，应保持平静的心态，与客户及其他运营商服务人员主动打招呼。 8）如果进门前，门是关闭的，进门后应随手将门关上；进入客户的办公室（房间）时，应尊重客户的习惯；如果客户主动伸手与你握手，你应该伸出右手同客户相握。 9）按照客户指定的位置入座（应把主位留给客户），入座时，要尽量轻缓。 10）坐好后请将随身携带的皮包放在腿右侧的椅子上，或者放在背后，以方便拿资料，假如皮包需要放在桌子上或茶几上时，需要征得客户的同意。切勿将皮包抱在怀中，以免有损自己的专业形象，给客户造成不好的视觉感受。 11）当客户送上茶水时，要主动起身相接，并轻声道谢
客户沟通	1）开始谈话时，首先要感谢客户的接待，并征询客户对公司业务/服务的意见或建议，然后再说明自己的来访意图。首次拜访时主动递上自己的名片。 2）如果拜访的是比较少接触的或者是比较生疏的客户，应主动向客户进行自我介绍，介绍时内容应详细、语言应简洁，可以采用这样的介绍语："我是××移动公司客户经理××"。 3）如果客户告诉你今天有紧急事情要处理时，要礼貌地向客户告辞，并争取与客户约好下一次见面的时间："对不起，打扰您了，明天上午九点钟不知道您是否有空？" 4）在拜访服务过程中，如遇客户有紧急需求且客户经理无法当场解决的，客户经理应立即与上级领导联系，在上级领导的许可和授权下根据实际情况进行程序上的简化处理。 5）当客户对公司提出意见或建议时，应虚心听取，当场做好记录，并感谢客户对公司的关心和支持，此时你可以这样说："感谢您对我们工作的关心和支持，您提出的宝贵意见我会尽快向上级领导反馈，谢谢您的建议。"当客户没有提出关于服务的意见和建议时，要主动征询。 6）在交谈的过程中，如果客户的电话响起，应立即停止自己的谈话，示意客户接听电话，也可以起身询问客户："请问我在这里方便吗？" 7）如果自己的手机响起（进门前将手机调为震动），在征得客户同意后方可接听，并快速结束对话

续表

集团客户走（拜）访规范	
辞别客户	1）如在拜访过程中客户又来了一位访客，需征求客户意见是否可继续谈话，如客户挽留则可延长拜访，否则应礼貌向客户告辞，并另约时间。 2）若在与客户交谈过程中，客户电话很繁忙，或来人打断的次数较多，或客户有急事需要办理的话，你应主动提出等候或者起身告辞，并预约下次拜访时间。 3）确认客户没有其他需求或疑问后应适时提出告辞，同时应将随身物品整理好，避免将随身物品遗留在客户处，并说："如您有任何需要，请随时打电话与我联系，谢谢，再见。" 4）当客户主动伸手同你握手告别时，你应该热情、迅速回应；告别时应同客户确认说："如您有任何需要，请随时打电话与我联系，谢谢，再见。" 5）如果门在你的左边，你应该向左边平移离开座位，然后向后退一步再转身；如果门在你的右边，你应该向右边平移离开座位，然后向后退一步再转身。 6）出房间前，应向客户咨询是否需要关门，当客户同意时，道别后轻轻把门关上。 7）如果客户送你出来的话，你应在走到门口的时候请客户留步，并说："打扰您了，请留步。" 8）如果客户送你至电梯门口，陪同你等电梯的时候，你应该保持标准站姿，等候电梯的到来。当电梯到来时，你应该再次向客户告别，并说："谢谢，再见。"在电梯门即将关闭前，你应该面带微笑，双眼注视客户，同时用右手向客户挥手告别
拜访后跟进	1）回公司后，马上填写客户拜访记录表，进行资料信息分类，并及时输入客户资料库，以免忘记。 2）分析总结本次客户拜访过程中的得失，可能的话在晚会或晨会中提出来，供大家讨论。 3）尽量使用统一的客户资料格式，减少各种可能带来的损失，同时便于管理。 4）平日加强对客户资料的研究、分析，找出客户身上具有的个性化特征。 5）特别要记住客户的一些小的要求或特征，让他感到被重视。 6）客户资料整理的注意事项：客户资料整理一定要注意及时性；客户资料整理时，一定要加以判断分析，以备触发商机或提高服务质量

4. 集团客户走（拜）访的时间管理方法

在客户经理的工作中，相当多的时间花在了与集团客户打交道上面，尤其是在上门拜访上面。如何使得我们能够更高效率地完成拜访客户的任务呢？

（1）了解集团客户的地址和所需拜访的客户所在的办公室

一般来说，客户经理都了解自己负责的集团客户的地址，但是对所需拜访的客户所在的办公室不一定清楚，这就要求我们在以前的拜访中加以记录，在此次拜访前予以确认，免得出现到了客户的单位却要到处找客户办公室的情形出现。

（2）了解集团客户周围的公交线路和大致到达所需时间

客户经理可能会对公司附近的公交线路非常熟悉，但是在拜访完一个客户后，需要去拜访另一个客户的时候，是否能很快地找到最近的公交线路，却成了问题。客户经理应该熟悉自己所负责的集团客户附近的公交线路，能很快地从一个客户到另一个客户。

（3）控制好与客户交谈的时间

我们在与客户交谈时，一定要注意控制自己的时间。虽然说多与客户交谈，可以更好地维系客户关系，但是也要注意控制时间长短。尤其是在与比较熟的客户交谈时，往往会由工作谈到别的事情，碍于情面客户经理又不能断然拒绝，这样浪费的时间将是很可怕的。碰到这种情况客户经理可以委婉地告诉对方，虽然很想与他聊聊，但是今天还有很多事情需要去做，以后有空的时候再来聆听教诲等。

（4）注意介绍新业务的方式方法

客户经理拜访客户时的一部分任务是向客户推介新业务，采用合适的方式方法能节省时间。比如，对方年龄比较大，对新技术知识不太感兴趣，客户经理就直接告诉客户，使用这种新业务给其带来什么好处等。新业务推介中注意抓客户感兴趣的关键点，不要对其他内容进行过多的讲解，那样效果既不好又浪费时间。此外，事先准备好业务宣传资料也是非常有必要的。

（5）利用路途中的时间

客户经理在交通工具有限的情况下，花费在路途中的时间是比较多的，虽然在路途中不能做太多的事情，但是有些事情却是可以做的。如：想想此次拜访的目的和方法；回忆上次拜访的情形和客户资料；在快到达时给所要拜访的客户打电话，确认与客户约好的地点。

四、集团网格客户顾问式销售

针对集团客户需求复杂、决策周期长等特点，集团客户经理宜采用顾问式销售的方式开展网格营销。

传统的销售理论认为，好商品就是性能好、价格低，销售是为了更好地卖出产品，不可避免地在向客户推销过程中总是将产品放在最重要的地位。而这样做往往容易造成客户的反感，因为客户感受到是被推销而不是采购的职业乐趣和应用价值。但顾问式销售则认为，客户是朋友，是与销售者存在共同利益的群体。好商品是客户真正需要的产品，销售过程就是向客户进行顾问咨询的过程。通过顾问式销售，销售人员站在客户的角度看待问题，与客户进行良好的沟通，让客户感受到采购的职业乐趣和应用价值，进而把销售人员当做其购买的参谋、朋友和顾问，从而在润物细无声中达到销售目的。顾问式销售与传统销售在时间上的区别如表3-14所示。

表3-14 顾问式销售与传统销售在时间上的区别

传统销售	顾问式销售
客户关系10%	建议信任40%
评估需求20%	评估需要30%
产品介绍30%	产品介绍20%
结束销售40%	结束销售10%
处理异议	处理异议

在 1970 年美国 Mack Hanan 出版的《顾问咨询式销售（Consultative Selling）》一书中，首次提出了顾问式销售的概念，目前顾问式销售法已日益成为众多欧美公司最钟情的流行营销套路，如惠普公司就非常推崇顾问式销售。惠普公司认为，顾问式销售要求销售人员站在客户的角度看问题，处处为客户着想，使客户的购物所得与购物支出的差最大，从而让客户主动放弃竞争对手的产品，以达到销售产品、占领市场的目的。

（一）顾问式销售的注意要点

1）树立正确的销售策略，销售并不是要向客户推销东西，而是要帮助客户成功，为客户的利益销售，这样，就能达成统一的目标（提高客户的竞争力）、统一的战略，共同分享回报。

2）销售人员需要从业务水平、行业知识和个人技能等方面全面提升素质，成为客户信赖的顾问咨询者，这样才能有的放矢地与客户交流沟通，取得客户长久的信任。

3）在开展顾问式销售时，要善于学会换位思考，要站在客户的角度上为客户考虑，了解他们的需求与问题，同时要占据主动，积极引导客户，把客户的思维引导到销售者所要表达的内容上来。

4）要善于整合协同内部资源，必要时利用公司整体的知识库、专家库，给客户带来最有价值的咨询服务，避免各自为政，孤军奋战。

5）在完成销售后，要善于管理与构筑客户关系网络，重视与客户建立持续的关系。

（二）顾问式销售 SPIN 技术

顾问式销售体现的是针对集团客户的销售技能，是集团客户经理和集团客户管理人员的必备技能。它体现的是以原则为基础，对事不对人，着重于双方的利益而非立场，寻求双赢的解决途径，而不违背双方认可的基本原则。

SPIN 技术是顾问式营销的利器，主要针对大额产品和无形产品而设计的，曾经在世界 500 强中的 80% 的企业中使用过，是重实践、重科学、重事实的销售技巧。

SPIN 来自英文单词的缩写，S（Situation Question）背景型问题；P（Problem Question）难点型问题；I（Implication Question）暗示型问题；N（Need-Payoff Question）需求效益型问题。

我们来看一个为邮政集团大客户经理做的 SPIN 顾问式销售培训用到的案例，

如表 3-15 所示。

表 3-15　SPIN 顾问式销售案例

背景型问题（了解客户目前的状况）
例如：你们每年年底通过什么方式维系客户关系？
你们和客户的对账账单采用什么方式快递？
你们图书馆的杂志是自己购买还是集中订阅？
难点型问题（针对目前的状况找出客户最关心的问题）
例如：这三年中，你觉得维系客户关系遇到的问题是什么？这些问题有什么具体表现？
现有的账单投递方式有没有给你带来什么麻烦？
目前图书馆的杂志的添置你最想改善的什么？有什么顾虑？
暗示型问题（根据客户关心的问题挖掘最大的痛苦）
例如：如果维系客户关系的问题没有解决会有什么影响？
账单投递会影响公司的经营吗？
添置不当会有什么后遗症？
需求效益型问题（针对最大的痛苦给予快乐的决策）
例如：采用向客户邮寄贺卡的方式，不局限于节日，是否有利于客户关系的改善？
交由邮局集中投递，是否能解决账单投递可能产生的麻烦？
如果有详细的添置计划及专业的订阅机构，是否能给图书馆的杂志添置带来便利？

从上面的案例可以看出，SPIN 技术具有以下特点。

（1）使客户说得更多

运用 SPIN 技术在与客户沟通过程中应当掌握语气、力度和礼貌；在此基础上要回避一些与客户沟通中必须注意的敏感话题，减少沟通中的歧视；在沟通中强调积极面，引导客户提供更多的信息给客户经理。

（2）使客户更能理解你

SPIN 技术从客户的角度出发，进行换位思考，使客户更好地理解客户经理。

（3）使客户遵循你的逻辑去思考

SPIN 技术将客户进行分类，分析客户的个性、文化背景等，有针对性地设计顾问销售逻辑结构，达到无形中吸引客户的效果。

（4）使客户做出有利于你的决策

SPIN 技术通过强调客户的受益处可以使客户做出有利于客户经理的决策，受益处来自客户的需求。通常产品都能同时满足几个不同层次的需求，SPIN 技术重点强调客户和客户最相关的内容，这样更容易使客户做出有利于成交的决策。

（三）SPIN 技术运用的四个阶段

1. 建立信任

没有信任关系，客户不会说出真正的需求。怎样快速推进客户关系？这是困扰每个客户经理的难题。很多客户经理已经与客户认识半年了，关系依然没有进展。

究其原因，是由于销售人员不了解客户关系的发展阶段，不能判断自己与客户的关系，也找不到具体的方法推进客户关系。

事实上，客户关系发展可以依次分成四个阶段：认识、约会、信赖和同盟。

（1）认识

认识客户是客户关系发展的第一个阶段，可是很多客户经理却不能过这一关，原因是客户经理不能给客户好感。客户的第一印象来自客户经理的外表，穿着打扮就是关键。客户经理可以根据场合以及与客户的熟悉程度，改变自己的着装方式，但是在正式场合和拜访陌生客户时，专业的着装是必不可少的。

（2）约会

约会是客户关系发展的第二个阶段，判断是否达到这个阶段的标志是客户是否离开办公室应邀参加各种活动，例如餐会、运动、展览或者会议等。

（3）信赖

信赖是客户关系发展的第三个阶段，判断的标志是客户此时应该明确支持客户经理，标志性的行为是与客户进行一些私密性的活动，例如家庭活动，或者一起散步等。

（4）同盟

当与客户达到信赖的关系时，客户经理一定已经在客户身上投入了大量的时间和精力，如果此时停止，就太浪费了。当客户经理开始学会调动客户达成销售目标时，才可以让客户关系发挥最大的效果，此时这位客户就成为销售的同盟者。

建立信任关系的方法如表 3-16 所示。

表 3-16　建立信任关系的方法

阶段	问题	策略	方法
认识	拜访客户的时候，经常被保安拦截，即使通过这一关，也难逃前台的拦截，十有八九见不到客户，这是认识客户时最大的问题	注意自己的商务形象：个人卫生、品位，适当使用香水等化妆品提高个人品位。职业套装是第一笔投资	注意发型、着装、指甲等细节。每次见客户前可以对着镜子找找感觉，想象自己是一个公司的总经理，而不是一个推销员。见到保安的时候，眼光不要逃避，对他微笑一下，你就可以通过大堂和前台了
约会	如何更好地约见客户	用活动的方式集体约见	确定主题、确定潜在客户，用聚会的方式和客户进行有效接触
信赖	如何取得客户的信赖	让客户有一个良好的心理感觉，保持客户愉悦的情绪	1）倾听，80%的时间应由客户讲话； 2）问的原则：先问简单容易回答的问题； 3）信赖感源于互相喜欢对方； 4）在沟通上与客户保持一致，注意声音、文字、肢体语言的运用（文字占7%、声音38%、肢体语言55%）

续表

阶段	问题	策略	方法
同盟	如何稳定与客户的关系，并借助客户的资源	成为向导、牵线搭桥	1）同盟者本来就是天生的向导。对于高级别的同盟者，如果仅让他们提供资料就大材小用了，他们可以成为客户经理出谋划策的幕僚，客户经理可以随时向他们请教应如何推进销售发展。 2）做通一个客户的关系只是取得一个点的突破，但是重要的项目往往涉及客户组织结构中的很多人，客户经理可以利用客户之间的关系拓展人脉

2. 发掘需求

要发掘需求必须具备三个基本要素：需要有正确的人生态度，即热爱生活，观察生活，做生活的有心人；需要对所从事领域的技术熟悉；需要有普遍联系的观念。只有这样，才能从平凡的、别人熟视无睹的现象中发现事物间的关联性，从而发现需求。

（1）辨明客户真正的想法

客户有客户的立场，他也许不会把真正的想法告诉你，他也许会找借口或不实的理由搪塞，或为了达到别的目的而声东击西，或另有隐情，不便言明。因此，你必须尽可能地听出客户真正的想法。

（2）盯住竞争对手的产品缺陷

缺陷的背后隐藏着消费者对该产品的新期盼，隐藏着得不到满足的市场需求，也就是说，缺陷是市场空白之所在，是绝好的商业机会。

（3）利用客户的投诉

消费者的投诉对一些客户经理来说是一件深感头疼的事情，但在一些精明的经营者心中，却是宝贵的产品信息资源。因此，企业善待客户的投诉，借此了解和发现自己产品和服务的不足之处，找准问题的关键，并有针对性地改进原有的产品设计，或研制生产出弥补缺陷的新产品，企业就能从中受益无穷。

集团客户经理如果能率先体察到客户的困难，准确地捕捉到这类市场机会，并及时地为客户提供排忧解难的商品或服务，那么这种商品或服务肯定会赢得客户的欢迎。

（4）观察客户的习惯

客户的习惯反映了客户持续的需求所在，经常观察客户的消费习惯，有助于销售地点的选择、包装的改善，以及销售方式的确定等。

（5）捕捉客户的幻想

客户的"幻想"并不是空穴来风，它实际上就是人们在日常生活中碰到的不便和需求，是经营商机之所在。集团客户经理如果在日常经营中，多关注社会生活，多注意捕捉客户的"幻想"，然后从中选出有开发价值的东西加以研究开发，把人们的"幻想"产品变成现实的新产品，那么，这种新产品肯定会成为畅销货。

（6）抓住市场的限制

有限制就说明遇到了问题，问题的存在给我们提示了寻找机会的方向。

（7）留意相关信息

俗话说得好，"说者无意，听者有心"，相关信息里面蕴藏着大量的客户需求的信息，只要企业细心留意，就一定会发现有用信息，并通过这些信息，调整产品结构，满足客户需求。

3. 有效推荐

销售过程中经常遇到这样的问题：产品的确是优秀的，但凡我们向其推荐的客户，一般来说跟我们的产品都是相关的，大都能给他带去利益的。可是如果你主动推荐，人们都有一种本能的排斥感，就是因为自己的主动，让别人不接受这种行为，也不接受自己的产品，如何做好有效推荐是很重要的。

通过表 3-17 中对客户不同购买心理的综合研究，客户经理应采取各种介绍商品的方法，促使客户决定购买某种商品。

表 3-17 对客户心理把握工具

方法	解析
注视	当客户注意观看某种商品或伫立观看某广告牌的时候，应注意观察客户在留意什么商品，以此来判断客户想购买什么
兴趣	当客户走近某种商品同时又用手抚摸某类商品时，反映客户对某种商品产生了购买兴趣。这时要向客户打招呼说："您来了"，并且说："请您随便挑选……"，随后观察客户的购买意图
联想	要使客户联想到购买了某种商品后使用时的方便和愉快的心情等，应主动介绍使用某种商品如何方便以及使用这个商品时的愉快心情等
欲望	进一步促进客户购买的欲望。列举某客户买了某种商品的实例，以促进客户购买的欲望
比较	在客户挑选商品时，应主动介绍某种商品的质量和性能等，便于客户比较
决定	最后客户通过比较决定购买某一种商品

4. 巩固信心

巩固信心是客户在购买过程中希望得到的认同和确认，希望通过别人给自己增加一份购买的动力，希望购买的商品得到别人的认同。在进行顾问式销售过程中，要注意巩固客户的信心，这种技巧在于对消费者购买的心理阶段进行把握。客户购买的 8 重心理如表 3-18 所示。

表 3-18 客户购买的 8 重心理

阶段	解析
初恋	客户与商品的接触，犹如初恋中的人们。如果他驻足，就意味对商品有好感，就有着进一步交往的可能。当客户站在商品面前的时候，说明商品已经打动接触到他的心门，因为在注视过程中所获得的视觉享受是使客户购买这种商品的最初动力

续表

阶段	解析
吸引	客户关注商品后，其视觉享受会刺激他对这一商品的兴趣，这时他会注意商品的其他方面，如使用方法、价格甚至功效、性能等。如果有了这一层感觉，就说明商品已经吸引了客户
联想	客户被商品吸引，进而产生兴趣，这样，就不但想看一看它，同时会产生用手去触摸商品的欲望，享受通过对商品的触摸而产生的满足、亲切感，继而产生联想，联想自己在使用商品的情景，甚至乐趣
奢望	有了美妙的联想，享受到梦中情人的乐趣，客户就会产生拥有这个商品，并且控制、使用商品的欲望。当然，他又会产生疑问：有没有比这个更好的？还有比这更吸引自己的商品吗？
权衡	产生购买欲望后，客户就一定会在心理上比较权衡（如价格、质量等），这时客户表现出犹豫不决。这时他会受到客户经理或同性或异性客户的行为影响，有时营业员的精练介绍和推介，将是最有用的
自信	经过一番权衡比较以后，客户就会觉得"这东西不错，蛮适合自己的。"此时客户已经对自己的眼力产生自信，同时也对自己选定的商品产生了信心，这个信心来源于客户经理的诚心推介、品牌的诚信、使用的习惯、购买的心态等。有了信心，就有产生购买的心理动机和决心
实施	一旦下定决心，客户往往会实施购买行为，此时如果客户经理稍加赞美"先生（小姐），您的眼光不错！"会更巩固消费者的购买行为，要知道任何人都希望得到他人的赞美。同时，营业员要迅速出击"我帮您包好"，不要延误时机。这样，购买行为就应运而生啦
满足	购买后会有一种喜悦和自豪的感觉。这种感觉来源于两个方面，一是购物后的满足感，包括满足于拥有商品的喜悦和享受到店员优质服务的喜悦；二是商品使用过程中的喜悦，这种喜悦直接关系到会不会产生重复购买的欲望和行为。如果消费者同时获得两方面的满足，他将成为商品的忠实消费者

（四）SPIN 技术的四个关键技巧

1. 漏斗式提问

在运用 SPIN 技术时，针对我们需要掌握的信息，根据销售目的、销售场景、销售时间及销售对象的不同，我们还要确定不同的提问技巧和选择正确的问题类型。

漏斗式提问（见表 3-19）是一种针对顾问式销售的逻辑性非常强的提问方式，是开放性问题和封闭性问题的结合。漏斗式提问可以提高沟通的效率，获取更多的有价值信息。在建立了良好的沟通氛围、获得销售对象信任的前提下，漏斗式提问在后期往往会采用封闭式问题，直接询问具体的信息或者一些细节。

表 3-19 漏斗式提问

提问特点	漏斗式提问一般以开放式问题开始、封闭式问题结束
适用场合	在有充足的交谈时间前提下
	试图与初次拜访对象或关系一般的销售对象在短时间内建立良好印象、增强信任度
	涉及较敏感话题，不便直接进入主题
	为了鼓励销售对象畅所欲言，让其提供更广泛、更深入、更全面的信息
注意事项	采用开放式问题时，要注意避免时间和精力的无谓浪费，注意控制销售节奏
存在的问题	开放式问题对记录或整理答案有一定的难度，对于一些销售对象，很难把握回答的方向、深度和正确性

漏斗式销售7种说服技巧如表3-20所示。

表3-20　漏斗式销售7种说服技巧

技巧	使用规则
循序渐进	说服应遵照由浅入深、从易到难的方法。开始时，避免重题、难题，先进行那些容易说服的问题，打开缺口，逐步扩展。一时难以解决的问题可以暂时抛开，等待适当时机
寻求共同点	要想说服客户，首先要赢得他的信任，消除其对抗情绪，以双方共同感兴趣的问题为跳板，因势利导地提出建议。因此，老练的推销人员总是避免讨论一些容易产生分歧意见的问题，而先强调彼此的共同利益。当业务洽谈即将结束时才把这些问题拿出来讨论，这样双方就能够比较容易地取得一致的意见
突出利益，耐心细致	在沟通洽谈中，客户最关心的问题是：购买能否为自己及公司带来利益，以及能带来多大的利益。因此说服必须耐心细致，不厌其烦地把产品的优点以及客户购买产品后所享受到的好处讲深、讲透，让客户相信购买便能获利，能够解决他的难题。有时，客户不能马上做出购买决定，这时就应耐心等待。同时，在等待的时候，可适当地运用幽默达到一种共识
富兰克林式表达	富兰克林式表达技巧就是客户经理向客户说明买我们产品能够得到好处，也向客户说明不买我们的产品将蒙受的各种损失
学会用数字	数据是说明事实的好方法，如果我们用数字来介绍某一个事物，当你听过之后马上对这种产品、这种事物有了比较明晰的概念。在销售实践中也有许多优秀的推销员十分善于运用数字来与客户沟通，比如说我们的电话卡能让客户赚钱，给客户算一笔账，具体说能赚多少钱，用一个具体的数字、实实在在的数字就打动了客户
引证	怎么让客户相信我们所说的一切都是正确的，我们可以引用例证，举该行业中其他企业（最好是处于领先地位）使用我们业务的例子来介绍一下我们的产品
把握时机	成功的说服在于把握时机。这包含两方面的含义：一是推销员要把握对说服工作的有利时机，趁热打铁，重点突出；二是向客户说明，这是购买的最佳时期

2. 激发痛苦与追求快乐

SPIN技术的基本原则是：没有痛苦，就不会有改变。这里所谓的痛苦是指对客户不利的事宜或可能错失的良机。痛苦给人改变的动力，痛苦让客户采取行动、改变不利形势，或是积极应对以改善现状。所以，客户经理要懂得激发客户的痛苦。激发痛苦的目的是促进其购买可以消除痛苦的商品。因此，激发痛苦后必须有相应的对策和方案组合来解决客户遇到的痛苦，也就是需要一整套方案系统地解决问题。激发痛苦的方法及问题解决如表3-21所示。

表3-21　激发痛苦的方法及问题解决

激发痛苦的方法	问题解决
回忆以前使用类似产品的不便	我们的产品可以带来便利性
讲述以前产品缺点造成的问题	产品的缺点现在解决了
讲述客户经理自己的痛苦感受	客户经理讲授现在的感受
引导客户自己去阐述	用心去聆听客户的表述，适时进行辅导

3. 赞美的运用

集团客户经理在赞美客户的时候，一定要做到得体有效，赞美要因人而异。下面两个表分别针对不同的人群、不同的职业，客户经理应采取的不同的赞美方法。

（1）不同人群的赞美方法（见表3-22）

表3-22　不同人群的赞美方法

不同的人群	赞美的方法
年轻的先生	有头衔的：您这么年轻就当上了经理，实在是不简单啊！哪天有机会一定向您请教事业成功的秘诀。 无头衔的：您一表人才，一定是公司的老板吧！什么？是业务代表，您太谦虚了，即使如此，相信不久您一定能成为大老板的。
年轻的小姐	在家闲着？有多少女孩羡慕你呀，不用为生活而奔波劳累，那您先生一定很成功吧！是做什么工作的呀？
中年男士	先生，您事业做得这么成功，见识广，经验多，哪天有空教我两招。
中年女性	大姐，看您很面善，人缘一定很好，是不是做老师的？我最喜欢老师了！
老年人	您身体健康、面色红润，一定很有福气，有几个孩子？
一家人	在先生面前赞美太太，在太太面前赞美先生，在夫妻面前赞美小孩。

（2）不同职业的赞美方法（见表3-23）

表3-23　不同职业的赞美方法

职业	赞美方法
医生	救死扶伤、白衣天使、救人一命胜造七级浮屠
会计	头脑清醒、眼明心细、思维敏捷、聪明能干
律师	最崇高的职业，医生为病人看病，律师给社会看病，专为社会打抱不平
教师	人类灵魂的工程师，在我的一生中，最感谢的就是我的老师。一日为师，终身为父
生意人	无商不富，像您这样有胆识的人，一定能把握住机会，才会有今天的成功

（3）赞美客户的技巧

1）间接赞美。间接赞美是指，在赞美客户的时候，应该称赞他的所属物或过去的成就，而不是直接称赞其本人。如果直接去赞美客户本人，例如"您真是个大好人啊"，会让人感觉你是在阿谀奉承，结果往往会适得其反。如果是利用间接材料"恭喜您啊，胡总，我刚才在报纸上看到您的消息，祝贺您当选'十大经济年度人物'。"这样的一句话就能使对方产生找到知己的感觉，很快向你敞开心扉。

2）从细节入手。"我觉得您的这个新发型让您的眼睛更漂亮了，你是在哪里弄的这个发型啊？""你的新裤子很配你的上衣，是怎么决定购买这种款式的呀？"等等类似的问题都是从客户的细节着手，进行赞美。从细节着手，体现在观察客户的外表、衣着、生活习惯等，进行赞美。客户会感觉你非常在意他，进而对你产生好感。

3）运用第三人称。这样的称赞并不直接针对对方，而是指向另一个人。"崔哥是我的朋友，他经常和我提到您，说您非常讲信用，人也非常豪爽。"这样的赞美会让客户感到自己受众人欢迎，同时如果客户你的话转告给"崔哥"，也会加深"崔哥"对你的好感，一举两得。

4. 注重逻辑性

逻辑是一个很复杂的范畴，逻辑有很多的定义和概念，但是所有逻辑只研究一件事，就是行为的有效性！为了实现销售行为的有效性，客户经理必须拥有自己的逻辑！销售逻辑性分析工具如表3-24所示。

表3-24 销售逻辑性分析工具

逻辑层次	核心要点
S 情景型问题	需更加有针对性
P 难点型问题	难点问题应深入挖掘
I 暗示型问题	发现最大痛苦是内含型问题的基础，引申痛苦并扩大是内含型问题的关键
N 需求回报型问题	画饼法是追求快乐的买点，需求回报问题与客户关心的买点结合是关键

集团客户经理要善于运用问题组合，来发现客户需求、放大利益，最终引导客户做出决策！

五、集团网格的客户关系维护

我们常说要重视客户资源，特别是要重视集团客户资源。其实，这个重视主要体现在对客户生命周期的理解及由此产生的相应服务策略上。

客户生命周期指一个客户对企业而言是有类似生命一样的诞生、成长、成熟、衰老、死亡的过程。具体到不同的行业，对此有不同的详细定义。对运营商而言，所谓的客户生命周期，指的就是客户从成为运营商的客户并开始产生业务消费开始、消费成长、消费稳定、消费下降，最后离网的过程。

客户经理针对集团客户的客户关系管理，在客户生命周期上是分阶段的，图3-42是从横向的角度（与客户的业务关系）来理解集团客户的生命周期：潜在客户、销售客户、关系客户直至流失客户这四个阶段。

潜在客户 → 销售客户 → 关系客户 → 流失客户

图3-42 集团客户生命周期（横向理解）

但如果要真正地理解集团客户生命周期的内涵，则需要从图3-43的纵向的角度（不仅仅是从业务关系，更多的是从客户的贡献值及忠诚度）来理解集团客户在关系阶段的各个层次：新客户、成长客户、稳定客户、衰退客

新客户
↓
成长客户
↓
稳定客户
↓
衰退客户
↓
问题客户
↓
无价值客户

图3-43 集团客户生命周期（纵向理解）

户、问题客户、直至无价值客户这六个层次。

毫无疑问，这样操作的目的是为了精准地在不同的客户生命周期，对客户推荐对应的产品及采取相应的服务策略，进而实现客户维系的滚雪球模式。

从新客户成长为成长客户、稳定客户，实际上是从产品进入企业到客户使用习惯的培养，此阶段需求的准确把握及产品及服务的针对性可能是关键要素；而如何保持稳定客户，不让其向衰退客户甚至是问题客户、无价值客户演变，则需要强大的高频次的客户维系，通过有效的客户维系将产品的应用价值充分发挥出来。我们将这个过程描述为客户维系的滚雪球模式，如图3-44所示。

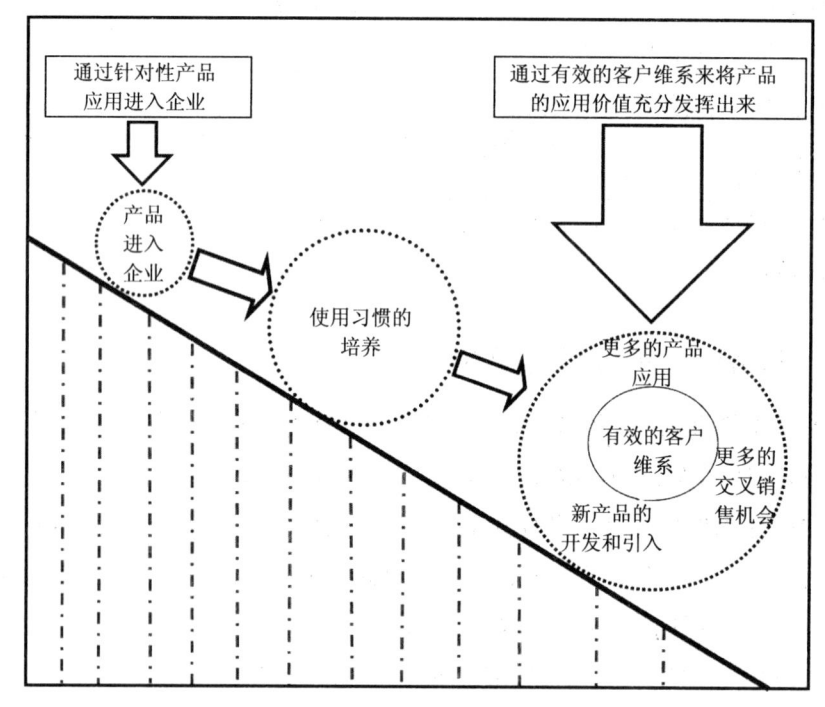

图 3-44 客户维系的滚雪球模式

（一）建立长期的客户关系

有统计数据表明，获得一个新客户的成本是维系一个现有客户成本的5~8倍。既然获取一个新客户是如此漫长而高成本，客户经理则更应倾注更多的心力去最大化地留住客户、关怀客户、"笼络"客户，与客户建立长期持久稳固的客户关系，从中挖掘出客户最大化的价值。

1. 保持沟通与交流的连续性

> 初次见面时，告诉客户你还有一些与这次谈话主题相关的资料，将尽快提供给客户。这样，在与客户第一次接触时，便有意为进一步的接触埋下伏笔，为建立长期的客户关系创造条件和机会。

- 对第一次与客户谈论的某些问题，自己不能给客户一个满意的回答时，要向客户说明实情，并向客户再次承诺，待查证后给客户一个答复，既表现出自己的谦虚和坦诚，又创造了与客户接触的机会。
- 邀请客户参加有关活动。根据客户的偏好，选择一些相关的活动，邀请客户参加，既加深了关系，又丰富了今后交流的话题。
- 向客户发放调查表。调查表要简单明了，尽量用选择的方式，避免用文字叙述。
- 让客户知道你的多种通信方式，并保证畅通，让客户随时都能找到你。电话无人接听或手机关机是一种隐形的拒绝，因为对于尚未稳固的交往，人的耐心是有限的。
- 向客户邮寄资讯。经常向客户邮寄一些特别传单或优惠产品信息。

2. 与客户建立学习型关系

- 学习型关系是牢固建立长期客户关系的坚实基础。通过一些有效的方式在业务、需求等方面与客户建立关联，形成一种互助、互求、互需的关系，是稳定客户的一个重要手段。
- 客户经理与客户之间的交往是建立在互相尊重的基础之上的，既要尊重客户，又要靠良好的形象、无可挑剔的礼仪、真诚的服务和丰富的知识赢得客户的尊重。
- 发现客户在管理、营销等方面的优势，直接向客户取经。
- 在不损害企业利益，不泄露企业机密的情况下，将自己拥有的某些信息提供给客户，同时也经常向客户索取一些不涉及对方商业机密的信息资料。
- 研究客户的产品和经营，及时向客户提出合理化建议。
- 向客户征求意见多采用口头的形式，不管客户所提的意见是正确还是偏颇，都要向客户道谢。

（二）培养成长型的客户

客户是需要成长的，由小到大，由少到多。因而，客户经理在营销中对客户关系要进行长久的呵护和耐心的关注，要注重客户的培养，使之最终成为自己终生的客户。从某种意义上说，对服务于集团客户的客户经理而言，培养未来的优质客户，要比争夺现实的优质客户更重要。

1. 暗示客户的潜意识需求

在与客户的交往中，对客户的需求表示肯定，不露痕迹地加以赞扬和鼓励，激发客户实现需求的欲望。比如，当客户说起曾经在媒体上看到有的企业聘请企业顾问时，你可以告诉客户：刚才您提出的设想，是目前成功企业的必要手段，并且已经被证实，这种做法在我国还是比较超前的。也可以通过其他成功的案例暗示客户也有同类需求，如在介绍完产品的特性后可说："其实每一个企业在日常经营中，都可以利用该产品达到提升效率的效果。"客户收到上述暗示，有可能会将这种潜意识的需求上升为现实需求。

2. 重视客户第一满意度

（1）重视客户的试探性满意度

业务关系的建立很大程度上取决于第一次的满意度。第一次实质意义上的业务交往，很可能是客户的"体温计"，他们会根据这个试探性的动作，判断你所代表的整个企业的服务，从而决定是否进行业务合作。

（2）重视客户每一笔业务的首次满意度

在客户使用每一种产品时，要尽力保证客户在第一次就获得满意，缩短服务和产品的磨合期。

（3）重视客户在第一时间的满意度

客户接受服务或使用产品的过程中，往往很在乎时效性，如果能让客户在客户预想的时间内达到满意，此次营销将会取得更好的效果。

（4）重视客户业务范围之外需求的满意度

客户经理与客户的交往不仅仅局限于业务范围之内，客户对客户经理的需求也不仅仅局限于企业业务范围之内。客户的每一次需求都是不同的，客户经理要把客户每一次不同的需求当做第一次，在力所能及的情况下竭力满足。

3. 增加业务的额外价值

1）及时将产品的优惠种类和优惠时限告诉客户，提醒客户正确利用优惠种类和优惠期以增加收益。

2）根据客户与企业集团业务的进展情况，在客户没有要求额外优惠时，在不损害企业利益的前提下，以各种名义主动给客户意外的惊喜，如产品折扣优惠、积分优惠等。

3）把谈判变成惠赠。不要等客户提出要求时，才不得不给予减息优惠或产品折扣。客户经理应主动地通过成本收益分析，在保证利润的前提下尽可能多地让客户获利，避免与客户相聚在谈判桌上。

4）在客户的业务达到一定程度时，赋予客户享受额外服务的特权。

4. 扩大客户选择的自由

（1）涉及本企业的客户选择

客户经理在介绍和建议使用本企业的产品时，不可过分强调个人的意愿或带有个人主观色彩，要实行"超市自选式供应"，你可以向客户推荐或建议，但不可强制性地让客户使用某种产品。

（2）涉及同业之间的客户选择

如果本企业的产品和服务确实无法满足客户的需求，可以为客户推荐同业的适合产品。竞争中的宽容往往会显示出较好的企业和个人形象，会让客户觉得客户经理是以客户为中心而不是以自我为中心。这样做，客户经理不仅不会失去客户，反而会赢得客户的尊重。但这种方法切不可在客户投诉时使用。

（3）涉及服务人员的客户选择

一般情况下，客户经理应保持相对稳定，但是如果因为客户主管人员的变动或其他原因，导致客户与客户经理之间的合作无法达到和谐，可以推荐其他客户经理进行客户服务和客户关系管理，也可以通过流动的方式，定期调整一部分客户经理的客户范围，使客户关系更加顺畅。

（4）涉及服务场所的客户选择

随着科技水平的提高，尤其是 PC 端、移动端等电子渠道的开通，办理业务的场所越来越自由。在向客户推荐较好的服务方案的前提下，可让客户选择他们习惯的方式。

（5）涉及时间的客户选择

客户经理的服务应该是全天候的，让客户在 24 小时之内随时可以找到你。

一句话，给客户选择、尊重客户选择，是"以客户为根本"的最佳体现。

5. 激励客户

任何层次的客户都是需要激励的，只要你选对激励的方式和时间，都会取得较好的效果。

1）让客户知道你需要他，以此激励客户的成就感。客户也同样会从你的信息中获得这样的信息：因为他对你很重要，所以你会更加重视他。

2）让客户明白你将会带给他们更多的价值，以此激励客户继续与你合作的愿望。只有能带给别人实惠的人或企业，才不会被抛弃，才会成为别人希望的合作伙伴。

3）通过交往让客户感到你或企业的创新能力，激励客户深层次地挖掘从产品创新中获利的欲望。

4）公开评定信用等级，颁发信誉称号，给客户声誉或信誉上的激励。

5）通过各种方式让客户清楚，你们是最佳搭档，你们的合作是带来双方共赢的基础。客户会从中感受到双方合作在经营中的重要性，不会轻易打破这个组合。

6）对客户介绍的新客户要加倍做好服务，因为客户介绍新客户是有一定风险的，为新的客户提供最佳服务，可以化解客户的风险，也是对客户最好的激励。

6. 保持客户的长期满意度

- 在现有产品和服务的基础上，尽力满足客户需求。
- 通过降低客户预期值，实现客户满意，如事先告诉客户产品缺陷等。
- 发现客户需求，并不断改进产品和服务。
- 提供超出客户预想的产品功能、服务和收益，让客户获得更多的客户让渡价值。
- 在客户提出需求时，及时给予满足或答复。
- 自始至终提供优质服务。优质服务不因人而异，不因时而变。
- 努力使产品质量和服务质量做到完美。
- 不断创新，让客户获得精神和声誉上的满足。
- 当服务或产品出现问题时，运用科学方法及时予以解决。

(三) 应对"挑剔型"的客户

"你关心客户，客户会关心你；你感动客户，客户会感动你；你帮助客户成功，客户会帮助你成功。"这是经营的永恒主题。

集团客户服务工作就是牢固树立"以客户为中心"的服务理念，谋求客户获利能力提高，实现客户满意度；谋求客户发展能力的提高，实现客户忠诚度。要实现这样的工作目标，做一个高素质的知识型客户经理应对"挑剔型"的客户尤为重要。

1. 优良的观念和心态

（1）努力让客户既满意又感动

客户经理首先要充分了解客户目前、未来和潜在的实质需求与心理需求，了解产品及操作流程，从而在服务流程、产品诸方面采取务实的改造、创新，做到让客户既满意又感动，必能使许多挑剔情势无从发生。客户经理在为客户提供产品服务时，为高端客户进行一对一的差别化服务，能够及时满足不同客户的需求，不断向上层提出产品策略建议，解决客户产品问题，提出专业化的建议，并主动为客户降低成本，从而用口碑赢得市场，使新老客户趋之若鹜。

（2）认识到被挑剔是改进的机会

客户的挑剔，不管有没有道理，若能从挑剔中仔细深入检讨，通常可发现一些不足之处。客户在挑剔过程中所提出来的建议，也许可以直接采用，也许需经修改或转化才可采用，但总能对企业有益。

2. 应对挑剔最好的方法，就是要做到让客户不挑剔

（1）彻底了解客户的需求

客户不满意，需求得不到满足，或有更高的需求和期望，才会挑剔。企业应针对产品的功能、客户购买的使用情况，及使用时遇到问题的及时回复服务等，运用各种线上、电话、网点、客户经理等服务渠道，调查及了解客户的需求；同时运用换位思考，站在客户的角度，不断要求自己，不断挑剔自己，并把自我要求和挑剔的每一点，都彻底充分地做到。

（2）与客户维持良好的关系

维系客户关系，包括建立关系、维护关系和运用关系，都须用心认真做好。运用的方法，包括充分的沟通协调、做好产品和服务、建立交情、运用交际及为客户创造利益等。营销产品前先与客户交朋友，客户使用产品过程中遇到问题时交朋友，是朋友就不会太挑剔。做好客户管理，挑剔之事也必大为减少。

3. 妥善处理客户挑剔

（1）站在客户的立场看问题

面对客户的挑剔，首先不是防卫、排斥和拒绝，而是虚心倾听，冷静客观地研究分析客户的挑剔。研究分析时，还要站在客户的立场，就客观的事实和主观的感觉和情绪，去了解客户为何挑剔。在面对最挑剔的客户时，应先以了解和歉意认同客户的感觉，就事实加以沟通讨论。客户挑剔之点，如果是应改进的事实，应提出改善、解决及补救之道；如果非事实，应做充分沟通说明；如果无法做到，应婉转说明并允许协商补救之道；如果需时间解决或补救，应承诺时间；如果是微不足道的挑剔，也许可俟机转移话题。

（2）建立和谐的气氛

面对挑剔，除了事实外，还有人与人之间的关系、感觉和协调时的气氛。气氛良好，挑剔的情绪会降低甚至消失。就算是面对最挑剔的客户，也要面带笑容，耐心而认真地倾听客户的投诉，并且不可计较客户不礼貌的言辞和态度。如果我方有理，也不可得理不饶人，仍要感谢客户的挑剔。如果协商场所不佳，应更换较适合之处。如果本人不能解决，可请第三人或上级出面。如果一时陷入僵局，可建议先研究了解延后再谈。

可见，应对"挑剔型"的客户，客户经理首先要具有良好的观念和心态，熟悉了解企业产品；其次要创造及维持良好的客户关系，推动各种有效的计划和制度；最后才是面对客户挑剔时采取适当的做法。而对于最挑剔的客户，如何应对，也非你来我往的攻击防御，重要的是消除、解决和合作，并将最挑剔的客户转变为最忠实的客户。

以上，我们简单地介绍了面向集团客户群的客户经理应具备的客户关系维系的技巧，客户经理唯有通过长期的客户维系工作才能将企业市场的"雪球"越滚越大！

案例分析

集团网格经理岗位技能认证标准

面向集团客户服务的网格经理,需要针对集团客户的需求,在客户网络维护、客户服务支撑、产品维护支撑、项目实施支撑等方面具备相应的技能。

网格经理应从工作内容出发,梳理出技能对应的知识点,从基础技能及专业技能两个方面,通过自学、培训、实战等多种方式,掌握相应技能。

企业应对网格经理的技能水平进行测评(三级、四级、五级),并将技能水平和工资绩效挂钩,以此来保障工作的顺利实施。

下面仅仅就网格经理的三级技能认证标准,从客户网络维护、客户服务支撑、产品维护支撑、项目实施支撑四个方面举例说明。

一、客户网络维护岗位技能认证标准

级别:三级客户网络维护

技能分类	技能要求	知识点要求
基础技能	接入网络维护技能	1)能独立完成数据、传输接入网侧及客户端电信方网络设备常见故障的判断处理及分析,能分析及协调处理疑难故障、重大故障; 2)能独立完成接入网侧数据设置或配置,能指导及完成常见政企标签产品接入网侧及客户端的开通(含调测)工作; 3)能独立完成接入网侧及客户端常见测试,熟练使用常见政企标签产品接入网侧及客户端的仪器仪表; 4)熟悉接入网侧及客户端常用或主流网络设备,熟悉数据、传输网络现状,对交换网络现状有一定了解,能牵头及制订网络技术方案、网络优化方案,并能对不同接入方式、设备组网优劣势进行分析阐述; 5)熟悉数据、传输网络运行质量关键指标,对交换网络运行质量指标有一定了解,能制订及分析面向客户的售后服务质量承诺指标	1)掌握通信网络基本原理及应用; 2)了解网络组织架构、运行维护现状及规程制度等; 3)掌握数据、传输、交换网络接入侧及客户端常见或主流技术; 4)掌握数据、传输、交换网络接入侧及客户端常见或主流设备、仪表的性能、用途等知识

续表

技能分类		技能要求	知识点要求
基础技能	计算机网络维护技能	1）能独立完成常见或主流客户端网络设备的常用配置、测试及分析； 2）熟练掌握常见或主流网络系统协议、操作系统； 3）掌握计算机网络安全管理知识； 4）掌握内网规划知识及优化技能	1）掌握计算机网络基本原理及应用； 2）掌握计算机网络体系结构和网络协议的基本原理，掌握常见或主流路由器和交换机基本配置，了解主流计算机网络操作系统； 3）掌握常见或主流计算机网络安全知识，识别网络安全威胁和描述减轻这些威胁的一般方法； 4）掌握局域网组网技术，理解城域网和广域网基本技术，在中等规模的公司分支办公室网络中实现满足网络需求的 IP 地址规划及 IP 服务
专业技能	专线类维护技能	1）掌握通信各专业网络基本原理，了解相关技术参数、维护知识，能独立处理用户障碍； 2）具备数据、传输等涉及客户端的设备综合性维护技能； 3）掌握电子运维系统、客户网管等支撑系统的基本应用和数据分析； 4）掌握公司面向政企客户的各项服务或业务，熟悉客户服务售中、后服务流程，规范开展各项售中、后维护作业	1）熟悉 DDN、FR、ATM 电路及接入终端的日常安装维护，测试仪表的使用； 2）熟悉 SDH、MSTP、PDH 电路及接入终端的日常安装维护，测试仪表的使用； 3）熟悉 XDSL、VPN、商务光纤、电路及接入终端的日常安装维护，测试仪表的使用
	应用类维护技能	1）能独立完成行业定制终端的安装及常用配置； 2）能独立完成行业定制终端常见故障诊断及处理；掌握行业定制终端主要性能指标，能完成运行质量分析； 3）能独立完成行业应用安装及主要配置； 4）能独立完成行业应用常见故障的诊断及处理	1）掌握定制终端业务（针对中小企业客户）的日常安装维护； 2）具备电子政务、蓝海网盟、金色校园、警务e通、综合办公（针对行业客户的应用）的日常安装维护能力； 3）具备设备顶替、网管专家等（针对重点行业客户的服务）的日常安装维护能力
	视频类维护技能	1）能完成视频类业务的安装及常用配置； 2）能完成视频类业务非平台侧的常见故障诊断及处理； 3）熟悉视频类业务主要性能指标，能制订运行质量标准并完成运行分析	1）熟悉全球眼业务、无线全球眼接入终端的日常安装维护； 2）具备宽带星天地（或 IPTV）、数码 e 房等接入终端的日常安装维护能力； 3）掌握视频会议系统、新视通接入终端的日常安装维护，测试仪表的使用

二、客户服务支撑岗位技能认证标准

级别：三级客户服务支撑

技能分类		技能要求	知识点要求
基础技能	接入网络维护技能	1）能独立完成数据、传输接入网侧及客户端电信方网络设备常见故障的判断处理及分析，能分析及协调处理疑难故障、重大故障； 2）能独立完成接入网数据设置或配置，能指导及完成常见政企标签产品接入网侧及客户端的开通（含调测）工作； 3）能独立完成接入网侧及客户端常见测试，熟练使用常见政企标签产品接入网侧及客户端仪器仪表； 4）熟悉接入网侧及客户端常用或主流网络设备，熟悉数据、传输、交换网络现状，能牵头及制订网络技术方案、网络优化方案，并能对不同接入方式、设备组网优劣势进行分析阐述； 5）熟悉数据、传输网络运行质量关键指标，对交换网络运行质量指标有一定了解，能制订及分析面向客户的售后服务质量承诺指标	1）掌握通信网络基本原理及应用； 2）了解网络组织架构、运行维护现状及规程制度等； 3）掌握数据、传输、交换网络接入侧及客户端常见或主流技术； 4）掌握数据、传输、交换网络接入侧及客户端常见或主流设备、仪表的性能、用途等知识
	计算机网络维护技能	1）能独立完成常见或主流客户端网络设备的常用配置、测试及分析； 2）熟练掌握常见或主流网络系统协议、操作系统； 3）掌握计算机网络安全管理知识； 4）掌握内网规划知识及优化技能	1）掌握计算机网络基本原理及应用； 2）掌握计算机网络体系结构和网络协议基本原理，掌握常见或主流路由器和交换机基本配置，了解主流计算机网络操作系统； 3）掌握常见或主流计算机网络安全知识，识别网络安全威胁和描述减轻这些威胁的一般方法； 4）掌握局域网组网技术，理解城域网和广域网基本技术，在中等规模的公司分支办公室网络中实现满足网络需求的 IP 地址规划及 IP 服务
专业技能	客户服务技能	1）能独立与用户进行日常售前、售中、售后沟通，准确把握客户需求； 2）能独立按照客户端作业规范在客户端进行维护作业； 3）掌握客户维护七个行为的主动服务技能，主动提升客户服务水平	1）掌握日常与客户维护沟通过程中的沟通服务技巧； 2）熟悉客户端作业规范，熟知客户端作业注意事项及服务规范； 3）熟练掌握客户维护七个行为服务技能

三、产品维护支撑岗位技能认证标准

级别：三级产品维护支撑

技能分类		技能要求	知识点要求
基础技能	接入网络维护技能	1）能独立完成数据、传输接入网侧及客户端电信方网络设备常见故障的判断处理及分析，能分析及协调处理疑难故障、重大故障； 2）能独立完成接入网侧数据设置或配置，能指导及完成常见政企标签产品接入网侧及客户端的开通（含调测）工作； 3）能独立完成接入网侧及客户端常见测试，熟练使用常见政企标签产品接入网侧及客户端的仪器仪表； 4）熟悉接入网侧及客户端常用或主流网络设备，熟悉数据、传输网络现状，对交换网络现状有一定了解，能牵头及制订网络技术方案、网络优化方案，并能对不同接入方式、设备组网优劣势进行分析阐述； 5）熟悉数据、传输网络运行质量关键指标，对交换网络运行质量指标有一定了解，能制订及分析面向客户的售后服务质量承诺指标	1）掌握通信网络基本原理及应用； 2）了解网络组织架构、运行维护现状及规程制度等； 3）掌握数据、传输、交换网络接入侧及客户端常见或主流技术； 4）掌握数据、传输、交换网络接入侧及客户端常见或主流设备、仪表的性能、用途等知识
	计算机网络维护技能	1）能独立完成常见或主流客户端网络设备的常用配置、测试及分析； 2）熟练掌握常见或主流网络系统协议、操作系统； 3）掌握计算机网络安全管理知识； 4）掌握内网规划知识及优化技能	1）掌握计算机网络基本原理及应用； 2）掌握计算机网络体系结构和网络协议的基本原理，掌握常见或主流路由器和交换机基本配置，了解主流计算机网络操作系统； 3）掌握常见或主流计算机网络安全知识，识别网络安全威胁和描述减轻这些威胁的一般方法； 4）掌握局域网组网技术，理解城域网和广域网基本技术，在中等规模的公司分支办公室网络中实现满足网络需求的 IP 地址规划及 IP 服务
专业技能	政企标签产品行业应用知识	1）掌握政企标签产品的网络实现原理； 2）掌握重点产品的基本故障处理，熟悉网络故障流程； 3）熟悉运营维护相关流程及管理办法，根据产品需求能够独立制订网络技术方案； 4）能够配合进行产品的开通实施和验收，并监督工程质量； 5）能够独立完成产品的售后质量分析	1）掌握无线数传、天翼定位、天翼对讲、警务e通、综合办公、全球眼等政企标签产品的网络承载方式、组网结构、技术实现原理以及简单应用操作方法等； 2）掌握常见的行业信息化应用（各类E通、行业定位业务、校园、医疗行业应用等）的网络承载方式、组网结构、技术实现原理以及简单应用操作方法等； 3）熟悉网络运行维护流程，熟悉各种大网技术规范； 4）熟练掌握各类基础业务的技术标准，应用场景

四、项目实施支撑岗位技能认证标准

级别：三级项目实施支撑

技能分类		技能要求	知识点要求
基础技能	接入网络维护技能	1）能独立完成数据、传输接入网侧及客户端我方网络设备常见故障的判断处理及分析，能分析及协调处理疑难故障、重大故障； 2）能独立完成接入网侧数据设置或配置，能指导及完成常见政企标签产品接入网侧及客户端的开通（含调测）工作； 3）能独立完成接入网侧及客户端常见测试，熟练使用常见政企标签产品接入网侧及客户端的仪器仪表； 4）熟悉接入网侧及客户端常用或主流网络设备，熟悉数据、传输网络现状，对交换网络现状有一定了解，能牵头及制订网络技术方案、网络优化方案，并能对不同接入方式、设备组网优劣势进行分析阐述； 5）熟悉数据、传输网络运行质量关键指标，对交换网络运行质量指标有一定了解，能制订及分析面向客户的售后服务质量承诺指标	1）掌握通讯网络基本原理及应用； 2）了解网络组织架构、运行维护现状及规程制度等； 3）掌握数据、传输、交换网络接入侧及客户端常见或主流技术； 4）掌握数据、传输、交换网络接入侧及客户端常见或主流设备、仪表的性能、用途等知识
	计算机网络维护技能	1）能独立完成常见或主流客户端网络设备的常用配置、测试及分析； 2）熟练掌握常见或主流网络系统协议、操作系统； 3）掌握计算机网络安全管理知识； 4）掌握内网规划知识及优化技能	1）掌握计算机网络基本原理及应用； 2）掌握计算机网络体系结构和网络协议的基本原理，掌握常见或主流路由器和交换机基本配置，了解主流计算机网络操作系统； 3）掌握常见或主流计算机网络安全知识，识别网络安全威胁和描述减轻这些威胁的一般方法； 4）掌握局域网组网技术，理解城域网和广域网基本技术，在中等规模的公司分支办公室网络中实现满足网络需求的 IP 地址规划及 IP 服务
专业技能	项目管理技能	1）掌握项目管理基本知识； 2）掌握方案建议书的制作方法； 3）掌握标书的制作方法，熟悉招投标主要流程和内容； 4）掌握政企客户常用融合组网方式	1）掌握项目、项目管理的定义、过程，熟悉甘特图的实际应用； 2）掌握方案建议书的内容架构和编写格式； 3）掌握标书的内容架构和编写格式，熟悉招投标主要流程内容； 4）掌握政企客户常用融合组网方式，能针对一个大型企业融合业务需求进行组网规划

网格经营变革之道

案例点评

　　技能，解决的是怎么干的问题；技能，是工作效率的基础，工作效能的保障！很难想象处于一线的网格经理，如果技能不能支撑业务需求，具体运营工作会是怎样的一种尴尬情况！

　　技能的提升，除了网格经理要不断学习、提升，网格经理所在的团队也要营造一种学习氛围、你帮我超；同时，企业也要给予足够的重视及尊重，并在绩效考核、晋级选聘、培训支撑方面多下力气，这是对提升整体队伍技能水平的实在举措！

案例分析

多层次网格化管理体系助力产能提升

案例介绍

某农商银行积极探索网格化管理的体系架构、运作模式，将其作为推进普惠金融、提升精细化管理、推动业务发展的重点工作来抓，并根据区域市场的实际情况，在全行逐步建立横向到边、纵向到底的全方位、多层次"网格化"管理体系，助力产能提升。

（一）一级网络

为了保障全行网络化工作管理与目标的统一、过程与结果的统一、责任与效果的统一，某农商银行构建了以行总部业务部门牵头管理、其他部门配合的一级网络，负责全行业务管理的组织实施、制订科学考核体系、分析业务形势、研究存在问题、制订整改措施等，确保网格化管理工作有人管理、有人负责、有人实施、有人监督。

一是实行部门负责人对接联系考核机制。某农商银行上至总行行长、下至部门总经理，都确定了一家联系支行，各联系人员每月对所联系支行进行业务指导，并将指导工作业绩与绩效考核相挂钩，形成了上下联动机制，促进业务长效发展。

二是积极开展"百名干部齐下乡"活动。该行以"走千访万"、扩面增量为抓手，行总部每位干部员工下基层、广走访，进村入企，与客户经理、驻村联络员进行有效对接，实现全员管理。

三是科学划分区域到支行。该行对全市行政村、家庭农场、专业合作社、个转企、个体工商户、小微企业等进行有效划分，按照地理区域，分包到各个支行，由各支行统筹管理、维护营销。

四是以便农自助服务终端为依托推动网格化管理。通过加强对全市150多名终端管理员的管理和培训，细化考核，在提高他们的业务服务能力的同时，进一步激发他们的工作积极性。

（二）二级网络

建构以各支行行长为主体的二级网络，主要负责对所辖镇（街道）、行政村、终端管理员进行有效划分，分包责任至每位客户经理，实现由支行行长统筹管理、客户经理分层管理的"树形"管理模式。

1. 网格有效划分

各支行将总行分配下来的区域名单进行二次划分，分批分片落实到每位客户经理，并印制客户经理特色联系名片，内容包括各客户经理分包区域、业务服务内容、特色金融产品、联系方式等，明确职责分工，防止重复管理、空白管理；同时运用"网格化地图""规划目录"及"地图上墙"等方式公示，全面展示所辖区域战略布局。

2. 目标责任到人

签订客户经理目标责任书，根据实际管辖区域，制订工作细则，合理安排工作职责、目标和任务。

3. 实施绩效推动

由各支行对客户经理签订业绩薪酬统筹协议书，制作客户经理业绩PK表，按月将业绩进行上墙通报，对任务完成出色的进行红榜表扬，对落后的进行蓝榜警示，以有效推动各项业务发展。

（三）三级网络

构建以客户经理、村级联络员、终端管理员为主的三级网络，主要负责对所管辖区域进行日常业务管理、维护、营销和宣传；同时通过广泛听取群众意见建议、了解农户生产生活需求等，将搜集到的信息及时向上级部门反馈，有效维护客户，深耕农村市场。

1. 扩大服务覆盖

通过三信评定、走千访万、村村通工程建设等工作，做实扩面增户工作，扩大某农商银行业务在农村地区的覆盖面和客户群。

2. 分层营销管理

客户经理定期对村级联络员和终端管理员进行业务培训，提高他们的业务素质和工作能力，并做好各项业务解读工作和惠农政策的宣传工作，激发他们的潜力和营销积极性，实现分层营销。

3. 客户信息建档

客户经理在走访调查当中，通过开展手勤脚勤嘴勤"三勤"工作，广泛采集客户的信息，包括文字、图像、语音等，并将走访日志及时输入电脑中，确保信息的完整性、实用性。

案例点评

随着管理现代化的不断发展和推广，网格化管理在服务行业应用越来越广泛，对于银行业而言，面对的是众多的客户群体，也需要有一套与之相适应的管理模式来进行配套。

案例中的农商银行在实施网格化管理模式中，主要采取以点带面的方式，在全行逐步建立横向到边、纵向到底的全方位、多层次的"网格化"管理体系。这种管理模式取得了成效，值得学习、推广！

案例分析

基于"用户画像"的精准营销四步法

案例介绍

从 2004 年开始，中国联通提出精准管理及精准营销的概念，积累了丰富的精准营销的工作经验。其中，"用户画像——业务/内容匹配——精准营销——精细化服务"的精准营销四步法，是企业增值业务的运营及营销管理的实战工具。

精准营销四步法是指按照集团统一规划和相关要求，结合区域实际情况落实精细化运营工作，首先通过对用户基础数据和业务使用等数据的挖掘和分析，实现对用户的精准画像；其次完善精细化服务体系和流程，逐步实现单业务、多业务，以及融合业务的关联性分析；最后实现"用户画像——业务/内容匹配——精准营销——精细化服务"。

一、数据整合

通过从不同数据源（如 BSS、终端管理平台、移动网络及各业务平台等）获取所需数据，并将各种数据按照一定的规格存储在数据库中。可以将业务平台的汇总数据、增值业务分析结果、增值业务用户画像等汇聚信息反馈给相关需求平台，用以进行业务分析、业务优化、业务营销执行等，以及实现提供总部所需的统计报表数据功能。

二、业务运营

（一）业务管理及优化

为满足管理和考核的需要，需要对重点业务内容定义的 KPI 指标进行监控管理，对异常的业务信息进行准确性核查，包含 KPI 指标监控和业务数据核对，其中业务数据核对包括对业务波动进行监控，以及对数据的准确性进行核查等。

业务优化主要通过对业务运行数据、客户使用记录、客户咨询和投诉信息、客户调研信息、客户终端信息、业务评测数据等相关数据进行关联分析，挖掘客户对业务的主要关注点，并发现业务质量的薄弱环节及存在的问题，输出业务优化方案，指导业务的优化执行。

（二）专项分析

指各省分部可以按照业务需要，对某项业务运营的结果或各增值业务的关联性进行分析，寻找业务规律。

运营结果分析：对每一个运营任务，系统需按周期提供相应的到达率、点击率等分析信息；对于不同的任务可以选择比较相互之间的运营指标差距，以分析不同运营策略的运营效果。业务关联分析：分析业务之间在网络、用户喜好、业务功能等方面内在的关联性，支撑增值业务的交叉营销。

（三）用户画像

指对用户基本信息、通话行为、使用行为、浏览轨迹等进行跟踪分析，形成全面的、完整的用户特征标签集合，即从用户的静态特征、消费特征、生活特征、兴趣特征等综合分析用户，通过模型匹配和数据挖掘，进一步分析用户的内容、产品的趋势特征，并与增值业务产品进行匹配，将分析结果提供给各个营销渠道，为后续开展有针对性的精细化营销工作提供数据支撑。同时分析结果也作为营销人员重点投放、服务情况及发展趋势的参考依据。

分析用户可根据各省分部需求开展，主要包括用户的消费能力分析、用户的渠道偏好分析、用户的产品偏好分析、用户的位置信息分析等。

案例点评

精准营销改变了传统的营销模式。

传统的营销模式更多基于经营者的市场感觉及判断，理论依据及数据支持方面的东西相对较少，相较于增量市场广阔，市场空间巨大，基本还是买方市场的情况下，传统营销模式快速，机动性强，也能快速取得市场突破，阶段内形成较为理想的市场获取。

但当市场竞争达到一定程度，市场过渡到买方市场，再用传统的营销模式，想要得到市场的获取及保有也必将越来越难，此时企业必须要从深层次来考量销售行为，则基于数据基础分析、客户关系分析等方面的精耕细作显得尤为重要。

在网格化营销体系中，基于"用户画像"的精准营销四步法将使营销能发挥出更大的功效！

工具运用

网格宣传印刷物资的使用规范

各类宣传物资的规范张贴与使用，不仅能营造良好的促销氛围，有助于提高宣传造势的气势与效果，同时也有利于提升企业品牌形象，应按规范化进行张贴使用。

宣传阵地	规范示意图	规范说明
小区大门入口		条幅悬挂牢固、干净完整，无褪色、无破损
社区促销现场		1）条幅必须固定在帐篷的门楣上，纵、横保持水平并与门楣下沿一致 2）促销桌前档连排张贴海报二张，要求整齐、无破损 3）宣传单整齐排放在桌上 4）宣传展板摆放整齐
社区促销现场		1）促销桌前档连排张贴海报二张，纵、横保持水平并与促销桌前沿保持同高 2）宣传单整齐排放在桌上 3）宣传展板摆放整齐
社区固定宣传点位/公共宣传栏		1）海报连排张贴，上沿水平保持一致。同类产品海报二张连排 2）宣传单页张贴应按2的倍数整齐连排张贴 3）要求宣传单页整齐划一，无破损
楼道宣传位		海报连排贴，要求平整、无破损
机箱宣传位		1）机箱上海报张贴整齐、平整、无破损 2）机箱旁墙壁上与机箱海报等高处张贴"预存宽带送手机"海报

工具运用

"一格一策"营销策划调查问卷

一、前期调查问卷

高清互动数字电视体验调查问卷

亲爱的先生/女士：

　　您好，感谢您抽出时间查看本问卷。这是××省广播电视网络公司××分公司关于高清互动数字电视的体验用户反馈效果和价格的调查问卷，非常感谢您的参与与支持。谢谢合作！

　　下面是对高清互动数字电视的问卷，请在最符合您的选项前面用"√"标出。

1. 您订购的互动业务类型
　　□ A. TV+ 标清乐享版 20 元/月　　□ B. TV+ 标清时尚版 50 元/月
　　□ C. TV+ 高清超越版 60 元/月

2. 您知道互动电视有哪些功能吗？
　　□ A. 电视时移回看　　□ B. 点播电视或电影
　　□ C. 宽带上网　　□ D. 付费电视
　　□ E. 信息查询交通、美食、房产、气象等各类信息
　　□ F. 游戏平台　　□ G. 彩票、财经

3. 您对互动电视"时移回看"功能的使用情况
　　□ A. 没使用过　　□ B. 1 周 2 次以下
　　□ C. 1 周 2～3 次　　□ D. 1 周 3 次以上

4. 您一般通过哪种方式看电影、电视剧？
　　□ A. 电影院　　□ B. 影碟
　　□ C. 上网　　□ D. 互动电视点播
　　□ E. 其他方式如 _____

5. 您希望互动电视服务收费模式是
　　□ A. 固定月租费 + 额外按次点播的费用
　　□ B. 按栏目打包收费
　　□ C. 收取固定的月租费或年租费用包月或包年

☐ D. 完全按照点播次数或时间收取费用
☐ E. 其他收费方式比如 _____

6. 您希望互动业务里再开通哪些栏目？
   ☐ A. 股票信息　　　　☐ B. 电视购物
   ☐ C. 中介服务　　　　☐ D. 其他如 _____

7. 您一般通过哪种方式为您的互动电视账户充值？
   ☐ A. 有线电视营业厅　　　　☐ B. 各代收费渠道银行、利安电超市等
   ☐ C. 拨打热线电话 96956　　☐ D. 网上充值
   ☐ E. 手机充值

8. 您觉得互动电视界面操作方便吗？
   ☐ A. 十分方便　　　　☐ B. 不太方便　　　　☐ C. 很不方便
   您的建议是 _____

9. 互动电视各个栏目版块中　请按关注度由高到低进行排序：
   _____
   ☐ A. 电视直播　　　　☐ B. 电视回看　　　　☐ C. 基本点
   ☐ D. 精彩点　　　　　☐ E. DTV 精选

10. 您认为互动电视哪些方面需要改进？
    ☐ A. 内容更新速度　　　☐ B. 收费价格
    ☐ C. 节目画面质量　　　☐ D. 经常出现网络故障

您在体验期后会续约吗？
    ☐ 会。原因：_____　　☐ 不会。原因：_____
您的性别是　　☐ 男　　☐ 女
您的年龄是　　☐ 18 岁及以下　☐ 19～25 岁　☐ 26～35 岁
　　　　　　　☐ 36～45 岁　　☐ 46～55 岁　☐ 55 岁及以上
您的月收入范围是　☐ 3000 元以下　☐ 3000～5000 元　☐ 5000 元以上
谢谢您的合作！

二、不续费调查问卷

高清互动数字电视回访调查问卷

尊敬的数字电视用户，您好！为了让您更加方便地使用数字电视，在此耽

误您一点儿宝贵时间，请您对下列问题进行作答。

1. 您在数字电视的应用过程中，除了看电视的基本功能还会使用下面的哪些功能？

　　A. 数据广播　　B. 节目预告　　C. 股票

　　D. 点播时移回看　E. 广播　　　F. 其他

2. 在频道转换的过程中是否会出现各频道音量大小不一致？

　　A. 会经常出现　　B. 偶尔会出现　C. 从未出现

3. 您对当前机顶盒的开机等待时间是否满意？

　　A. 满意　　　　B. 不满意　　　C. 没在意

3-1 对于机顶盒开机等待时间不满意，那么您认为多长时间是能够接受的？（第3题回答B时追问，回答A和C则跳过）

　　A. 1秒　　　　B. 2秒　　　　C. 3秒　　　　D. 其他（_____秒）

4. 您对于换台等待时间是否满意？

　　A. 满意　　　　B. 不满意　　　C. 没在意

4-1 对于换台等待时间不满意，那么您认为多长时间是能够接受的？（第4题回答B时追问，回答A和C则跳过）

　　A. 1秒　　　　B. 2秒　　　　C. 3秒　　　　D. 其他（_____秒）

5. 您在收看数字电视时是否会使用导视（节目预告）功能？

　　A. 会　　　　　B. 不会　　　　C. 不知道有这项功能

5-1 您在使用导视功能时操作是否方便？（第5题选择A时追问）

　　A. 方便　　　　B. 不方便

您在使用导视功能时不方便的原因描述是：（第5-1题选择B时追问）

　1）_____

　2）_____

6. 请问，不看电视的时候您家的机顶盒是选择？

　　A. 关机　　　　B. 待机　　　　C. 保持开机

7. 您感觉现在的数字电视的遥控器好不好用？

　　A. 好用　　　　B. 不好用

7-1 在您使用过程中，感觉数字电视遥控器不好用的原因是？（可多选）

　　A. 按键太多　　B. 按键功能不清楚　　C. 按键分布不符合使用习惯

D. 要和电视遥控器配合使用（麻烦）　　E. 其他（_____）

8. 如果下述功能在数字电视上实现，您更愿意使用其中的哪些功能？（可多选）

　　A. 股票交易　　　　　　　　　　B. 电视游戏

　　C. 电视超市　　　　　　　　　　D. 订购票务（火车票飞机票等）

　　E. 电视教育（名校辅导）　　　　F. 电视小人书

　　G. 电视营业厅　　　　　　　　　H. 电视银行（缴纳水电费）

　　I. 电视地图（公交查询）　　　　J. 电视彩票

　　K. 电视报纸书籍　　　　　　　　L. 电视相册

　　M. 电视彩铃　　　　　　　　　　N. 电视皮肤更换

9. 在何种情况下，您更愿意进行续费？

　　叙述：_____

您的性别是　　□ 男　　　　　　□ 女

您的年龄是　　□ 18岁及以下　　□ 19～25岁　　□ 26～35岁

　　　　　　　□ 36～45岁　　　□ 46～55岁　　□ 55岁及以上

您的月收入范围是　□ 3000元以下　□ 3000～5000元　□ 5000元以上

谢谢您的合作！

第四章

网格经营重构
——文化驱动的网格承包制

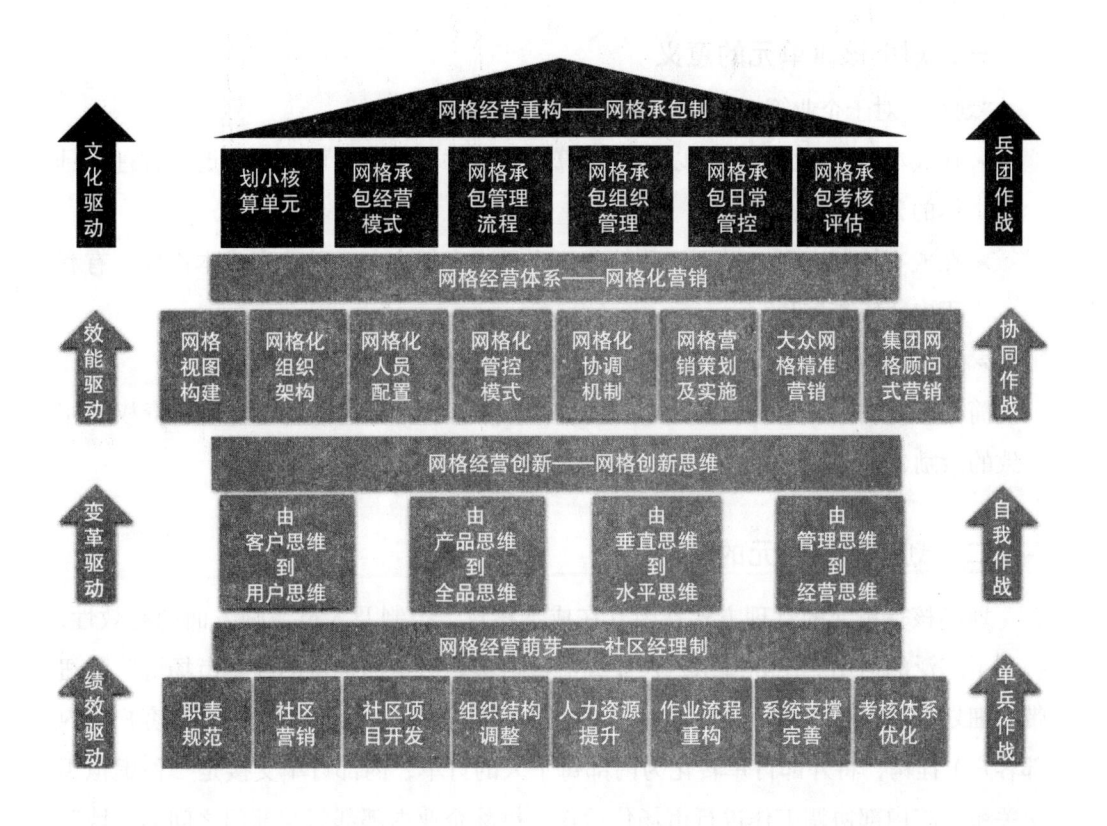

```
                    网格经营重构——网格承包制
  ↑     ┌──────┬──────┬──────┬──────┬──────┬──────┐    ↑
  文    │划小核│网格承│网格承│网格承│网格承│网格承│    兵
  化    │算单元│包经营│包管理│包组织│包日常│包考核│    团
  驱    │      │模式  │流程  │管理  │管控  │评估  │    作
  动    └──────┴──────┴──────┴──────┴──────┴──────┘    战

              网格经营体系——网格化营销
  ↑  ┌────┬────┬────┬────┬────┬────┬────┬────┐   ↑
  效  │网格│网格│网格│网格│网格│网格│大众│集团│   协
  能  │视图│化组│化人│化管│化协│营销│网格│网格│   同
  驱  │构建│织架│员配│控模│调机│策划│精准│顾问│   作
  动  │    │构  │置  │式  │制  │及实│营销│式营│   战
  │    │    │    │    │    │    │施  │    │销  │

              网格经营创新——网格创新思维
  ↑    ┌────────┬────────┬────────┬────────┐    ↑
  变    │由客户思│由产品思│由垂直思│由管理思│    自
  革    │维到用户│维到全品│维到水平│维到经营│    我
  驱    │思维    │思维    │思维    │思维    │    作
  动    └────────┴────────┴────────┴────────┘    战

              网格经营萌芽——社区经理制
  ↑  ┌────┬────┬────┬────┬────┬────┬────┬────┐   ↑
  绩  │职责│社区│社区│组织│人力│作业│系统│考核│   单
  效  │规范│营销│项目│结构│资源│流程│支撑│体系│   兵
  驱  │    │    │开发│调整│提升│重构│完善│优化│   作
  动  └────┴────┴────┴────┴────┴────┴────┴────┘   战
```

文化，是行为和制度的沉淀。文化在企业的驱动作用，首先是少数人改变多数人的"四两拨千斤"，然后多数人影响多数人的"千斤汇千斤"，最后是多数人改变少数人的"千斤拨四两"。

通过了社区经理制的锤炼，网格经营创新思维变革，网格化营销的构建，文化驱动的网格承包制是网格经营变革追求的目标，唯有参与作战的，"千斤拨四两"，实施人人负责的兵团作战，整个网格的产能才能得到根本的、持续的提升！

第一节 划小核算单元

全面理解网格化划小经营的内涵，必须先要了解"划小核算单元"及其意义、运用，以及"划小核算单元"与阿米巴经营的联系。

"划小核算（经营）单元"（以下简称"划小"），是一个经济成本核算的概念，它的本质就是确定更细小责任单位的具体成本，以更细小的单位为管理对象，通过衡量成本进行管理，进而实现资源的有效利用及产能的提升。

"划小"是市场化的重要抓手、承包经营的基础，承包经营是划小的深化。

一、划小核算单元的意义

"划小"对于企业管理来说具有重要的现实意义：

- 在成本核算方面，它可以提高核算准确度、各项费用可以采取更为合理、具体的分配标准；
- 在成本控制方面，对更细致的单位出具成本报表，为其确定成本责任，有利于内部成本控制；
- 在人员激励方面，明确投入产出，能极大调动企业员工的能动性。

简而言之，"划小"的意义在于通过划小管理单元实施精确化管理和责权利相一致的激励，激发员工的创造性，提高成本资源的使用效率。

二、划小核算单元的运用

划小核算单元的管理方式，因其在成本核算、控制及人员激励方面的有效性，得到了广泛的运用。比如海尔，在业务流程再造之后全面推进的以"市场链"为纽带的细划SBU经营机制（划小），每个员工的工资兑现与其客户（包括外部客户和内部客户）挂钩，将外部订单转化为内部每个人的订单，内部订单交接是一种虚拟买卖关系，将内部协调工作进行市场化运作，拆除企业内部部门与部门之间的"墙"，把职能关系变成市场关系。这种"内部模拟市场化"的"划小",就是希望所有的员工都面向市场,应对市场需求。因此,划小经营单元,让每个经营单元都为利润负责。SBU(战略业务单元)从理论上说,可以细划到个人。

海尔通过划小经营单元,创新倒三角自主经营体组织,实现了市场由企业说了算转变为由用户说了算,由大规模标准化产品转变为用户个性化定制产品,由劳力型员工转变为知识型员工,从而实现了产能的再次提升。

海尔这样的制造型企业通过划小的方式,不仅推进了企业经营,提升了经营业绩,而且是对传统粗放式管理的一次革新。对于运营商而言,同样如此。

在整体行业收入增速放缓以及国家成本压降政策等诸多不利因素影响下,运营商为突破困境都在积极寻求变革之法:如中国移动积极实施体制变革,降低内部运营成本、提升效率;中国联通则广泛寻求社会化合作,试图利用社会资本助力自身业务发展;中国电信则通过优化整体经营模式,自上而下采取网格化划小经营的新型经营模式,整体运营效率与收入均有提升。

自2013年以来,中国电信集团就在企业内部开始执行"划小核算单元"的创新管理措施。

"划小核算单元"包括划小经营单元与划小业务单元两个维度。两方面相互促进,纵向以划小业务单位资源精确管理为主,横向以划小经营单位通过激励提升效益为主,见图4-1。

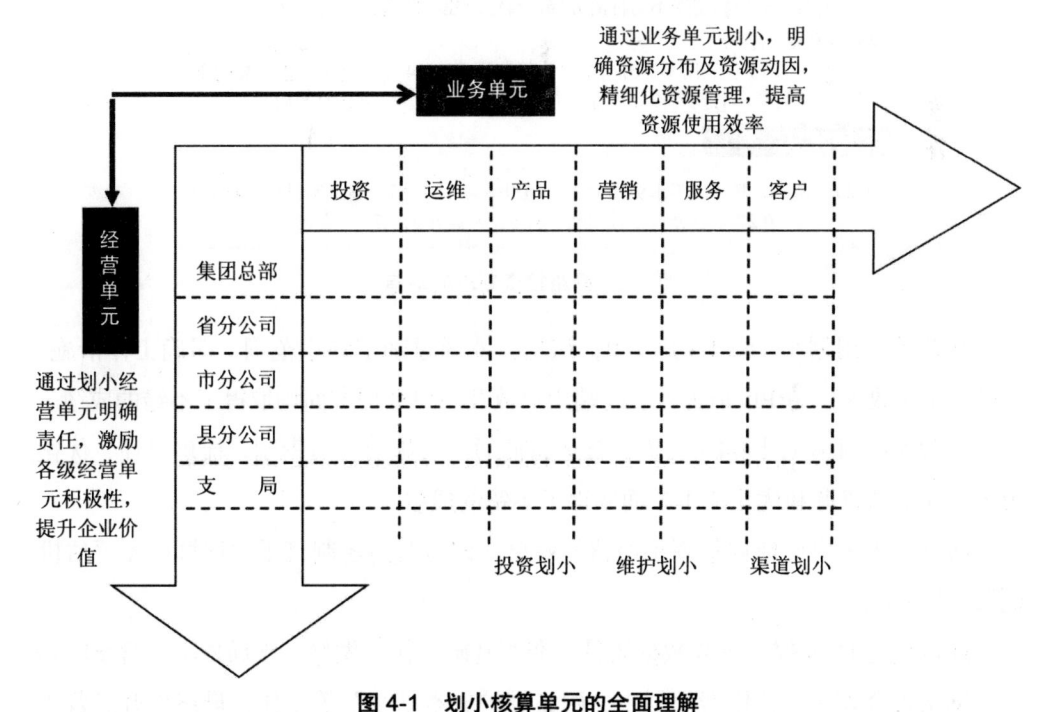

图 4-1　划小核算单元的全面理解

网格经营变革之道

从横向划小业务单元的角度看，基于企业内部价值链和管理流程，从投资、运维、产品设计、市场营销、客户服务等不同流程模块中对各业务板块进行划小，重点关注各业务单元的资源耗费，通过划小业务单元确定资源耗费的标准，精确化资源使用，提高资源使用效率，为资源配置服务。具体来说，对各业务模块确定关注的重点资源耗费对象和指标，并制订相应的标准和目标，支撑精细化资源配置和资源使用效益评估和分析，提升各业务单元资源效益。

从纵向划小经营单元的角度看，企业划小经营单元构建从集团公司到省公司、本地网、县公司及支局的管理责任体系和效益评价体系，针对各级经营主体的战略定位、战略价值和管理要求，明确各级经营主体价值管理责任和评价标准。

下面以某运营商在 2014 年的"划小经营"改革中的"投资划小、渠道划小、维护划小"来进一步说明"划小核算单元"的具体实施内容。

从图 4-2 可以看出该运营商在"投资划小"方面所采取的措施及取得的成效，对比年初，其资源利用率得到了 9.77% 的提升。

```
1、举措
■ 梳理基础数据
    ✓ 梳理基础信息，统一宽带利用率口径，核对统计数据
    ✓ 出具分局层面网络利用率报表
■ 优化审批流程
    ✓ 要求区局对利用率未达标的分局制订相应的奖惩措施
    ✓ 对于端口利用率不达标的分局，暂停新建小区覆盖项目
■ 优化资源配置
    ✓ 将 2013 年利用率提升情况作为编制区局 2014 年度资本支出预算的重
      要因素，对投资预算进行差异调配，奖励端口利用高的区局
2、成效
■ 2013 年末，FTTH 年末级光分端口利用率为 41.27%，超全年目标（41%）
  0.27 个百分点，较年初（31.5%）提升了 9.77 个百分点
```

图 4-2 网络投资划小的举措

在营销费用划小（图 4-3）方面，该运营商通过确定划小范围，明确工作措施，同样在全年收入、ARPU 值提升、终端用户数及用户结构方面均取得了不错的成绩。

在营业厅划小（图 4-4）方面，该运营商通过实施店长负责制，梳理口径、优化模板，在盘活资源和优化成本方面取得了不错的成绩。

而且，为了更好地评估划小经营的效果，该运营商还制订了"核算单元评估机制"，见图 4-5。

通过强化 IT 支撑、提高数据质量、夯实基础工作，做好"支局划小、营业厅划小、网络投资划小、营销费用划小、网络维护成本划小"等工作，最终提升经营单

元的活力、效率和效益，实现产能提升。

划小范围
- 营销成本使用效益划小
- 销售路径划小
- 销售套餐划小
- 代理商划小和终端合作商划小

开展工作
- 建立二级单位的移动效益评价体系，按月进行通报
- 建立"终端引领移动务收入和效益测算模型"

取得成效
- 终补发展取成效。拉动全动年收入7.7亿元，接近预定目标（8亿以上）
- 质量效益基本可控，用ARPU167元/月，保持在较高水平，高于目标值要求
- 终端贴率43%，达达到预期目标要求
- 用户发展数完成54.86万户，从发展用户结构上看，1000元以上终端用户占比达到59.6%

图 4-3 营销费用划小的举措

主要工作	举措与成效
实施店长负责	✓政策出台：在厅店实施店长负责制和店员计件制，并在店长责任书中增加了店长可控项目的考核指标 ✓店长竞聘：10月完成了1-2级营业厅店长竞聘工作，11月区局开展3-4级营业厅店长竞聘工作 ✓落地执行：9月份在14个厅启动划小结果与店长绩效挂钩试点工作，年底全面实施 ✓成果：上海公司2013年自营厅（157家）1～12月份盈利平均占比72.88%，达到集团的70%考核要求
梳理口径优化模板	✓举措：梳理了营业厅收入、成本及利润口径，制订系统自动取数及划小平台数据展现方案，同时完成数据模板的优化 ✓成果：10月份开始营业厅划小，报表按新的18项指标进行展现，提升了工作效率与填报的准确性
盘活资源优化成本	✓区局从房屋、通信、水电支出等方面作了认真梳理，清退不再使用的通信线路，倡导节约用水用电，降低成本

图 4-4 营业厅划小的举措

三、划小核算单元与阿米巴

"阿米巴"在拉丁语中是单个原生体的意思，属原生动物变形虫科，虫体赤裸而柔软，其身体可以向各个方向伸出伪足，使形体变化不定，故而得名"变形虫"。

变形虫最大的特性是能够随外界环境的变化而变化，不断地进行自我调整来适应所面临的生存环境。它是一种单细胞原生生物，仅由一个细胞构成，没有固定的

外形，可以任意改变形体。只要环境适宜，它就可以无限制地分裂下去，分裂的细胞作为一个独立的生命实体存在。

- 目的：
  - 通过划小数据评估，关注经营单元的资源投入和产出，提升经营单元的活力、效益和效率，实现价值提升

- 内容：
  - 对经营单元的利润率、人工成本、营销成本效率；自营营业厅的盈利能力、人效、平效；区局的宽带网络利用率、移动网络利用率、修理费的使用效率等指标进行分析。以列表的方式通报排名
  - 通过评价排名，促进各经营单位关注经营效益，进行管理创新
  - 明确经营单元资分布及资源动因，逐步引导资源配置，成熟后纳入考核

价值提升

进行管理创新
在流程和体制上支撑改进

分析评价 ▶ 通报排名 ▶ 资源配置 ▶ 考核激励

"支局"划小　营业厅划小　网络投资划小
营销资源划小　网络维护成本划小……

强化IT支撑　提高数据质量　夯实基础工作

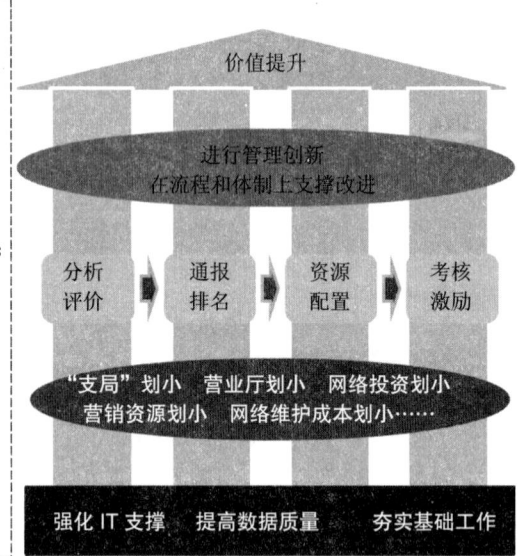

图 4-5　划小核算单元评估机制

"阿米巴经营"是日本企业家兼哲学家第一人——稻盛和夫先生独创的经营方式。"阿米巴经营"基于牢固的经营哲学和精细的部门独立核算管理，将公司大的组织"划小"——划分为许多小的集团"阿米巴"，以各个"阿米巴"为核心，自行制订计划，独立核算，持续自主成长，并使企业取得飞速发展。

近年来，很多企业都热衷于导入"阿米巴经营"模式，通过划小核算单元，建立与产品、渠道相适配的全业务全渠道网格化运营体系，提升末梢组织细胞的战斗力，激活基层网格的活力。

阿米巴经营所倡导的"量化分权"，运用到网格化经营中即每个小网格都是独立运作的"小阿米巴"。

四、网格化划小经营的实践

网格是由不同的规则或标准划分而成的，即将整个实体市场分割成为多个网格，每个网格对应一类具有相同特征的用户群体。这样无数个网格最终组成了一张基本可以覆盖到所有消费群体的大网，充分达到可能到达的每一个极度细分的消费群体，从而使得有限的营销资源发挥出充分的作用。

为了实现这一目标，企业组织结构需做出调整，在现有职能型组织体系下更多地成立跨部门的虚拟组织来迅速对市场变化做出反馈。基于这种营销方式，企业将

客户以网格化的形式定义并为之服务，即便由于某些原因而失去了几个网格单元，企业的整体运营状态也不会受到太大的影响，大大降低了企业的营销风险，这也就出现了网格化划小经营的这种模式。

网格化划小经营是指企业通过对整个大片的区域市场进行划小，然后根据客户的类别及地理位置建立网格，再通过划小团队对所属网格区域进行针对性拓展。

通过网格化划小经营，企业对细小的单元进行科学有效的优化管理，以增强企业的活力和提高企业的效率。

网格化划小经营这一管理创新举措的推出，从其具有的形态、思维理念具有的变革意义来看，可以说是行业的一场革命，它会直接影响到行业的组织架构、营销模式、劳动用工、考核分配等各个形而上或者形而下的层面。

> 网格化划小经营的意义和作用，可以从多层面、多角度进行解释；
> 网格化划小经营重新塑造了组织形态，不可逆转的越来越扁平化；
> 网格化划小经营使组织格局发生了变化，基层细小的业务单元获得了较大的自主权；
> 网格化划小经营改变了企业的生产经营策略，使企业更加注重成本效益导向；
> 网格化划小经营从顶层设计的推式管理，到更有实际意义的拉式管理，变革和创新了企业的管理方法；
> 网格化划小经营是企业自外部市场化转型后的一种内部市场化行为，使基层经营单元更有效率和活力，精确化配置资源和优化资源，从而使企业能更快、更有效地应对市场的变化，满足市场的需求。

■ 案例——网格化划小经营取佳绩

从2013年开始，中国电信就积极推进网格化划小经营模式，到2015年已经基本成型，并且处于不断优化和完善之中。通过网格化划小经营，中国电信自身的业务发展及收入均有提升。以广东电信为例，2015年，广东电信收入增幅约5%（增值税口径），收入份额突破33.3%，时隔5年之后再次实现"三分天下有其一"。不难看出，在实施网格化划小之后，广东电信整体经营情况得到了较大的改善。

网格化划小经营的流程如下。

第一步：建立省—市—区—营服中心经营体系。

第二步：将用户分群，主要分为公众和政企两大市场。公众市场包括城市家庭、流动市场、农村三大细分市场；政企市场包括行客、商客、校园三大细分市场。

第三步：组建划小团队，实施针对性拓展。划小团队的组建主要包括内包和外包两种方式。内包：选择优秀客户经理当CEO，通过代理商协助招募人员组建团队，拥有"绩效考核""招人留人"等权力。

外包：代理商招募人员自组团队，打造"1+1+N"团队（1名商客经理+1个快捷服务中心+N名行销人员）。

第四步：建立倒三角支撑组织体系（见图4-6），协助划小团队完成用户拓展及维系等工作。倒三角支撑主要包括"三大集约"工作：业务集约工作计划、装维集约工作计划、投诉集约工作计划。

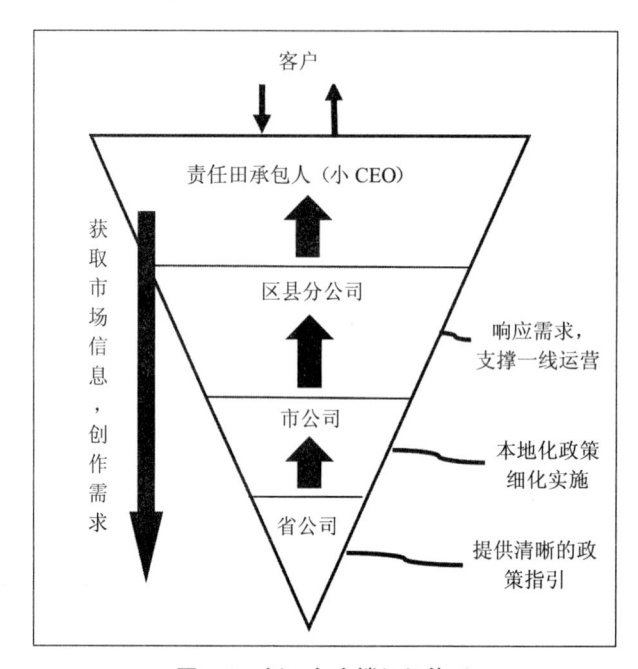

图 4-6 倒三角支撑组织体系

案例分析：从这个案例中，可以看出网格化划小经营具有以下优势。

第一，通过网格化划小经营，改变了电信运营商过去以市场指标为导向的粗放式发展，从而转变为以市场为导向的精细化管理和精准化营销。划小之后，每个网格都有专门的团队负责，并能根据用户需求提供个性化的解决方案，大大提高了拓展成功率，做到了精准营销。此外，通过划小，整个经营权力不断下放，前端团队的独立性更强，自由度更高，管理起来更加精简高效。而集团公司只要加强对小CEO的考核即可，这无形中简化了整个集团公司的管理层级，形成了以划小团队为主要考核对象的精细化管理模式。

第二，通过网格化划小经营，达到降本增效的目的。划小之后，原来复杂的管理体系变得精简，运营成本随之下降。同时，审批流程也大为缩短，经营效率明显提升。此外，划小团队部分采取外包形式，借助社会代理商进行拓展，进一步降低了自身的经营成本和风险。

第三，通过网格化划小经营，使得前端一线客户经理的拓展积极性大为提升。划小之后，划小团队成为最重要的营销单元，承载着最前端的拓展重任，为此，中国电信对前端承包团队采取"基本工资+月度绩效工资+超收激励+其他奖金"薪酬激励机制，鼓励承包团队高认领高提成。这样一来，团队成员便有了更大的拓展积极性，因为绩效越高，收入便越高，且上不受限。而对划小团队的小CEO来说，承包之后权责共担，对整个团队拥有绝对的领导权力，这已经不再是简单的上下级关系了，而是类似于给小CEO一次自主创业的机会，让小CEO当老板，带领团队共同发展。可想而知，这定会大大激发小CEO的潜能，提升他们的拓展积极性。

第四，通过网格化划小经营，能大幅提升营销覆盖范围，受众更广，对产品销售及业务产能提升有较强的促进作用。在划小机制下，中国电信可以大范围招募社会行销人员以及楼宇物业、企业关键人等作为拓展的触点，并给予酬金牵引他们进行用户信息搜集、拉动用户入网。如此一来，中国电信实际的营销成员数量大大提高，所覆盖的场所和区域也有明显提升。

从这个案例中，我们还可以看出网格化划小经营的关键环节，主要包括明确"划小"的对象、确定核算规则、构建考评体系以及建立通用的信息支撑系统等环节。同时还应该指出，网格化划小经营，还需要有与之相适应的企业文化理念的支撑，在相应配套的措施保障之下，才能确保"划小"取得进展。

值得欣喜的是，以运营商为例，随着"支局划小""营业厅划小"以及"网络投资划小"等实践工作的开展，市场导向型管理机制的引入，建立通用的管理信息系统等举措的实施，网格化划小经营经过几年的摸索和实践，在管理创新上成果不断涌现，并取得了相应的成效。

第二节 网格承包经营

网格承包经营，是利用承包经营管理的方式，承包者签订区域内网格的承包经营协议，并对其进行服务支撑及考核管理的一种网格化经营方式。它是建立在"划小"及网格化营销体系的基础上，通过导入利益共享的机制，激活网格经营动力，实现网格产能的提升。网格承包经营模式是网格化划小经营的深化！

我们先来看一个案例：

某运营商为保障网格承包经营的顺利实施，对组织结构进行了如图4-7所示的调整：

鉴于网格承包经营工作的艰巨性和迫切性，该运营商高度重视，及时成立销售支撑团队，集中调度整个公司各部室资源，分工合作，共同努力，保障网格承包经营工作的有力推进。组织到位是网格承包经营工作得以落地实施的保障。

网格经营变革之道

```
                    销售支撑团队
        ┌─────┬─────┬─────┼─────┬─────┬─────┐
      企发部  市场部 聚类中心 信息化部 网运部 人力部  技发公司
                                          财务部
```

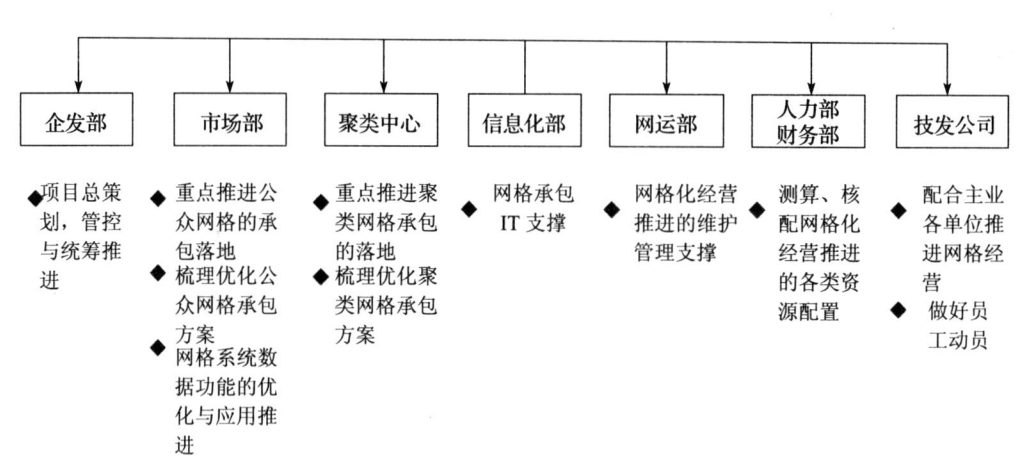

- 企发部
  - 项目总策划，管控与统筹推进
- 市场部
  - 重点推进公众网格的承包落地
  - 梳理优化公众网格承包方案
- 聚类中心
  - 重点推进聚类网格承包的落地
  - 梳理优化聚类网格承包方案
  - 网格系统数据功能的优化与应用推进
- 信息化部
  - 网格承包IT支撑
- 网运部
  - 网格化经营推进的维护管理支撑
- 人力部财务部
  - 测算、核配网格化经营推进的各类资源配置
- 技发公司
  - 配合主业各单位推进网格经营
  - 做好员工动员

图 4-7　网格承包经营工作的部门分工

同时，该运营商还制订了各部室的具体推进计划，明确管控时间和责任部门，确保工作的及时有效落地，如表 4-1 所示。

表 4-1　网格承包经营的部分重点推进计划

序号	工作要点	完成时间	输出结果	主办部门
1	组织调研，提出网格经营实施方案建议	2月8日	完成网格经营实施方案建议稿，提交研究、决策并正式下发	企发部
2	制订并下发2013年公众网格承包指导意见	2月20日	明确网格分类标准；细化网格承包合作模式、酬金标准、评价指标、合约模板等实施指导意见	市场部
3	驻地网与接入网引入侧建设社会投资运营实施办法	2月25日	下发实施办法明确操作细则与流程；组织实施	网建部各县区分公司
4	网格分类及承包经营前期准备工作	2月25日	上报重点网格清单等资料；制订承包方案及承包经营责任制合约；开展宣传动员	各县区分公司
5	组织开展重点网格承包工作	3月30日	发布网格承包经营责任制相关细则，组织开展网格经理认购/竞标及外部合作实施方案；发布重点网格承包结果，签订经营责任书	市场部聚类中小各县级分公司
6	成立市县两级销售支撑团队	3月30日	明确职责，考核激励	市场部
7	制订社区经理队伍建设管理办法	3月30日	明确网格经理岗位准入、调整、退出与考核激励机制等规定；制订实施队伍结构优化三年计划	公众客户部
8	网格经营IT支撑	全年	网格系统完善与数据支撑	信息化部
9	制订关键任务考评办法	3月30日	下发文件，纳入相关单位年度动态KPI考核；按文件规定组织考评	市场部
10	年度计划实施	全年	按月跟踪通报实施情况解决问题	市场部

经过历时 3 个月的网格承包经营工作，该运营商已实现物理网格内部承包率百分百、聚类网格内部承包率百分百，具体成效体现在以下几方面。

（1）基础信息管理工作达到阶段性要求

1）按时完成网格层面信息受理整理审核录入，目前信息收集完整率达 99.86%，关键信息收集率均超 99.7% 以上。

2）入户信息收集率完成 80% 的阶段性目标，目前入户信息数达 32.7 万户，收集率达 88.51%。

（2）开展"赢在网格"竞赛活动，并取得阶段性成果

1）异网产品信息收集策反：收集录入异网宽带用户信息 5.35 万户，完成阶段目标 89.17%；策反异网宽带用户估计超 1 万户。

2）营销活动入网格活动已组织开展 5201 场次，完成阶段目标 104%。

3）宽带实际发展净增 11.6 万户，完成净增宽带目标值 10.4 万户的 111.5%。

4）宽带成片迁移完成率达 90%，新装宽带用户中光宽带占比达 28.04%。

5）宽带用户预存率达 31.51%，宽带用户月均离网率控制在 1.1% 以内。

（3）营销入网格活动初显成效

2013 年上半年，全市入网格营销活动达 5201 场次，涉及 4899 个网格，活动取得明显成效。4899 个开展营销活动的网格，各项指标均较大盘有较好的提升，其中宽带渗透率提升幅较大盘高出 2.04%，ITV 渗透率高出 1.58%，FTTH 宽带平移率高出 1.44%，宽带离网率降幅高出 0.03%，宽带新装用户数增幅高出 8.44%。

从上面这个案例可以看出，在划小核算单元及网格化营销体系构建的基础上，通过导入利益共享的机制，激活网格经营动力，网格承包经营能实现网格产能的提升。

下面我们将从承包经营的定义、网格承包经营的理解、相关营销理论、网格承包经营的基本问题这四个方面深入探讨网格承包经营这一话题。

一、承包经营与网格承包经营

承包经营（Contract Operation），更准确地说是"承包经营管理"，是企业的一种经营管理行为，承包者与被承包的企业间所存在的是一种合同关系。

承包经营是指企业与承包者间订立承包经营合同，将企业的"经营管理权"全部或部分在一定期限内交给承包者，由承包者对企业进行经营管理，并承担经营风险及获取企业收益的行为。因此，承包只是企业经营管理的一种补充措施，不能消灭、变更原有企业或创设新的企业，也不能改变合资企业的法人地位、名称和经营

范围。承包者与被承包的企业间所存在的是一种合同关系。

我们讨论的网格承包经营指的是企业在推行"划小"的基础上，将其所辖的网格的经营权承包出去，让承包者参与企业经营管理工作并分享发展成果。其目的是通过承包机制的实施，刺激并提升企业营销人员的销售积极性和主动性，同时吸引一批优秀的外部经营合作者共同发展业务，达到企业业务发展、收入提升的目的。

二、网格承包经营的营销理论关联

理论对于企业实践的指导作用是积极的，且有实效的。在此，我们将对网格承包经营的相关营销理论做一梳理，以便更好地理解网格承包经营模式。

网格承包经营基于网格化营销，网格化营销源于 STP 理论的拓展，它们与 4P、4C、4R 等营销理论关联并发生作用。

1）市场细分（Market Segmentation）的概念是由美国市场学家温德尔·史密斯于 20 世纪 50 年代中期提出，而后由美国的营销学家菲利浦·科特勒进一步发展和完善，并最终形成了成熟的 STP 理论［市场细分（Segmentation）、目标市场选择（Targeting）和定位（Positioning）］，成为战略营销的核心内容。

2）1960 年，麦卡锡教授在他的《基础营销》一书中提出了影响巨大的 4P 营销组合。4P 营销组合具体包括有：产品（Product）、定价（Price）、渠道（Place）、促销（Promotion）。对于运营商企业而言，其本质是服务性质的企业，如何最大程度快速满足市场需求一直是不懈追求的目标。但由于近年来，企业不断推进集约化运营，整个集团产品、价格趋同，促销活动也趋向统一部署，因此在 4P 模式上，越来越多的企业选择在渠道的深化运营方面有所突破。

3）1990 年，美国的营销理论专家罗伯特·劳特朋教授提出了 4C 理论，它以消费者需求为导向，重新设定了市场营销组合的四个基本要素：即消费者（Consumer）、成本（Cost）、便利（Convenience）和沟通（Communication）。维系客户的前提主要有两个，即客户的满意和忠诚。企业通过推行网格化营销，可以提高客户的满意度和忠诚度，实现留住客户、发展客户，进而提高企业效益。

4）2001 年，美国营销学者艾略特·艾登伯格在他的《4R 营销》一书中提出 4R 营销理论，其 4R 理论是以关系营销为核心，重在建立顾客忠诚，它阐述了四个全新的营销组合要素：即关联（Relativity）、反应（Reaction）、关系（Relation）和回报（Retribution）。而美国的"整合营销传播之父"唐·舒尔茨博士在 4C 营销理论的基础上也提出了 4R 营销理论。其 4R 理论阐述了全新的市场营销要素，即关联

（Relevance）、反应（Reaction）、关系（Relationship）和报酬（Return）。

网格承包经营与现代营销理论 4P、4C、4R 和 STP 等产生关联并发生作用，具体如图 4-8 所示。

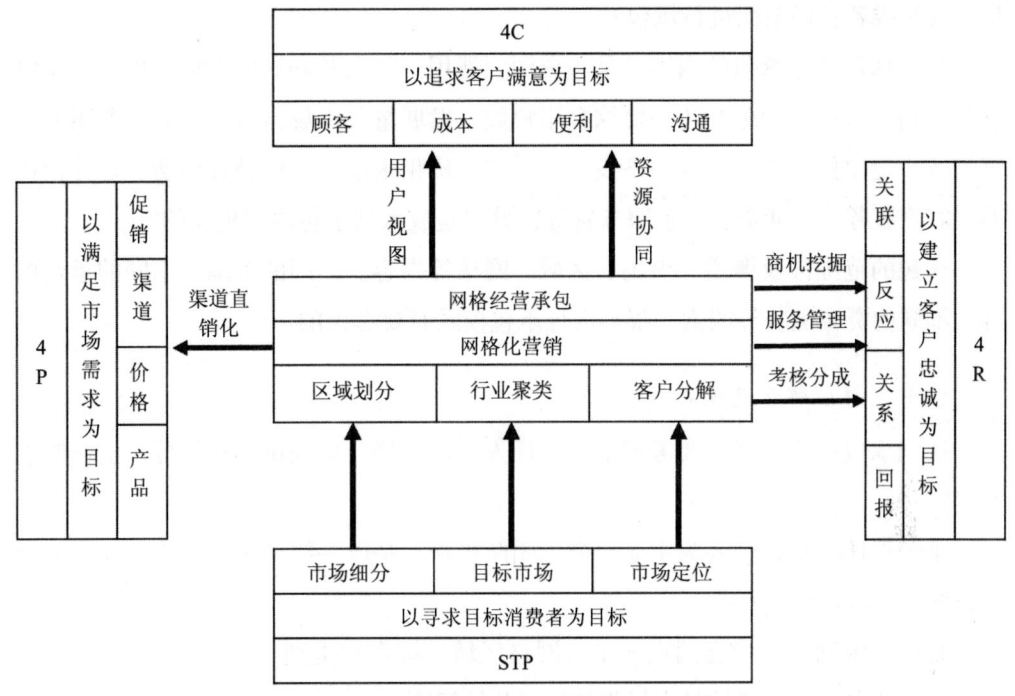

图 4-8 网格承包经营相关营销理论关联图

企业在区域划分、行业聚类及客户分解的基础上，构建网格化营销体系，从而通过实战不断优化体系、锻炼员工队伍、完善系统支撑能力，进而发展到实施网格经营承包，以更大发挥员工的主动性及效能。在整个业务发展模式的演变过程中，运用 STP 理论做好市场细分、目标市场及市场定位工作，秉承以寻求目标消费者为目标；在渠道建设方面，突出渠道直销化，增加和用户及市场的接触，通过 4P 营销策略组合实现满足市场需求；通过用户视图及企业资源协同，以追求客户满意为目标，遵循 4C 理论的指导；进而通过商机挖掘、服务管理及考核分成、遵循 4R 理论，以建立客户忠诚为目标。

三、网格承包经营的基本问题

基于上述网格承包经营关联的营销理论的梳理，在"划小"的基础上有效地开展承包经营活动，仍然要回归基本面，搞清楚什么是承包及承包模式的问题。

（一）什么是承包

什么是承包？涉及三个问题，即承包什么、怎么承包及承包范围。

以运营商为例，是对实体、直销、电子、社会渠道中的单个进行承包？还是对其中的组合进行承包？是对大众客户、集团客户进行承包？还是对大众客户、集团客户及其他聚类客户进行组合承包？是在网格层面、区域层面进行承包？还是在市局、支局或者县局层面进行承包？

怎么承包涉及承包的内容及承包资源、费用、收入及利润的核算等内容。是以收入、利润为评估指标？还是要综合用户数、发展量及市场占有率？对于费用的核算是按一定比例计提还是统一下发？人工费、房租水电费、促销宣传费、业务招待费、客户服务费、佣金及渠道服务费等，哪些是放入到承包内容里面的？

承包的范围涉及渠道、市场、区域、网格等内容。不同的范围、不同的承包内容、不同的资源配备等因素，都是设计承包模式时要考虑的。

(二) 怎样理解承包模式

谈到承包模式，则又要考虑承包责任人如何选择？责任田如何划分？责任制怎么确定？

承包责任人是以个人为主还是鼓励团队操作？是以一线销售人员为主还是鼓励二线职能人员也配合？

是按自由网点、社会网点还是按网格区域、按客户类型、按市局/县局？还是按城网或者农网？这谈的是责任田如何划分的问题。

责任制的确定则是指采取收入提成制还是网格承包制、业务计件制等哪种模式？

以上有关承包属性及承包模式的问题，是设计网格承包经营模式时要回答的基本问题。

四、网格承包经营概念的演进

网格承包经营是建立在现代营销理论和模型之上、尤其是网格化营销模式之上的一种经营管理方式。

网格承包经营概念的演进如图4-9所示，遵循以下路径：从网格技术的使用到网格化管理的推出，通过分布服务到包区管理，实现资源共享到权责下移，提升了企业实施营销的效率及精准度；基于STP理论的用户细分，及4P、4C、4R营销理论的指导，进一步挖掘用户价值；再通过划小、实施网格承包经营，实现利益共享。

可见，网格承包经营不是简单的营销理论组合或是创新，它应该在继承和发展营销理论的同时，强调营销人员的激励和利益间的共享，它是更加具体、有效的企业营销新模式。

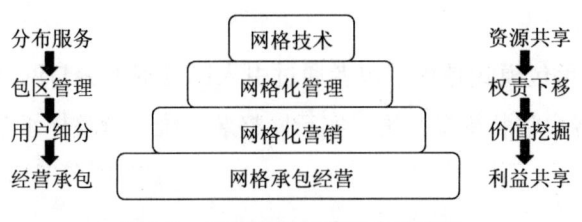

```
分布服务 →  ┌─────────────┐  ← 资源共享
           │   网格技术   │
包区管理 → ┌┴─────────────┴┐ ← 权责下移
          │   网格化管理   │
用户细分 →┌┴───────────────┴┐ ← 价值挖掘
         │   网格化营销    │
经营承包→┌┴─────────────────┴┐ ← 利益共享
        │   网格承包经营    │
        └───────────────────┘
```

图 4-9　网格承包经营概念的演进

第三节　网格承包经营模式

网格承包经营是将传统的承包经营思想和新兴的网格化营销相结合的新型生产经营方式，综合了许多管理思想和最新的技术方法。它吸纳了网格技术中的分布服务和资源共享的思想，借鉴了网格化管理中的包区管理和权责下移的方法，构建了基于用户细分和价值挖掘基础之上的网格化营销模式，并最终形成了以利益共享为激励的网格承包经营体系。

一、网格承包经营的两种方式

在实际工作中，网格承包经营方式分为内部承包和外部承包两种。

所谓内部承包指的是承包者为企业在岗员工，通过竞标、认购等形式进行的网格承包方式。

所谓外部承包（含员工外部创业）指的是承包者为企业外部机构或个体工商户，通过竞标等形式进行的网格承包方式。

二、网格承包经营模式的划分

对于运营商而言，网格承包经营的模式可以从两个层面来进行划分。

一是从承包内容上，可分为"营销""营销+维护""销售+维护+安装""投资经营合作"等四种模式，也叫做专营承包、营维承包、营维装承包、营维装建承包模式；

二是从承包运营方式上可以分为独立运营和协同运营两种模式。

（一）从承包内容上

1）专营承包模式的承包内容包括信息收集、业务发展、老客户维系；

2）营维承包模式的承包内容包括信息收集、业务发展、老客户维系、固网业务维护；

3）营维装承包模式的承包内容包括信息收集、业务发展、老客户维系、固网业务维护和安装；

4）营维装建承包模式是指承包者通过引入民营资本参与网格内驻地网及接入网引入侧建设、客户端装维等投资，实行网格装、维、营整体承包，网格收入进行分成。

（二）从运营方式上讲

1）独立运营指的是承包者独自或自行聘用下属人员进行网格经营工作；

2）协同运营指的是承包者通过寻求合作者，如渠道业务、物业人员、社会能人等或联动社区信息化等工作协同推进网格运营的模式。

需指出的是，具体的网格承包模式会是以上两种不同的划分方式的交错组合，因此总的说来共有八种不同的承包经营模式，具体如图4-10所示。

层面1	层面2	具体模式
专营	独立运营	独立专营
营维		独立营维
营维装		独立营维装
营维装建		独立营维装建
专营	协同运营	协同专营
营维		协同营维
营维装		协同营维装
营维装建		协同营维装建

图4-10 网格承包经营模式

三、网格承包经营方式的选择

在划好责任田、分清网格承包经营方式模式的基础上，企业要以收入目标为导向，根据市场情况、业务需求等，采取科学有效的承包经营策略来落地网格承包经营工作。

一般的，企业可以采用认购、竞标等方式落实经营承包责任制，明确责任人。

所谓认购，即是企业方对网格的承包经营业绩提出分档次的几个目标值，供承包参与者进行选择，而后根据选择情况进行综合选定。

所谓竞标，即是企业方提供网格基本信息，借用传统竞标方式由承包参与者提出其承包经营目标，目标值高者胜出。竞标要求有效竞标者应在三家或三家以上。

认购和竞标两种策略各有利弊。采取认购策略时，承包风险较小，但激励也相对不足，而竞标策略风险较大，但激励相应也大。

运营商对于认购和竞标的方式的选择，在实际执行中，逐步形成了如下一些共识：

1）内部人员承包，首选认购方式，外部人员承包，首推竞标方式；

2）内部承包主要以营维、营维装模式为主，且为独立运营；外部承包主要以专营为主，鼓励协同运营的营维装建承包模式；

3）大众市场网格及高值高增长网格以内部人员承包为主，低端聚类及高危网格积极引入外部人员承包。

■ **案例——邮政"网格化""内部承包"提升企业的核心优势**

近年来，随着社会社区化居住形态的改变，以及投递要求的多元化（各种业务种类的投递深度和投递标准都不一样），投递作业组织、投递设备的配备等相关标准没有跟上，出现了投递人员相对短缺、妥投率持续下滑的问题。

面对这种困境，某邮政公司提出：根据目前人们社区化的居住形态，实施**投递网络"网格化"组织作业和投递人员"内部承包"管理模式**的构想，即将**目前以街道为主的道段化投递模式改为以社区为单位的"网格化"作业组织模式**，能够更好地组织作业。

在"网格"内，选拔优秀员工为投递经理，对"网格"内投递业务实行承包经营。将邮政业务按业务种类详细测算后实行按量计酬发放。人员使用和管理、作业组织和管理、薪酬发放等均由邮政公司总体把控，充分结合国有和私有两种体制的优势，真正从根本上解决投递人员相对短缺的问题。

1）在人员使用与管理方面，邮政公司与投递经理建立正式的用工合同。其他工作人员由投递经理在辖区"网格"内，自行管理人员的招聘和使用，或者通过邮政公司统一指定外包公司招聘人员。因业务需要聘用人员的报酬，由投递经理按实际情况支付。

2）在作业组织与管理方面，由投递经理根据"网格"内居民的作息情况灵活安排作息时间，但需符合邮政对外承诺的投递时限、标准要求，并上报邮政公司批准后执行。邮政公司要对"网格"内业务全程监控，对业务进行指导、培训和检查，加强对各"网格"内所有邮政业务的检查和管理，要求各"网格"作业达到一定要求，如着装、用语、邮件的时限要求等服务标准，严格控制业务质量。

3）在薪酬管理方面，邮政公司与投递经理签订承包经营责任书。除底薪外，邮件投递依据邮件种类及业务量支付酬金。在"网格"投递经理的激励层面，初期可采用每件投递费略高于社会水平，让其赚取差价的方式，发展到一定阶段后，则采取与任务额相挂钩的动态调节方式发放奖励。

案例分析：我们看到，通过"网格化""内部承包"模式的实施，可以达到以下目的：

第一，邮政公司只负责对"网格"内从业人员的业务指导、培训和监督检查，具体的人员管理和作业组织管理主要由承包"网格"内业务的投递经理负责，管理难度有所分解；

第二，由于只有投递经理是邮政局的签约员工，在某种程度上避免了用工风险，且将邮政投递员的身份转换为"网格"中的投递经理，提高了业务收入和社会地位，增强了用工的稳定性；

第三，从效益上讲，在现有人员数量不变的情况下，延伸了投递的深度，提高了服务水平，最终会降低生产成本。

通过构建"网格化""内部承包"的投递模式，建立起真正的"最后一米线"投递网络，使邮政真正拥有当地物流市场的发言权。

四、网格承包经营模式的选择路径

由于企业的生产经营是无时无刻不在运行，合理的网格承包经营模式要求能快速有效、适合大面积复制推广且最低程度影响生产，因此要求推行时必须综合均衡风险、收益以及各种综合因素。

网格承包经营模式的选择路径分为六步：第一，划定网格；第二，做好网格分类；第三，针对网格进行品质分析；第四，确定网格承包经营模板；第五，判定承包方式；第六，签订承包合同。路径具体如图 4-11 所示。

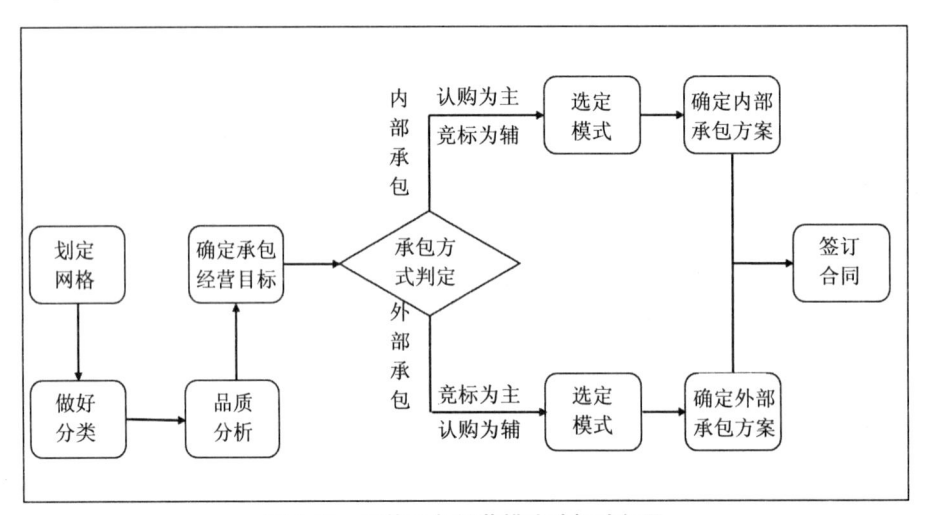

图 4-11 网格承包经营模式选择路径图

上述六个步骤，可以简化为"划定网格分类清，品质分析目标明，方模策略相对应，承包合同可签订"。

"划定网格分类清"指的是将网格承包经营单元划分清楚，并按照分类方法做好分类（具体网格划分的标准及流程详见网格化营销章节）。

"品质分析目标明"指的是企业可根据相关业务维度，比如从用户数、市场占有率、ARPU 值、基本业务收入、增值业务收入等，组合构成分析指标、确定网格品质分析模型，进行业务品质分析，并参照历史数据及市场情况，定出每个承包网格的具体的承包经营目标。

"方模策略相对应"指的是按照网格承包经营常用策略进行承包方式和模式的确定，一般先选择方式后再确定模式。值得注意的是，不论是选择外包还是内包，都应该对承包方给予具体的业务及营销策略的指导，不能只停留在结果评估而应该多关注过程辅导。

"承包合同可签订"指的是在前面的基础上，可以明确承包合同的关键要点，即可进入签订合同的相关程序。

第四节　网格承包经营的具体实施

一、网格承包经营的管理流程

明确了网格承包经营的模式及选择路径，规范网格承包经营工作还必须建立起规范的各类相关管理流程。

这其中涉及网格承包签约流程、营销组织、资源调配等各种经营管理方面的内容。尤其是网格的认购、竞标流程、网格营销流程、网格变更流程、网格异常申诉流程等主要流程。

（一）网格认购流程

在完成网格划定、分类、品质分析和确定目标的基础上，即可启动网格认购流程。整个流程包括制订认购方案、审批方案，再根据承包方式的选择分内部认购和外部认购两个子流程。

内部认购子流程包括内部公告、员工报名、组织开展员工认购活动、确定承包者几个部分。

外部认购子流程包括内外部公告、外部员工报名、组织开展外部人员认购活动、确定承包者几个部分。

最后无论是内部人员还是外部承包者都必须进行认购结果的公示，而后正式签订网格承包经营合同。

认购流程如图4-12所示。

该流程中，制订的认购方案中必须明确给出实施认购网格的基础数据、承包对象及条件、细化的承包酬金体系、报名表，以及网格的认购指标及认购档次，规定明确认购系数及绩效考核办法。

其中，参与承包的外部人员须持有效的营业执照证件，执照中经营范围要有承包经营业务的经营许可；认购档次可根据实际情况设置；认购系数是根据认购档次和认购完成情况而规定的调整系数，主要用于激励选择高认购档次，使得资源向认购档次高、认购完成情况好的方向倾斜，同时，也通过认购系数的设置，加大对盲目向高档次认购却完不成认购的情况的惩罚，以降低认购工作开展的风险；绩效考核办法是规定认购者在认购期间的业绩考核、薪酬分配、岗位升降、年度绩效考核等，让认购者明确认购的机会和风险。

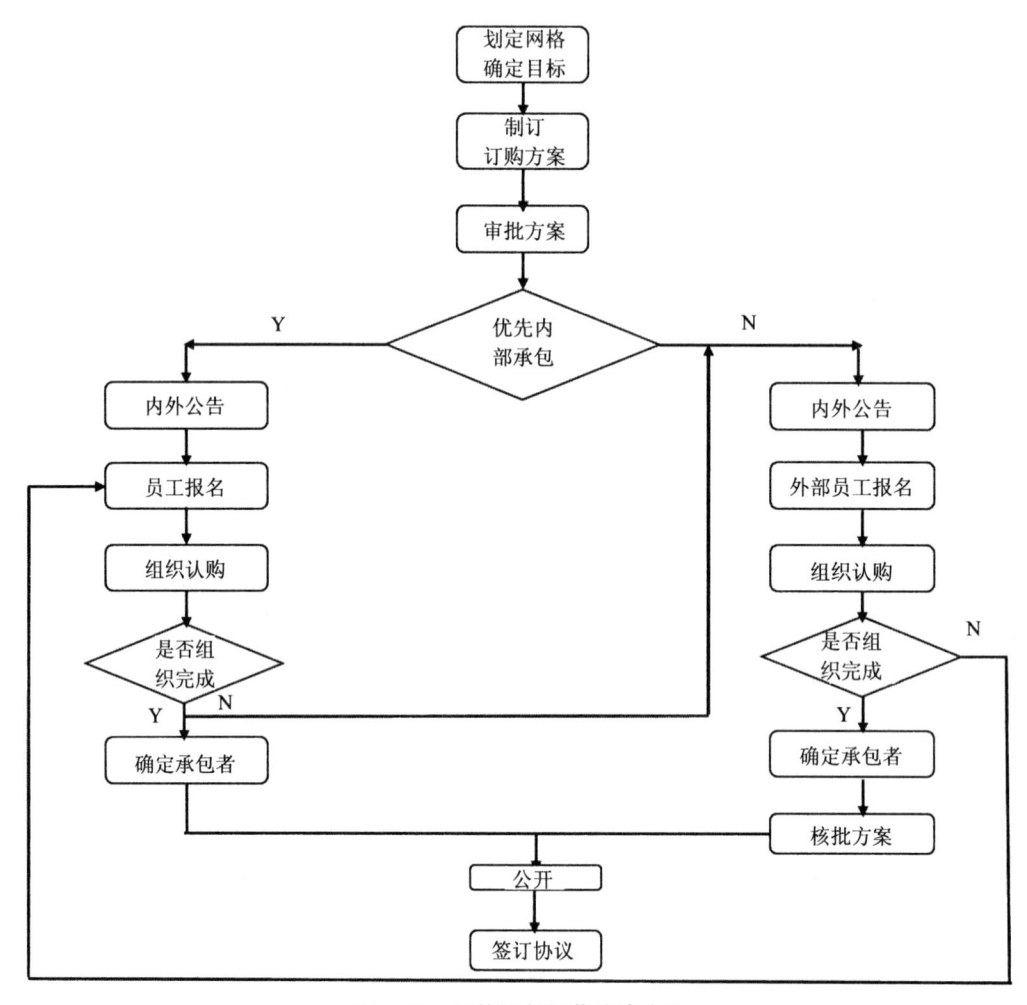

图 4-12 网格承包经营认购流程

案例：某运营商网格承包经营方案对承包人基本条件的规定

第二章　承包人基本条件、范围及承包内容

第四条　承包人范围

1.具备基本条件的本企业 A、B、D 类员工。

2.具备基本条件的社会代理商、社会合作伙伴（只有在自有 A、B、D 类员工缺少的情况下)。

第五条 承包人基本条件

1.城市营业部承包人可以是本企业在职A、B、D类员工和社会其他承包人员，要求A、B类员工作为营业部主任进行承包时需要与公司签订中止劳动合同协议，公司与人力资源服务有限公司签订协议，对承包人员的承包资质、业务培训、保险缴纳等事宜进行管理，社会其他外包人员必须在国家工商、税务机关注册取得工商执照或税务登记证，具备独立的法人主体资格。公司委托承包人对二级网格的在职A、B、D类员工进行管理，对于社会其他承包人员承包二级网格也必须按照城市营业部承包人相关资质执行。

2.有一定市场策划和营销服务能力，熟悉业务，懂管理。

3.能以企业、客户和社会代理利益为重，有大局意识，能正确处理企业、客户、个人和社会代理之间的利益。

4.根据网格收入规模必须足额缴纳承包风险抵押金。

(二) 网格竞标流程

与认购流程类似，网格竞标流程也包括制订认购方案、审批方案，再根据承包方式的选择分内部竞标和外部竞标两个子流程。

子流程步骤与认购流程类似，不同的是外部竞标子流程中，在确定外部承包者后，整个方案仍需上报相关部门核批。相关部门主要针对采取建装维营模式的承包者进行承包者资格再确认、目标设定值及收入分成比例等相关指标的审核等。最后竞标结果同样需要公示，才能正式签订网格承包经营合同。

竞标流程如图4-13所示。

(三) 规范网格营销流程

为加强网格的常态化精确营销，我们必须全面梳理网格营销业务流程，规范涉及外呼营销、上门营销、现场促销等各类营销模式时网格协同团队的协同流程，同时强化营销活动总结环节的信息反馈、数据分析管控工作，加强对活动效果的评估，提高网格营销整体运作效率(详见网格化营销一章)。

(四) 网格异常情况申诉流程

网格的异常波动情况在网格承包经营中是较为常见的情况，必须做出合理的处理，才能保证网格承包经营的合理公平，保障承包者的经营积极性。网格内因大面积用户拆迁、单位搬迁、学生放假、新入住楼盘等不可控因素造成网格收入异常、网格宽带离网率、渗透率、增长率波动，影响到网格承包经营考核的，可根据下述流程进行申诉。

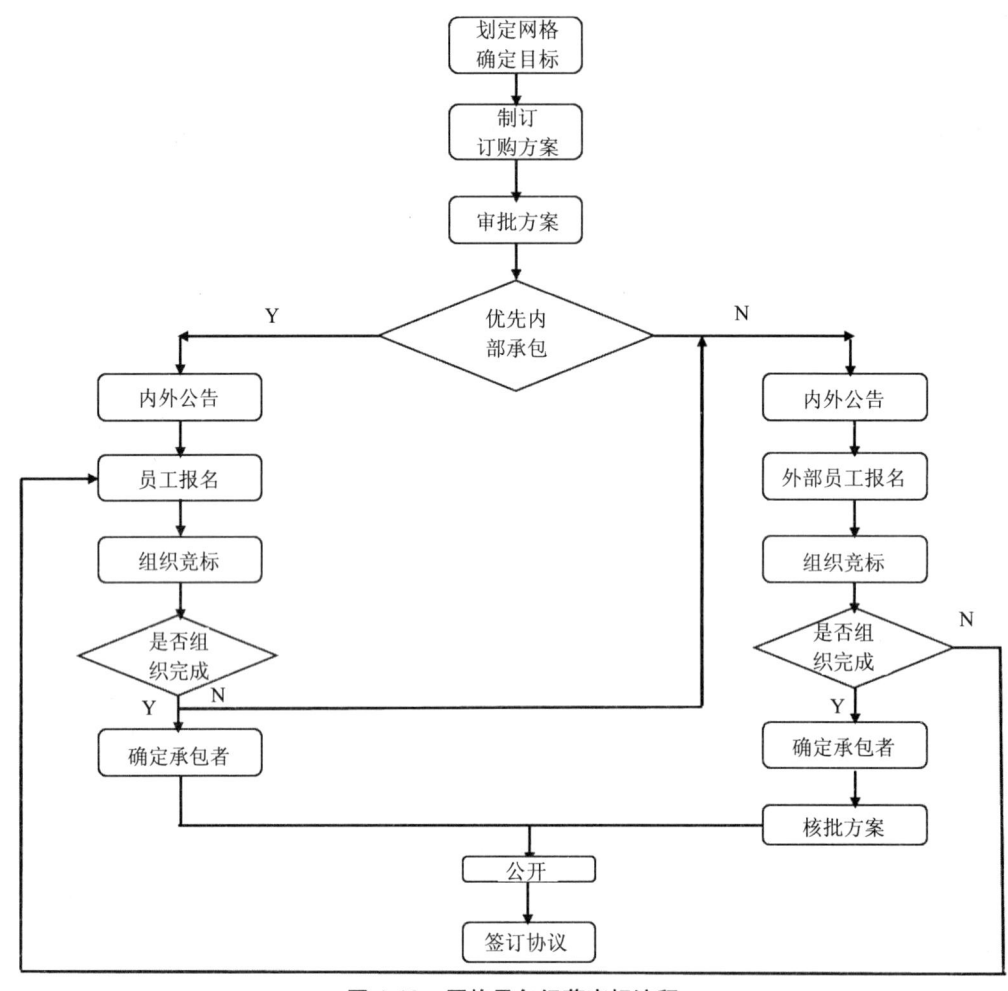

图 4-13 网格承包经营竞标流程

所在网格人员申请→县级分公司市场部实地核实→上报市公司市场部→市公司市场部指派相关人员深入现场勘察、核实具体情况并确定申诉处理情况。

通过以上流程，对于情况属实且确为非竞争因素造成的可予以免除扣罚。

(五) 承包协议的变更流程

网格承包经营是一种严肃的合同约定关系，其变更更要严肃对待。作为责任田的网格和作为责任人的承包者是双方签订协议的基础，一经确定不得随意单方面新增、删除、变更（包括清单级客户抽取），原则上每年只能在经营年度开始前进行一次较大规模的用户及业务跨网格经营单元的调整和承包人员变更。协议期间，如确需进行网格调整或人员变更必须通过：一方协商提出申请→县区公司核实→市公司初审→省级公司业务主管部门审批→相关部门实施操作等一系列流程，方可完成。

二、网格承包经营的组织管理

(一) 构建适应于承包经营的组织架构

很多企业虽然认识到网格承包经营的好处，但却并没有成立相应的组织机构来进行组织推进，往往都是采取将承包经营主要作为一项工作职能由市场部进行主导推动，这样操作的力度自然远远无法跟集团客户中心、大众客户中心、行业客户中心等对其专有行业的有力推进相比。

由于网格承包经营推进过程中涉及管理人员、承包方、施工方、营业员等多方人员，往往分属不同的部门，容易出现考核不到位、利益分配不均、相互推诿或争抢客户等不良现象。图4-14是我们曾经遇到过的一个运营商案例，虽然该运营商实施了网格承包经营，但组织结构却并没有做相应的调整。大家注意黑框表示的部分，展示了该运营商的某个网格可能被上级多个部门管理考核的现状。

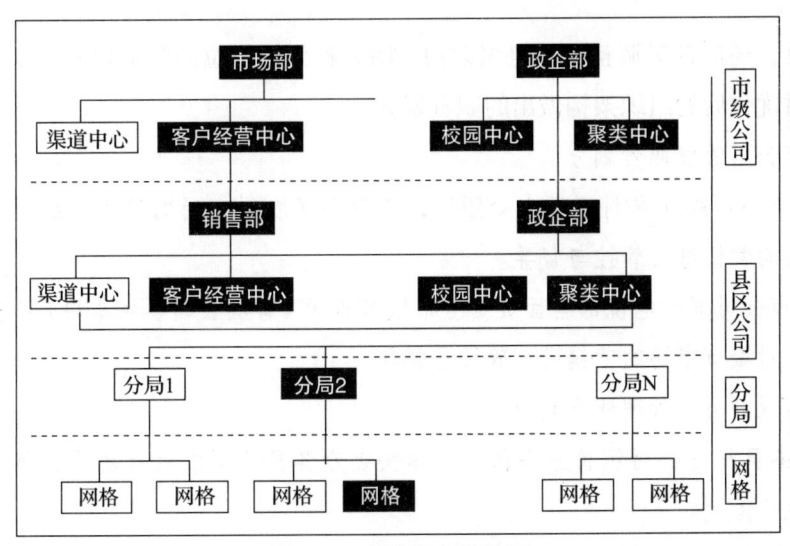

图4-14 原有组织结构图

一个网格的承包经营工作被多个部门考核，必然带来沟通、资源、执行等方面的不畅，影响工作成效。

网格承包经营作为重点工作，要真正取得实效必须要创新变革，创新变革的第一步必须调整组织架构。进行架构调整的一个目的就是改善企业现有前端层面的营销模式，重点将人力、物力、财力等资源倾向一线市场，以更好地挖掘市场、获取客户和服务客户。因此，在上面的案例中，我们建议该运营商应在市、县两级分公司内增设网格管理中心这一部门。增设网格中心后的组织架构如图4-15所示。

图4-15中黑框部分展示了梳理后的网格被管理的层级关系，这样的调整，自然在沟通、支撑及执行、考核方面的力度比调整前的要顺畅得多。

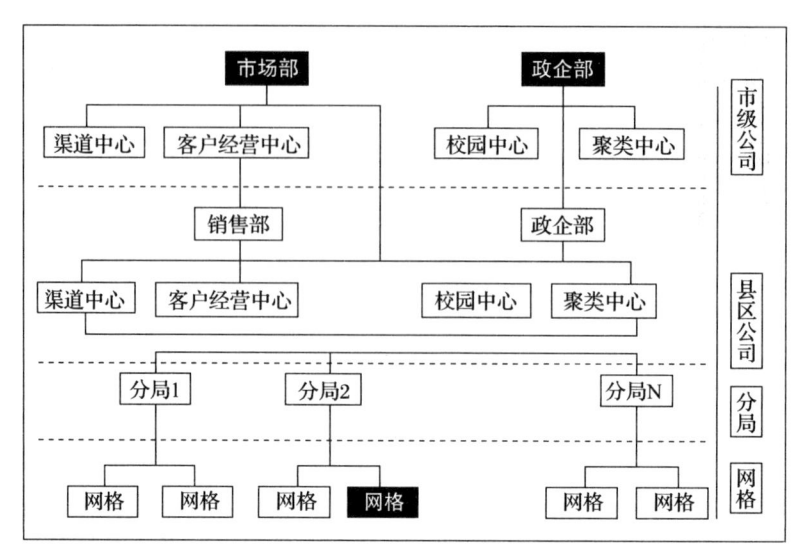

图 4-15　调整后的营销组织结构

此外，还应针对调整后的组织架构，明确各架构单位的职责划分。以下是某运营商针对优化后的组织架构做出的职责划分。

1. 市公司管理职责划分

1）市公司成立农村营销中心团队，负责全区农村市场的销售组织与调度，对农村市场的营销进行管控与督导。

2）市公司宽带电视部全面负责全市城市市场（含县公司县城本埠）的营销组织与调度，对城市市场的营销进行管控与督导。

2. 县级分公司管理职责划分

1）各县级分公司销售服务部主任牵头负责各县公司农村市场的销售组织安排与销售执行落地。

2）各县级分公司成立城区营销中心，负责县城城市市场的营销组织安排与销售执行落地。

3）各县级分公司农村支局成立支局营业部。支局营业部将以团队形式进行承包，由支局营业部承包人带领团队成员建立组成支局营销团队，有组织、有计划地进行团队营销，共同完成收入，支局营业部包含3～5个支局的总体收入和规模发展。

3. 校园市场优化

1）市区城区本部所有中、小学校园市场收敛到市公司校园营销中心，设立中小学分部，进行承包。

2）各县公司城区中、小学校园市场收敛到各县公司政企分部，由专职校园客户经理负责。

3）农村区域的中、小学校园市场仍按照属地化管理，各四级单元必须配合市、县公司的一体化营销工作安排。

4.商客市场优化

1）目前已经收敛的特征明显的聚类客户、专业化市场、商务楼宇由商客销售中心和各县分公司商客分部负责承包。

2）市公司本部营销分局增设零散商客营销承包团队，负责分局区域内的零散商客增量市场的开发与承包。

从上面的案例可以看出，组织架构调整最主要的部分就是落实了网格责任承包体系，以网格为最小承包单元，责任田进一步划小，人人对应自己的责任田，划小承包机制应用到网格经理，着重突出了团队承包的营销组织模式，从个人单兵作战导向团队协作拓展。

组织架构的调整，这样一个"管理"动作，在于理顺内部机制、适应于市场的需求变化、最大限度地挖掘市场潜力，体现"管理为经营服务"。

(二) 网格承包经营相关人员的配备

当然，除了组织架构调整，还需明确网格经营相关人员配备：

第一是在市县网格中心层面应设置若干网格经营管理员，实现网格经营服务支撑工作的专职管理。

第二是在分局层面，设置内部专职网格承包经营的支撑管理人员，对上承接网格中心的各项网格经营工作，对内协助做好网格承包经营的各项服务管理考核工作。

第三是落实网格经理队伍配置情况，确保每个网格对应一个网格经营人员并100%实现承包经营方式，同时加强对网格队伍人员信息的系统化管理，按月监控网格经理队伍配置情况。

从调整适应于网格承包经营的组织架构，到明确网格经营相关人员的配备，这是网格承包经营工作得以顺利开展的基础。值得强调的是，为优化网格承包体系，进一步强化团队协作概念，强化营销组织的落地与协同，企业还应突出团队承包的营销组织模式，从个人单兵作战导向团队协作拓展。

(三) 网格承包经营相关人员的管理

只有"选对人、才有可能做对事"。承包者的选拔及激励，对于承包经营工作的有效实施是至关重要的。

1.选好承包责任人，让能者脱颖而出

人是生产力中最活跃的因素，是经营成败的关键，要创造条件让能者脱颖而出。

（1）打破身份限制
- 在优先内部选拔的基础上，扩大向社会选拔力度，真正打破用工身份的限制；
- 内部员工承包外包业务单元，可暂停原有劳动合同，签订外包协议，协议到期后，可恢复原有劳动合同，打消其后顾之忧。

（2）强化市场化选拔机制
- 大力推进竞标承包制，打破学历、岗级、资历、身份等各种限制，通过市场竞争选拔人才；
- 原则上所有"划小"经营单元的责任人均应采用竞标或认购的方式选拔。

（3）建立退出机制

在承包合同中要明确相应的退出条款，在承包责任人经营业绩持续达不到经营承包预期、承包人管理与履职能力无法胜任承包工作、承包人有违约行为时，应及时终止与责任人的承包关系。

2. 建立风险抵押金制度，强化责任意识

为强化承包人的责任意识，要建立经营承包风险抵押金制度，根据责任目标上缴风险抵押金，完成目标的，全额返还；完不成的，按规则进行扣除。

（1）风险抵押金收取

可按收入规模的一定比例收取，收入规模大的收取比例可以适当低一些，规模小的可以适当高一些。

（2）风险抵押金缴纳
- 可以全部由承包人缴纳，也可以由承包团队共同缴纳；
- 承包团队共同缴纳的，承包责任人的缴纳比例要高于普通团队成员。

（3）风险抵押金返还与激励
- 完成目标的，全额返还风险抵押金；
- 超额完成目标的，按照薪酬激励办法中的超收提成予以奖励；
- 未完成目标的按比例扣减风险抵押金，扣完为止。

3. 充分放权，让承包者当家做主

要赋予承包者人、财、物管理权，使其有充分的资源进行业务发展，真正做到责权利统一。

（1）赋予承包人用人自主权，推进人员能进能出
- 承包人可以根据需要依法选择团队成员，也可以根据经营业绩和工资表现裁减人员；
- 建立内部人员流动市场，实现企业各经营单元和人员的双向选择，并通过

进，对基础信息入系统情况进行取数通报；

每月必做的事项有：总结成功经验、迅速复制推广，网格营销效果评估，指导分局长根据月考评情况分析不足，制订下月提升计划。

（三）推进实体渠道与网格经营协同

实体渠道与网格的营销协同，首先应在制度层面制订渠道入网格的实施方案及协同机制，引导网格内网点与网格承包者建立协同关系和相应的利益（重点是酬金及终端利润）分配机制。

1）做好渠道规划落地到网格，要根据网格收入规模、特征及所处商圈等维度，明确网点建设标准，确保一个承包网格区设立一个网点。

2）实行外部承包的网格，原则上要求外包方应设立相应网点。当然，在指定的部分网格建立一定排他专营机制，避免在同一网格内重复建店。

3）在协同基础上，实体网点可以为承包者提供业务受理、终端销售、业务辅导等业务支持；承包者可以为实体网点带来潜在客户引导、上门服务、终端及配件销售等业务拓展；同时二者可以协同进网格开展现场促销。

4）公司应对协同网格给予营销资源支持，并可调动其他渠道协同开展营销服务。

此外，建立并落实沟通互动机制、通报排名机制（设立月度排行榜，做好对重点工作月度通报、重点业务日通报、渠道发展日通报的工作）、分析优化机制，资源配置管控也是网格承包经营的管控手段。

四、网格承包经营的考核评估

建立科学系统的考评体系，可以有效推进网格承包经营工作。

（一）网格承包经营的考评体系

以运营商为例，考评体系主要涉及对组织机构及承包单位考评的两方面内容。对组织机构考评是指对网格工作主要涉及市、县两级网格中心、分局和网格进行工作成效评估；对承包单位考评是指对网格经营管理员、网格经理、装维经理、电子渠道和网格承包者等组成的网格承包团队进行绩效管理考核。

1. 对组织机构的考评

对于市、县两级网格中心、分局和网格的工作成效评估，统一由结果类指标及过程类指标构成。结果类指标可以由收入指标、业务指标等组成。

其中，网格中心和分局工作评估时主要以收入完成、业务发展为主，以网格工作过程指标为辅，且过程指标相对稳定；而网格的工作评估二者应相对并重，且过程指标可按阶段工作重点不同而相对灵活设定。

当然，考评指标的组成不是一成不变的，应该随着市场及竞争情况的调整而具有弹性。比如图4-16中的运营商就突出了对业务发展情况及存量保有情况的考评。

网格承包经营考评指标模型				
考核指标分类		指标名称	
发展情况	收入完成	收入预算完成率	30
^	^	收入环比增长率	10
^	业务发展	移动净增出账用户	15
^	^	宽带计费户	15
存量保有	流失率	宽带计费户流失率	10
^	^	移动网上用户流失率	10
^	欠费回收	网格上3个月欠费截止当日回收率	10
合计			100

图4-16　网格承包经营考评指标模型

2. 对承包单位的考评

对于网格承包单位：网格经营管理员、网格经理、电子渠道、装维经理和网格承包者组成的网格承包团队及个人的绩效管理考核，要根据其具体工作而定。

一般的，网格经营管理员主要根据其负责的网格经营的主要工作模块设定绩效考核标准，电子渠道、装维经理、网格经理等岗位的考核可参照网格工作评估标准执行，如图4-17所示。

此外，还应对网格承包单元实施关联考核，即赋予承包团队业绩关联考核支撑岗位或组织，以及销售团队评价支撑岗位或组织支撑成效的关联考核机制，确保协同团队目标一致、行动一致。支撑岗位或组织包括支撑热线、运维、装维、产品支撑、营业受理、外呼渠道等。

岗位	考评内容
网格经理	1）业务收入 2）业务量完成率 3）存量维系 ……
装维经理	1）与维护网格收入预算完成率挂钩 2）规模发展 3）存量保有 4）宽带三项 ……
电子渠道	1）经营收入 2）规模发展 3）存量保有 4）宽带三项 5）电子渠道受理占比 ……

图4-17　网格承包单位考评指标模型

（二）网格承包经营团队评估

在网格承包经营中，鼓励以团队形式进行承包，由网格承包人带领团队成员组成网格营销团队，有组织、有计划地进行团队营销，共同完成收入。

这种由网格承包团队实施网格化营销的模式，实现了从个人单兵作战导向团队协作拓展的转型，将有效地实施营销协同，提升网格产能。

因此，对于网格承包团队的管理是网格承包经营工作是否取得实效的关键。而要做好网格承包团队的管理，必须做好团队评估标准及评估实施方法的制订工作。

1. 网格承包团队的评估标准

网格承包团队的评估从队伍建设、销售行为、会议组织、工具使用、组建成效、绩效管理等方面进行，实行百分制。其中，队伍建设满分为8分，销售行为满分为25分，会议组织满分为15分，工具使用满分为20分，组建成效满分为22分，绩效管理满分为10分，总计满分为100分，设置10分的加分项。

下面以我们为某市级运营商制订的网格承包团队评估标准为例，从模块设置、指标设置、分值设置、评估内容、评估依据等方面加以说明（表4-4）。

表4-4 网格承包团队评估标准

模块	指标	总分值	序号	评估内容	评估依据	分值	得分
队伍建设（8%）	岗位设置	8分	1	是否按人员配置要求配备团队成员	人力系统核对查阅从业资格证书或复印件	4	
			2	团队成员是否具有相应的从业资格		4	
	加分项	1分	3	配备有营销团队会议或培训场地	现场确认	0.5	
			4	市局层面下发承包团队管理办法及职业生涯发展规划的相关文件	查阅发文、座谈了解	0.5	
销售行为（25%）	市场开发	10分	5	是否制订切实可行的市场开发方案并按规划实施	记录查询	2	
			6	团队是否按计划开展客源市场总体情况的排查工作		2	
			7	是否"走出去"，开展进社区、进学校、进企业、进机构等跑市场活动？		3	
			8	是否"请进来"，通过跑市场邀约潜在客户开展产品宣讲活动		3	
	客户拜访	5分	9	网格经理是否进行一定量的客户约见或调查	记录查询、交谈确认	2	
			10	客户拜访的成功率如何		2	
			11	客户转介的比例如何		1	
	客户管理	5分	12	团队是否建立客户归户管理制度	记录查询、交谈确认	1	
			13	是否按客户分类管理、维护要求进行客户维护		2	
			14	客户档案的完整性		0.5	
			15	客户档案是否及时更新		0.5	
			16	客户档案信息的独特性		0.5	
			17	客户维护活动的记录是否完整		0.5	

续表

模块	指标	总分值	序号	评估内容	评估依据	分值	得分
销售行为（25%）	项目策划	5分	18	团队与专业部门配合策划了营销项目	记录查询	2	
			19	团队及时向专业部门及上级机构汇报市场信息并开发了相应项目		1	
			20	团队独立策划了营销项目		2	
	加分项	1分	21	团队每位网格经理平均每天约见客户12位以上	记录查询	0.5	
			22	团队每位网格经理平均每天收集有效的客户信息10户以上		0.5	
会议组织（15%）	晨会	8分	23	晨会参加人员是否所有团队成员（网格承包团队队长、网格经理、装维经理等）	现场确认，记录查询	1	
			24	晨会会前准备是否充分		2	
			25	晨会是否检查仪容仪表		1	
			26	晨会是否提供指导		1	
			27	晨会是否跟进前日承诺并获得当日承诺		1	
			28	晨会气氛是否活跃、内容生动、鼓舞士气		1	
			29	晨会时间是否控制在15～20分钟以内		1	
	周会、经营分析会	7分	30	是否召开周会，对一周的业绩、目标完成情况、亮点及存在的问题进行点评分析并完善行动计划	现场确认，记录查询	2	
			31	周会上是否进行业务学习和竞争形势分析		2	
			32	是否召开团队经营分析会，分析经营月报，表扬月度先进，制订月度行动计划		3	
	加分项	2分	33	区域中心主任或分管领导参加晨会	现场确认，记录查询	0.5	
			34	晨会内容及模式有创新，值得推广		0.5	
			35	周会或经营分析会时使用PPT分析或准备每月经营分析材料		0.5	
			36	每月收集并编写团队优秀案例、学习体会、话术经验等		0.5	
工具使用（20%）	团队队长管理工具	10分	37	团队队长是否有效使用日程表	日程表	1	
			38	团队队长是否对网格经理当日承诺进行跟进指导	交谈确认	2	
			39	团队队长是否对网格经理进行一对一指导，并使用一对一指导记录	记录查询，交谈确认	1	
			40	团队队长对一对一指导的内容是否及时跟进并记录跟进情况		1	
			41	团队队长是否及时、准确更新并熟悉团队销售进度表	销售进度表	1	
			42	团队队长是否及时更新团队行动计划？团队行动计划内容是否详细，具有实操性？是否落实行动计划	团队行动计划，交谈确认	2	
			43	团队队长是否使用团队经营管理月报	团队经营管理月报	2	

"划小"不断深化，逐步扩大人员内部市场化配置的范围。

（2）赋予承包人分配自主权，推进收入能高能低

- 建立与承包责任目标挂钩的承包团队收入分配总量决定机制，加大增量贡献的激励，上不封顶；
- 承包人按照企业相关要求，结合自身实际，自主进行承包团队业绩的考核，并根据承包团队人员贡献确定团队成员的具体薪酬。

（3）赋予承包人岗位动态调整权，推进岗位能上能下

- 建立岗位宽幅晋升通道，将岗位动态调整和发展业绩挂钩；
- 承包人可以根据需要，调整团队成员的工作、岗位和分工，将团队成员岗位晋升与经营单元整体业绩和个人能力业绩紧密挂钩，实现岗位的能上能下。

（4）赋予承包人资源支配权，推进资源下沉

- 进一步加大资源下沉，减少资源截留，对于预算下达类成本，承包人可以自主使用，并可以根据生产经营需要内部调剂；
- 优化资源使用的内控审批权限和流程，适当加大基层单位的内控权限，简化基层单位审批流程。

4. 加强激励，真正调动承包者的积极性

要进一步加大对承包者的激励力度，实行工效挂钩，建立阶梯式激励体系，并完善优秀承包者的职业发展通道。

（1）建立工效挂钩体系

- 根据收入和利润目标，确定承包团队的人工类费用预算（含外包费用等），并根据实际完成情况进行兑现；
- 要加大增量贡献的激励，并引入超收、超利提成；
- 考核兑现办法要公开透明、简单易行。

（2）建立阶梯式激励体系

- 根据竞标或认购目标，建立阶梯式激励体系，合理测算提成比例；
- 要适当拉开收入差距，真正做到上不封顶。

（3）完善职业发展通道

- 打通晋升通道，选聘区县公司领导时，要有支局长等基层经营单元的任职经历；
- 对于优秀承包团队，要适当提高外包人员转为正式员工的比例。

总之，优化、构建适应于网格承包经营的组织架构，做好网格承包相关人员的配备及管理工作，是网格承包经营工作得以顺利实施的组织保障。

三、网格承包经营的日常管控

加强网格承包经营的管控工作主要从设立网格重点考核指标、建立常态化工作机制、推进实体渠道与网格经营协同三方面入手。

（一）设立网格重点考核指标

在构建适应于网格承包经营的组织架构的基础上，通过对网格承包经营的内容及承包人工作职责的明确，设定KPI考核指标，来做好网格承包经营的管控。下面以某市级运营商城网的网格承包经营为例说明设立重点考核指标的内容及方法。

1. 城市营业部业务承包经营的内容

城市营业部内收入、业务发展、维系服务等工作承包，承担城市营业部管理、品牌宣传、渠道拓展和支撑、客户服务、日常维系管理等重点工作。

1）区域范围内所有业务（包括移动、宽带、智能机、ITV等，下同）经营收入；

2）区域范围内所有业务的营销工作；

3）区域范围内所有用户的服务保障（客户维系、欠费催缴、投诉服务、移动电话出账、用户月均离网率及宽带续费率均按省公司维系标准）；

4）严格按照服务标准开展规范化服务。

2. 城市营业部主任KPI及岗位职责

（1）城市营业部主任岗位职责

➢ 承担城市营业部的整体量收指标；

➢ 营业部量收保障第一责任人；

➢ 负责管控营业部的规模发展指标（移动净增、宽带净增）；

➢ 负责营业部内团队营销的组织、协调、支撑与管控；

➢ 负责营业部所有网格的客户维系、价值提升的管控；

➢ 负责提升团队的销售技能和常态化的销售执行能力；

➢ 承接和分解公司的月度重点工作的执行（如集约营销、集约宣传、营销派单、信息收集、异网反抢等）。

（2）城市营业部主任KPI指标（表4-2）

表4-2 城市营业部主任KPI指标

类别	指标名称	权重	指标解释及考核办法
收入进度	收入完成率	40	累计时序进度完成率每低（超）1%扣（加）基分的5%，扣完基分为止，加分无上限
规模发展	移动出账净增	15	完成率每低（超）1%扣（加）基分的1%，扣完基分为止，最多加4分
	宽带净增	15	每高（低）目标1%加（扣）基分的1%，最多加4分
	高清ITV业务发展量	15	每高（低）目标1%加（扣）基分的1%，最多加4分，新增用户与激活率挂钩

续表

类别	指标名称	权重	指标解释及考核办法
客户经营	存量续约	15	根据宽带续费率和移动续费率两项指标各占50%的权重进行综合评定，每高（低）目标1%加（扣）基分的1%，最多加4分
加减分项	渠道拓展		有效网点数量在年初基准值的基础上每净增1个加2分，每减少一个扣2分，低于年初基准值的扣5分
	服务指标		①媒体曝光、工信部投诉扣5分/起；②本级投诉工单配合不力：逾限24小时扣0.5分/起，48小时扣1分/起，虚假回单扣0.5分/起；③本级投诉未妥善处理导致重复、越级投诉扣2分/起
	发展质量		疑似虚假用户占比不超过20%，每超1%扣3分；一拆一装每起扣5分，最多扣20分
	欠费回收		每低目标1%扣0.2分，每高目标1%加0.2分，最多加减3分
	空间库信息更新维护		每月对空间库信息进行更新维护，每更新维护一条有效信息加0.1分，未更新维护的当月扣3分

说明：1. 收入完成率=营业部总体收入完成率×50%+承包网格收入完成率×50%；
2. KPI得分按105分封顶、60分保底。

2. 城市营业部网格承包人KPI及岗位职责

（1）城市营业部网格承包人岗位职责

➢ 承包网格收入指标×60%+城市营业部收入指标×40%；

➢ 承包网格内量收保障第一责任人；

➢ 负责网格内规模发展指标（移动净增、宽带净增），承接网格内客户维系、价值提升指标；

➢ 负责与网格内小区物业的合作及联系，负责二级业务代理渠道的拓展；

➢ 负责指定网格的市场信息收集，包括驻地网信息、客户信息、竞争信息等；

➢ 负责建立四类空间信息库，负责竞争应对及策反；

➢ 负责网格包区的营销活动的组织、执行和管控，主动组织、协同、支撑各类渠道开展网格日常及现场营销活动；

➢ 负责网格包区内的宣传，确保产品和促销活动宣传进小区、进楼道；

➢ 负责本网格各类营销派单（含维系）的承接，或对承接工作进行组织安排。

（2）城市营业部网格承包人KPI指标（表4-3）

表4-3　城市营业部网格承包人KPI指标

类别	指标名称	权重	指标解释及考核办法
收入进度	收入完成率	40	累计时序进度完成率每低（超）1%扣（加）基分的5%，扣完基分为止，加分无上限
规模发展	移动出账净增	15	完成率每低（超）1%扣（加）基分的1%，扣完基分为止，最多加4分
	宽带净增	15	每高（低）目标1%加（扣）基分的1%，最多加4分
	高清ITV业务发展量	15	每高（低）目标1%加（扣）基分的1%，最多加4分，新增用户与激活率挂钩

续表

类别	指标名称	权重	指标解释及考核办法
客户经营	存量续约	15	根据宽带续费率和移动续费率两项指标各占50%的权重进行综合评定，每高（低）目标1%加（扣）基分的1%，最多加4分
加减分项	重点工作		由三、四级设置并提供加减分依据，最多加减10分
	发展质量		疑似虚假用户占比不超过20%，每超1%扣3分；一拆一装每起扣5分，最多扣20分
	欠费回收		每低目标1%扣0.2分，每高目标1%加0.2分，最多加减3分
	空间库信息更新维护		每月对空间库信息进行更新维护，每更新维护一条有效信息加0.1分，未更新维护的当月扣3分

说明：1. 收入完成率＝所承包网格收入完成率×60%+所在营业部收入完成率×40%；
2. 绩效型承包只在KPI中进行收入项目加减分，不再享受增收增配和超产分成；
3. KPI得分按105分封顶、60分保底。

（二）建立常态化工作机制

常态化的工作机制，是网格承包经营得以顺利实施的制度保障。

1. 强化网格工作指引

强化网格运营指导与考核，将网格运营重点指标分解明确，纳入网格承包者的绩效考核中，配套奖惩机制，做到责、权、利匹配，有效指引承包者重指标开展日常工作。

2. 建立常态化精确营销模型

梳理网格精确化营销模型，重点围绕老用户维系、宽带续约、异网用户策反工作，建立常态化网格营销模型，并在系统中固化常态化营销模板，督促各地积极使用系统模型开展营销工作，加快所辖网格内收入的增长。

3. 完善网格派单机制

完善网格派单机制，对日均派单数、工单时效及工单反馈质量进行规范，纳入系统闭环考核管理，强化考核应用。同时，合理安排网格日常工作量，提升网格派单工作效率。

4. 实行分层"必做"管控

网格承包经营作为新鲜事物，要迅速取得效果务必对各层面人员要求严格，设定规范动作，有力推进。因此，对于市县网格中心、分局和网格三个层面都需要归纳出其每日、每周、每月必做的事项，实行"必做"管控。

比如，以市县二级网格中心为例：

每日必做的事项有：做好各分局资源的调配，服务支撑好分局日常营销工作；

每周必做的事项有：竞争信息收集上报、跟踪和通报各分局网格的营销进展情况，对分局现场营销活动进行支撑指导和推进，对分局宣传覆盖情况进行检查改

续表

模块	指标	总分值	序号	评估内容	评估依据	分值	得分
工具使用（20%）	网格经理销售工具	10分	44	网格经理是否有效利用日程表	日程表	2	
			45	客户信息的收集填写是否完整、齐全，是否有效记录客户信息？是否及时更新	客户信息表	2	
			46	是否结合客户信息有效发掘客户的需求	客户信息表	2	
			47	网格经理是否利用意向客户表跟进、维护客户？是否追踪并跟进引见的客户	意向客户表	2	
			48	意向客户表中是否既有现有客户，又有潜在客户		1	
			49	网格经理是否能够将日程表、意向客户表、客户信息表结合使用	日程表、意向客户表、客户信息表	1	
	加分项	1分	50	团队队长一对一指导内容及模式有创新值得推广	查看记录	0.5	
			51	团队队长使用团队经营管理月报的内容及方法值得推广		0.5	
组建成效（22%）	业绩指标	22分	52	全年累计收入同比增幅	数据计算	4	
			53	项目营销竞赛完成进度		3	
			54	客户黏度同比提升率		3	
			55	团队成员平均利润率同比增幅		3	
			56	团队自主开发项目营销同比增幅		3	
			57	团队销售成本同比降幅		3	
			58	增值类业务同比增幅		3	
	加分项	4分	59	团队开发了省级以上集团客户		2	
			60	团队策划了市局层面推广的营销项目		1	
			61	团队完成项目营销竞赛业绩居于第一		1	
绩效管理（10%）	绩效管理	10分	62	是否结合承包团队销售行为、业绩建立激励考核办法	记录查询交谈确认	3	
			63	是否对每位团队成员的销售行为、销售业绩进行积分统计并公布		2	
			64	是否对团队成员按办法按时进行奖励绩效兑现		2	
			65	团队成员业绩是否体现团队营销		1	
			66	团队成员业绩是否按贡献大小来进行奖励分配？分配是否体现多劳多得原则		2	
	加分项	1分	67	团队绩效管理方式有创新，调动团队成员积极性，值得推广		1	
基础分：						100	
加分项：						10	
总分：						110	

2. 网格承包经营团队标准解读及评估指引

（1）队伍建设模块

1）是否按人员配置要求配备团队成员？（4分）

团队人数控制在 5～7 人之间的为 1 分，低于 5 人或多于 7 人都扣 1 分；团队成员来源为 3 个以上不同专业或部门的为 1 分，少于 3 个不同专业部门的则扣 1 分；团队成员年龄跨度在 2 个年龄段（如 60 年代、70 年代）的为 1 分，不是则扣 1 分；团队成员男女混合搭配的为 0.5 分，不是则扣 0.5 分；团队成员从事专职营销工作平均 3 年以上的为 0.5 分，低于三年则扣 0.5 分。

2）团队人员是否具有相应的执业资格？（4分）

说明：要求团队人员应取得相应的职业技能鉴定证书，每少一本证扣 0.5 分，扣完为止。团队成员有高级职业技能鉴定证书的为 1 分，初、中级的为 0.5 分。此项满分为 4 分。

3）配备有营销团队会议或培训场地。（0.5分）

说明：配备有供营销团队培训及会议的会议室或培训场地的加 0.5 分。

4）市局层面下发营销团队管理办法及职业生涯发展规划的相关文件。（0.5分）

说明：市局层面下发营销团队管理办法及职业生涯发展规划的相关文件的加 0.5 分。

（2）销售行为模块

5）是否制订切实可行的市场开发方案并按规划实施？（2分）

说明：

> 有具体的市场开发方案、当月重点开发客户目标，并在当月月度经营分析会上公布的计 1 分，否则不计分；

> 查阅团队行动计划，按照方案进行市场开发工作的计 1 分，未按方案实施的每少实施一项酌情扣分。

6）团队是否按计划开展客源市场总体情况的排查工作？（2分）

说明：

> 查阅团队行动计划，是否具有团队所在区域内重点机构客户、竞争对手、潜在客户、合作伙伴的具体情况（一季度 1 次排查更新记录），按季更新的计 1 分；

> 行动计划有详细的分析和下一步要采取的具体措施计 1 分。

7）是否"走出去"，开展进社区、进学校、进企业、进机构的跑市场活动？（3分）

说明：
- 查阅团队行动计划，是否开展了进社区、进学校、进机构的跑市场活动，平均每月 1 次计 1 分，每月 2 次计 2 分；
- 每次活动完成 10 个以上的客户信息表计 1 分。

8）是否"请进来"，通过跑市场邀约潜在客户开展产品宣讲等活动？（3分）

说明：
- 查阅团队行动计划，是否在跑市场后跟进潜在机会，组织沙龙、讲座、客户联谊、社区活动等形式多样的客户维护活动，平均每月 1 次计 1 分，每月 2 次计 2 分。
- 每次活动完成 10 个以上的客户信息表计 1 分。

9）网格经理是否进行一定量的客户约见或调查？（2分）

说明：查阅营销日志及意向客户表，网格经理应进行一定频率的电话回访存量客户，调查客户需求，每位网格经理平均每日进行 10 户以上的电话约见的得满分，每少一户扣 0.2 分。

10）客户拜访的成功率如何？（2分）

说明：查阅营销日志意向客户表，网格经理月均约见成功率在 20%（含）以上计 2 分，10%（含）~ 20% 计 1.5 分，10% ~ 5%（含）计 1 分，5% 以下计 0.5 分，成功率为 0 不计分。

11）客户转介的比例如何？（1分）

说明：查阅营销日志客户信息表、日程表，与网格经理交谈确认，客户转介比例在 10%（含）以上计 1 分，1%（含）~ 10% 之间计 0.5 分，成功率为 0 不计分。

12）团队是否建立客户归户管理制度？（1分）

说明：
- 共 0.5 分，团队对网格客户建档率达 90% 以上计 0.5 分，低于 90% 计零分（建档表示建立客户信息表或通过客户信息管理系统进行管理）；
- 共 0.5 分，对客户资源进行归户管理，抽查营销日志及客户信息表，每 1 户未归属管理的扣 0.1 分，扣完为止（通过客户信息表登记归户或客户信息管理系统认领功能判定）。

13）是否按客户分类管理、维护要求进行客户维护？（2分）

说明：通过查阅营销日志及客户信息表（可对客户信息表进行附加"客户维护记录"单页），了解团队是否能按客户分类管理、维护要求对高端客户一个季度至少联系维护一次；对中端客户每半年至少联系维护一次；对大众客户每年至少联系维护一次，如团队按时间进度达到拜访频次的计 2 分，其中高端客户覆盖率 100% 计 1 分，中端客户覆盖率达 90% 计 0.5 分，大众客户覆盖率达 80% 计 0.5 分，否则此项计分为零。

（中高端客户维护方式：上门拜访当面交流，对客户生日、重要节日进行问候，向客户提供一次回馈活动，为客户提供产品增值服务等；大众客户维护方式：团队约见，上门拜访，对客户生日、重要节日进行短信问候）。

14）客户档案的完整性？（0.5 分）

说明：通过查阅营销日志及客户信息表，所有建档客户信息资料完整达到 100% 计 0.5 分，低于 100% 则此项计分为零。

15）客户档案是否及时更新？（0.5 分）

说明：通过查阅营销日志及客户信息表和日程表、行动计划，所有建档客户信息资料及时更新计 0.5 分，否则此项计分为零。

16）客户档案信息的独特性？（0.5 分）

说明：通过查阅营销日志及客户信息表，查看客户信息是否有独特性。其中，独特性是指信息内容是否包含客户个人独特信息（如禁忌，毕业学校，家庭状况，参加社团组织，爱好，特长，最近一次购买产品的时间、种类、金额等）。包含客户独特信息的记 0.5 分，否则此项计分为零。

17）客户维护活动的记录是否完整？（0.5 分）

说明：通过查阅营销日志及客户信息表、日程表、行动计划以及客户维护记录表。客户维护活动记录完整的计 0.5 分，否则此项计分为零。所有建档客户信息资料及时更新计 0.5 分，否则此项计分为零。

18）团队与专业部门配合策划了营销项目。（计 2 分）

说明：通过查阅行动计划及部门访谈，网格承包团队积极与专业部门配合，策划了营销项目并成功实施的计 2 分，策划了营销项目但未成功实施，策划项目有详细资料的计 1 分，没有主动与专业部门配合策划营销项目的，计零分。

19）团队及时向专业部门及上级机构汇报市场信息并开发了相应项目。（计 1 分）

说明：通过查阅行动计划及部门访谈，营销团队积极向专业部门及上级机构汇报市场信息并成功开发了营销项目的计 1 分，积极汇报信息但未能策划出营销项目，汇报信息有详细记录的计 0.5 分，没有及时向专业部门及上级机构汇报市场信息的计零分。

20）团队独立策划了营销项目。（计 2 分）

说明：通过查阅行动计划及部门访谈，营销团队独立策划、实施营销项目计 2

分，策划了营销项目但未能成功实施，策划项目有详细记录的计 1 分，营销团队未能策划营销项目计零分。

21）团队每位网格经理平均每天约见客户 12 位以上。（0.5 分）

说明：查阅营销日志及日程表，与客户经理访谈，每位客户经理平均获得引见客户 12 位以上加 0.5 分。

22）团队每位网格经理平均每天收集有效的客户信息 10 户以上。（0.5 分）

说明：根据团队行动计划策划的跑市场（片区开发）活动，活动后有效客户信息表完成 10 户以上的加 0.5 分。

（3）会议组织模块

23）晨会参加人员是否所有团队成员（网格承包团队队长、网格经理、装维经理等）？（1 分）

说明：
- 晨会开始前从承包团队队长处获取团队成员名单；
- 晨会时确认是否所有成员都参与晨会；
- 若有一名网格经理未参加晨会，此项计分为零。

评估人员可参考以上流程确认晨会参加人员。团队人员如有正当理由（如外出营销、开会）未参加晨会，不扣分。

24）晨会会前准备是否充分？（2 分）

说明：
- 团队成员需统一着工装，体现出专业、良好的精神风貌，计 0.5 分；如有一名团队成员未按上述要求统一着装，未体现专业形象，此项计分为零；
- 板笔、板擦是否准备到位，观察晨会相关内容是否在写字板上显示，例如业务数据及销售图表、承诺、话术等，此项分值 0.5 分，未进行计零分。

25）晨会是否检查仪容仪表？（1 分）

说明：

观察晨会是否对团队成员的仪容仪表进行检查，包括发型、服装、工作用品、女士要求淡妆。团队成员全部符合要求计 1 分，有一位团队成员不符合要求则扣 0.5 分，扣完为止。

26）晨会是否提供指导？（1 分）

说明：观察晨会团队队长是否指导员工进行营销话术的演练，或对前日不成功案例进行分析，演练话术具有实操性，则计 1 分，未进行演练、案例分析或分析不到位的酌情扣分。

27）晨会是否跟进前日承诺并获得当日承诺？（1分）

说明：

➢ 是否结合前一日承诺／行动计划完成情况进行分析和简单指导；

➢ 是否获得每一位员工对当日行动计划的承诺。

两项都进行计1分，缺其中一项不计分。

28）晨会气氛是否活跃、内容生动、鼓舞士气？（1分）

说明：

团队队长主持晨会、员工演练、做出当日承诺时应声音洪亮，可以使用誓词、喊口号、唱歌、小游戏、掌声等带动晨会氛围，如晨会氛围活跃、员工士气高昂计0.5分，否则不计分。

29）晨会时间是否控制在15～20分钟以内？（1分）

说明：通过现场确认及检查会议记录，晨会时间控制住15～20分钟以内计1分，否则不计分。

30）是否召开周会，对一周的业绩、目标完成情况、亮点及存在的问题进行点评分析并完善行动计划？（2分）

说明：查看会议记录，了解团队是否组织团队成员召开周会，如有记录计1分；周会内容丰富，包括对一周的业绩、目标完成情况、亮点及存在的问题进行点评分析，并完善行动计划的计1分，部分内容不完善酌情扣分。

31）周会上是否进行业务学习和竞争形势分析？（2分）

说明：查看业务学习资料和会议记录中竞争形势分析的留档情况，有其一者计1分，两项全有计2分。

32）是否召开团队经营分析会，分析经营月报，表扬月度先进，制订月度行动计划？（3分）

说明：

➢ 查看会议记录，了解团队是否组织员工召开团队经营分析会，如有记录计1分；

➢ 经营分析会内容丰富，包括对经营月报分析，当月业绩、目标完成情况的分析，表扬团队优秀员工和亮点做法，做到以上要点计1分，内容不完整酌情扣分；

➢ 对照本月行动计划，对存在问题进行点评分析，并在会议上制订出下月行动计划，计1分。

33）区域中心主任或分管领导参加晨会。（0.5分）

说明：查阅会议记录或交谈确认，区域中心主任或分管领导每月参加团队晨会的加 0.5 分。

34）晨会内容及模式有创新，值得推广。（0.5 分）

说明：晨会内容及模式有创新，值得推广，加 0.5 分。

35）周会或经营分析会时使用 ppt 分析或准备每月经营分析材料。（0.5 分）

说明：查看会议 PPT 或每月经营分析材料，如有较为完整的分析材料，加 0.5 分。

36）每月收集并编写团队优秀案例、学习体会、话术经验等。（0.5 分）

说明：团队每月收集并编写团队优秀案例、学习体会、话术经验等转型相关内容的，加 0.5 分。

（4）工具使用模块

37）团队队长是否有效使用日程表？（1 分）

说明：
➢ 日程表中应有营销团队队长日常会议安排的记录和计划（团队经营分析会等）；
➢ 日程表中应有营销团队队长对其他事项（如会客、跑市场等）计划的记录和计划。

做到任意一项计 0.5 分，同时做到以上两项计满分。

38）团队队长是否对网格经理当日承诺进行跟进指导？（2 分）

说明：
➢ 通过在团队观察或与团队成员沟通了解，团队队长对当日员工承诺进行跟进和指导，计 1 分；
➢ 指导频率增加，基本做到一对一指导，计 1 分。

39）团队队长是否对网格经理进行一对一指导，并使用一对一指导记录？（1 分）

说明：
➢ 团队队长如能提供一对一指导的书面记录或计划（日程表和工作指导记录表），则计 0.5 分；
➢ 通过网格经理了解所做一对一指导内容，与一对一指导记录是否相一致，如团队成员反映指导取得了实际效果，帮助员工进步则计 0.5 分。

满足以上两项计满分，否则此项计分为零。

40）团队队长对一对一指导的内容是否及时跟进并记录跟进情况？（1 分）

说明：询问团队队长一对一指导的跟进情况，并观察相应指导意见的记录，如记录相对完整、跟进及时到位计 1 分。如团队队长不能清晰描述指导内容或计划，或指导缺乏连贯性、一致性，则酌情扣分，评估组认为跟进不及时不到位的此项计为零分。

41）团队队长是否及时、准确更新并熟悉团队销售进度表？（1分）

说明：

➢ 与团队队长一起讨论销售进度表，观察其是否熟悉销售进度表的内容，如销售进度表及时更新至1周以内的销售进度，且团队队长熟悉销售进度表，计0.5分；

➢ 观察团队队长能否利用销售进度表就业务发展展开有理分析，如分析清晰、有理计0.5分。

42）团队队长是否及时更新团队行动计划？团队行动计划内容是否详细，具有实操性？是否落实行动计划？（2分）

说明：

➢ 查阅团队行动计划表，是否结合发展重点及时更新，按周更新团队行动计划计0.5分；

➢ 行动计划内容详细且具有实际操作性，如能就2~3项重点内容制订改进计划，具有明确的目标责任人、明确的行为内容和目标预期，容易衡量和跟进，具备以上几个要点计1分，具备部分要点酌情给分；

➢ 询问团队队长计划中所列每一位员工的行动计划的结果，观察团队队长及时跟进情况，团队队员是否能按行动计划落实，如能基本落实计0.5分。

43）团队队长是否使用团队经营管理月报？（2分）

说明：

➢ 与团队队长一起讨论团队经营管理月报，观察其能否利用团队经营管理月报就业务发展展开有理分析；

➢ 团队队长是否运用团队经营管理月报的数据，参加经营分析会。

团队队长同时做到以上两点，计满分，缺少一点扣1分。

44）网格经理是否有效利用日程表？（2分）

说明：

➢ 日程表中应有网格经理约见客户的安排（已发生的）；

➢ 日程表中应有网格经理跟进的计划安排（未来时间的）；

➢ 日程表反映网格经理事务性工作（一对一指导、培训、会议）等。

做到任意一项计0.5分，同时做到以上三点计满分。

45）客户信息的收集填写是否完整、齐全，是否有效记录客户信息？是否及时

更新？（2分）

说明：

- 记录姓名、联系电话、今日办理业务等，计1分；
- 除以上信息外，有效记录其他信息三项以上更多信息的，计0.5分。
- 网格经理将填写好的客户信息及时更新的，计0.5分。

46）是否结合客户信息有效发掘客户的需求？（2分）

说明：

- 观看客户信息表，若合理开发了客户需求则计1分；
- 随着客户信息表内容的完善，客户在产品使用上大幅增加的客户数达5户以上计0.5分，达10户以上计1分。

47）网格经理是否利用意向客户表跟进、维护客户？是否追踪并跟进引见的客户？（2分）

说明：

- 查阅网格经理的意向客户表，观察其是否使用并及时更新，此项计1分；
- 查阅日程表，网格经理是否将需确定的下一步跟进和预计完成销售的时间计入日程表，如基本达标计0.5分；
- 通过客户信息表"引见人"一栏，查看是否有经其他部门引见来的客户，查看日程表是否对引见客户进行跟进记录，如大部分引见客户都进行了合理的跟进计0.5分。

48）意向客户表中是否既有现有客户，又有潜在客户？（1分）

说明：评估员可从意向客户表"现有客户/潜在客户"栏观察得出，满分1分，意向客户分布均匀且均涵盖现有客户和潜在客户的，计1分，否则酌情扣分。

49）网格经理是否能够将日程表、意向客户表、客户信息表结合使用？（1分）

说明：

- 抽查最近一个月的意向客户表中的客户销售活动是否反映在日程表中，如存在对应关系，计0.5分（不需要每个意向客户表上的客户销售活动都反映在日程表中）；
- 意向客户表中的客户是否有客户信息表，60%以上存在，则计0.5分。

50）团队队长一对一指导内容及模式有创新，值得推广。（0.5分）

说明：团队队长一对一指导内容及模式有创新，值得推广，加0.5分。

51）团队队长使用团队经营管理月报的内容及方法值得推广。（0.5分）

说明：团队队长使用团队经营管理月报的内容及方法值得推广，加0.5分。

（5）组建成效模块

52）全年累计收入同比增幅。（4分）

说明：

➢ 累计收入同比增幅高于30%，计2分；

➢ 累计收入同比增幅高于30%，且高于网格承包团队平均水平，再计2分；

➢ 累计收入同比增幅低于30%，此项计分为零。

53）项目营销竞赛完成进度。（3分）

说明：

➢ 项目营销竞赛综合完成进度高于平均水平，计2分；

➢ 项目营销竞赛综合完成进度高于平均水平，且高于网格承包团队平均水平，再计1分；

➢ 项目营销竞赛综合完成进度低于平均水平的，此项计分为零。

54）客户黏度同比提升率。（3分）

说明：

➢ 客户黏度同比提升率为0~10%，计2分；

➢ 客户黏度同比提升率为10%（含）以上，计1分；

➢ 客户黏度同比提升率为负，则此项计分为零。

注：客户黏度=每年消费1800元以上客户产品（高清、互动、宽带业务等）三种（含）以上的客户数/每年消费1800元以上客户数。

55）团队成员平均利润率同比增幅。（3分）

说明：

➢ 团队成员平均利润率同比增幅高于30%，计2分；

➢ 团队成员平均利润率同比增幅高于30%，且高于平均水平，再计1分；

➢ 团队成员平均利润率同比增幅低于30%的，此项计分为零。

注：团队成员平均利润率=团队成员的利润总数/团队成员人数

56）团队自主开发项目营销同比增幅。（3分）

说明：

➢ 团队自主开发项目营销个数同比增幅高于平均水平，计2分；

➢ 团队自主开发项目营销个数同比增幅高于平均水平，且高于网格承包团队平均水平，再计1分；

➢ 团队自主开发项目营销同比增幅低于平均水平的，此项计分为零。

57）团队销售成本同比降幅。（3分）

说明：
- ➢ 团队销售成本同比降幅高于平均水平，计 2 分；
- ➢ 团队销售成本同比降幅高于平均水平，且高于网格承包团队平均水平，再计 1 分；
- ➢ 团队销售成本同比降幅低于平均水平的，此项计分为零。

58）增值类业务同比增幅。（3 分）

说明：
- ➢ 增值类业务同比增幅高于平均水平，计 2 分；
- ➢ 团队增值类业务同比增幅高于本市平均水平，且高于网格承包团队平均水平，再计 1 分；
- ➢ 团队增值类业务同比增幅低于本市平均水平的，此项计分为零。

59）团队开发了省级以上集团客户。（2 分）

说明：团队成功开发了省级以上集团客户经上级机构认可的加 2 分。

注：省级以上集团客户：总部营销项目分为战略协议和新产品推广两个层面，省级以上集团客户即指这两个项目推广层面的客户。其中，战略协议开发项目是指在一定时期内新开发某个战略性的合作大客户，以签订框架协议或者联系下发文件的方式，委托或引导相关部门在全省或一定范围内使用企业业务；新产品推广项目是指针对某类客户群体，利用企业资源优势，开发一种新的产品，或是利用企业的平台和网络资源，为其全行业提供企业的某项服务。

60）团队策划了市局层面推广的营销项目。（1 分）

说明：团队成功策划了营销项目并在市局层面推广实施的加 1 分。

61）团队完成项目营销竞赛业绩居于第一。（1 分）

说明：团队完成项目营销竞赛业绩居于市局层面第一的加 1 分。

（6）绩效管理模块

62）是否结合网格承包团队销售行为、业绩建立全员激励考核办法？（3 分）

说明：
- ➢ 查看团队激励考核办法，是否基于绩效参考指引、结合网格承包团队销售行为进行制订，满分 1 分；
- ➢ 激励考核办法是否涵盖本团队全体员工，是否能促进团队人员的销售协作、项目开发，满分 2 分，对不合理的情形酌情扣分。

63）是否对每位团队成员的销售行为、销售业绩进行积分统计并公布？（2 分）

说明：

➢ 在团队查看是否建立积分表，是否在合适区域进行公示，有公示且内容相当完整的计1分，否则酌情扣分，无积分公示不得分；

➢ 与员工交谈是否清楚各自积分，对积分清晰明了的计1分。

64）是否对团队成员按办法按时进行奖励绩效兑现？（2分）

说明：查看最近团队成员绩效发放记录，和成员交谈确认绩效是否按激励考核办法及时兑现，如是则计2分，否则此项计分为零。

65）团队成员业绩是否体现团队营销？（1分）

说明：查看行动计划及交谈确认，团队业绩中有营销项目由团队集体完成的计1分，否则计零分。

66）团队成员业绩是否按贡献大小来进行奖励分配，分配是否体现多劳多得原则？（2分）

说明：

➢ 查看团队与成员积分表，绩效发放记录，了解员工的绩效是否体现销售协作流程；

➢ 结合积分表和团队成员交谈了解是否按贡献大小进行奖励分配，分配体现多劳多得原则。

做到其中一项计1分，做到两项计2分。

67）团队绩效管理方式有创新，调动团队成员积极性，值得推广。（1分）

说明：团队绩效管理方式有创新，调动团队成员积极性，值得推广加1分。

上述网格承包团队评估标准的解读及评估工作的指引，体现了既注重单兵作战能力，又强调兵团的协同作战；既注重工作的具体实施，又强调针对网格的策划先行；既注重结果的考核评估，又强调过程的精准管控。

可以看出，网格承包团队的凝聚力、执行力、战斗力是网格承包经营工作得以顺利实施的人员保障。

案例分析

网格承包经营的四大渠道优化

案例介绍

某运营商渠道的整体结构以四大渠道为主体构成,即电子渠道、社会实体渠道、自营实体渠道和直销渠道。

该运营商实施"渠道下沉,划小承包"的营销改革。具体的举措是,将市、县级渠道单元下沉到营销中心、营业部,形成以营业部为经营核算单元的管理模式。整体上形成四级承包模式:

第一级是区域营销中心承包,事先划好各个营销区域,形成营销中心,营销中心统管本区内的一切营销单元,并进行营销计划的分解,制订经费的分配方案;

第二级是营业部支局承包,营业部支局是在区域营销中心下的更小的区域内,以地理环境、人口因素、购买力、收入等标准进行细分,形成各个营业部支局,营业部负责区域内的营销管理工作,自负盈亏,完成指定的销售目标后,对超额完成的部分进行额外奖励;

第三级是针对渠道经理的网格承包,根据每位渠道经理负责的片区网点,设置承包任务,奖励超额完成片区网点任务的渠道经理,目的是关联渠道经理和片区网点的收入目标,让渠道经理更加主动积极地帮扶片区网点的日常经营,提升片区效能;

第四级是营业厅承包,一般是针对自营厅的承包,自营厅的承包可以是一个人,也可以是营业厅内的多名员工联合进行承包,目的是加强营业厅内员工的主人翁意识,激发厅内活力,让营销费用的使用更加合理,效率更高。

案例点评

四级承包模式能较好地计算运营收支,对渠道经费的使用更加合理,更能激发员工内生动力,多劳多得,有助于一线销售人员的积极性的提升,在"划小承包"的整体思路下,管控更加容易,也激发了基层员工的活力。

然而这对于提升市场覆盖率和客户服务质量并非完全有利,由于单个承包单元的营销成本有限,对渠道的拓展必然很难取得成效,承包单元只会根据已有的资源进行经营,不会也不敢大力投入进行扩张,此外,偏重销售、削弱售后服务也是一个弊病。因此,在"划小承包"的整体思路下,需要进一步地优化调整"四大渠道"的功能,损有余,补不足。

案例分析

网格承包经营的三种结对模式

案例介绍

"营维合一"不是一个人的战斗,必须依靠团队的力量才能取得最后的胜利。装维工程师开展"营维合一"划小承包,成为宽带运营CEO,在原来装维和随销酬金的基础上,还可获得增量提成和收入分成,这自然可以极大地激发其积极性和内生动力,但只有开放合作才能双赢,才能真正达到预期目标,这就要求因地制宜,选择适合自己的营维结对模式,实施承包经营。

某运营商针对不同网格采取的网格承包经营结对模式具体如下。

1. "装维工程师+社会厅店"结对模式

装维工程师可以自己在承包小区周边开厅店,也可与承包小区周边已有社会厅店合作,以厅店为第一营销服务点,快速响应小区客户。

此种结对模式适合有合作厅或待建合作厅的小区。

2. "装维工程师+代理点或宽带联盟"结对模式

装维工程师与小区内物业代理点、超市代理点或宽带联盟店合作,以自身为第一服务责任人,代理点为辅助服务点,快速响应小区客户。

此种结对模式适合暂时无合作厅,但有代办点的小区。

3. "装维工程师+销售经理"结对模式

装维工程师与相对应的销售经理合作,共同承包小区,通过服务和营销相互促进,快速响应小区客户。

此种结对模式适合销售经理营销能力较强,装维工程师人脉资源较广的小区。

案例点评

每个网格对应的客户群不一样,客户的需求不一样,网格的资源不一样,网格负责人的知识、经验、能力不一样,这些因素的组合都直接影响着网格承包经营的模式选择。案例中提到的三种"结对"模式,既考虑了网格承包中的主要负责人,又考虑了协同的对象及资源,这种针对性很强的结对承包方式势必将比"一刀切"的方式要有效果得多。

案例分析

网格承包经营机制的三大创新

案例介绍

湖北武汉电信水果湖支局有公众网格221个,2013年网格承包创新工作开展之前由10名营销经理包保,因营销经理个人素质参差不齐,人均包保网格数过多,包保难以到位,工作重点不突出,公众市场的竞争优势被不断扩大的用户规模所稀释,不仅营销资源被摊薄,重点市场无从配足资源,而且不利于集中资源加大对重点区域的经营激励,不利于市场化运作的实施。2013年年初,该局在武汉电信率先开展网格承包经营机制创新工作。

2014年,水果湖支局继续实施网格承包机制的三大创新,即实行全网格、全渠道、全客户群承包。在实行承包的同时,将资源和成本穿透匹配到承包主体和一线,承包人对资源配置有自主权,对自营体内人员有考核使用权,继续深入划小核算单元,将市场化推进一大步。新的考核办法主要包含四大部分:

1)营销部、分局长、政企客户营销中心、渠道运营中心主任及副主任按照收入承包模式考核,实施收入年薪制(除公司核发的公积金、保险、年金、过节费及生活补贴按照公司标准统一安排发放外,其工资、绩效、专项奖全部按考核结果发放);

2)网格经营承包实行网格承包团队和社会代理实体渠道相结合的承包方式,根据承包网格的收入完成进度,按月核定存量提成及增量分成金额后兑现;

3)政企分部重点围绕移动业务发展、细分市场经营工作,以量带收促收,同时按照工作侧重点的不同,加大重点业务发展量的奖励标准;

4)社会渠道和开放渠道实行收入包保,包保收入按渠道产生的移动受理收入,渠道经理量考核与所包保的渠道产生的量挂钩,绩效基数与包保存量和增量的百元收入含量相关。

就以往承包考核中不尽合理的地方,水果湖支局2014年的承包方案也进行了调整,通过市场化机制创新,实现员工和企业价值共同提升,不断激发一线活力。

案例点评

从水果湖支局 2014 年实行的营销、渠道、分局、政企四大经营部门的承包方案,可以看出:承包机制的魅力在于它充分运用市场化机制激发了企业经营活力,提升了员工内生动力,解决了网格拓展存在的营销覆盖人员不足、营销责任不明确、没有清晰的营销组织、缺乏常态化持久的市场深耕、渠道积极性不足等问题。

全网格、全渠道、全客户群的承包经营模式,"最小的角落也被纳入'网'中,每块'责任田'都有'承包户'。"通过划小核算单元,把市场化激励机制和资源调配机制应用于提升专业市场的销售能力上,人员积极性也获得极大提升。

工具运用

网格承包经营合同要点

网格承包经营是一种平等协商、合作共赢的承包经营方式，合作双方需要根据相关的法律法规，签订网格承包经营合同。

网格承包经营合同应包括合作总则，承包经营期限，承包区域和范围，承包经营的方式和内容，承包收益的结算标准和结算办法，甲乙双方的权利、义务和责任，履约保证金，安全条款，保密条款，不可抗力条款，合同的变更解除及终止，违约责任，争议的解决等内容。

其中，承包区域和范围、承包经营的方式和内容、承包收益的结算标准和结算办法为整个合同的重点。下面重点对承包区域和范围、承包收益的结算标准和结算办法进行介绍。（下文中甲方指的是企业方，乙方指的是网格承包者）

（1）承包区域和业务范围

甲方应明确提供与乙方开展合作承包经营的网格经营单元的区域和网格内的客户清单。

根据承包经营模式的不同，选择不同的承包业务范围，双方根据实际承包情况选择其中的一项或几项内容。

最重要的是，甲方应根据统一口径提供被承包的网格经营单元的收入期初值，提供基础业务及增值业务等主要业务的现有用户数。乙方明确填写承包的网格经营单元要完成的收入值以及相关业务发展数。

（2）承包收益的结算标准

承包收益的结算指乙方按协议约定完成承包合作事项后，由甲方对乙方工作进行效果评估，根据评估结果甲方向乙方支付相应款项。这里涉及网格经营酬金、综合考评方案、日常管控奖惩额、业务发展酬金和客户维系酬金等。

（3）承包收益的结算办法

乙方的薪酬按月进行结算。甲方按自然月统计应结算薪酬总额，于次月5日前通过系统展示、书面通知或其他方式向乙方提供上个月应予支付的款项清单，乙方若有异议应于3日内向甲方书面提出，逾期没有提出的，视为乙方认可甲方提供的款项金额进行结算。甲方应于次月15日前将代扣税金后的款项结算给乙方。

工具运用

网格承包团队晨会模板

网格承包团队晨会管理模板由晨会月计划表、晨会日程安排（示范）、晨会内容与形式三部分组成。

1. 晨会月计划表

网格承包团队：　　　　　　　　　　　　　　　　　　　　日期：

时间	日期	主持人	专题分享人	专题内容
第一周	星期一	8：30～		
	星期二			
	星期三			
	星期四			
	星期五			
第二周	星期一			
	星期二			
	星期三			
	星期四			
	星期五			
第三周	星期一			
	星期二			
	星期三			
	星期四			
	星期五			
第四周	星期一			
	星期二			
	星期三			
	星期四			
	星期五			

2. 晨会日程安排（范例）

网格承包团队：　　　　　　　　主持人：　　　　　　　　日期：

	项目	时间（分钟）	负责人	备注
1	晨操及破冰	8：30～8：35	5	晨操
2	出勤公布	8：36～8：38	2	主持人
3	业绩公布	8：38～8：40	2	主持人
4	专题	8：40～9：00	20	分享人

续表

	项目	时间（分钟）		负责人	备注
5	轻松节拍	9:00~9:05	5	小品	
6	业务推动	9:05~9:10	5	队长	
7	政令宣导	9:10~9:13	3	队长	
8	群体激励	9:13~9:15	2	主持人	
9	机动				

3. 晨会内容与形式（范例）

选项	目的	时间	器材	内容	注意事项
演唱队歌	营造企业文化	2分钟	播放设备、磁带	企业文化	全体起立、或唱或听
晨操	活泼气氛	5分钟	播放设备、磁带	样样红、真心英雄等	专人带教、全体参与、选好内容
出勤公布	落实出勤管理措施	2分钟	出缺勤情况表	出勤制度	鼓励（奖励）全勤单位
喜讯报道	激励、鼓励营销员	10分钟		明星介绍、转正与晋升、奖励通报	介绍事迹、公布名单、分享心得、适时激励
信息窗口	增加资讯、扩大视野	3~5分钟	播放设备、磁带、投影仪	媒体信息、生活常识	开阔视野、积累素材、发现商机
感性时间（四个栏目）	1）成功人物介绍（通过成功故事，启迪理念、坚定信念）	5分钟		原一平、柴田禾子等故事	晨会总结、激励时用
	2）早读（了解知识、帮助思考）	3分钟	书籍、杂志、文章	每日一文	预先演练、朗读、诵读
	3）有问必答（运用群体智慧，解决工作中的疑难问题）	20分钟	播放设备、磁带、投影仪、电脑	经验分享、标杆学习	1）业绩冲刺前的晨会 2）由业务高手作答 3.）主持人提前准备 4）总结
	4）展现自我（学习他人优点，联络感情）	5分钟		经验分享、感情交流、积极心态	1）用于士气低落的单位 2）一分钟谈优点，三分钟倾听 3）用感恩的心总结

续表

选项	目的	时间	器材	内容	注意事项
轻松节拍（八个栏目）	1）小故事，大启示（启发思考人生）	5分钟	播放设备、磁带、投影仪、电脑	寻找参考书目	听完故事，谈启示
	2）潜能激发（鼓动自我能量、培养积极心态）	半小时		积极心态	有呐喊、焕发激情、信任游戏、倾听训练、突围闯关、团队精神等，操作各不相同
	3）性格测验（认识自己，振作士气）	5分钟	测试题、答案	简单的性格测试、调整情绪、活跃气氛	1）偶尔，业绩低潮时用 2）全体参与
	4）趣味问答（提高学习兴趣、培养团队精神）	业绩结束后的第一周晨会用	题目、奖品、小礼物	活跃气氛	1）掌握时间与气氛 2）公正、公平 3）奖品以小礼物为主
	5）小品欣赏	备选			
	6）名人名言	备选			
	7）游戏（活跃气氛）	5~10分钟	题目、奖品、小礼物	过独木桥、找朋友等	1）自愿报名 2）主持人事后总结点明主题
	8）今日幸运人（鼓励出勤、活跃气氛）	备选			
业务推动（四个栏目）	1）业绩通报与分析（鼓励先进、促进个人与组织目标的达成）	5分钟每周或每月一次	电脑、白板、投影仪、表格等	1）主管根据目标、进度、完成业绩三项指标具体分析 2）公布团队业绩及排名情况 3）公布已经完成业绩与晋升指标、即将完成指标者、业绩不佳者名单 4）提供分析与策略	
	2）挑战与应战、誓师大会（向更高目标挑战，激励士气）	业务冲刺期的晨会		1）挑战与应战可在营销员之间、网格与网格之间、团队与团队之间等各层面展开 2）采用下战书的方式，制订比赛规则及奖惩方案，当众宣读挑战书与应战书，张榜公布 3）气氛热烈友好	
	3）公布业绩精英奖（鼓励与激励）	定期的晨会			
	4）表彰会（激励士气，在竞争中找差距）	业务竞赛结束后的晨会			

续表

选项	目的	时间	器材	内容	注意事项
政令宣达（两个栏目）	1）管理新动向（及时了解公司的方针政策与规定，以便贯彻执行）	根据公司安排	电脑、表格、投影仪、白板	组织学习心得、规章制度、管理办法	
	2）工作指示（加强管理人员与营销人员之间的交流）	每周一次		上传下达、任务分配	
群体激励	鼓舞士气，相互激励	晨会结束时	音响	在主持人的引领下，全体人员一起高呼激励口号	
专题论坛（八个栏目）	1）经验分享（通过经验分享，发现自己的优缺点，提高自己）	5～10分钟	胶片	介绍整个成功展业的过程	1）事先安排经验分享的营销员 2）围绕近期展业焦点话题，介绍签单过程
	2）专题讨论（针对与营销有关的话题进行讨论，在知识、观念、技巧、习惯上皆有进步）	5～10分钟	电脑、表格、投影仪、白板	观念、技巧、知识、习惯诸方面	内容具体，切忌泛泛而谈
	3）专题讲座（通过讲座，提高修养）	5～10分钟	书面资料	专业知识案例等	每周的主题提前一周公布，全体参加
	4）视频教学（通过音像教材使专题更活泼，效果更好）	5～10分钟	电视机、录像机	营销实务等录像教材	1）收集电视教学内容 2）最后，主持人组织讨论或上交心得报告
	5）口才训练（提高解释与影响能力）	根据不同方式确定	计时表、响铃		1）形式多样：辩论比赛、三分钟演讲、即席演讲等 2）配合个性、工作等

续表

选项	目的	时间	器材	内容	注意事项
专题论坛（八个栏目）	6）业务演练（通过拜访示范、销售面谈、提高新人、老业务员的推销技巧）	5~10分钟	桌子一、椅子二；摄录设备若干	1）选出演练人员若干对 2）先由指导者示范，然后演练人员具体演练，最后安排点评 3）准备小礼物，进行颁奖	
	7）专题报告（弘扬先进的人和事，提高素质）	具体安排		1）业绩优秀者或服务标杆做报告 2）受表彰者做专题报告 3）先进典型做弘扬正气的报告	
	8）专题演讲（倡导健康、积极、乐观、向上的观念）	5~10分钟	电脑、表格、投影仪、白板	1）专题演讲或自拟题目均可 2）加上背景音乐 3）内容积极向上 4）充分准备，人人有份	

1）考勤管理　　　　2）政令宣导　　　　3）新闻简报

4）喜讯传达　　　　5）竞赛公布　　　　6）目标制定

7）规范训练　　　　8）业务讲解　　　　9）知识测验

10）技能培训　　　　11）市场分析　　　　12）头脑风暴

13）生日庆祝　　　　14）个案研讨　　　　15）总结报告

16）日志检查　　　　17）热点追踪　　　　18）欢迎新人

19）趣味游戏　　　　20）有奖竞答　　　　21）读书感想

22）演讲比赛　　　　`23）信息交流　　　　24）经验分享

25）述职报告　　　　26）奖项颁发　　　　27）业绩通报

28）健身体操　　　　……

以上项目供晨会选用！

后记

《网点产能提升之道》更多是从实体渠道诠释产能提升。

《网点产能提升之道》强调"跳出网点看网点、围绕网点建渠道、围绕渠道做开发、围绕开发提产能"。

《网点产能提升之道》介绍了网点四次转型的方法，即：从侧重业务办理转型至注重优质服务，从侧重优质服务转型至注重规范管理，从侧重规范管理转型至注重绩效管理，从侧重绩效管理转型至注重效能管理。

不论是作为一个消费者还是经营者、管理者；不论是从服务的角度还是体验服务的角度；不论是从体制内去观察还是局外去分析，我想，网点需要转型，其实最主要的原因也许还是消费者消费习惯的改变及行业内竞争的加剧。正如我们所理解的那样，当下，企业的关键是要活下来。这个时代，你不转型，你不考虑消费者习惯的改变，你不思考竞争对手的动作，你不长远地规划和建设客户关系，可能真的活不下来！

因此，我们该对消费者，该对竞争对手，多一分敬畏！

敬畏，能使你更加认真地对待消费者；敬畏，能使你更加理性地欣赏竞争对手！

《网格经营变革之道》更多是从渠道组合、网格经营变革去诠释产能提升。

《网格经营变革之道》强调"跳出网格看网格、创新思维去变革、围绕变革做经营，经营重构提产能"。

《网格经营变革之道》介绍了网格经营变革的四个阶段，即网格经营的萌芽——绩效驱动的社区经理制；网格经营创新——变革驱动的创新思维；网格经营体系——效能驱动的网格化营销；网格经营重构——文化驱动的网格承包制。

不论是经营变革的萌芽还是经营方式的重构，不论是理论研究还是企业实战，不论是针对特定的企业还是放大至行业，我想，企业需要（网格）经营变革，最主要的原因也许还是由于环境的不确定、创新的乏力及优质资源的短缺。正如我们所

网格经营变革之道

理解的那样，当下，企业要想活动长久、活得更好，一定是要善于自我战斗，勇于变革。这个时代，你不变革，你不从产品及服务上去变革、你不让自己的组织更加具有弹性，你不让员工的积极性得到最大限度地释放，你一定活得不够好！

因此，我们该对消费者、该对自己的事业，多一分忠诚！

忠诚，能让你更加负责任地对待消费者；忠诚，能让你更加真诚地对待你的事业！

如果说《网点产能提升之道》关注的是"点"，《网格经营变革之道》关注的则是"面"。

既然已经有了点、面，那么就还会有"体"，还会有"多维空间"。

借用一句我最喜欢的广告词"人类失去联想，世界将会怎样"。

让我们期待网点（点）、网格（面）后的"体"和"多维空间"。

也许，越期待，越精彩！

2016 年 12 月 31 日
于遵义 1946 创意园

参考文献

[1] Tidd J, Bessnt J. Managing Innovation【M】.北京：中国人民大学出版社，2012.

[2] Peter F. Drucker Innovation and Entreprenurship: Practice and principle【M】.北京：机械工业出版社，2009.

[3] Porter. M 竞争战略【M】.陈小悦，译.北京：华夏出版社，2005.

[4] Kotler P, Keller K L.营销管理【M】.梅清豪，译.上海：上海人民出版社，2006.

[5] 包政.营销的本质【M】.北京：机械工业出版社，2015.

[6] 陈春花.经营的常识【M】.北京：机械工业出版社，2013.

[7] 王旭.网点产能提升之道【M】.北京：企业管理出版社，2016.

[8] 赵大伟.互联网思维——独孤九剑【M】.北京：机械工业出版社，2014.

[9] 马艳卉.关于邮政打造"最后一公里"投递线的思考【J】.邮政研究，2016（02）.

[10] 吕卫平.农村商业银行网格化管理的实践与探索——以宁波奉化农商银行为例【J】.浙江金融，2014（07）.

[11] 周瑞峰.电信运营商营销渠道体系建设对广电有线企业的启示【J】.有线电视技术，2012（11）.

[12] 曹先震.持续优化网格化划小经营模式【J】.中国电信业，2016（06）.

[13] 胡军威，牟春诚.浅谈扬州市数字电视大众市场体系的建设与管理【J】.视听界，2015（06）.

[14] 刘兰，徐红萍.浙江电信：基于收入服务制的网格化营销【J】.通信企业管理，2012（02）.

[15] 徐皓.东莞高清互动电视营销推广【J】.西部广播电视，2015（11）.

[16] 李兵，杜朝晖，陈俊才.电信"ITV客户挖掘+装维随销"营销模式应用研究【J】.湖南邮电职业技术学院学报，2016（06）.

[17] 王鑫.电信行业维系挽留管理与应用【J】.新视察，2016（01）.

[18] 王莹莹.创新家电市场渠道建设——基于家电下乡政策并以海尔网格化建设

经验为例【J】.上海经济管理干部学院学报，2011（04）.

[19] 王云鹤.全网格、全渠道、全客户群承包经营【N】.人民邮电，2014-02-25.

[20] 谭穗枫.基于网格营销下的电信社区营销策略探讨【J】.长沙通信职业技术学院学报，2010（02）.

[21] 蹇静.划小经营单元在电信企业的创新和实践【J】.通信与信息技术，2013（05）.

[22] 李移林.泉州电信网格承包经营的研究【D】.厦门：华侨大学，2014.

[23] 陈海澜.基于阿米巴经营模式的福建电信网格化发展研究【D】.南昌：南昌大学，2013.

[24] 朱明.浙江电信政企客户网格化营销模式研究【D】.兰州：兰州大学，2016.

[25] 夏雪春.H电信分公司网格化营销服务体系研究【D】.武汉：华中科技大学，2013.

[26] 吴允锋.构建基于平衡计分卡的广电网络企业绩效考核指标体系【J】.现代商业，2014（12）.

[27] 吴龙平.湖南电信益阳分公司渠道管理改进研究【D】.长沙：湖南大学，2015.

[28] 张奇杰.广州电信社区经理"营维合一"模式的诊断报告【D】.广州：华南理工大学，2006.

[29] 黄昌斌.桂东电信公司营销渠道网格化设计及应用研究【D】.长沙：中南大学，2010.